MAX

Panōptica

1973 — 2011

kalandraka

colabora:

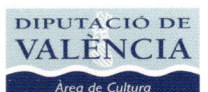
DIPUTACIÓ DE VALÈNCIA
Àrea de Cultura

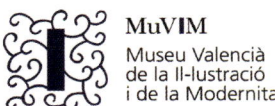
MuVIM
Museu Valencià
de la Il·lustració
i de la Modernita

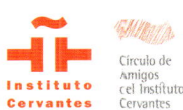
Instituto Cervantes
Círculo de Amigos
cel Instituto Cervantes

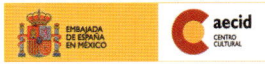
EMBAJADA DE ESPAÑA EN MÉXICO
aecid
CENTRO CULTURAL

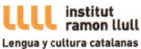
institut ramon llull
Lengua y cultura catalanas

Diputació de València Museu Valencià de la Il·lustració i de la Modernitat

Presidente de la Diputació de València Alfonso Rus Terol

Diputado de Cultura Salvador Enguix Morant

Director MuVIM - Museu Valencià de la Il·lustració i de la Modernitat -
Javier Varela Tortajada

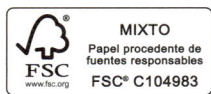

EXPOSICIÓN

Organiza: MuVIM

Comisaria: Marta Sierra Cussó

Coordinación técnica MuVIM: María José Navarro Sarrión

Diseño Montaje: Lupe Martínez Campos,
Estudio Paco Bascuñan y Juan Nava

Realización Montaje: Itinerart Muntatge Servicis Culturals

INSTITUTO CERVANTES

Directora: Carmen Caffarel Serra

Secretaria General: Carmen Pérez-Fragero

Directora de Gabinete: Raquel Galán Seguí

Director de Cultura: Rufino Sánchez García

Subdirectora de Cultura: Juana Escudero Méndez

Organización itinerancia centros Instituto Cervantes:
Departamento de Actividades Culturales

Jefe de departamento: Ernesto Pérez Zúñiga

Coordinación: Luz Bejarano Coca

Administración: José Javier de la Fuente,
José Luis Molina, Javier Sanz y Serezade Mazario

Con la colaboración de: David Mejía González

CATÁLOGO

Coordinación: María José Navarro,
Art in Project y Kalandraka Editora

Textos: Alberto Ruiz de Samaniego, Jordi Costa,
José Carlos Llop y Santiago García

Traducción de textos al inglés: Lambe & Nieto

Traducción de textos al francés: Sophie Cognée

Fotografía: Rafa de Luis

Diseño y Maquetación: Aina Capdevila Aguiló

Producción: Kalandraka Editora

Impresión: Gráficas Anduriña

ISBN Kalandraka: 978-84-8464-760-7

ISBN MuVIM: 978-84-7795-591-7

ISBN Instituto Cervantes 978-84-92632-35-0

NIPO: 503-11-022-2

DL: PO 185-2011

Agradecimientos: Manuel Barrios, Pascal Comelade,
Álex Gallardo, Miquel Salvat, Xavier Sansuán, Paz Talens

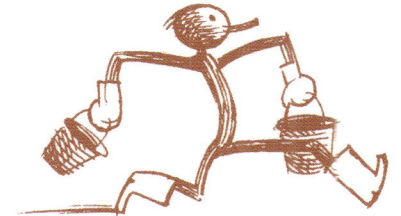

La exposición *Panóptica 1973-2011*, dedicada a la obra de Max (Francesc Capdevila), es una muestra inscrita en el programa del MuVIM que tiene como objetivo estudiar, analizar y difundir los trabajos, ya sean los orientados hacia el diseño o los destinados a ilustración, que han configurado la historia del arte gráfico. Dentro de la línea centrada en la ilustración de libros, en la que se ha procurado presentar las aportaciones más renovadoras y determinantes, se han de situar exposiciones como *Filifers y Patapufs*, sobre los dibujos de Jean Bruller, la publicación de *Dasenka* de Carel Capek, uno de los primeros cuentos en los que el texto se apoyó con fotografías, y más recientemente la muestra de Miguel Calatayud, o la que se ha organizado a partir de la experiencia colectiva llevada a cabo por siete destacados dibujantes actuales que han ilustrado cuentos, ya clásicos, de Rudyard Kipling.

Max es uno de los dibujantes que más ha contribuido a la modernización del lenguaje del cómic y, en consecuencia, de la ilustración. Y se puede afirmar, sin duda, que ha sido una de las firmas que ha situado el trabajo de los dibujantes del país en el panorama internacional del arte. Así, desde unos inicios en los que tuvo una clara influencia del underground americano y de Robert Crumb, Max evolucionó hacia soluciones personales que fue perfilando en las páginas de la revista *El Víbora*, con personajes gráfica y literariamente tan sólidos como Peter Pank, para llegar a publicar sus trabajos en ediciones periódicas tan prestigiosas como *The New Yorker*, *The New York Times* o *El País*. Y a esa manera de hacer que podríamos calificar de gran eficacia y conocimiento profesional, se debería añadir la audacia intelectual que le ha permitido tratar con recursos gráficos temas inusuales, como *El Capital* de Karl Marx, que adaptó al cómic en 1976, en momentos aún de riesgos e incerticumbres.

Quiero agradecer al propio Max su activa colaboración con el museo, así como el trabajo de Marta Sierra, comisaria de la muestra. Y, asimismo, debo agradecer y destacar la participación del Instituto Cervantes en este proyecto que, tras la inauguración en el MuVIM, se presentará en otras ciudades de Europa y América.

Javier Varela Tortajada
Director del MuVIM, *Museo Valenciano de la Ilustración y la Modernidad*

Antes de ser *Max*, Francesc Capdevila crecía leyendo los tebeos de Bruguera y Valenciana. Como tantos niños y jóvenes de aquella generación, mi generación, el futuro Max se hizo lector con las historietas de Asterix, Blueberry o Tintín.

Muchas lecturas después, ingresó en la Facultad de Bellas Artes, ya con alma de narrador. Animado por dos vocaciones como fabular y dibujar, su destino no podía ser otro que el cómic. Hoy, Max es toda una referencia del diseño, la ilustración y la historieta: en 1997 recibió el Premio Nacional de Ilustración Infantil y Juvenil y en 2007 le fue otorgado el Premio Nacional de Cómic, convirtiéndose así en el primer ganador del entonces recién creado galardón.

El Instituto Cervantes, siempre abierto a explorar los nuevos horizontes que alumbra nuestra cultura, acoge esta exposición en su red de centros en todo el mundo y muestra nuestro compromiso por atender a nuevos públicos, por reconocer como expresión artística plena la literatura gráfica y reivindicarla como parte fundamental del espectro cultural de nuestro tiempo.

Esta exposición está dedicada a Max y a todos los que pujaron por el cómic como soporte serio y firme de expresión, a los que han defendido su calidad artística y lo han encumbrado al lugar de merecido privilegio que hoy ocupa, tanto en el panorama cultural de nuestro país, como en la programación de nuestra Institución.

Max, Panóptica 1973 / 2011 rinde homenaje a un artista y una disciplina que bien lo merecía, y se yergue sobre cuatro bloques temáticos, cuatro décadas (70, 80, 90, 00) que muestran la evolución diacrónica de la obra de Max, todo un icono de nuestra cultura contemporánea, artista innovador y poliédrico, responsable de personajes como el idealista Gustavo y el superrealista Bardín, reflexivo y rebelde, que mantiene, tras casi cuarenta años dedicados al cómic, el entusiasmo de los primeros dibujos, de los comienzos.

Carmen Caffarel Serra
Directora del Instituto Cervantes

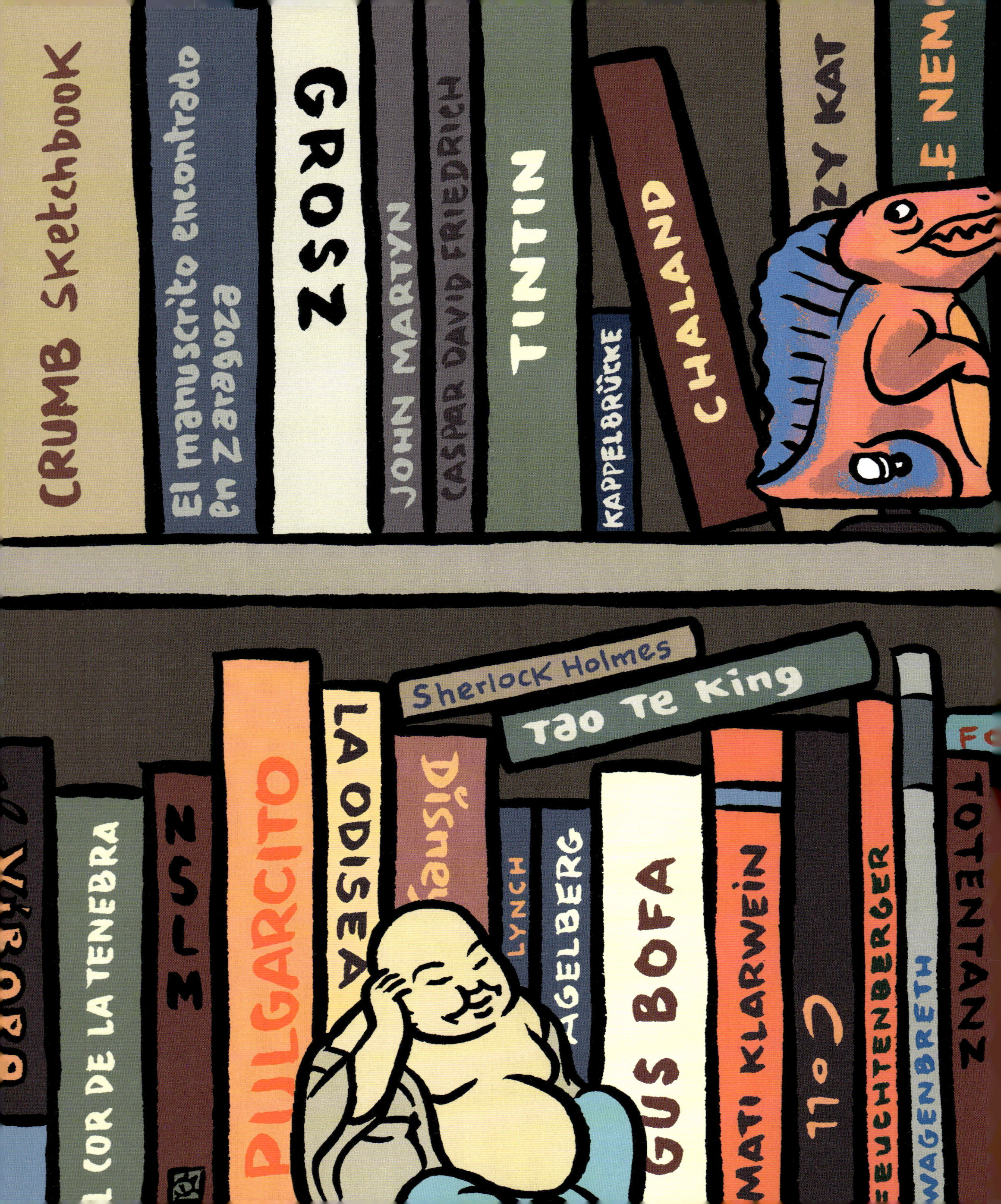
CRUMB Sketchbook
El manuscrito encontrado en Zaragoza
GROSZ
JOHN MARTYN
CASPAR DAVID FRIEDRICH
TINTIN
KAPPELBRÜCKE
CHALAND
Sherlock Holmes
Tao Te King
PULGARCITO
LA ODISEA
LYNCH
GUS BOFA
MATI KLARWEIN
WAGENBRETH
TOTENTANZ

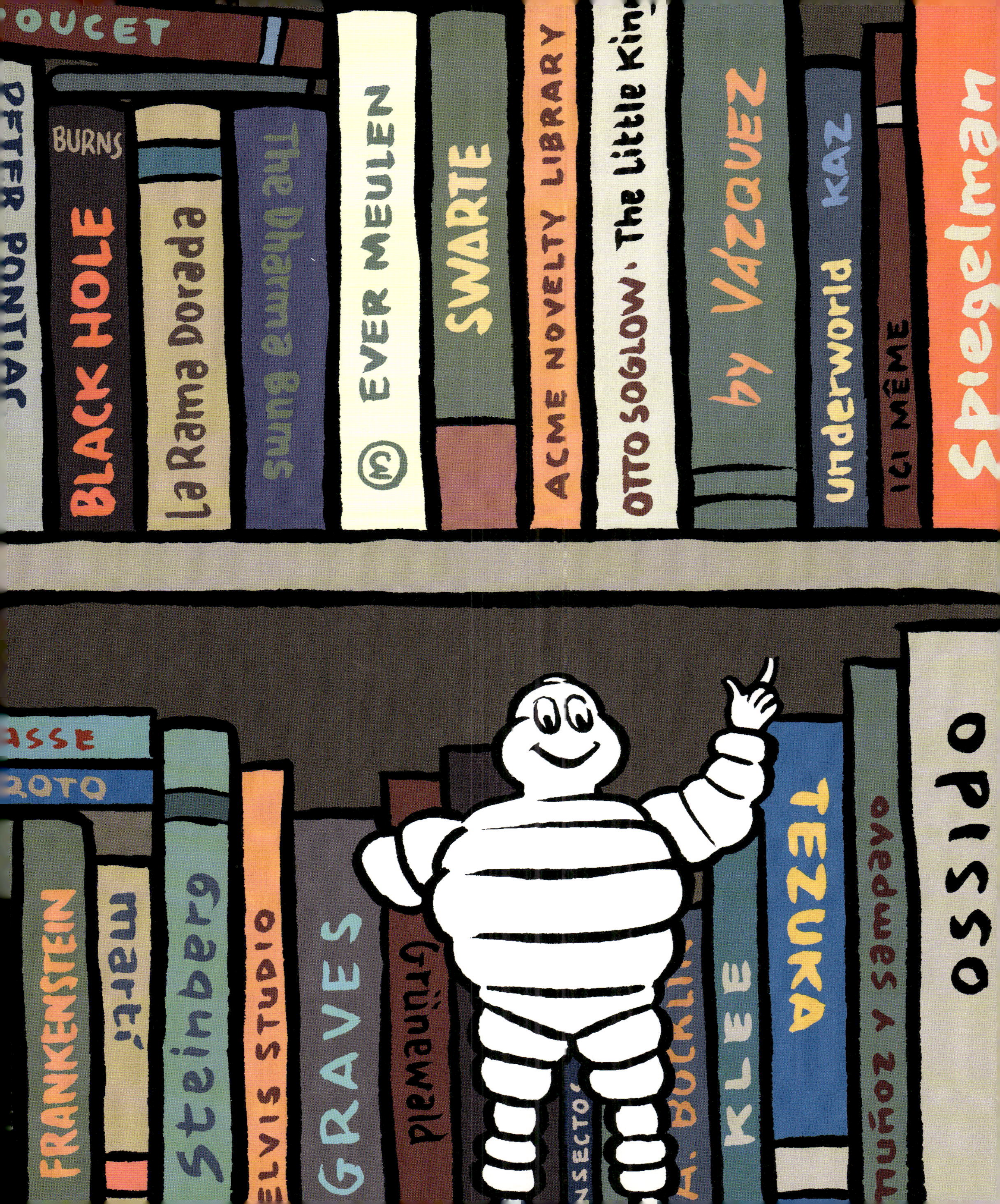
OUCET
PETER PONTIAC
BURNS
BLACK HOLE
La Rama Dorada
The Dharma Bums
EVER MEULEN
SWARTE
ACME NOVELTY LIBRARY
OTTO SOGLOW. The Little Kin
by VÁZQUEZ
underworld KAZ
ICI MÊME
Spiegelman
ASSE
ROTO
FRANKENSTEIN
martí
Steinberg
ELVIS STUDIO
GRAVES
Grünewald
NSECTO
A. BÖCKLI
KLEE
TEZUKA
muñoz y sampayo
OPISSO

MAX EN EL TIEMPO

José Carlos Llop

Hace veinticinco años un grupo de amigos y conocidos nos reunimos en los jardines de un hotel de la bahía de Palma para celebrar nuestro treinta aniversario. Era a principios de verano y el lugar se llamaba Ciudad Jardín. El hotel se había construido allá por los 20/30 y tenía el aire orientalista de las producciones de Hollywood de la época. Quiero decir que su concepto de Oriente no difería en absoluto del de un decorador cinematográfico y su afición por los minaretes. Una piscina olímpica vacía e daba el toque de modernidad abandonada, que era algo –tanto la modernidad como cierto abandono, como, de algún modo, ese orientalismo occidental– bastante adecuado a nuestra generación. El orientalismo y ese abandono como un rastro que ya habíamos dejado atrás; la modernidad como un deseo más o menos inaugural. En 1986 daba la impresión de que la fiesta estaba en su cénit y nadie quería perdérsela.

En esa fiesta, la mayoría éramos –perdón– artistas. Pintar, dibujar, escribir, era –o iba a ser– el argumento de nuestras vidas. Todos, o casi, estábamos en el umbral de la consecución de una voz, de un estilo, de una forma que nos identificara de una manera singular. Tanteando ese umbral y a punto de cruzarlo. Todos menos dos, los dibujantes de historietas Max y Pere Joan, que también habían nacido –como el resto– en 1956 (año de excelente cosecha vinatera, por cierto). Tanto uno como otro eran ya, a los treinta años, maduros en su arte. A los demás nos quedaba un buen trecho y eso a los que no estábamos dispuestos a tirar la toalla por el camino y no la tiramos, como sí hicieron tantos otros.

Sólo tengo una fotografía de esa fiesta. No sé por qué pero sólo tengo una y esa imagen corrobora lo que acabo de decir. En ella estamos dos personas, Max y yo, veinticinco años más jóvenes que ahora. Pero esos años se notan más en mi rostro que en el de Max y no porque Max parezca mayor que yo en esa fotografía. No, es como si él ya estuviera hecho y a mí me faltara (y desde luego me faltaba). Ese rostro de Max *es* el rostro de Max, el único que he conocido. El que tenía entonces y tiene ahora, un rostro de benéfico tótem. Es decir, propenso al hieratismo y la observación, y que de vez en cuando se mueve y dibuja una sonrisa entre amable e irónica, como de quien ya lo ha visto todo y aún así –o por eso mismo– sabe que sólo en la calidez está el consuelo. La fuerza de ese rostro –y es una fuerza tranquila– está en los ojos.

Siempre he pensado que nunca nada malo puede ocurrirle a uno junto a Max y así se ve en la fotografía de la fiesta. Esa humanidad de Max –de la misma familia, quiero decir– la he hallado muchos años después no tanto en pintores o escritores, como –y esto no puede ser azar– en otros dibujantes de historietas. Pienso ahora en tres maravillosos e inolvidables personajes con los que conviví varios días en la Provenza el pasado año: Olivier Mau, Matthieu Blanchin y Christian Perrissin. Sin olvidarme, claro está, de Pere Joan, a quien empecé a tratar a los diecisiete años, cuando practicaba la pintura hiperrealista y yo escribía poemas a la manera de... Hay en todos ellos una resistencia al abandono del reino de la infancia que los hace, paradójicamente, mucho más maduros que a aquellos que parece que nunca la tuvieron. Esta al menos es mi impresión.

El reino de la infancia. La palabra reino. El reino del bosque. El reino del desierto. Este es el Max que conozco. El reino de Max. Del bosque al desierto. De la sensual mitología a la cáustica metafísica. Del erotismo al ascetismo. De la tribu a la soledad. Y al fondo, la literatura, que también está; que no se entiende –Max– sin ella. No en su totalidad, al menos. No la cartografía del reino de Max. En ese reino no existe el tiempo o solo hay un tiempo que se apropia de los otros tiempos, de los que sí existieron. Hay algo ucrónico en las historias de Max, en los dibujos de Max, alejado del tiempo y al mismo tiempo inscrito en sus rastros. Todo nace del bosque

–el bosque que no tiene fin– y ese bosque es el padre –y sus secretos– y la madre –que nos nutre–. Y las criaturas del bosque son las que nos van a acompañar, desde la sombra o la alegría, durante toda nuestra vida. Eso parece querer decirnos Max entre los troncos negros y las lianas espinosas. Pero también en los animales-fetiche que nos observan sin ánimo de dañarnos y en los cuerpos desnudos y exultantes de las egerias que nos rodean, en las pequeñas hadas que follan con un entusiasmo inversamente proporcional a su tamaño, o en el sarcasmo negro de uno de sus personajes más celebrados, Peter Pank.

He escrito ucrónico pero cuando pienso en el Max que conocí, la Alta Edad Media, sus iconos y miedos, sus colores y mitos precristianos acuden de inmediato. Como acuden Lovecraft o Borges. Como si Max hubiera trazado las fronteras de su reino entre la infancia –el color de Disney, entre tantos otros– y el *limes* de la adolescencia. Y entre ambos hubiera hecho madurar todo su mundo artístico: el lugar de donde surgiría todo lo demás. Quizá sea una impresión falsa, pero es la que tengo y así la cuento.

Porque el arte de Max, de un modo u otro, nos sumerge en el mundo antiguo. O por lo menos no se desprende de él. Como si nos dijera que ahí, en ese origen, está la explicación de lo que somos. A diferencia de otros de sus compañeros de generación –pienso ahora en Mariscal, Nazario, Torres, o Pere Joan, entre tantos otros–, no parece en Max que haya habido un especial deslumbramiento por la modernidad. Por la frívola exigencia de plasmarla en la obra para no quedar al margen. Por la necesidad legítima de ser modernos en el mundo moderno. Sólo en la serie de *El rollo enmascarado* y sus secuelas –tan influenciadas por Robert Crumb, que han de mirarse como un aprendizaje, pienso, donde Max aún siendo Max, no es del todo Max– ocurre, en parte, lo opuesto a lo que digo. Después, una vez hallada su voz en la estilización del dibujo y la originalidad de las historias, ya está ese Max total cuyo cordón umbilical lo enraiza con el mundo antiguo. Sean las hadas, los bosques, los dioses, sus órficas; o sean las gárgolas, el postvictorianismo lovecraftiano, el panteísmo druídico o el erotismo de la Rusia zarista. Y el peligro, la locura y la muerte –como en *El séptimo sello* bergmaniano– ahí presentes, jugando al ajedrez con sus personajes.

Antes he citado la palabra estilización y el mundo de Max ha ido estilizándose –o depurándose– aún más en el tiempo hasta llegar a una soledad distinta: la que arranca en el desolador *Nosotros somos los muertos* –fruto de esa cicatriz imborrable de la guerra yugoslava–, que se centra en esa especie de San Antonio contemporáneo –entre la perplejidad, el tormento y la indignación– que es *Bardín el superrrealista* y se sintetiza en los personajes solitarios –humanos, animales o librescos– que ilustran en *Babelia* el artículo semanal de Manuel Rodríguez Rivero. Una estética –y una ética– que entre faros de un solo ojo, buques anclados en el desierto o las amenazas del sueño, me hacen pensar en Simeón el Estilita: la figura mítica de los Santos Padres y también su recreación buñuelesca. En ambas cosas me hace pensar el último Max y tampoco creo que esto sea casual, o una interpretación meramente generacional. Aunque hable solamente del Max que conozco y he leído.

En 1986 un grupo de amigos y conocidos celebramos nuestro treinta aniversario en un hotel de la bahía de Palma, ya dije. Con Max. Pero antes y después de esa fecha, encontrarle por las calles de la ciudad ha representado, durante varios minutos, quedar fijado en el tiempo. No en el pasado o en una anécdota personal –la que fuera– donde nuestras vidas se hubieran cruzado, o compartido algo bueno. No. Era quedar fijado en el tiempo de Max, que es ucrónico y a la vez suma todos los tiempos. Un tiempo que en el trato personal destila silencio y bonhomía y detrás de la mirada y la sonrisa aparece el bosque y en él las figuras recreadas por Max y Max mismo.

El reino del bosque. El reino de Max. «Me encanta dibujar algas, selvas, bosques. Sobre todo tengo una predilección especial por los bosques», le dijo a su amigo Pere Joan. «Es un ambiente que siempre me ha gustado, que me parece, además, que no se acaba nunca. En un bosque siempre hay más allá y aún hay más atrás y aún detrás de aquel árbol aún hay más, y siempre hay cosas escondidas detrás de los árboles.» De ese lugar –con una cruz celta cubierta de musgo en un claro– y ese tiempo –que arranca en la Barcelona de los 70 y se inscribe luego en los mitos de todos los tiempos– surge Max. Como Merlín. Y aunque sepa de la crudeza del bosque y de la soledad, hay una mirada salvífica que se proyecta en sus dibujos y nos hace mejores. Como ocurre con la buena literatura. Como ocurre con los buenos amigos.

LOS AÑOS 70

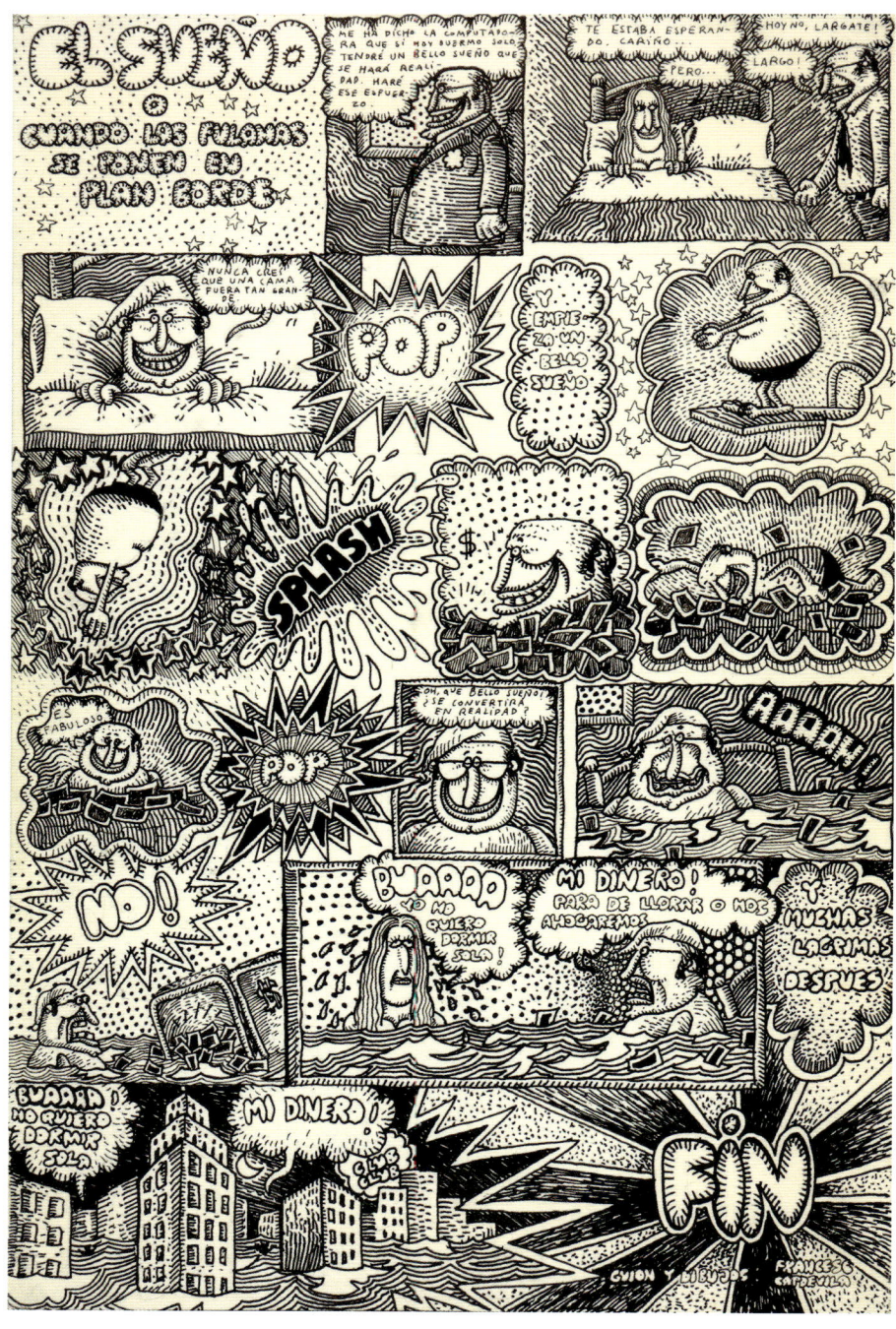

El sueño, 1973
Tinta china sobre papel
223 x 338 mm

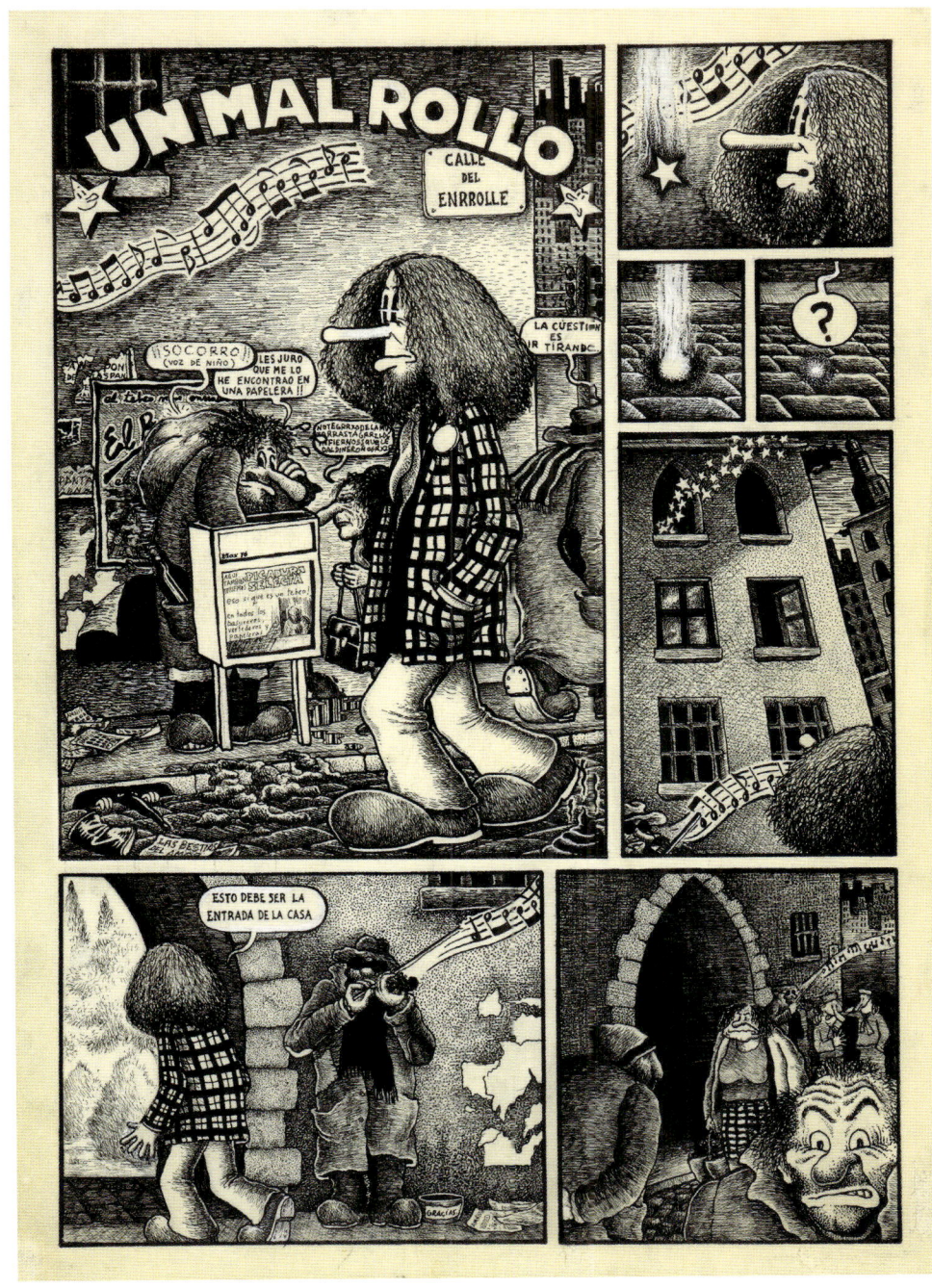

Un mal rollo, 1976
Tinta china y trama mecánica sobre papel
212 x 300 mm

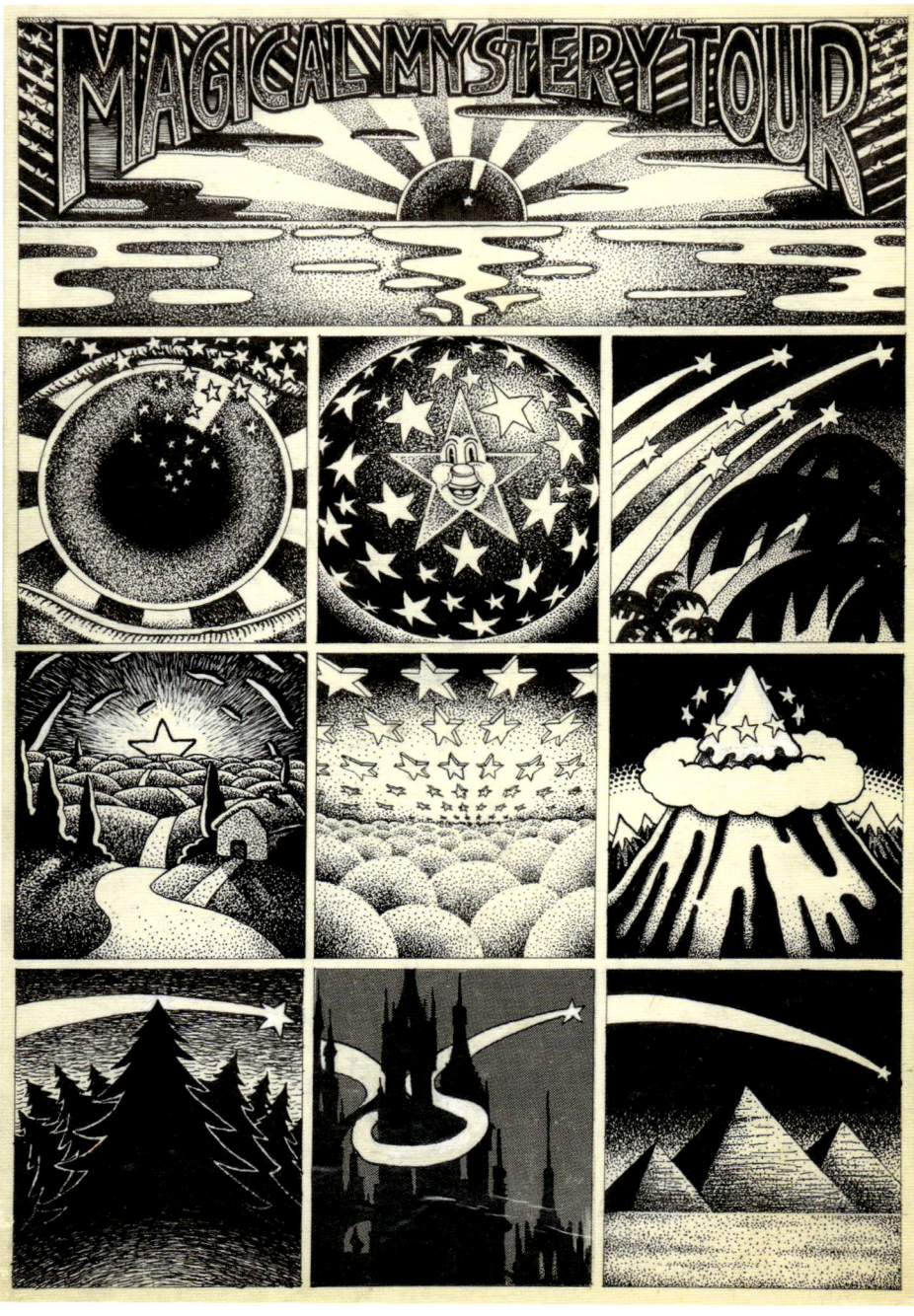

Magical mystery tour, 1974
Tinta china sobre papel
228 x 333 mm

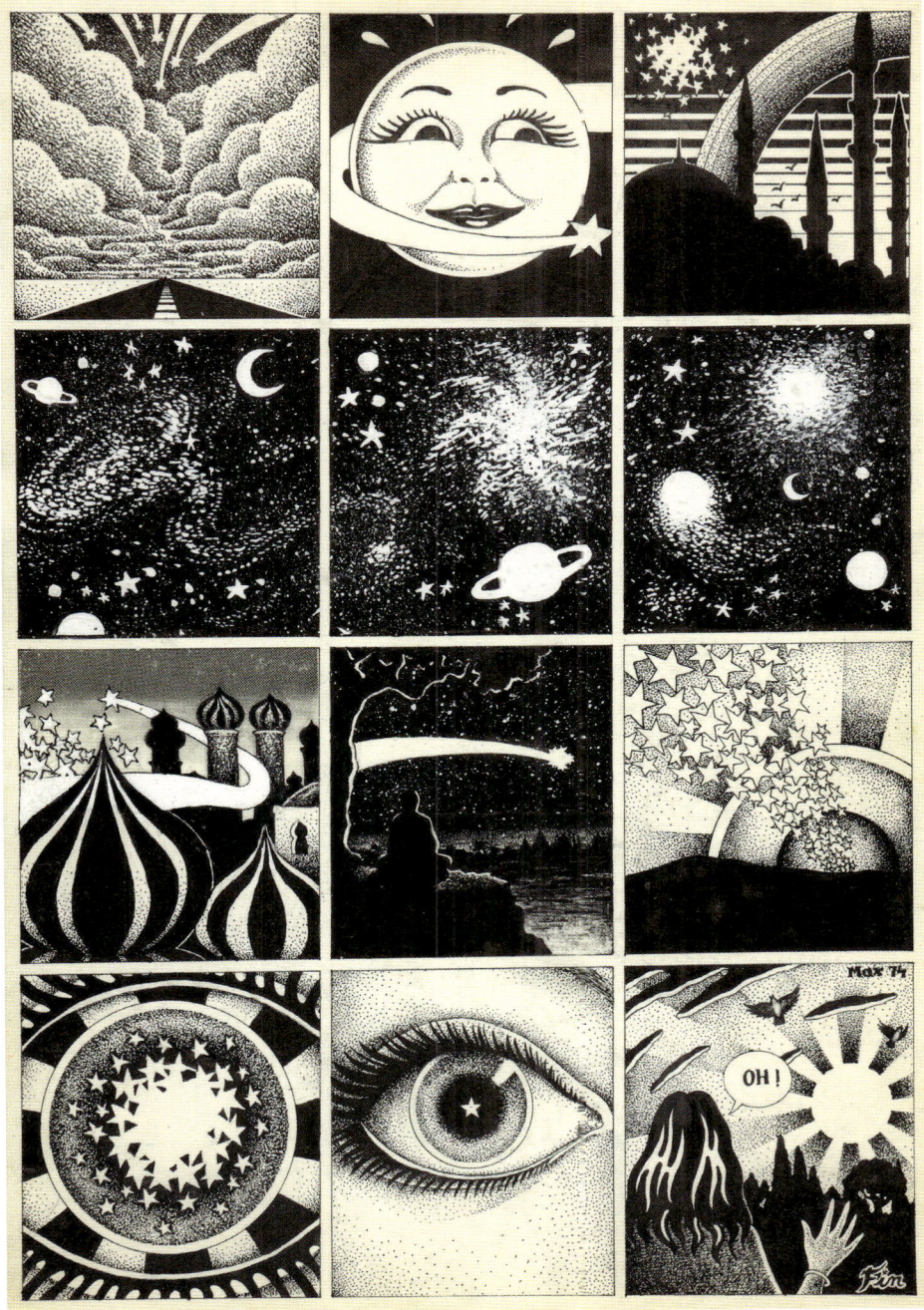

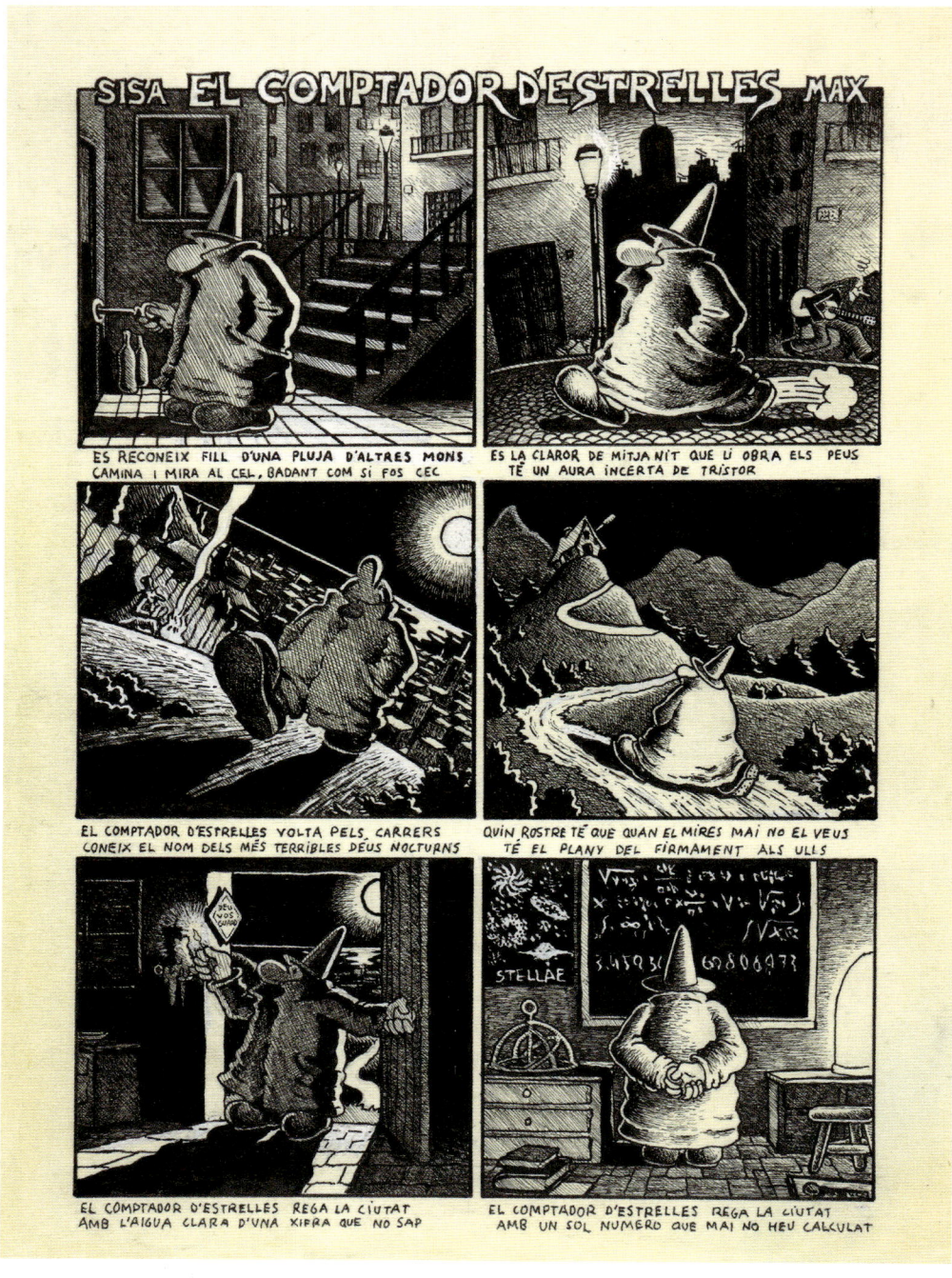

El comptador d'estrelles, 1976
Tinta china sobre papel
163 x 222 mm

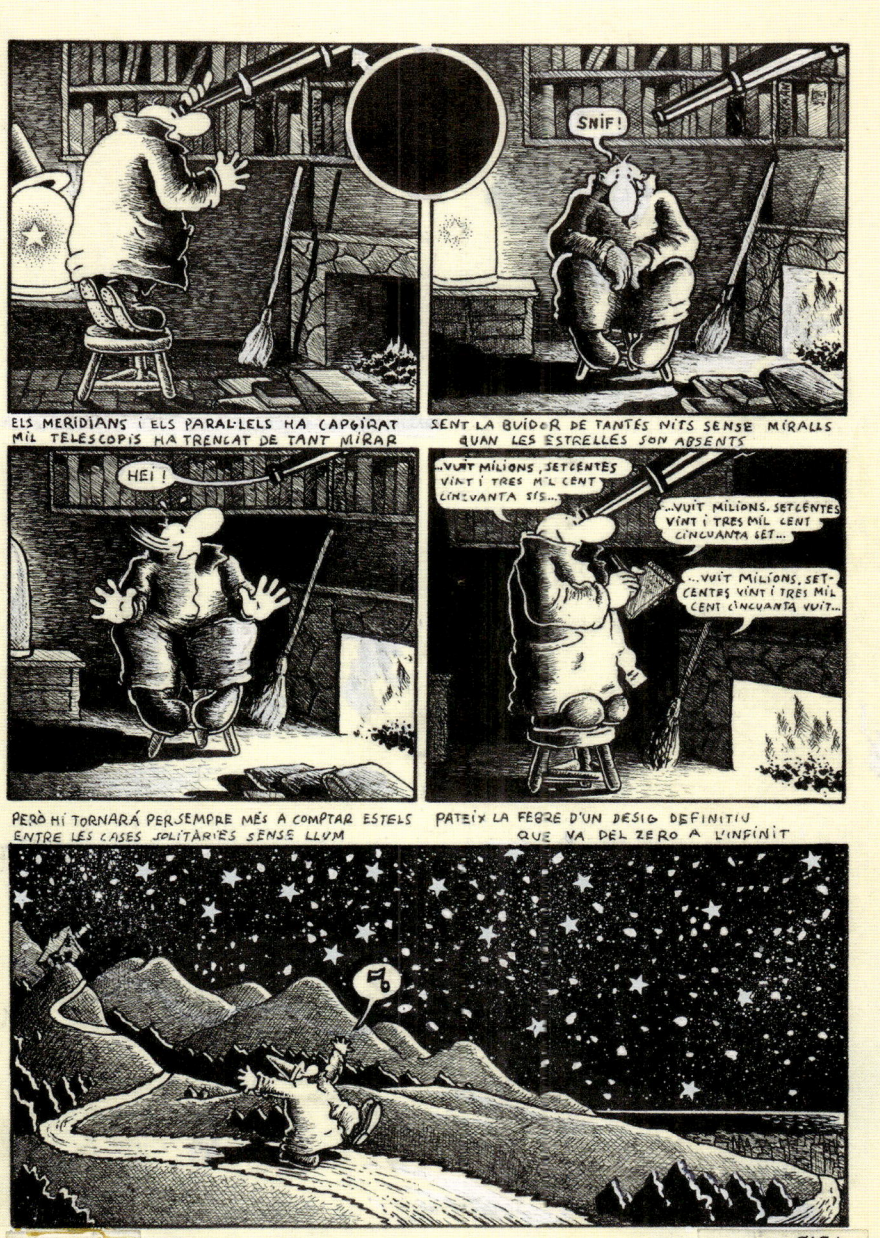

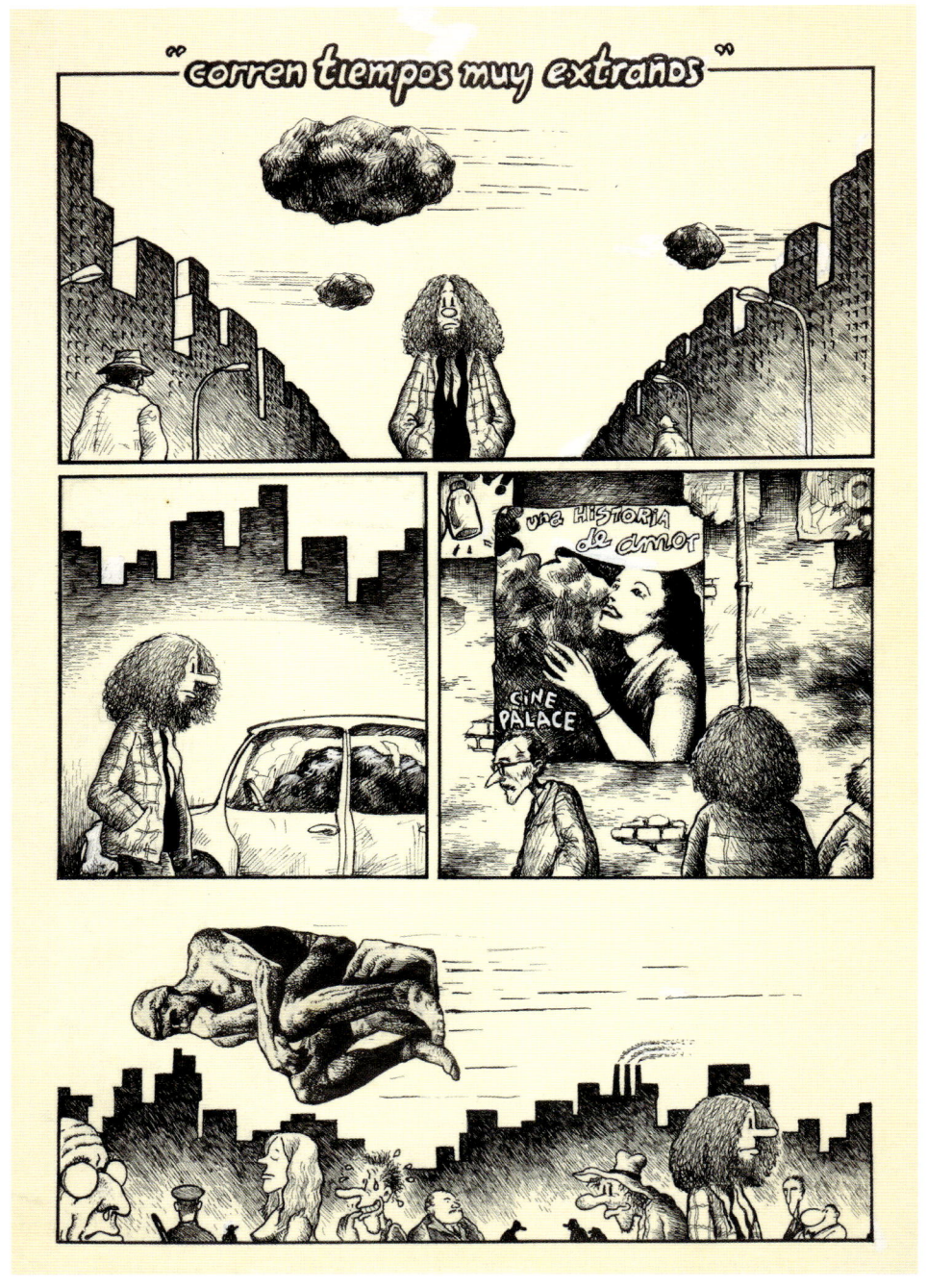

Corren tiempos muy extraños, 1977 (en colaboración con Pere Joan)
Tinta china sobre papel
214 x 307 mm

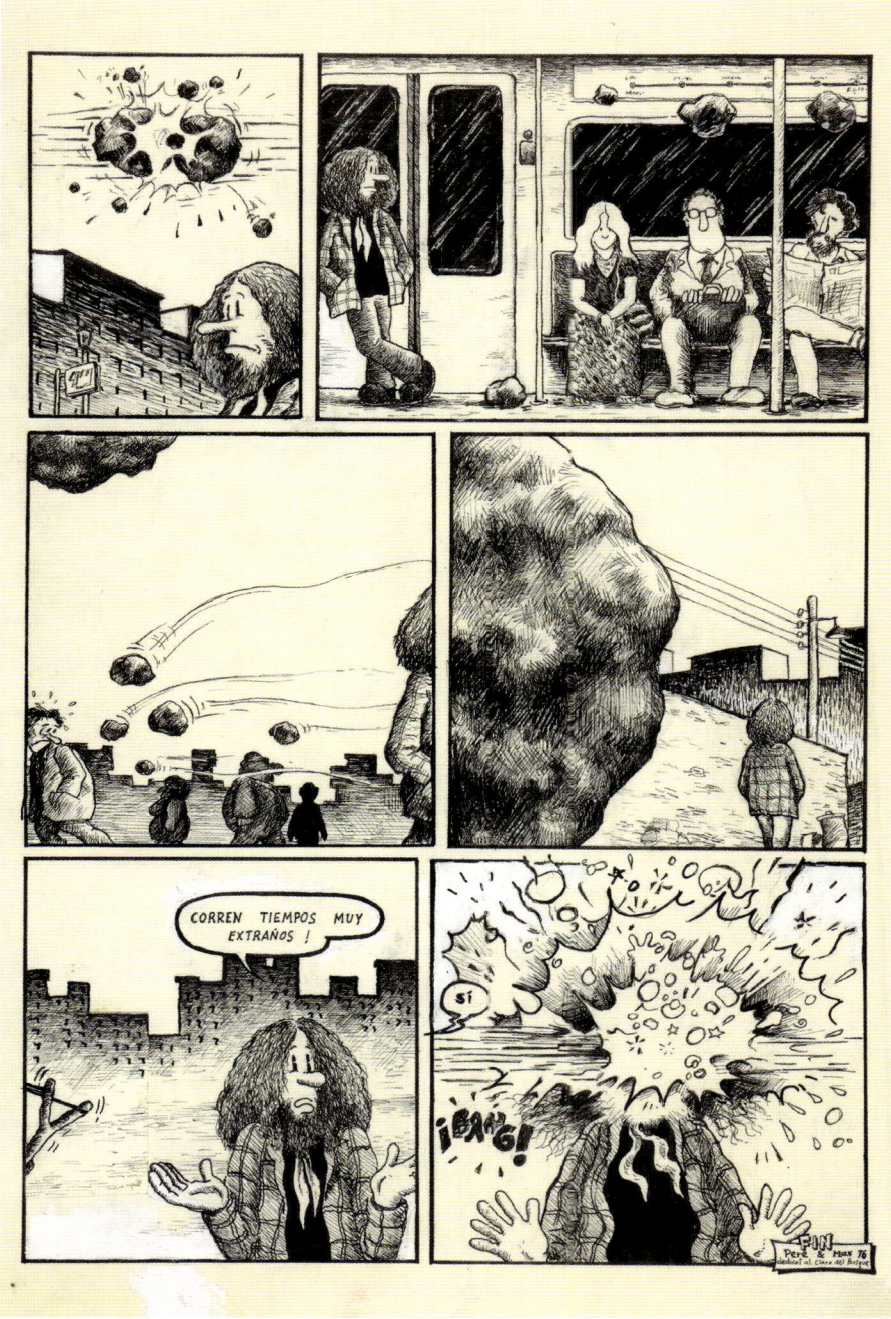

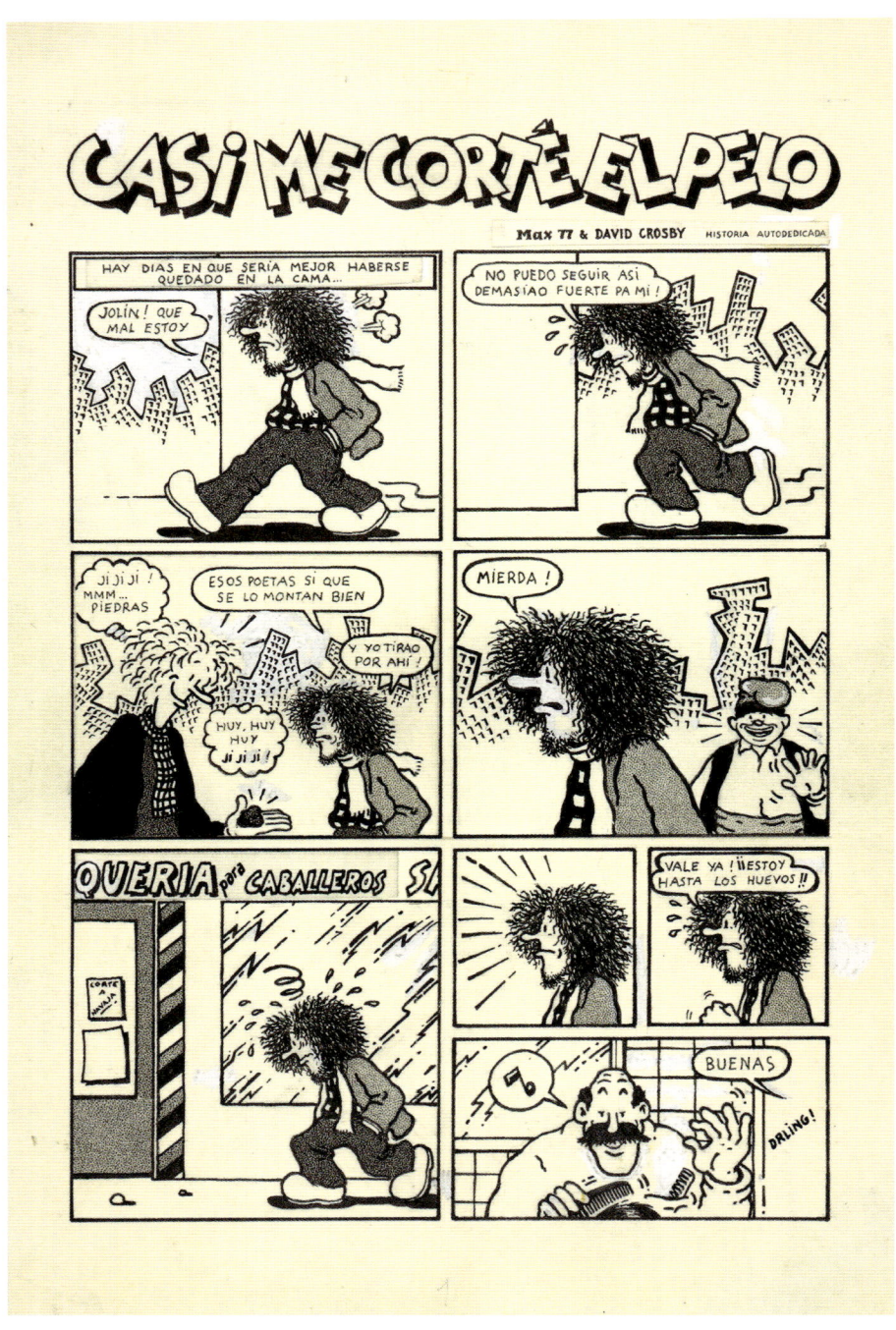

Casi me corté el pelo, 1977
Tinta china y trama mecánica sobre papel
194 x 293 mm

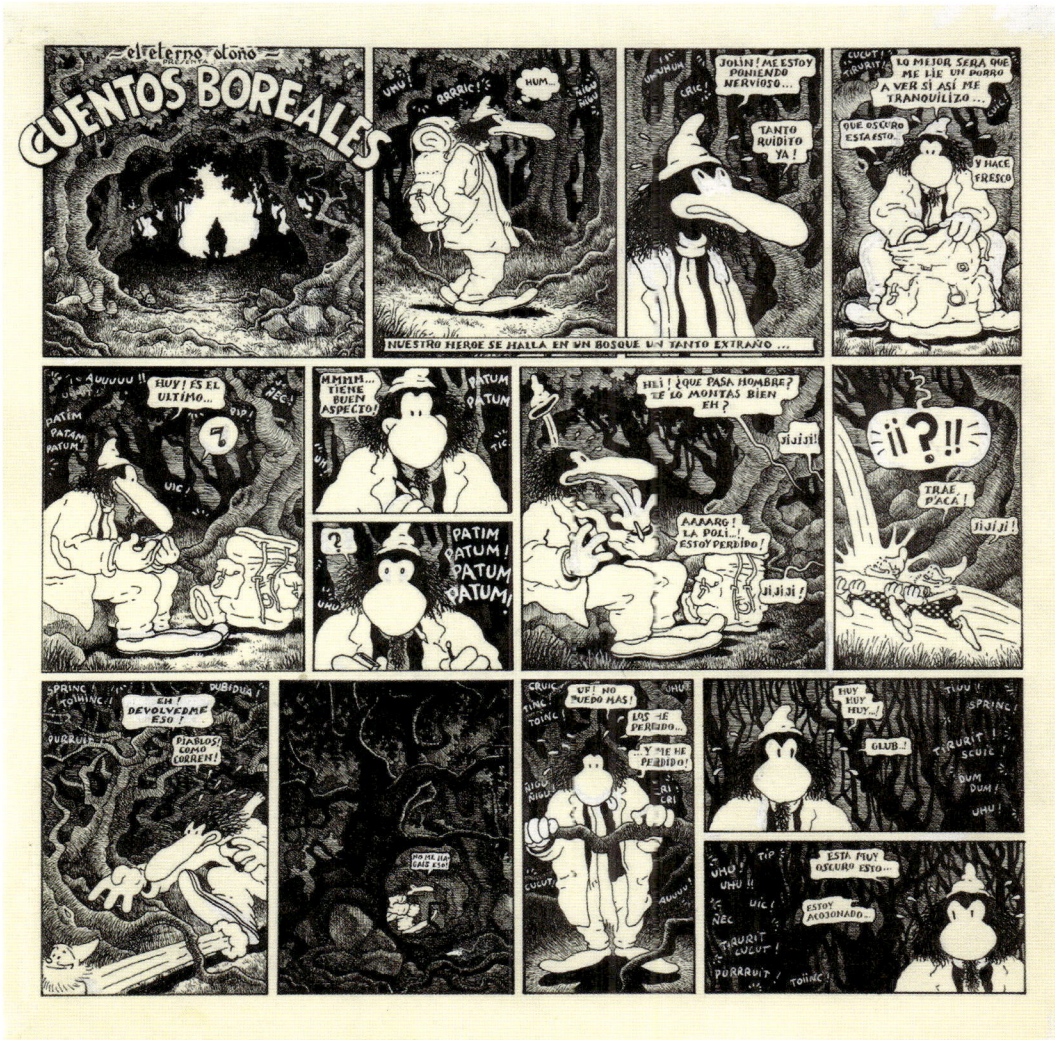

Cuentos boreales, 1978
Tinta china sobre papel
234 x 239 mm

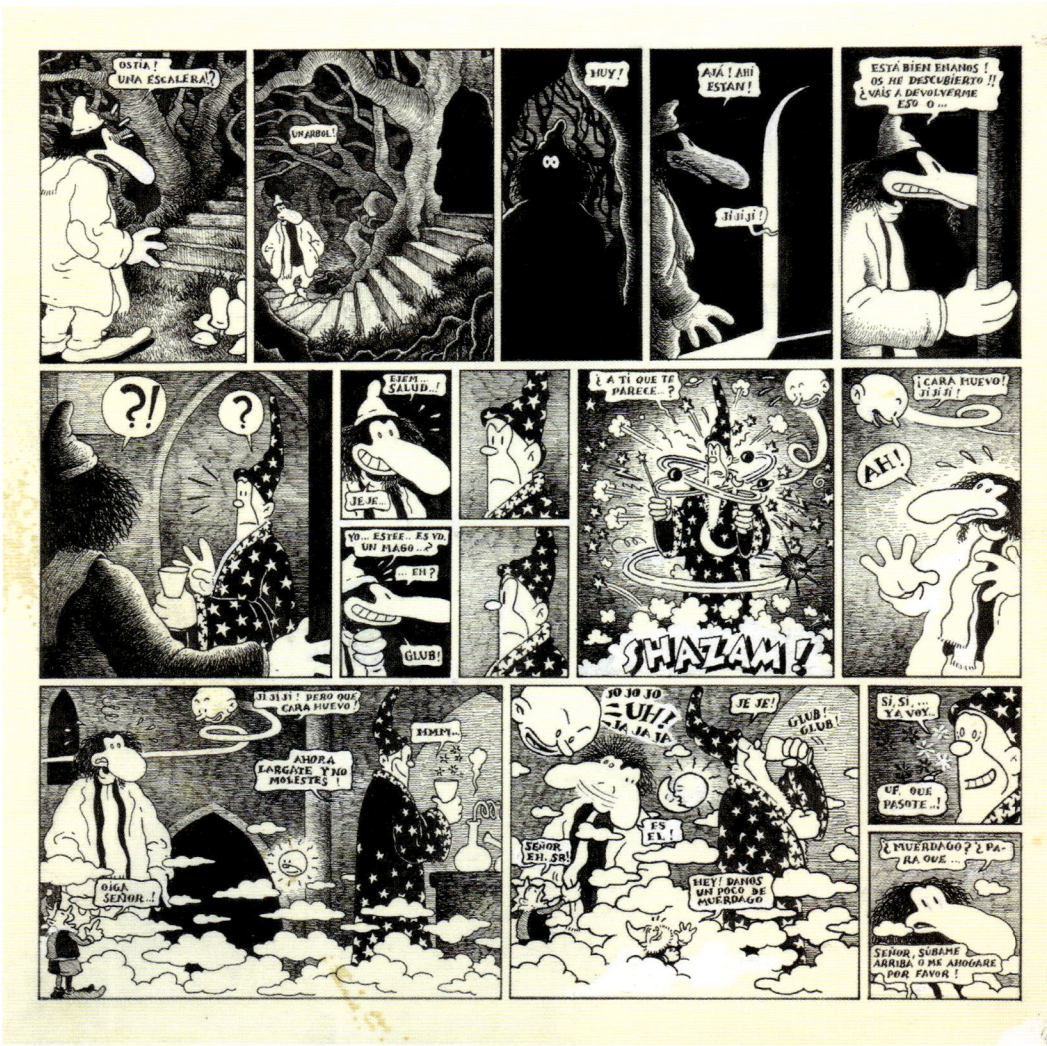

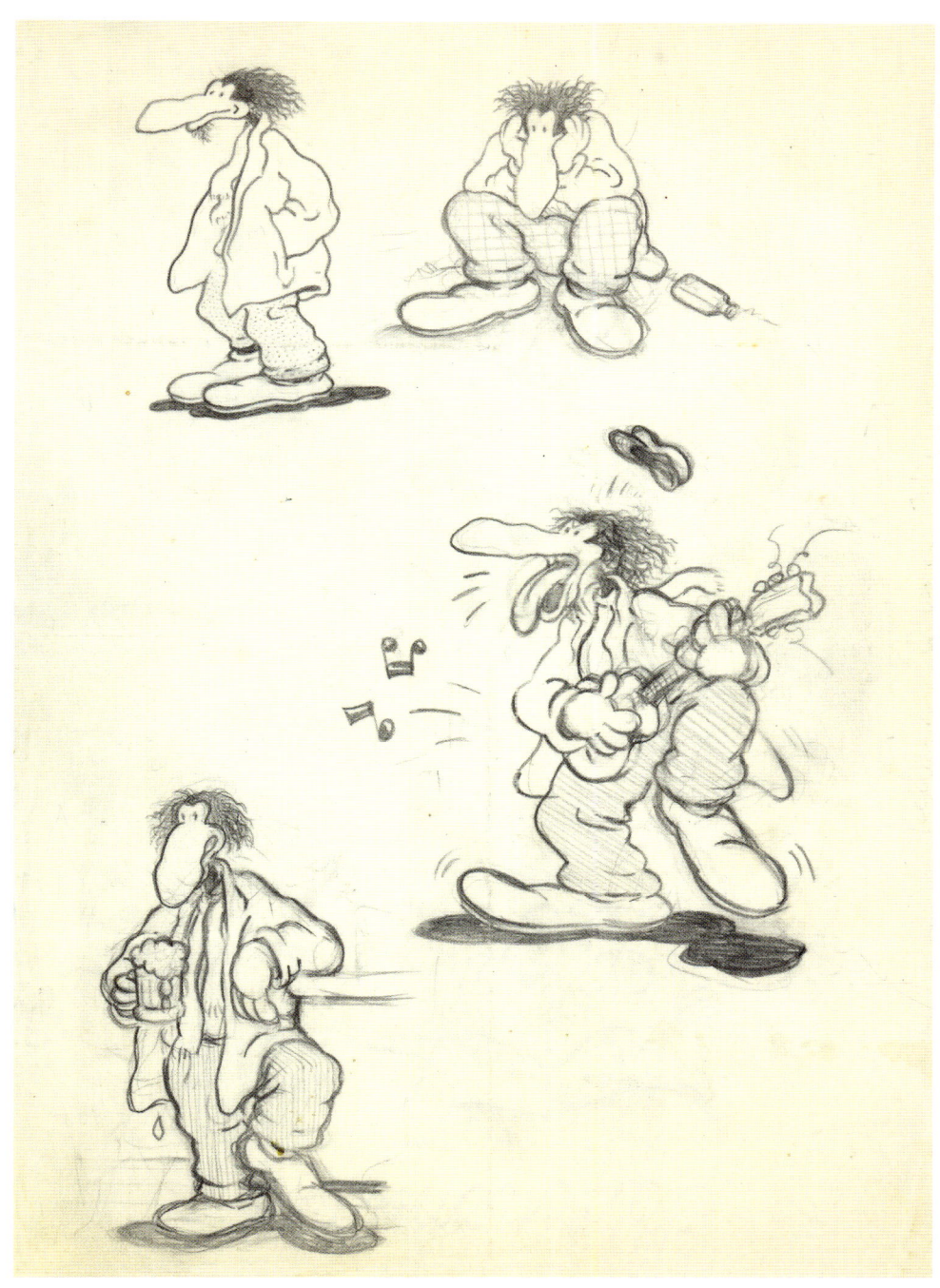

Gustavo, 1978
Bocetos, lápiz sobre papel
212 x 296 mm

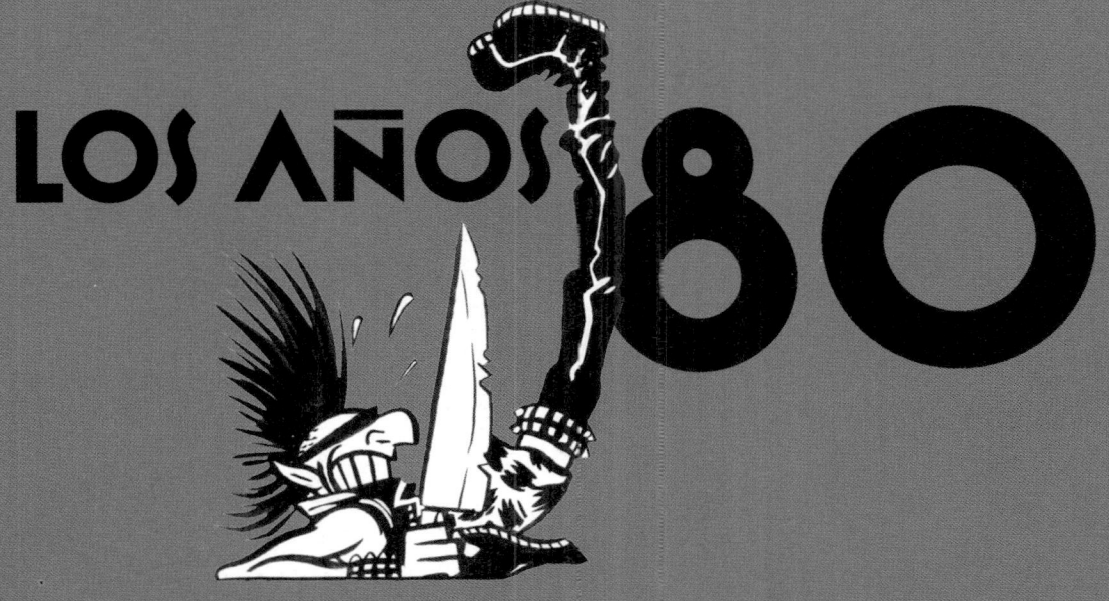

MATERIA OSCURA EN UN MÁGICO MUNDO DE COLORES

Propuestas para una cartografía del primer Max

Jordi Costa

Hay momentos en la historia de la cultura popular que parecen tocados por el don (o la condena) de lo premonitorio: inesperadas atalayas que permiten contemplar lo que vendrá desde una posición privilegiada que, a la vez, desvela inesperadas conexiones, el secreto trazado de árboles genealógicos invisibles. Uno de esos territorios clave es la escena de la borrachera en *Dumbo* (1941), un clásico Disney que, en principio, fue concebido como funcional obra menor en plena convalecencia económica del estudio –y en el umbral de la entrada de Estados Unidos en la Segunda Guerra Mundial–, pero que cristalizó en obra maestra capaz de tantear estéticas futuras. Dirigida por Ben Sharpsteen, la película es un extraño islote, una gratificante pausa en la progresiva tendencia a la emulación realista por parte del trazo Disney: una obra consciente de que el destino natural de la animación no es suplantar, sino leer, interpretar la realidad. Sus fondos de acuarela, de formas casi insinuadas, parecen sugerir una primera tentativa de aproximación a esas estéticas del vaciado que culminarán en la revolución del estudio U.P.A. en los años 50, pero la escena de la pesadilla etílica supone un salto más radical: directamente, la profecía de las estéticas lisérgicas de una cultura *underground* que aún tardaría varias décadas en emerger y afirmarse. Conviene no dejarse tentar demasiado por un entusiasmo capaz de adjudicar a los talentos de la Disney una capacidad visionaria casi sobrenatural: justo es apuntar que, en buena medida, las coreografías alucinatorias y ese polimorfismo perverso que articularon el precoz *delirium tremens* del elefantito marginado eran la amplificación de algo que ya estaba allí, los ecos formales de esa escuela de Nueva York encabezada por los hermanos Dave y Max Fleischer. Tampoco hay que dejar volar la imaginación en direcciones imprudentes: Ward Kimball ya dejó claro que las únicas drogas en juego durante la realización del segmento fueron Alka-Seltzer y Pepto-Bismol. Pero quizá se podría proponer un juego: fijar una conjetura y dejar que su verdad provisional se mantenga vigente por lo menos hasta llegar al punto final de este texto. Ahí va: el *underground* nace, en parte, del proceso de fermentación ideológico y estético que acaban experimentando los modos canónicos de la animación Disney.

En mayo de 1967 –o sea, en la mismísima antesala del llamado *Verano del Amor*–, el número 74 de la revista *The Realist*, una publicación ya veterana que logró convertirse en punto de referencia de la prensa alternativa de finales de los 60, publicaba un póster dibujado por el historietista Wally Wood que, bajo el título de «The Disneyland Memorial Orgy», mostraba a un amplio elenco de personajes del imaginario disneyano entregados al abandono lúbrico. No era la única señal que relacionaba la irrupción de una sensibilidad subterránea con la perversión de las señas de identidad de eso que Walt Disney llamó en su día, en probable estado de inocencia lisérgica, «Mágico Mundo de Colores». Fue también en el Verano del Amor cuando Víctor Moscoso se dio a conocer como arrebatado cartelista de una flamante psicodelia. Tan sólo un año después, en las páginas de la fundacional Zap Comix, el propio Moscoso retorcía la silueta de Mickey Mouse siguiendo las leyes esquivas de un sueño de peyote. Por aquel entonces, el gato Fritz de Robert Crumb ya se había convertido en icono contracultural: un personaje que, en plena efervescencia *underground*, ejemplificaba la vigencia de la tradición de los *funny animals* y delataba, entre las lecturas de formación de su creador, un profundo conocimento de la obra de Carl Barks, precisamente el gran autor que estaba detrás de las grandes historietas clásicas del pato Donald. Para el grueso de ese relevo generacional, el imaginario Disney parecía ser el enemigo a batir: un discurso de poder expresado a través de la seductora tiranía del círculo. Posiblemente hay espacio para otra interpretación: el reciclaje de iconos Disney funcionaba como tratamiento de choque para que esa estética canónica del dibujo animado liberase ese potencial lúbrico y dionisíaco que el padre Walt había reprimido de manera antinatural. Bastaron unos años más para que la cultura *underground* se tomase su relación con la estética disneyana en términos de incendiado activismo: en 1971, el colectivo de artistas denominado Air Pirates –en honor a una banda de villanos que aparecía en las historietas de Mickey Mouse dibujadas por Floyd Gottfredson en los años 30– lanzó los dos números de la publicación alternativa «Air Pirates Funnies», en los que se parodiaba de manera inclemente a los personajes de Disney, con la promiscuidad sexual y el consumo politóxico como automáticas herramientas de provocación. Antes de que el año llegara a su fin, la Disney demandó a los responsables de la ofensa. Era el tipo de respuesta que Dan O'Neill, cabecilla de los Air Pirates, estaba buscando, en su convencimiento de que lo disneyano era, directamente, e Enemigo y Mickey Mouse el símbolo de una hipocresía cultural genuinamente americana. Los Air Pirates perdieron ante los tribunales, pero O'Neill decidió liberar a los suyos de la responsabilidad de continuar la guerra para dedicarse en cuerpo y alma a librar su pulso en solitario con la corporación. Un pulso que se prolongó hasta 1980.

Cuando la Disney decidió liberar a O'Neill del peso de vivir a la contra –a su contra–, el barcelonés Francesc Capdevila, alias Max, ya era uno de los puntales de la revista *El Víbora*, nacida a finales de 1979, publicación que supuso la –por llamarlo de algún modo– legalización –que no domesticación– de una sensibilidad *underground* que, a imagen y semejanza del modelo americano, había nacido silvestre y salvaje en una España en proceso de crispada transformación. Max fue, probablemente, el más disneyano de los dibujantes *underground* del país, aunque «Los Garriris» del valenciano Mariscal también partían del mismo modelo referencial para acabar llegando, por la vía de la destilación y el vaciado, al territorio purísimo y primigenio del «Krazy Kat» de Herriman. Conviene dejar claro que definir el arte del primer Max como disneyano no deja de resultar problemático. E impreciso. En el Max previo al nacimiento de *El Víbora*, y a la definitiva puesta de largo de su primer personaje emblemático Gustavo, lo disneyano solo apunta como caudal camuflado en medio de una desmandada frondosidad, a la vez canábica y psilobicínica, que parece emerger de un suelo bien abonado por la memoria de algunos grandes de la ilustración catalana como Junceda, Opisso y Urda. El trazo de Max, desde sus orígenes, es permeable y generoso: el trazo de una artista que detecta, reconoce afinidades, las canibaliza amorosamente y sabe seguir avanzando y creciendo en un constante afinamiento de su propia identidad. Como sabe todo seguidor fiel de la obra de Max, su trayectoria ha tenido sus fases Chaland, sus tránsitos Ever Meulen, sus interludios griegos, sus rupturas airadas y sus éxtasis surreales, pero en ningún momento, ni siquiera en las primeras fases de construcción de un carácter propio y reconocible a través del estilo, ha aflorado la sospecha de estar ante un creador condenado a la mímesis por limitación o déficit de elocuencia propia. En las páginas de *El Víbora*, el trazo de Max no era el único que remitía a referentes tradicionales: Martí levantaba su particular poética *noir* iberizando el trazo expresionista y deformante de Chester Gould, del mismo modo que Gallardo encontraba en la bulliciosa vitalidad del «Thimble Theatre» de E. C. Segar un posible espejo de la efervescencia marginal del lumpen barcelonés. Había ocurrido algo parecido en el *underground* norteamericano: la seducción inmediata de la línea psicodélica abría las puertas de la percepción del consumidor lego hacia un pasado que ya había sido transgresor, hipnótico, avasallador e inagotable por otros medios. La modernidad –o, por lo menos, la modernidad digna de tal nombre– es un diálogo con el pasado. O un momento preciso de una secuencia que viene de lejos y, si todo va bien, morirá aún más lejos.

Recuerdo haber escuchado a Max, en algún momento de 1982, celebrar con sincero entusiasmo el desenlace de *Los hechiceros de la guerra* (*Wizards*; 1977), la película de animación de espada y brujería que Ralph

Bakshi dirigió cinco años después de haber dotado de movimiento al gato Fritz de Robert Crumb. Podría uno pensar que, en cierto sentido, Bakshi cerró un círculo al trasladar al lenguaje de los dibujos animados al icónico felino del *underground*: lo que había nacido como hijo bastardo de Disney ocupaba el territorio mágico –la gran pantalla– donde el Mágico Mundo de Colores había difundido su particular credo estético. A Crumb no le hizo ninguna gracia ese tipo de consagración: su respuesta fue el asesinato nada ritual del personaje –devenido maleado icono de la cultura de masas– en el territorio primigenio de las viñetas. Hubo algo en el tratamiento del personaje que solivianto especialmente a su creador: la sátira de los activistas radicales que ocupaba el último tramo de la película. De alguna manera, Bakshi había pervertido a Fritz para ponerlo al servicio de algo que reafirmaba los discursos de poder. Lo que le gustaba a Max del final de *Los hechiceros de la guerra* parecía, no obstante, una suerte de acto de contrición de Bakshi tras su desliz. En la película, dos magos hermanos libran un pulso fatal sobre el telón de fondo de una tierra apocalíptica. El primero, Avatar, es un cruce entre gnomo y gurú *hippie*, apólogo de la paz y practicante de la magia blanca. El segundo, Blackwolf, cree sólo en el potencial destructivo de la tecnología militar y en la rentabilidad futura de la manipulación de las masas a través de la propaganda. En su enfrentamiento final, Bakshi sorprende al espectador con un golpe bajo: Avatar, el mago *hippie*, bueno y pacifista, se saca un hiperbólico revólver y mata a su hermano. Acción directa para el bien común. Hay algo sumamente interesante en la fascinación de Max –del Max de la época– por ese final: la aparente contradicción del tipo con las trazas superficiales del *hippie* afable que sueña con dinamitar centrales nucleares. Llegados a este punto es necesario esquivar otro peligro: la confusión entre persona y personaje, entre autor y discurso. Max ha contado en repetidas ocasiones que Gustavo nació como reacción ideológica a la temprana desideologización de la Contracultura que, precisamente, parecían encarnar algunos de los compañeros de viaje en la aventura creativa del artista. «*Decidimos* (el plural se refiere al propio Max y a su cómplice Zap, Jaume Fargas) *crear un personaje que reflejara lo que por lo visto nadie más asumía en el comix, la parte combativa y radical del Rollo: provos, yippies, anarcos y en general todas esas gentes que siempre están dispuestas a dar la bronca*», escribía el autor rememorando la génesis de Gustavo, criatura que no era ya revisión del *funny animal* sino un *angry animal* que, pese a las sugerencias de su contorno, jamás podría haberse aclimatado al Mágico Mundo de Colores del maestro de la animación. Aunque Max nunca le consideró un animal, sino un señor de nariz muy larga que acabaría desvelándose poseedor de un alma complicada, en perpetua confrontación no solo con las formas de obscenidad del poder, sino también con las cobardías y contradicciones de su propio entorno politizado. En cierto modo, Gustavo era la figura subsidiaria a través de la cual Max vivía su particular revolución en el territorio de las formas. El personaje no fue lobotomizado por ningún Ralph Bakshi bajo la forma de dibujo animado engañosamente alternativo: su otra vida se manifestó en pasquines, pintadas y carteles que reciclaban su efigie para reivindicaciones políticas, sociales, ecológicas o vecinales. Quienes reciclaron a Gustavo para sus propios usos inmediatos y coyunturales no sabían que, en realidad, estaban manejando un material tan inestable como la nitroglicerina. Porque lo interesante de Gustavo no estuvo tanto en su génesis como héroe activista, sino en su desarrollo como figura cargada con una estimulante munición de sombra y ambigüedad.

Cuando encontró su acomodo en las páginas de *El Víbora*, Gustavo siguió siendo el único personaje de ese imaginario *post-underground* capaz de ejercitar esa politizada acción directa que, en nuestros días, resultaría más controvertida, agresiva y provocadora de lo que lo fue entonces, pero sus crispados lances convivían con otras luchas. *El Víbora* era campo de diversas batallas, entre el desafío *queer* y transgenérico de la Anarcoma de Nazario y la tragicomedia de la marginalidad de la Basca de Gallardo y Mediavilla, pasando por esa resistencia en la inmadurez que encarnaban los Garriris de Mariscal y que quizá hubiese podido aplaudir Witold Gombrowicz. En ese contexto, Gustavo no fue una figura inmovilizada en su propia esencia revolucionaria: Max pulsó los mecanismos interiores que le llevarían al cuestionamiento de sí mismo, con una naturalidad que harían bien en envidiar los creadores de otras parcelas estéticas cuando su empeño en desvelar el lado oscuro del superhéroe delatase su mecánica forzada. En «Masacre!», quinta entrega de la aventura *Comecocometrón*, Gustavo, rescatado por una gitana bellísima, se enfrenta a un dilema parecido al que resolvía Avatar al final de *Los hechiceros de la guerra*: la pistola o el amor. Gustavo acaba escogiendo la pistola. En «Pacto con el diablo», la siguiente entrega, Gustavo se alía con el tipo cuya vida decidió perdonar en el último momento, tras haber eliminado a sus secuaces: junto a él se infiltrará en las filas del Mal y, desde esa posición, vivirá un proceso de extrañamiento hacia sus viejos colegas que, al final del álbum, culminará con el violento mutis por el foro de un desengañado Gustavo que elige, por así decirlo, la soledad del camino del samurái. Gustavo se pierde en un frondoso bosque. Sabremos algo de su posterior vida como mendigo, pero es estimulante imaginar que Gustavo se perdió en ese bosque y reapareció, convertido en otra cosa, en los paisajes selváticos de Nunca Jamás, que Max rebautizará como Punkilandia en las aventuras de Peter Pank. Gustavo crece, evoluciona y se enturbia en forma de Peter Pank y el Max que va construyendo su propio vocabulario estético –paso a paso, pero siempre guiado por la curiosidad y movido por el puro placer de la ejecución precisa– decide cambiar las reglas del juego: volver explícitamente a Disney, para celebrarlo en sus formas y negarlo en su fondo, poniendo la seducción de la línea al servicio del caos improvisatorio, la absoluta libertad narrativa y el firme rechazo al discurso acabado.

En el punto anterior se ha hablado del placer de la ejecución: Max es alguien que disfruta trabajando, que convierte su trazo en instrumento de perpetua exploración, la línea fluida que describe un sendero puntuado por constantes descubrimientos. De otra forma no pueden entenderse tempranos recitales de poderío como la plancha que abre el capítulo «Abigarrados!» de *Comecocometrón*, con su minuciosa celebración gaudiniana, o el virtuoso uso del bitono en la espectacular página que abre el ya mencionado «Masacre!», con esa animación suspendida de oníricos gustavos que caen sobre la efigie de un Gustavo que se despierta sobresaltado de su sueño, o la espectacular tormenta, con sus violentos efectos lumínicos, que estalla en la primera entrega de *Las amigas de Lilian* –donde los ecos de *El viejo molino* (1937), el clásico corto de Disney, no resuenan precisamente en la lejanía–. Ese placer, ese trazo dionisiaco que acaba curioseando en lo apolíneo para integrarlo en su voraz organismo, lleva al Max de los 80 a esbozar la identidad del Max maduro que alcanzará su definitiva afirmación con *Nosotros somos los muertos*, *Órficas*, *Monólogo y alucinación del gigante blanco* y la saga de Bardín: un Max culterano, que abre la puerta a la posibilidad del horror sin olvidarse de seguir jugando, que cita a Borges, Carroll, Graves y Tenniel, que empieza a hablar sin tapujos de la oscuridad, la noche, el sueño y la muerte...

En 1985, Max firma una historieta remarcable, en la que, de manera más o menos explícita –y, sobre todo, de forma harto significativa–, el autor se integra a sí mismo en la ficción: *El encuentro entre Walt Disney y H. P. Lovecraft*. El supuesto alter ego de Max sirve de nexo de unión entre los dos legendarios personajes, respectivas encarnaciones simbólicas de la Luz y la Sombra. H.P. Lovecraft reta a Walt Disney en una apuesta: le asegura ser capaz de aparecerse en sus sueños. Si lo consigue, el cineasta tendrá que satisfacer la apuesta llevando a la pantalla un guión del escritor. Lovecraft se aparece en el sueño de Disney, pero, al día siguiente, este decide negarlo. El de Providence persevera: aparece, cada noche, en los sueños del arquitecto de ese Mágico Mundo de Colores que, en el proceso, se va sumiendo en un estado obsesivo rayano en la locura. Lovecraft muere y deja de aparecerse en los sueños de Disney. La película, por supuesto, no llega a materializarse, pero el artista ha realizado algunos dibujos y bocetos que decide legar al narrador de la historia que, recordemos, es toda una contrafigura del propio Max. «*En cuanto a los dibujos... sí, yo los vi... ¿Hace falta que os diga que eran lo más alucinante, lo más bello y lo más terrible que jamás nadie haya dibujado...? ¿Os podéis llegar a hacer una mínima idea de qué clase de película habría salido de allí si Lovecraft hubiera vivido unos meses más...?*», afirma el personaje-autor. Llegados a este punto del texto, liberemos otra conjetura. En este caso, su validez puede prolongarse todo lo que el lector crea conveniente. Mejor: propongamos dos conjeturas. Primera: efectivamente, Lovecraft y Walt Disney cruzaron sus caminos cuando el segundo preparaba *Blancanieves y los siete enanitos* (1937). Disney nunca hizo ninguna película con guion de Lovecraft, pero el encuentro le transformó completamente: el bosque oscuro en el que se pierde Blancanieves es territorio de horrores primordiales, carta de presentación de toda esa materia oscura que, a partir de ese momento, aflorará periódicamente en el imaginario disneyano, incapacitado de una vez por siempre para ser virginal territorio de la inocencia. Segunda: Lovecraft nunca conoció a Walt Disney, pero la capacidad de imaginar ese encuentro dotó a Max del privilegio (o lo condenó a la maldición) de resolver esa paradoja. La energía de esa película inexistente es lo que mueve su trazo para desvelar el lado oscuro de lo disneyano, su reprimida procacidad, su secreto poder revolucionario, su indagación en lo profundo... Cuando habla de la suma de Lovecraft y Disney, Max aporta una extraña, esquinada, pero esclarecedora definición de sí mismo.

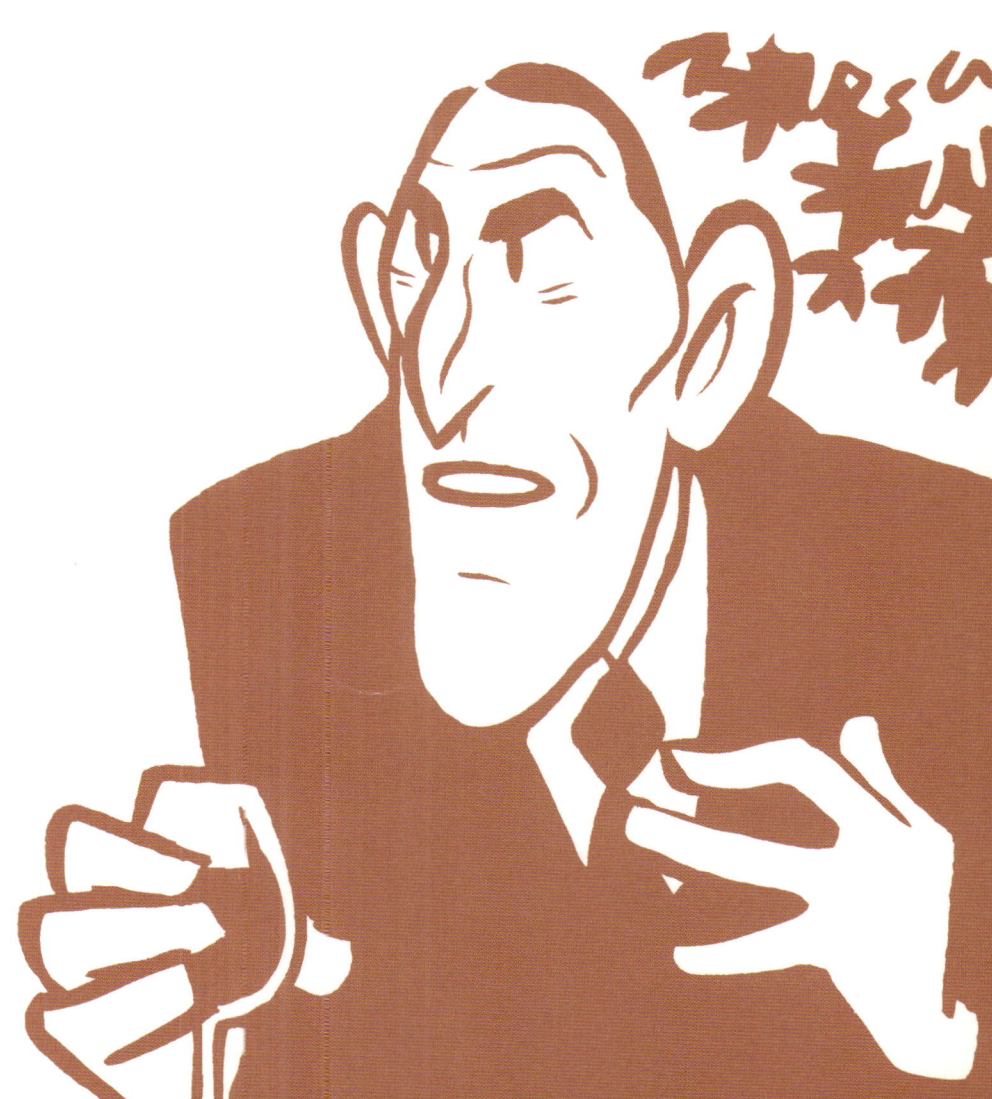

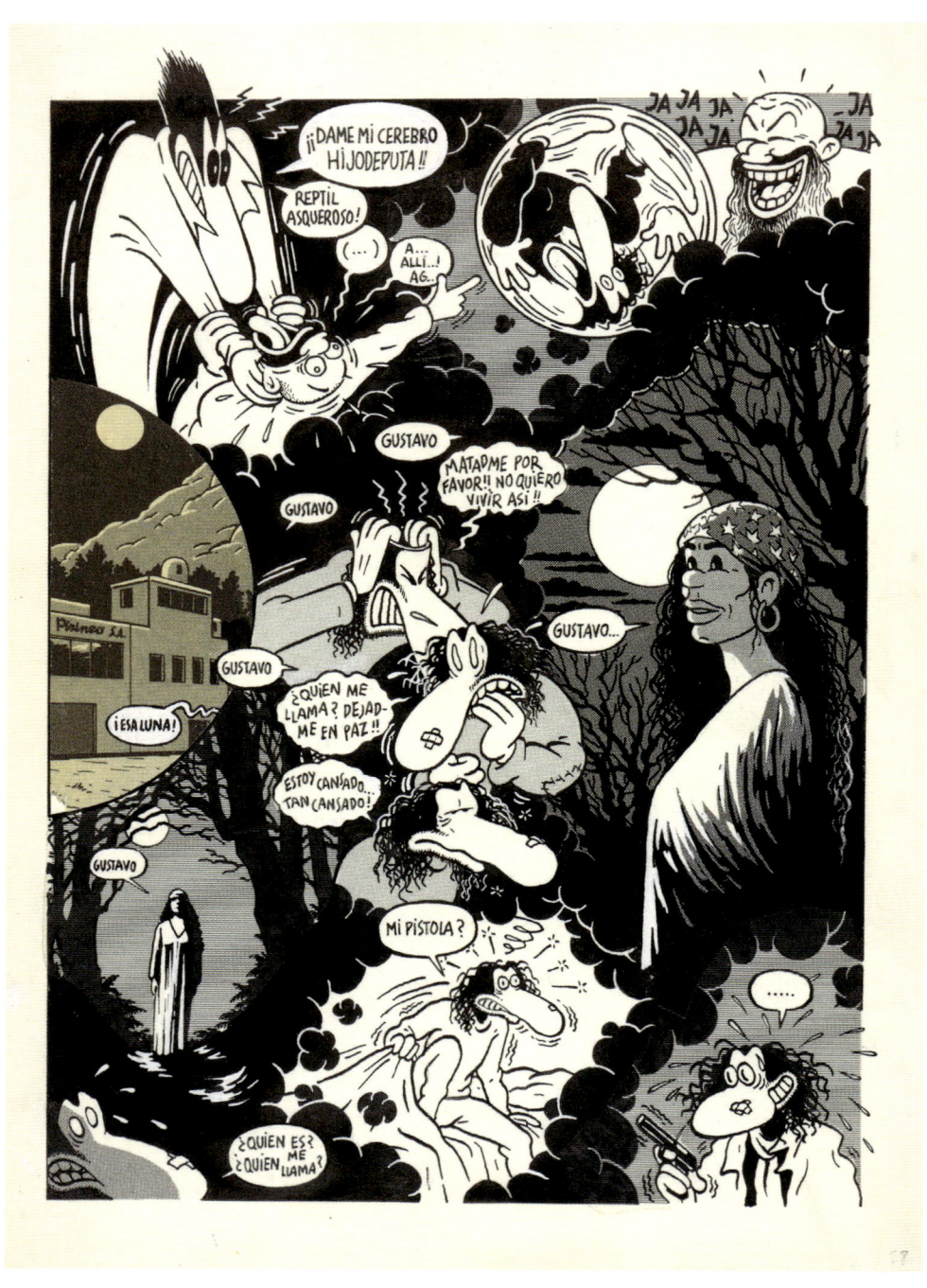

Comecocometrón, 1981
Tinta china y trama mecánica sobre papel
250 x 348 mm

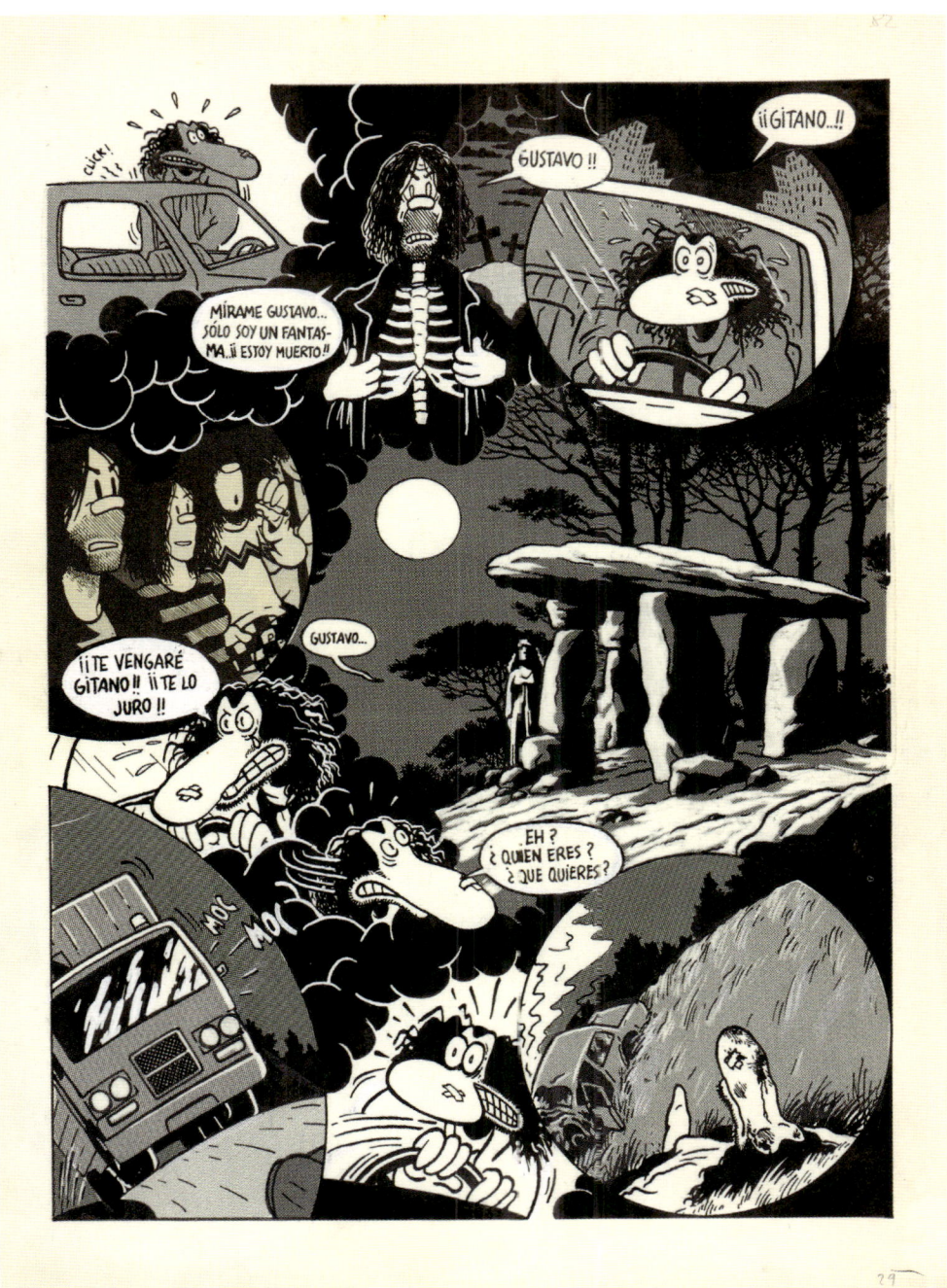

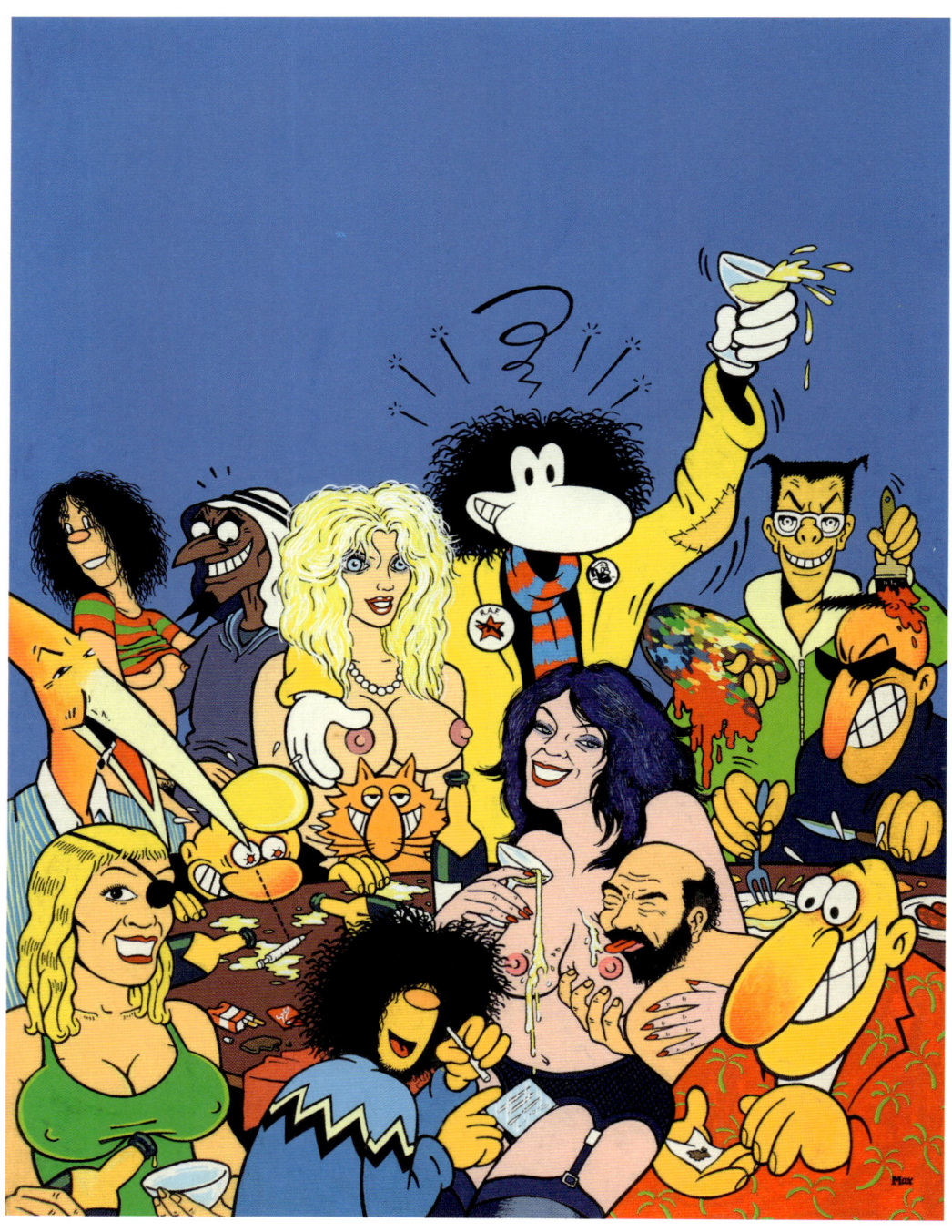

Navidad viborera, 1980
Gouache sobre papel
258 x 471 mm

47

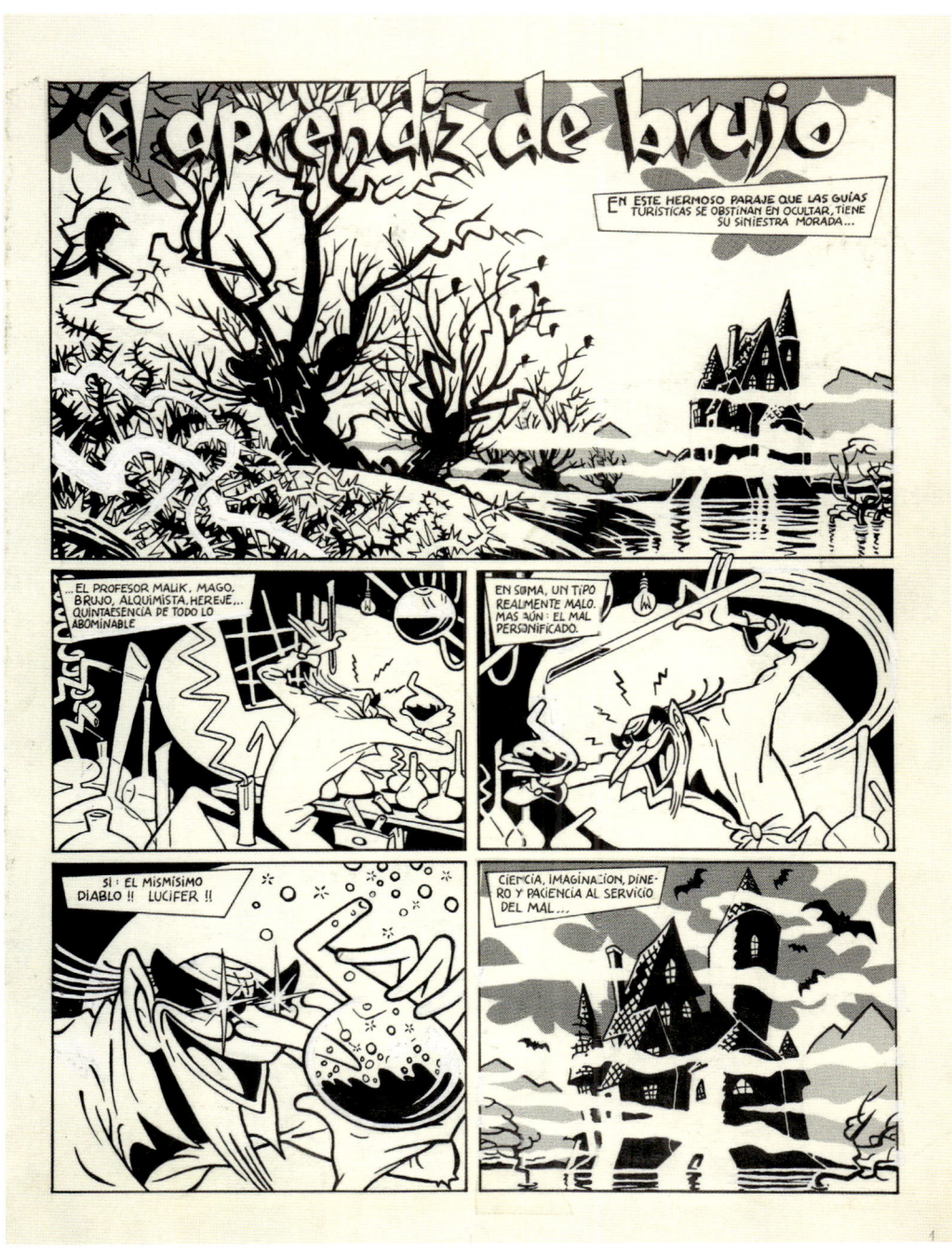

El aprendiz de brujo, 1982 (en colaboración con Jorge Zentner)
Tinta china y trama sobre papel
312 x 415 mm

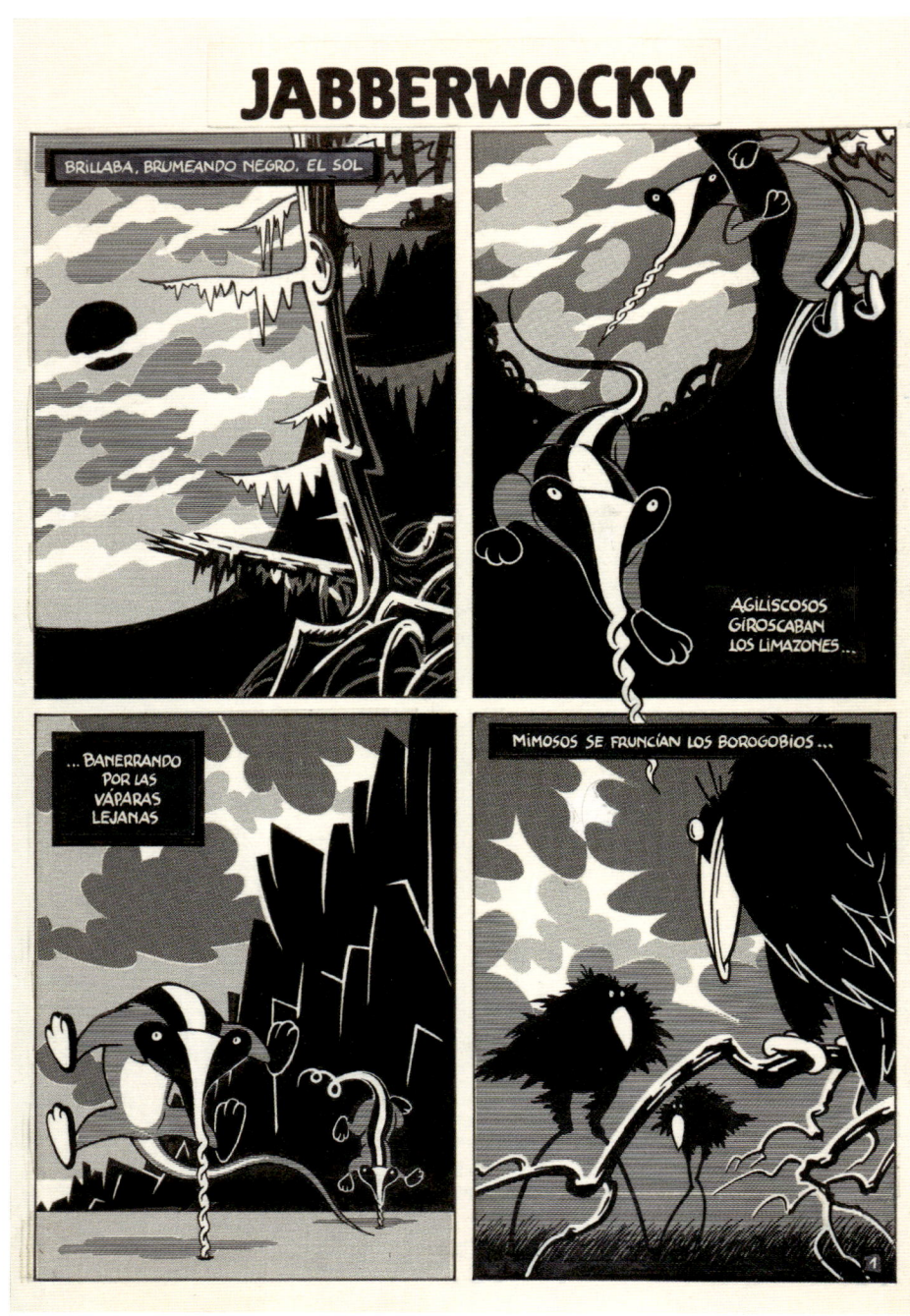

Jabberwocky, 1983
Tinta china y trama sobre papel
290 x 427 mm

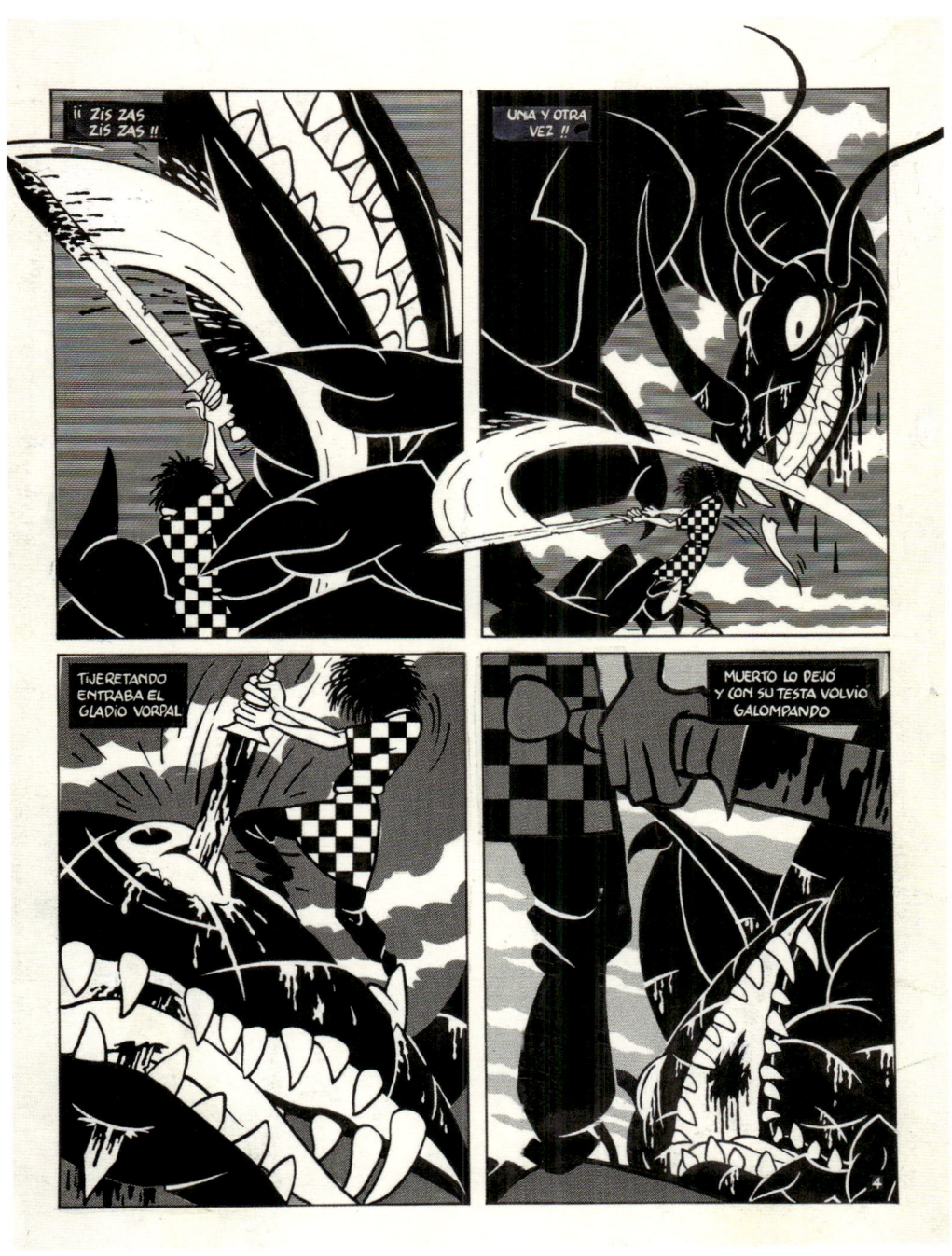

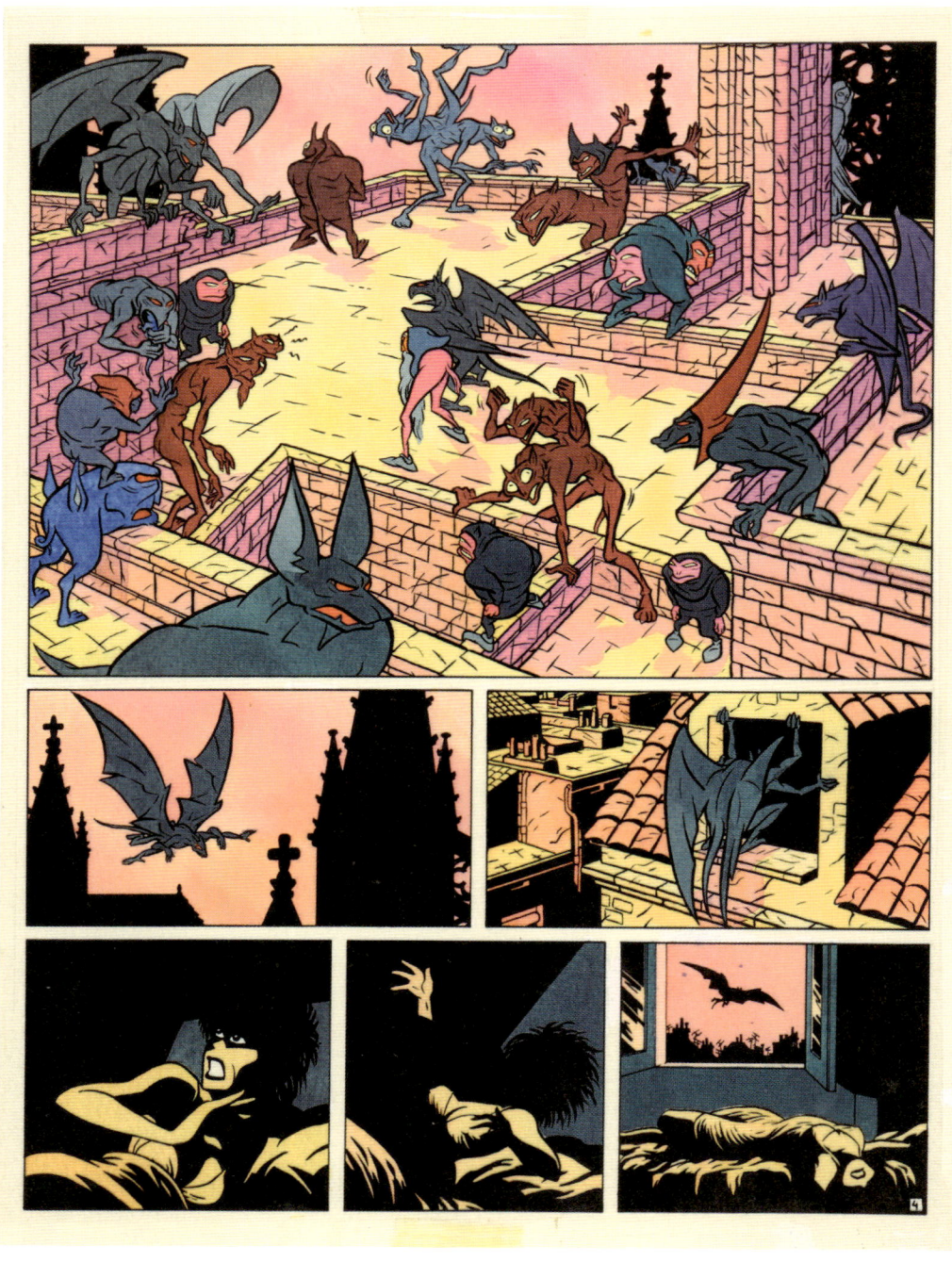

Algo grotesco, 1983
Anilinas sobre papel + film
291 x 387 mm

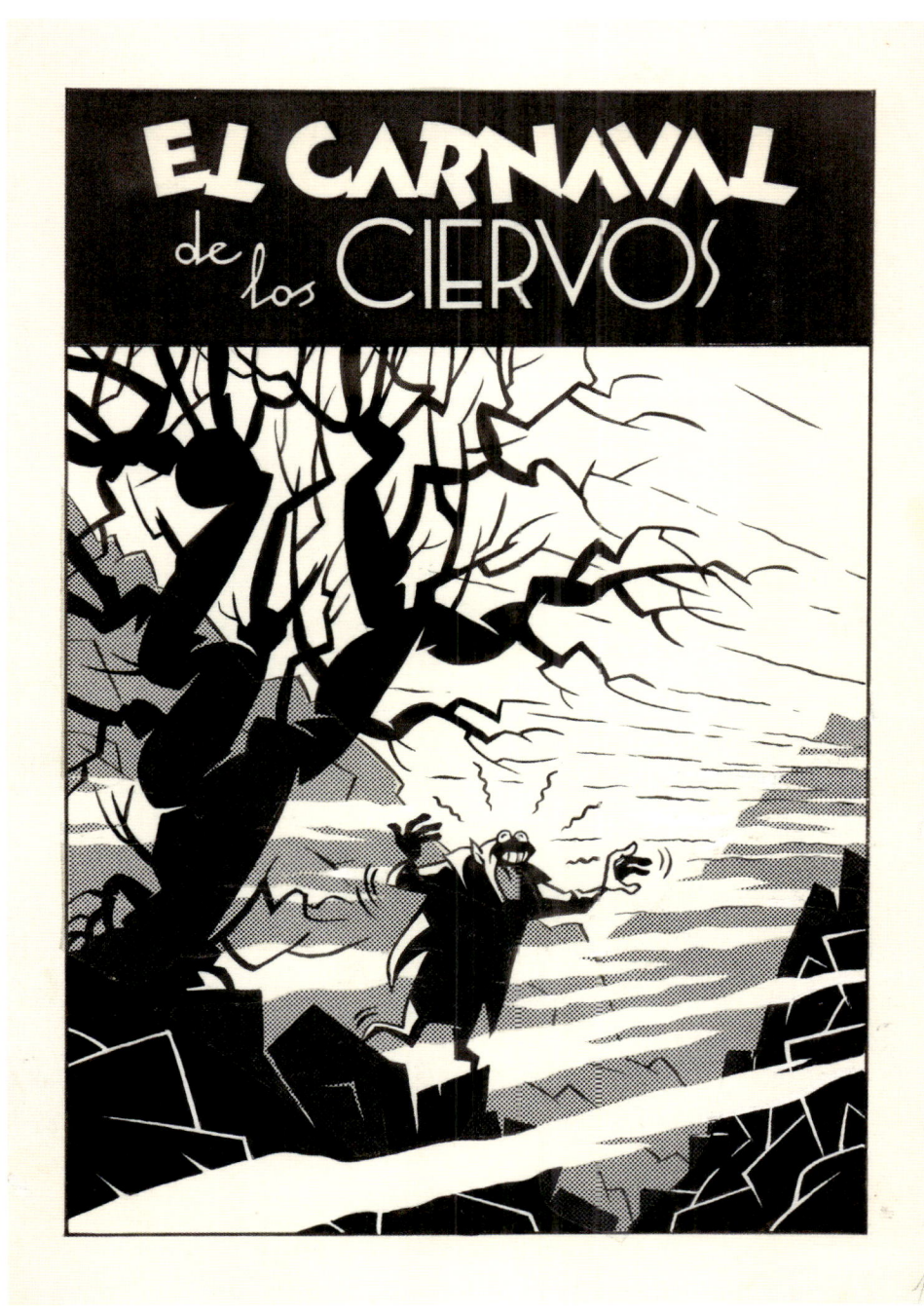

El carnaval de los ciervos, 1984
Tinta china y trama sobre papel
209 x 293 mm

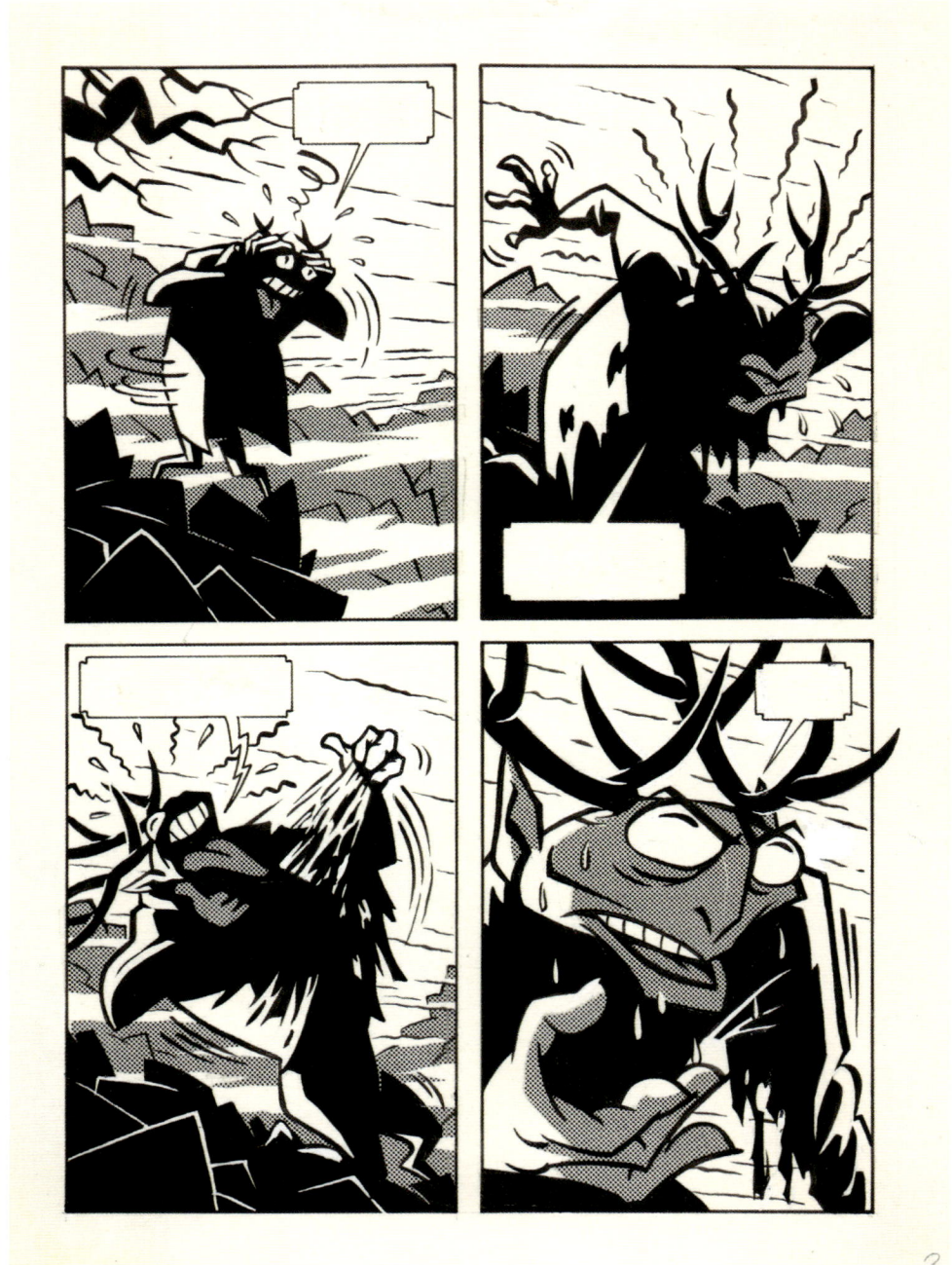

52

2.

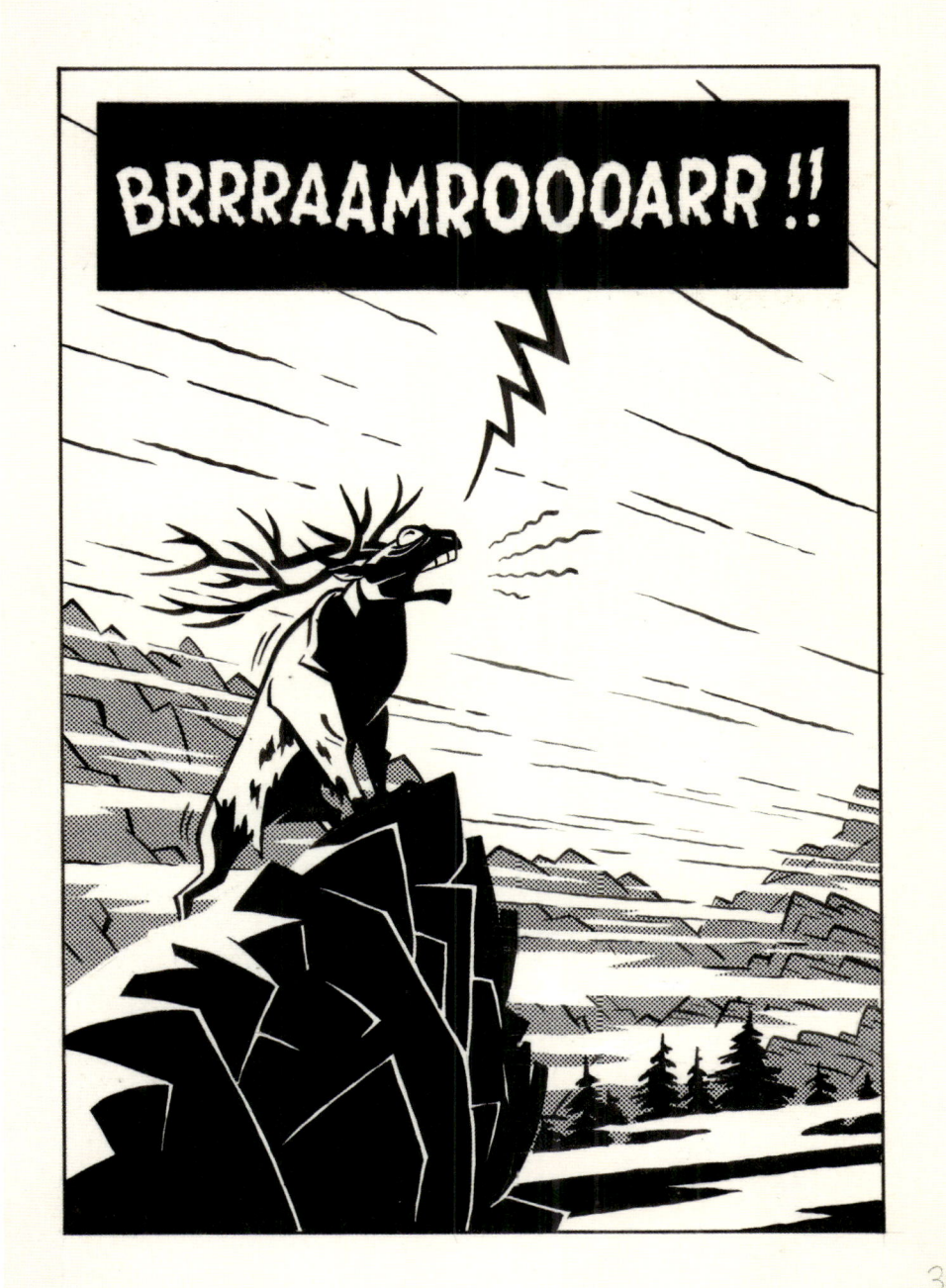

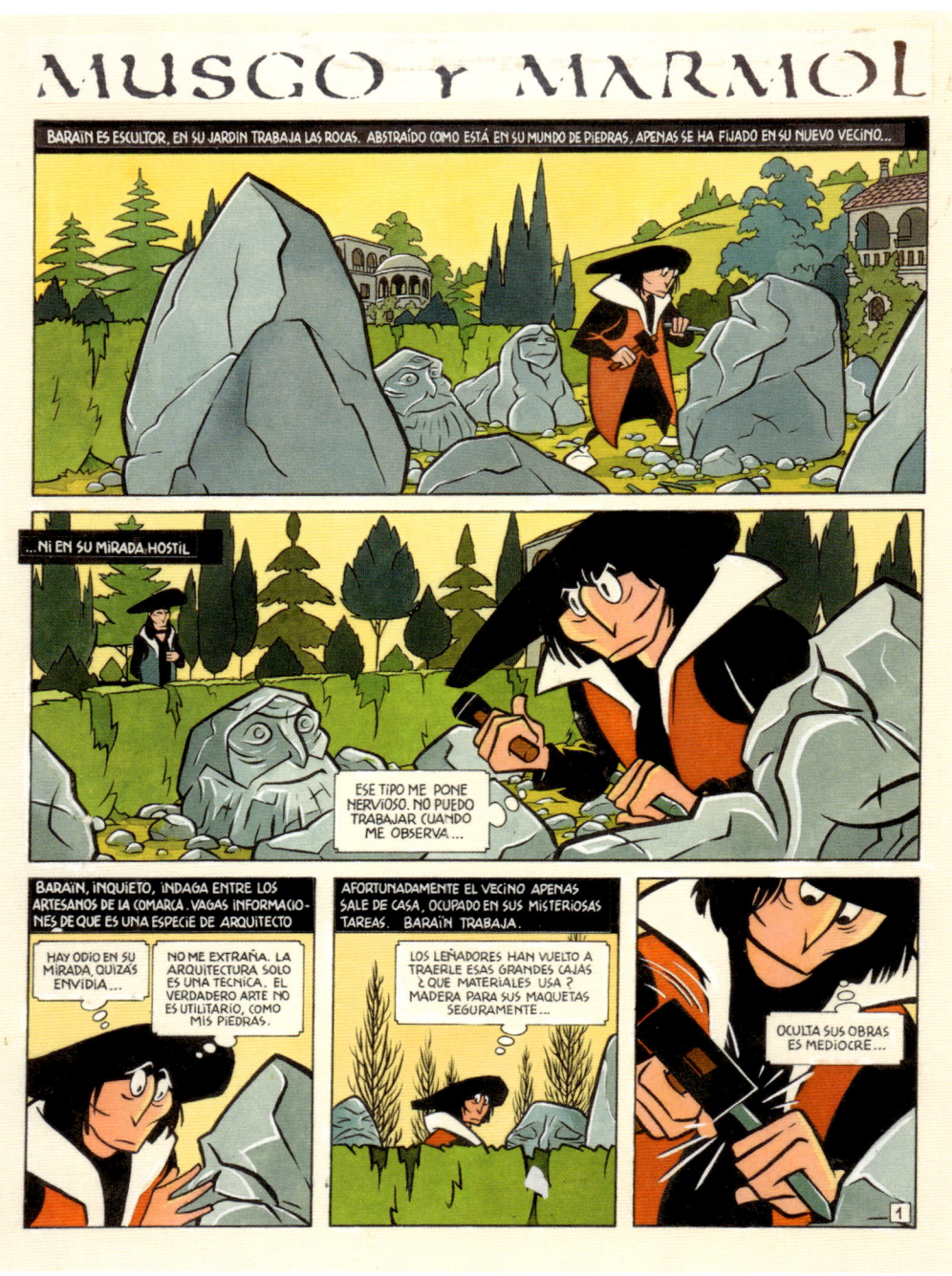

Musgo y mármol, 1984
Tinta china y anilinas sobre papel
296 x 406 mm

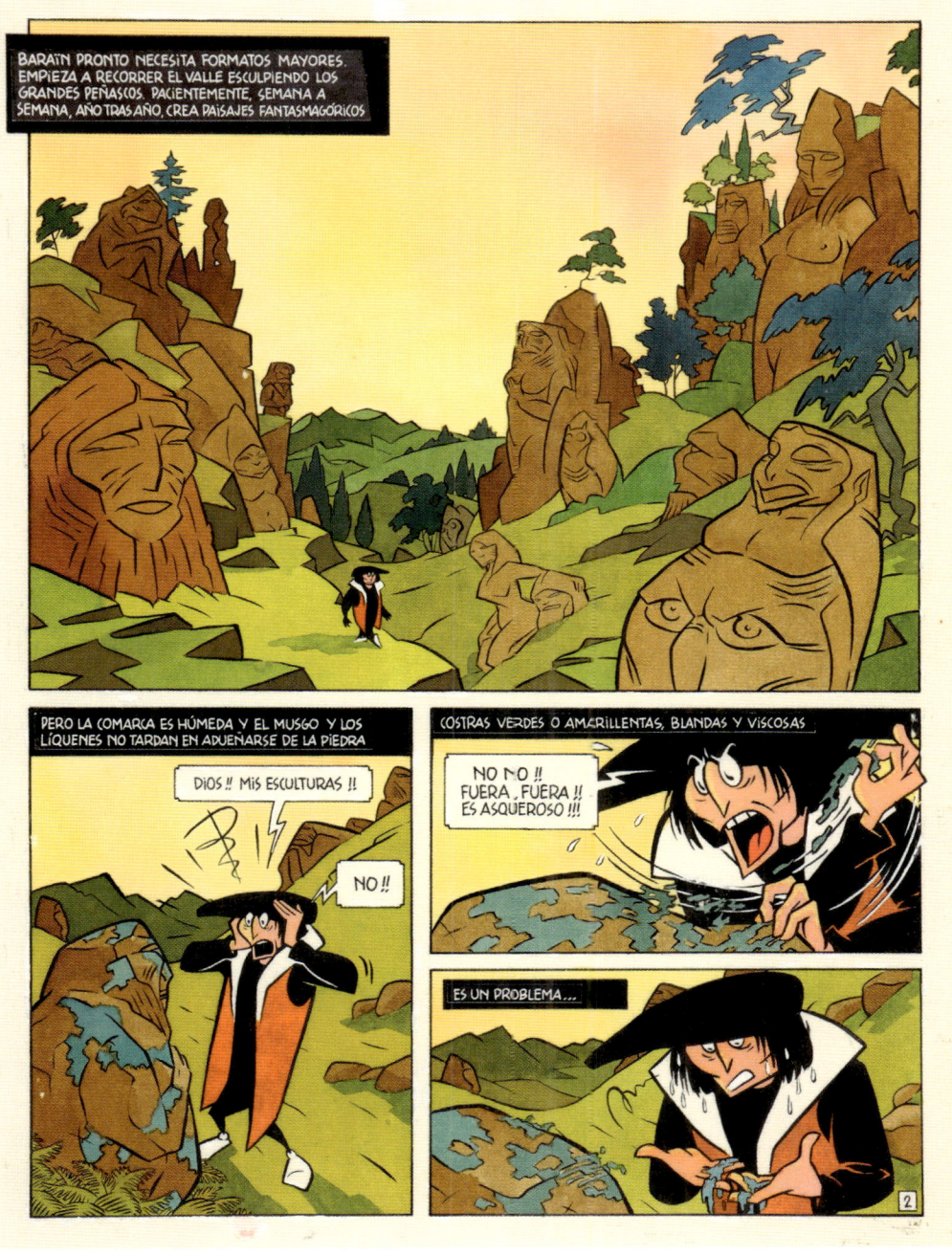

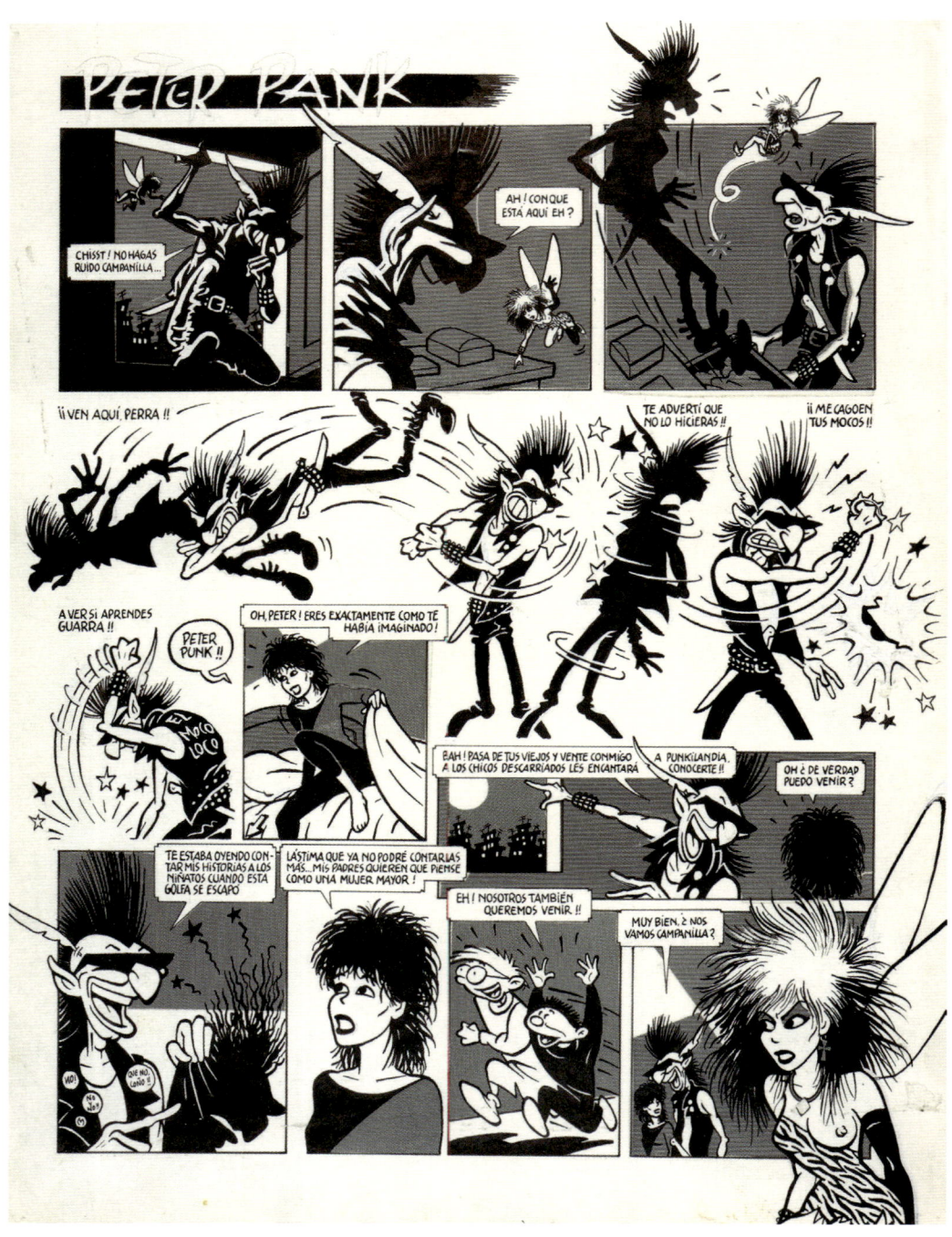

Peter Pank, 1983
Tinta china y trama sobre papel
325 x 428 mm

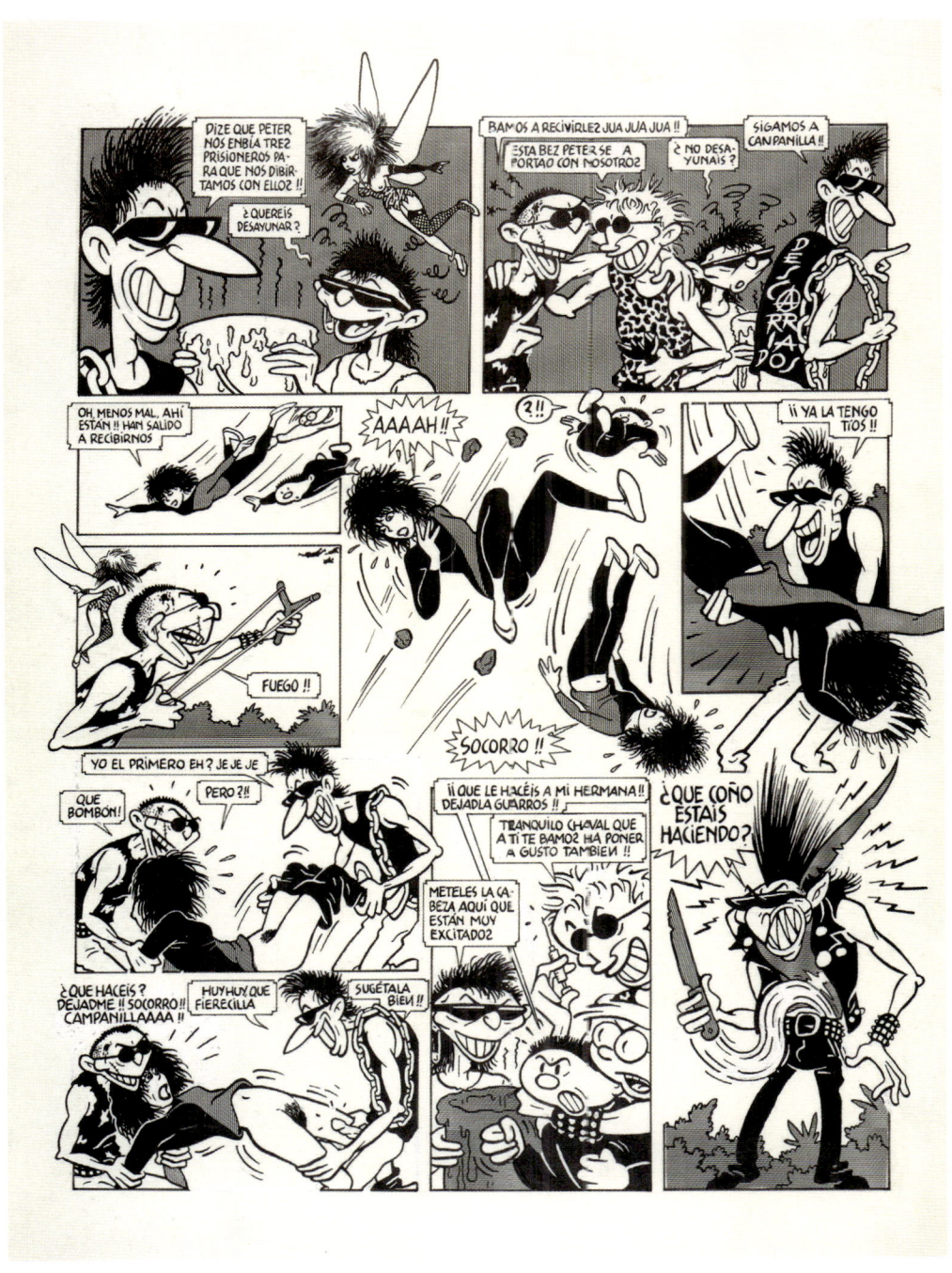

Peter Pank, 1983
Tinta china y trama sobre papel
323 x 440 mm

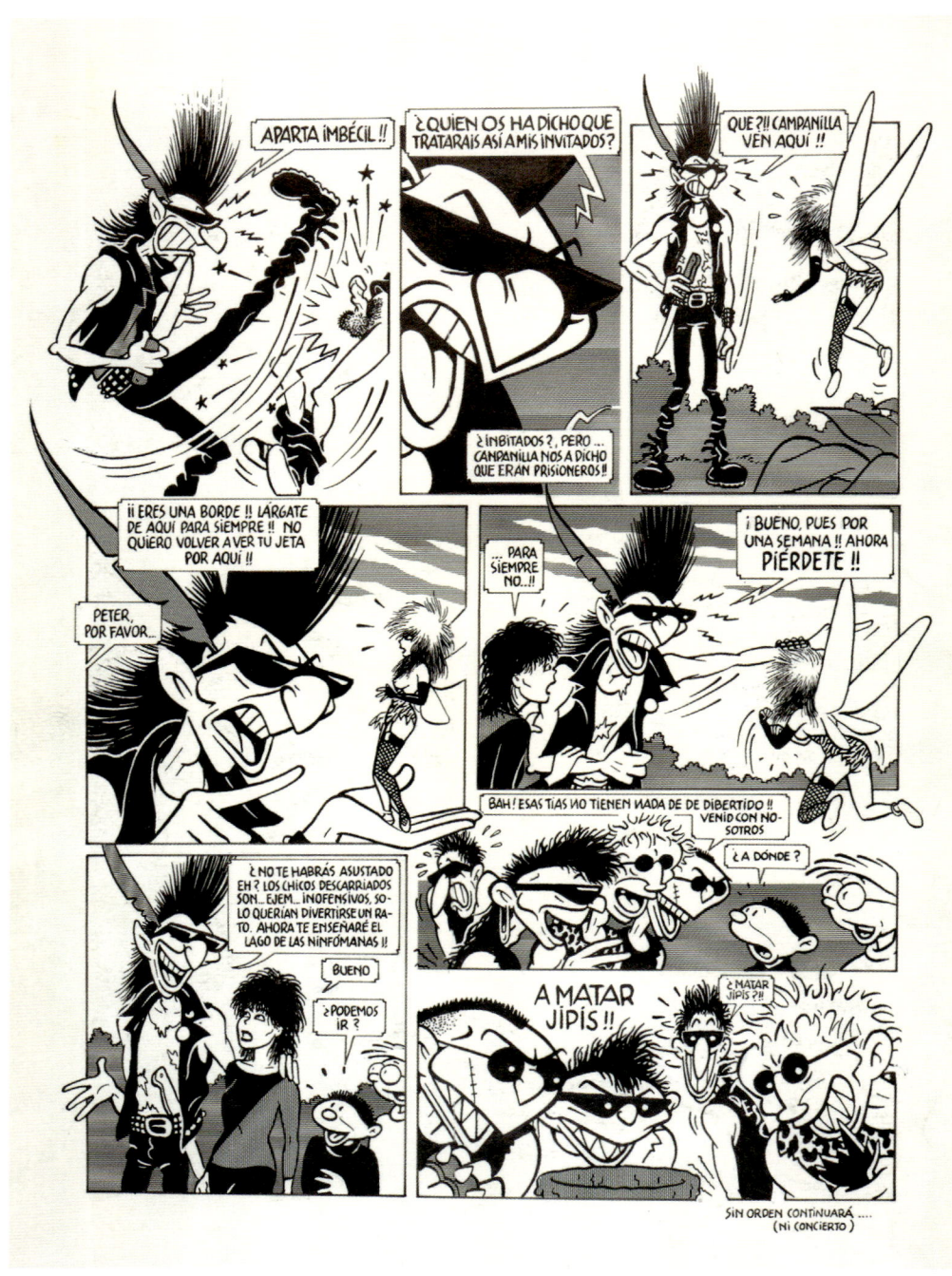

Peter Pank, 1983
Tinta china y trama sobre papel
323 x 440 mm

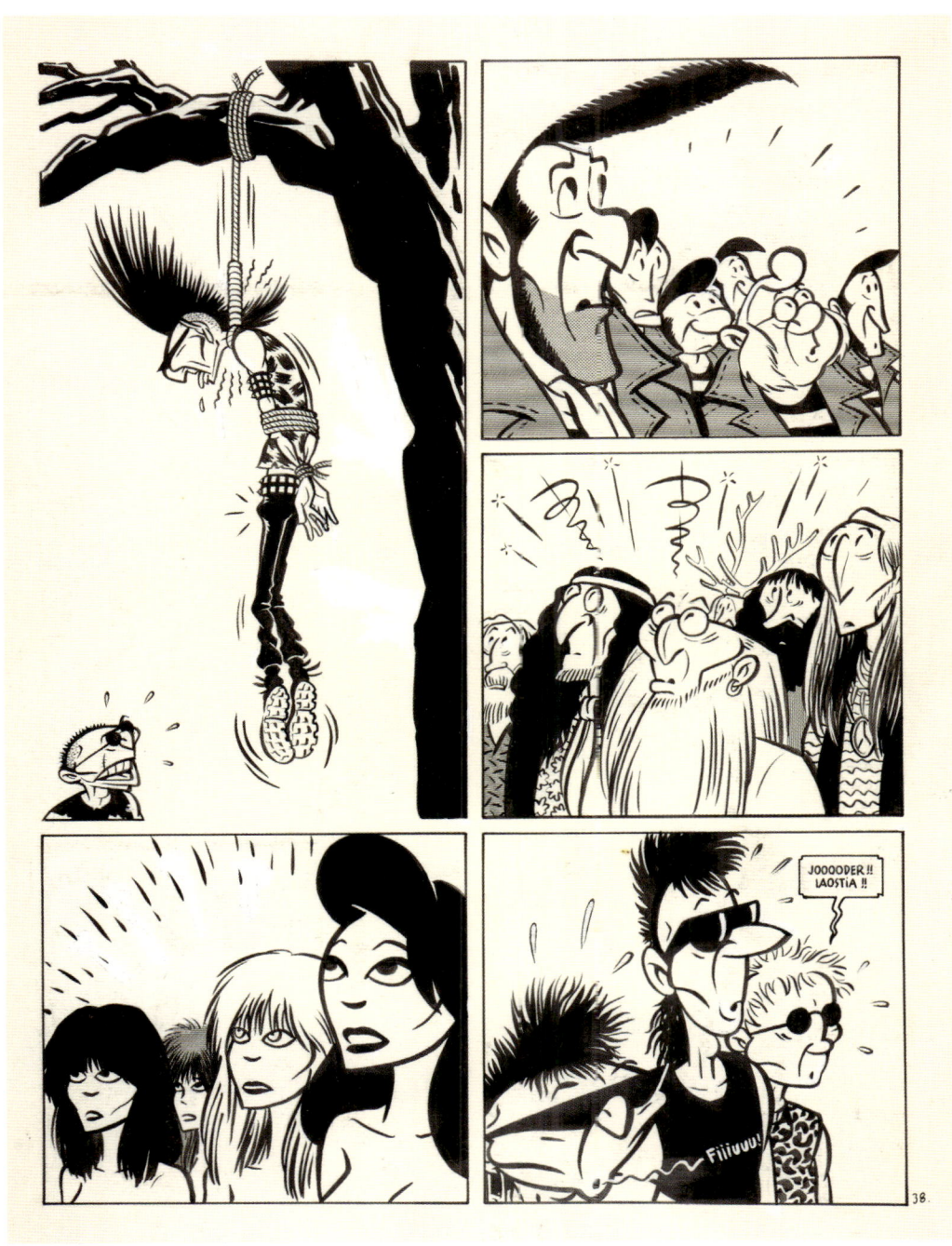

Peter Pank, 1984
Tinta china y trama sobre papel
306 x 406 mm

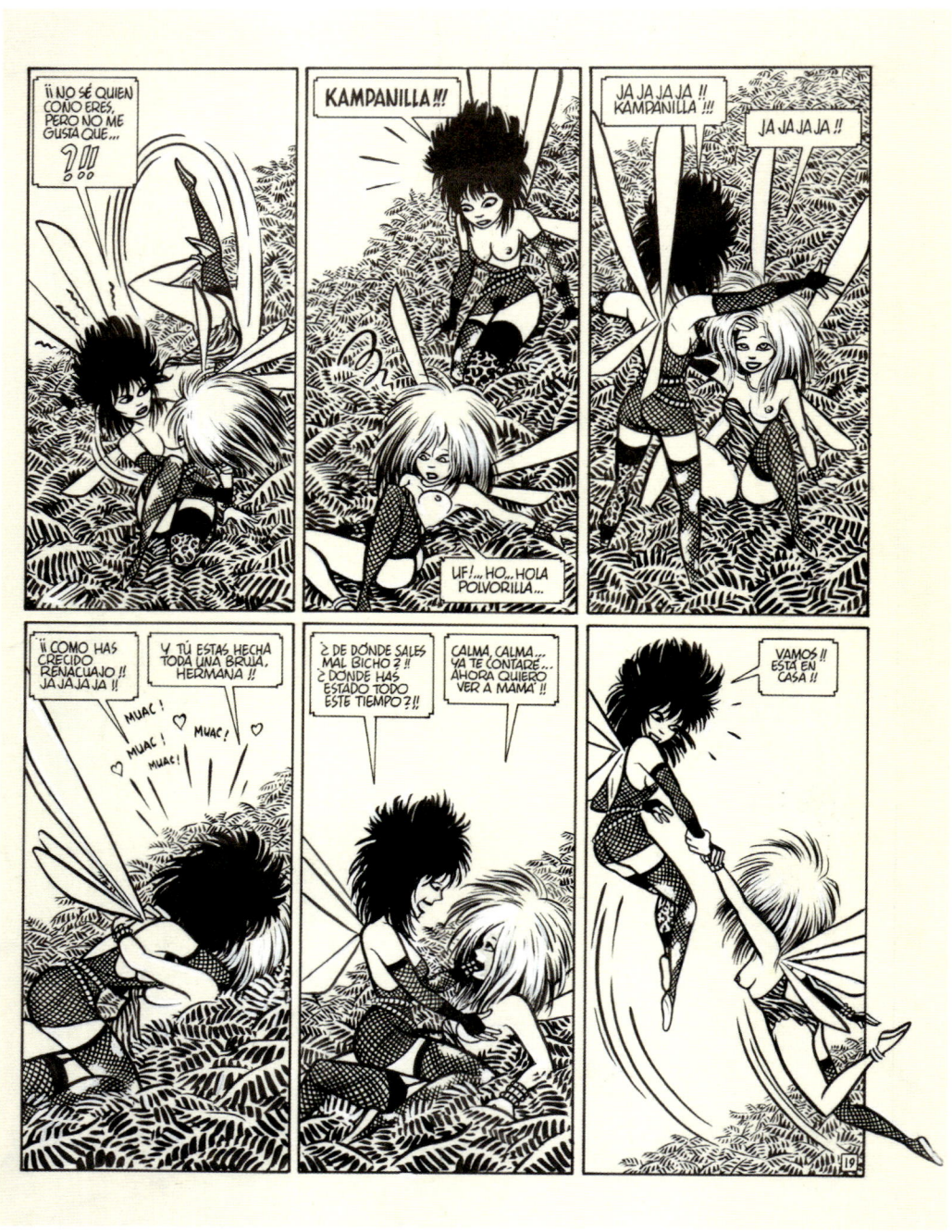

El licantropunk, 1986
Tinta china sobre papel
316 x 417 mm

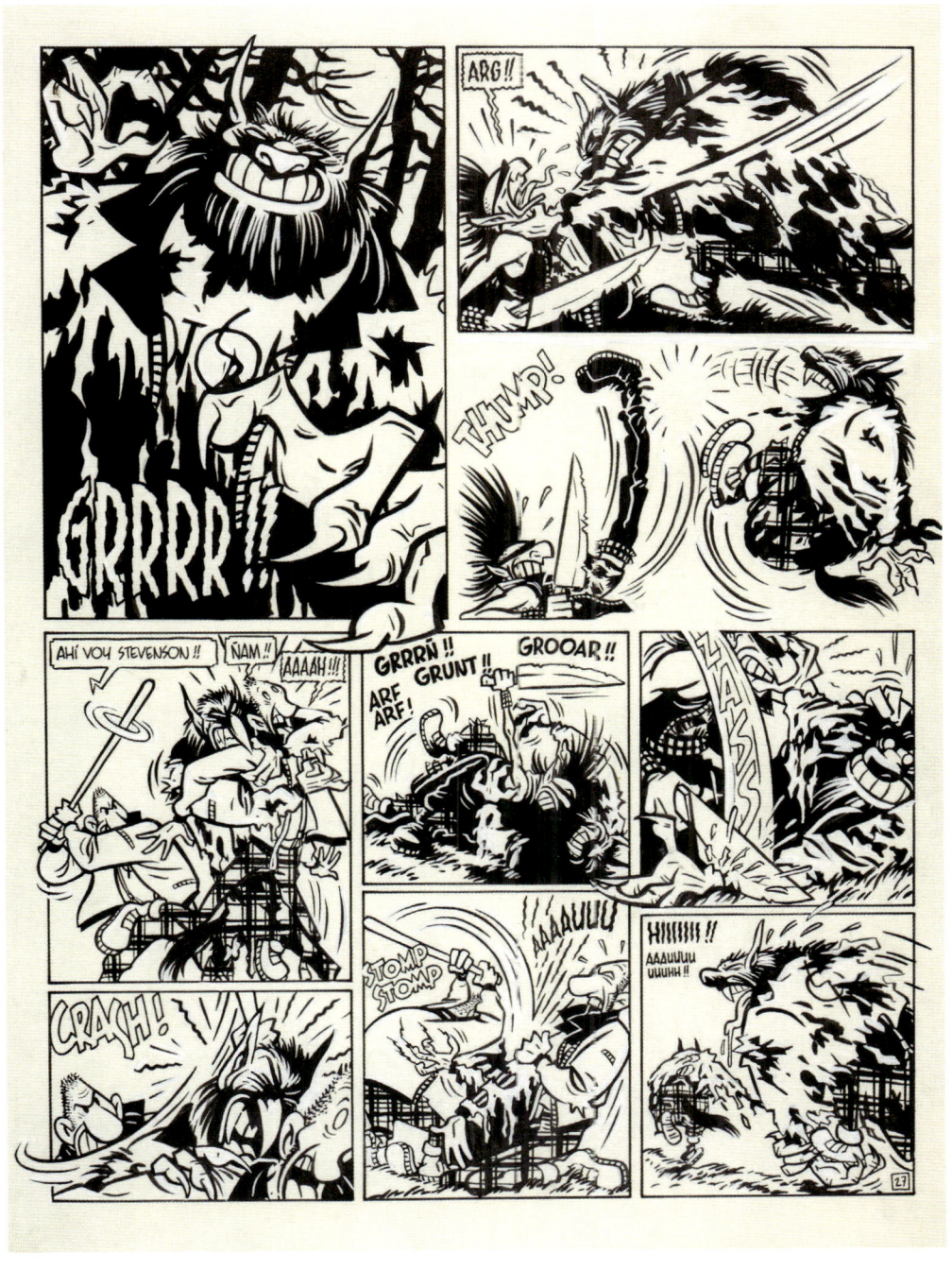

El licantropunk, 1986
Tinta china sobre papel
301 x 412 mm

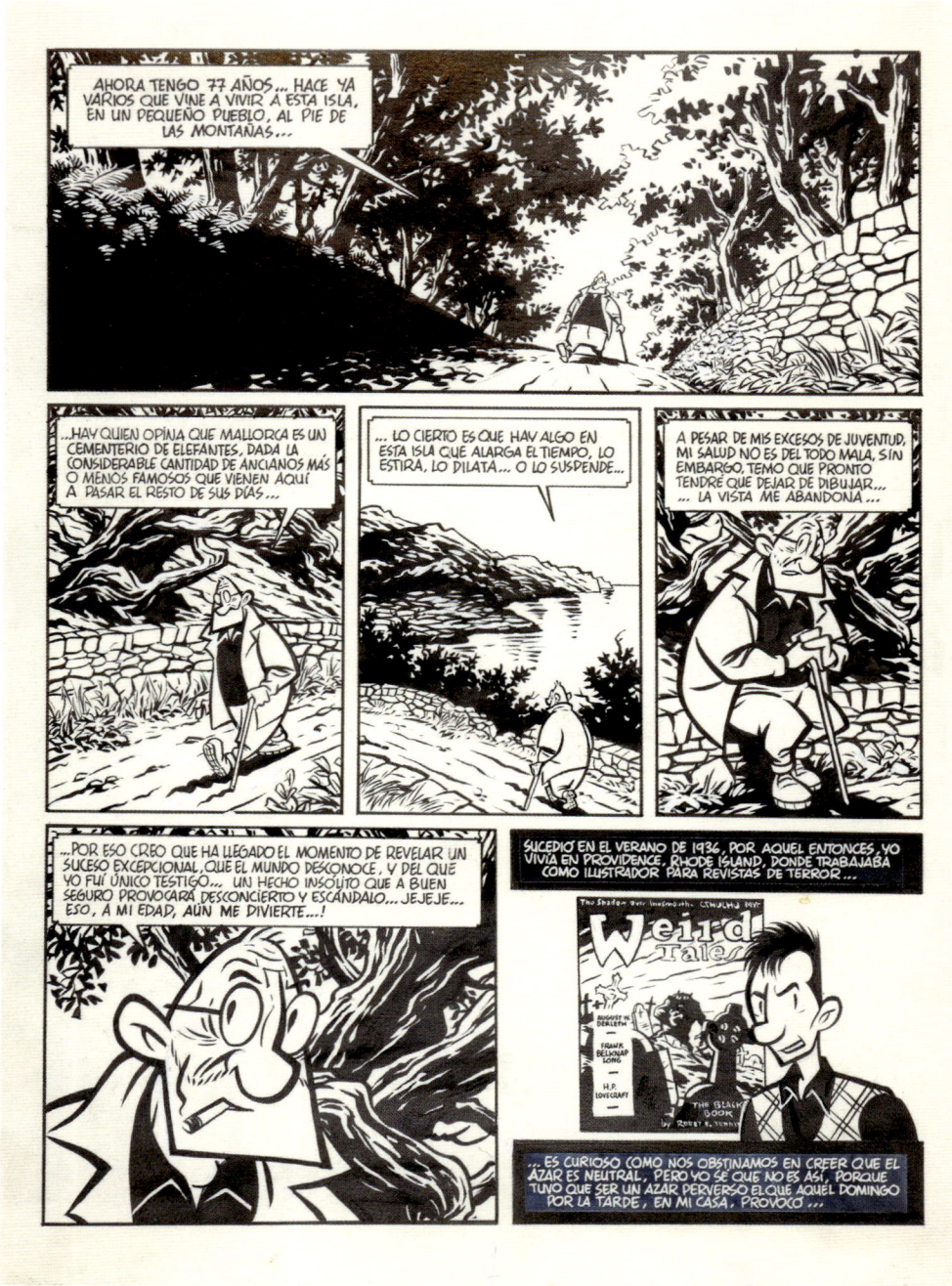

El encuentro entre Disney y Lovecraft, 1985
Tinta china sobre papel
303 x 415 mm

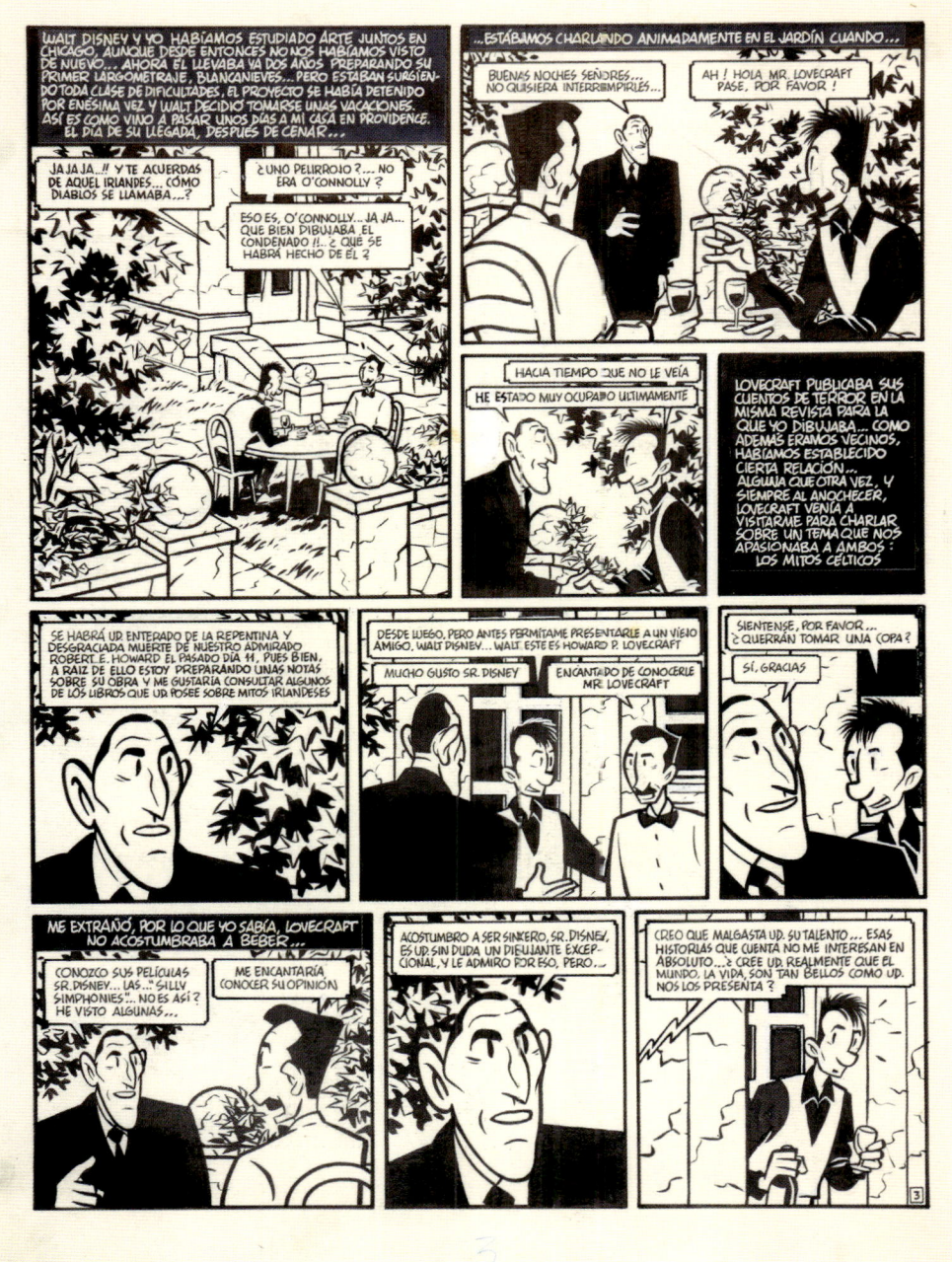

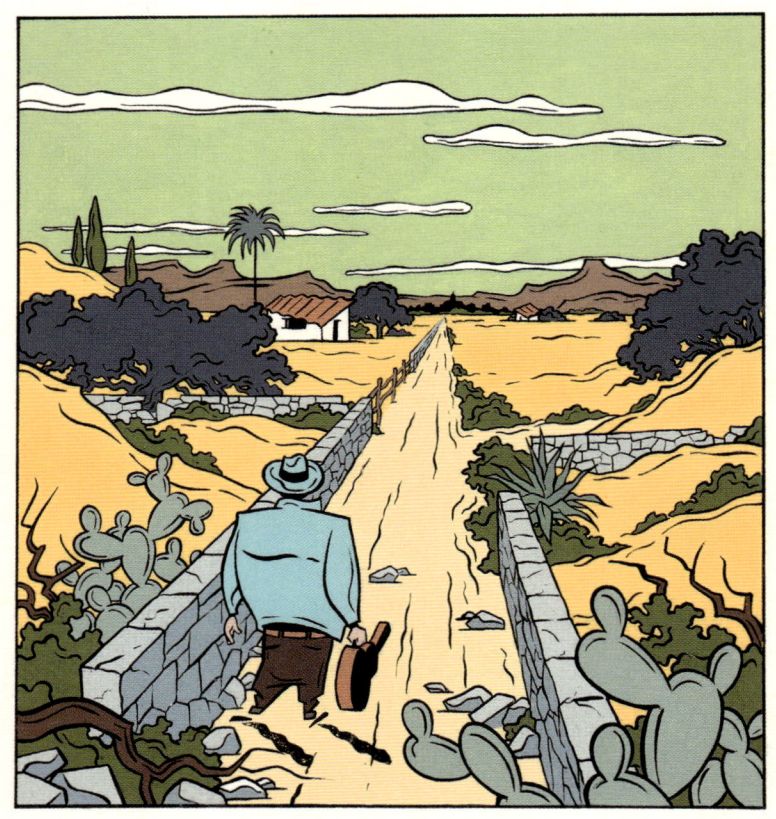

El canto del gallo, 1987 (en colaboración con Santiago Auserón)
Gouache sobre papel
282 x 384 mm

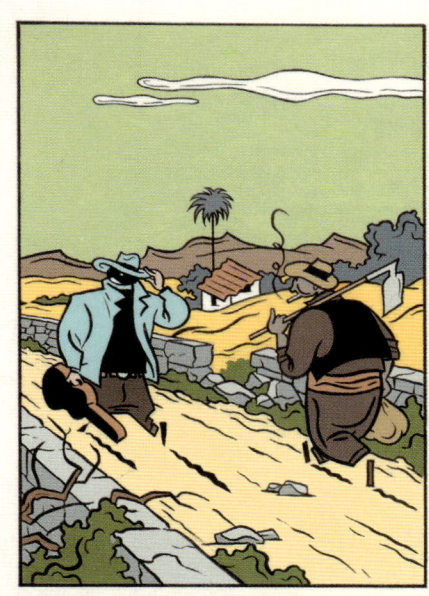
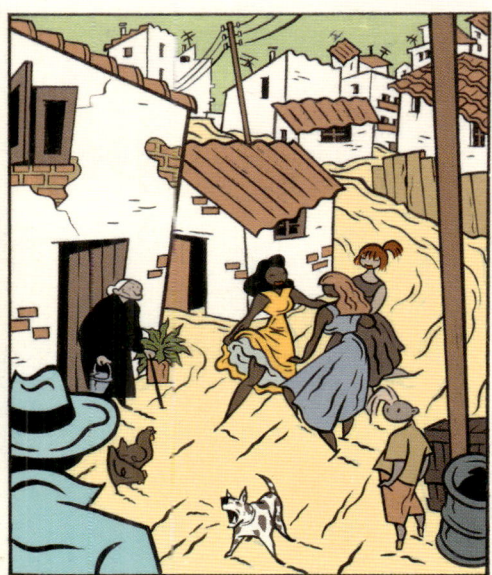
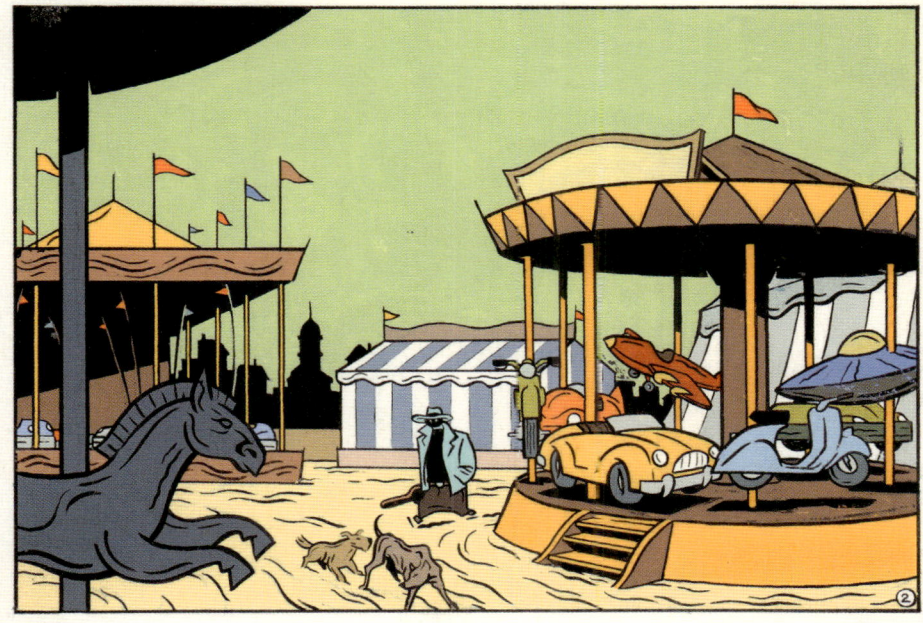

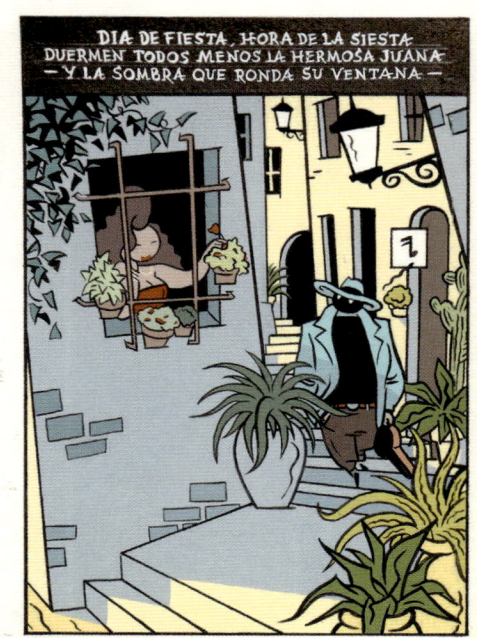

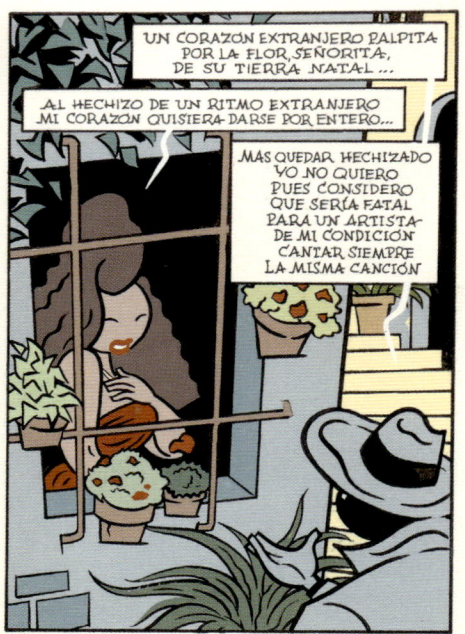

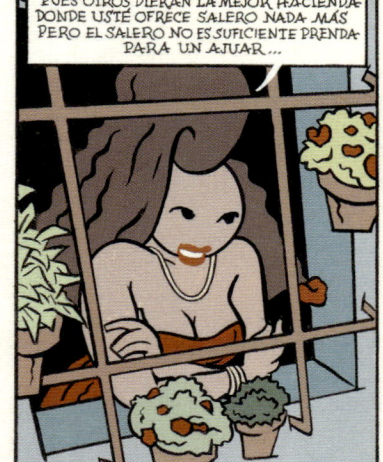

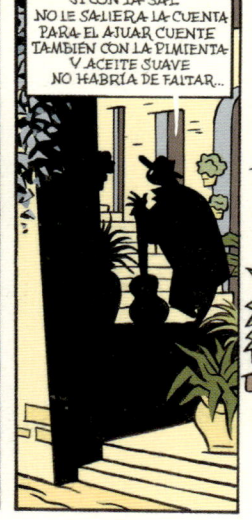

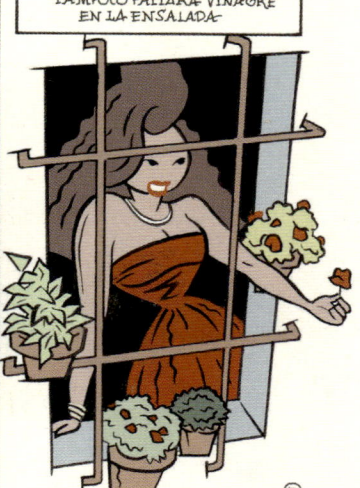

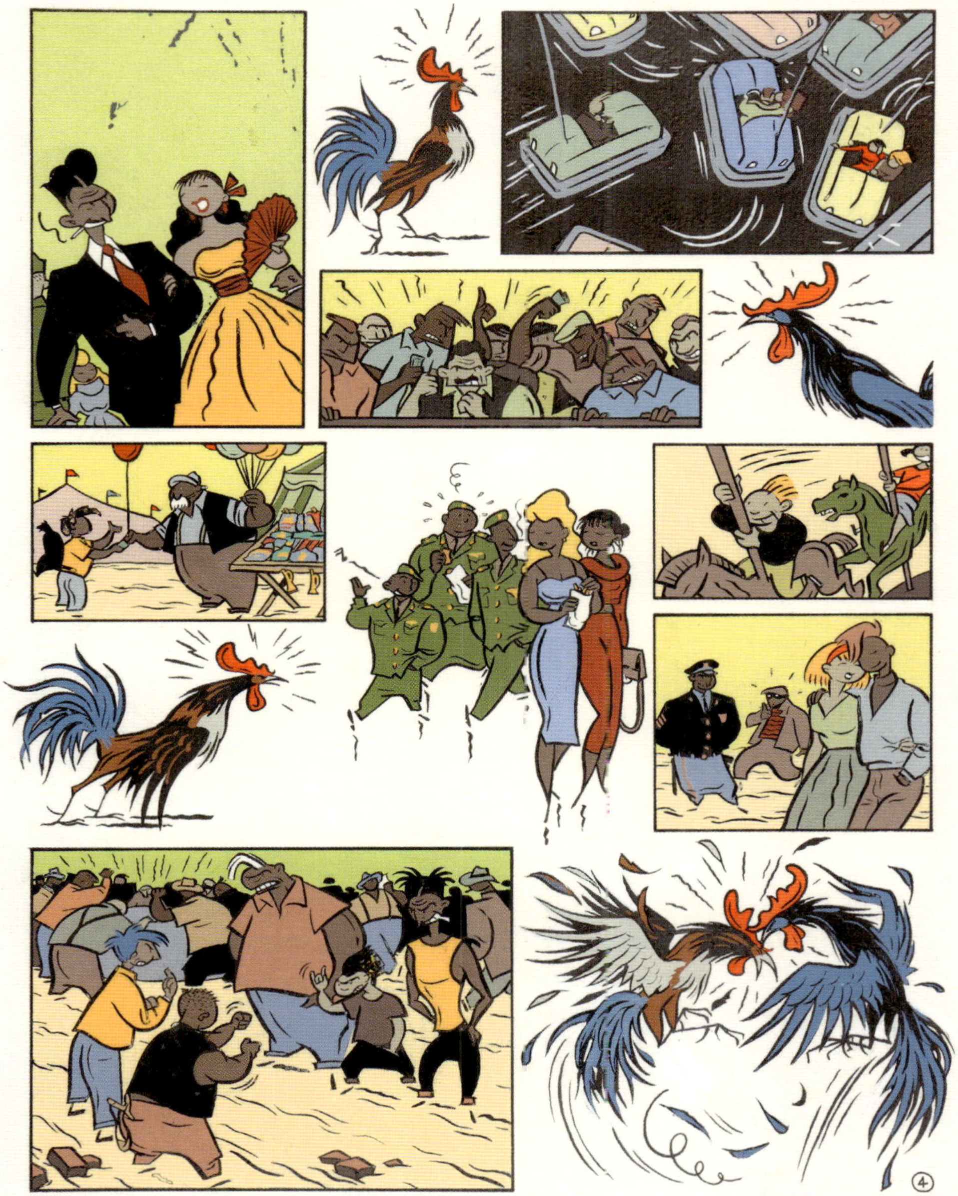
4

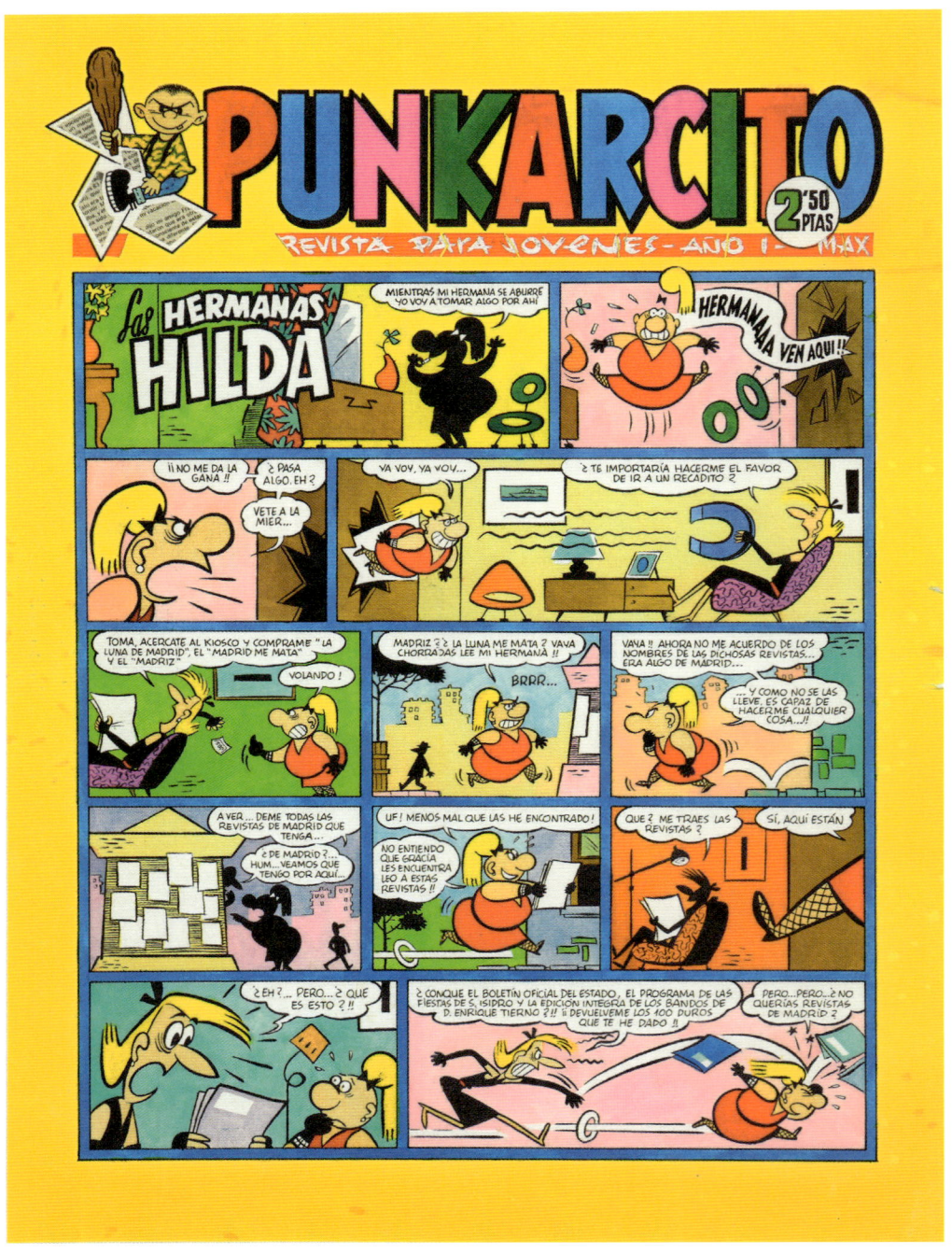

Punkarcito/Las hermanas Hilda, 1985
Tinta china y anilinas sobre papel
390 x 526 mm

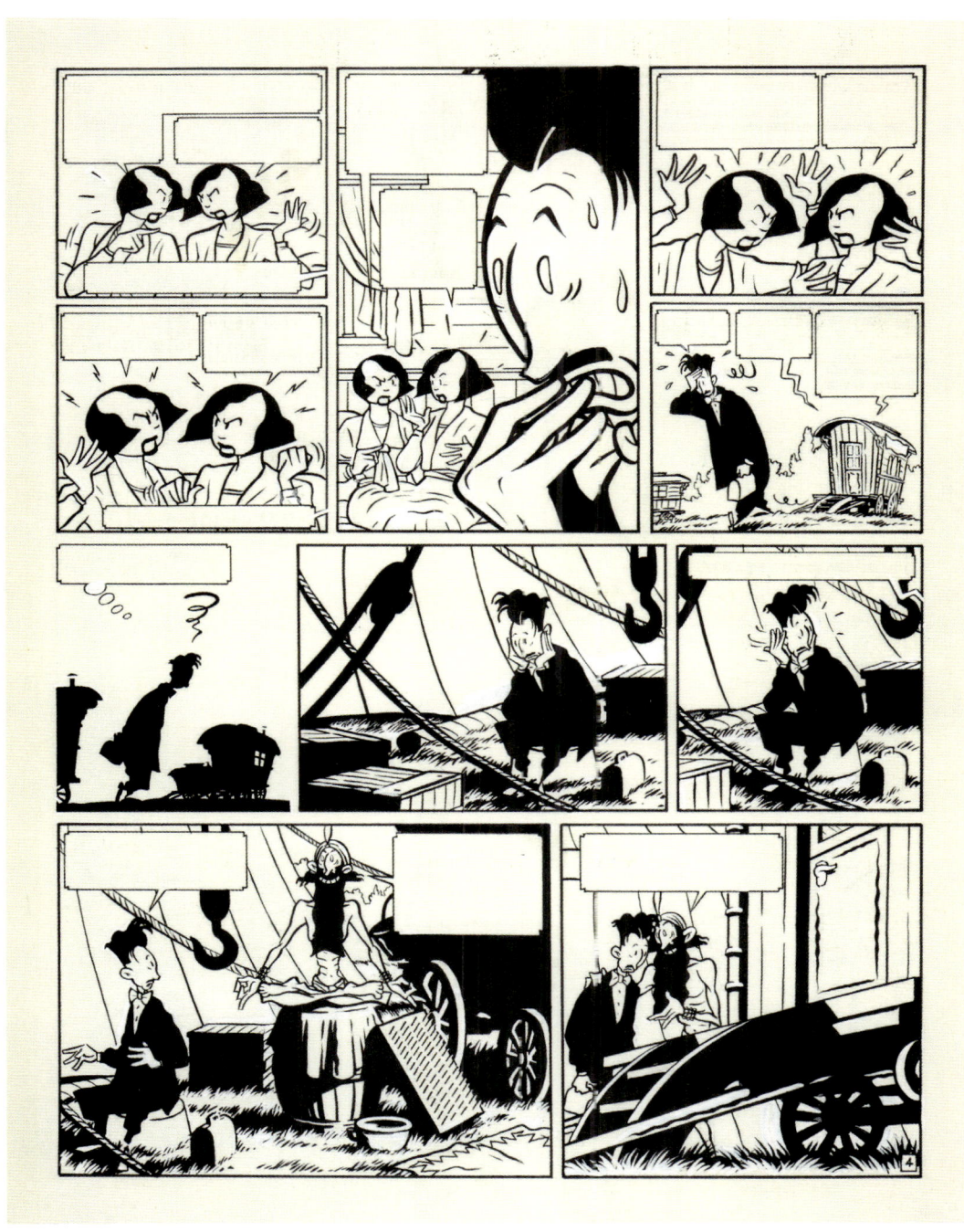

Daisy-Violeta, 1988 (en colaboración con Mique Beltrán)
Tinta china sobre papel
331 x 421 mm

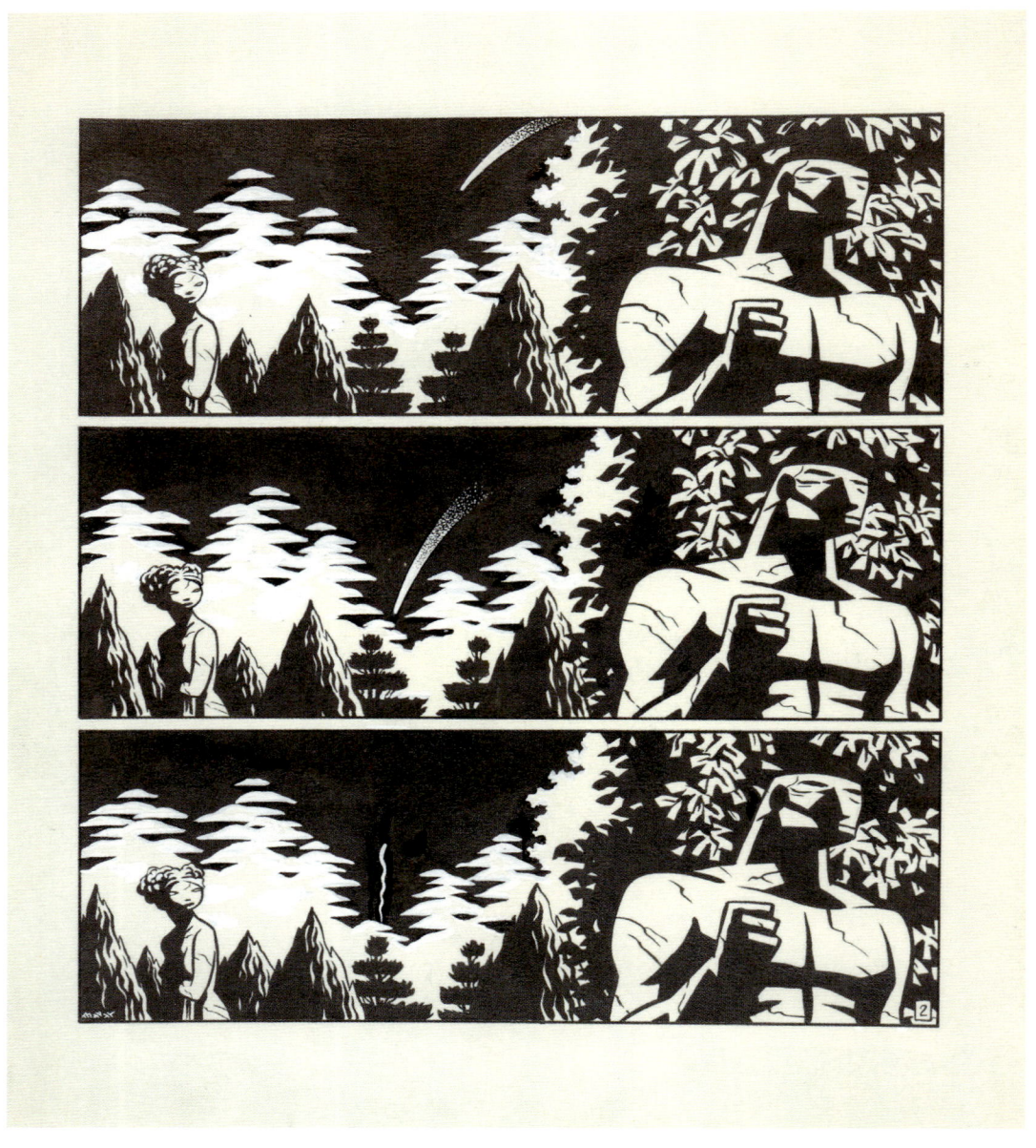

Meteor, 1986
Tinta china sobre papel
333 x 380 mm

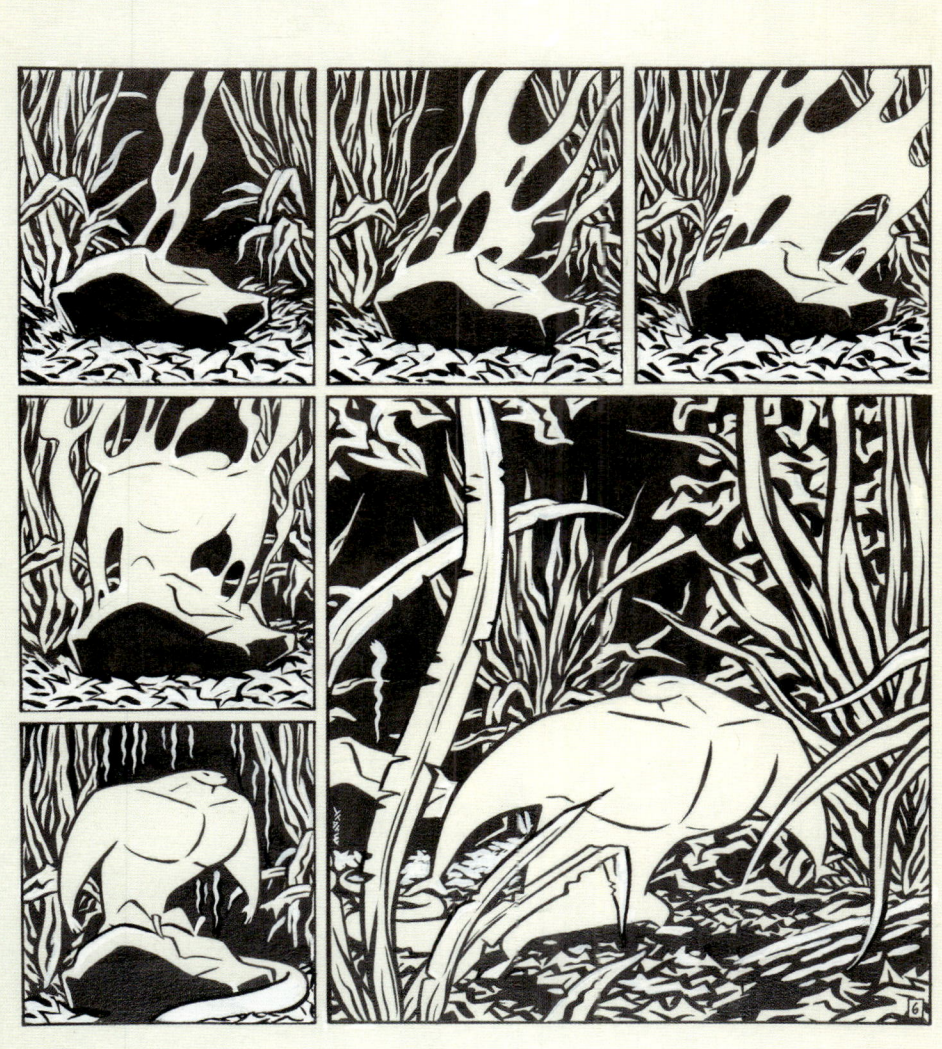

LOS AÑOS 90

74

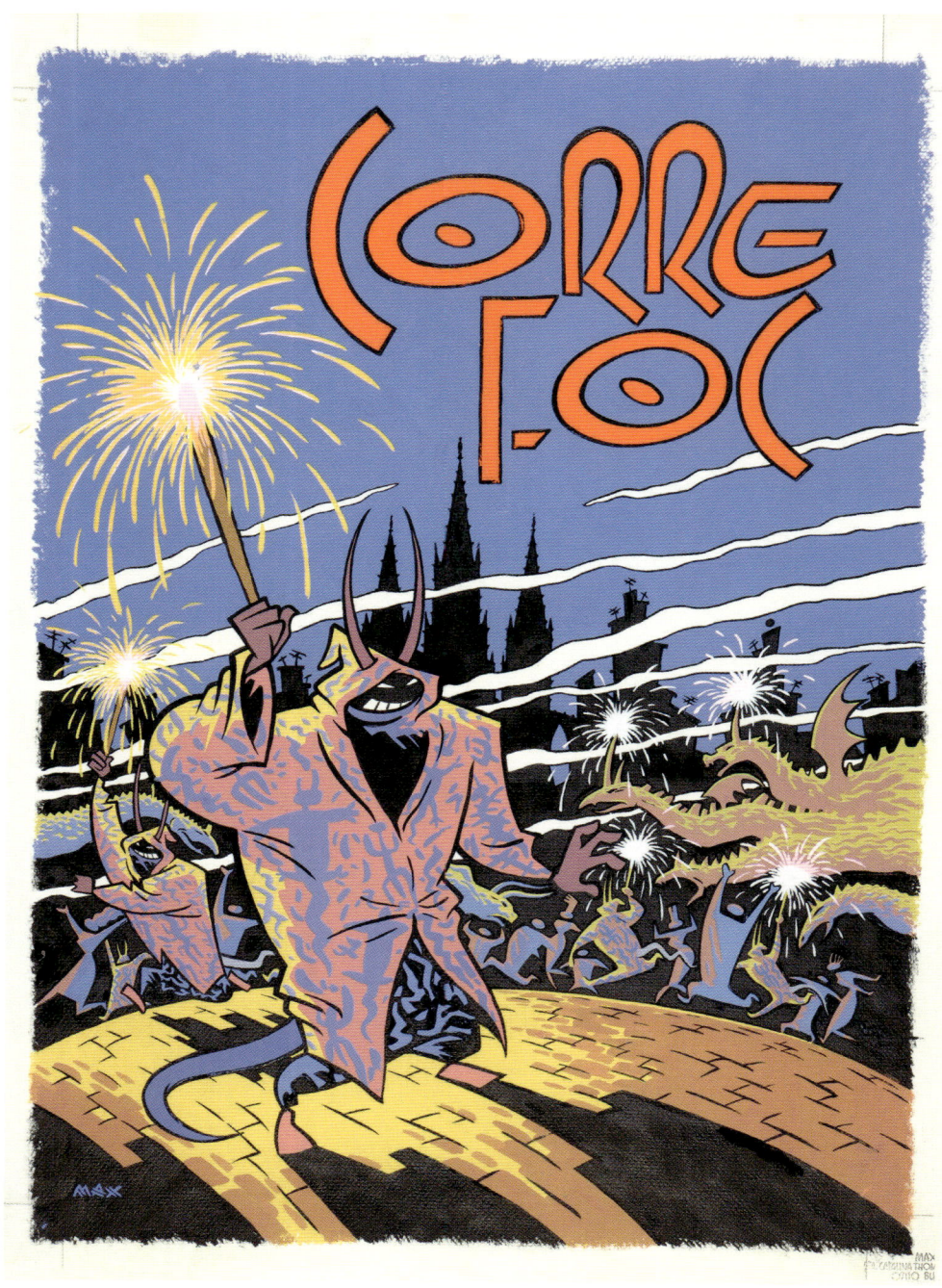

Correfoc, 1987
Tinta china y gouache sobre papel
464 x 642 mm

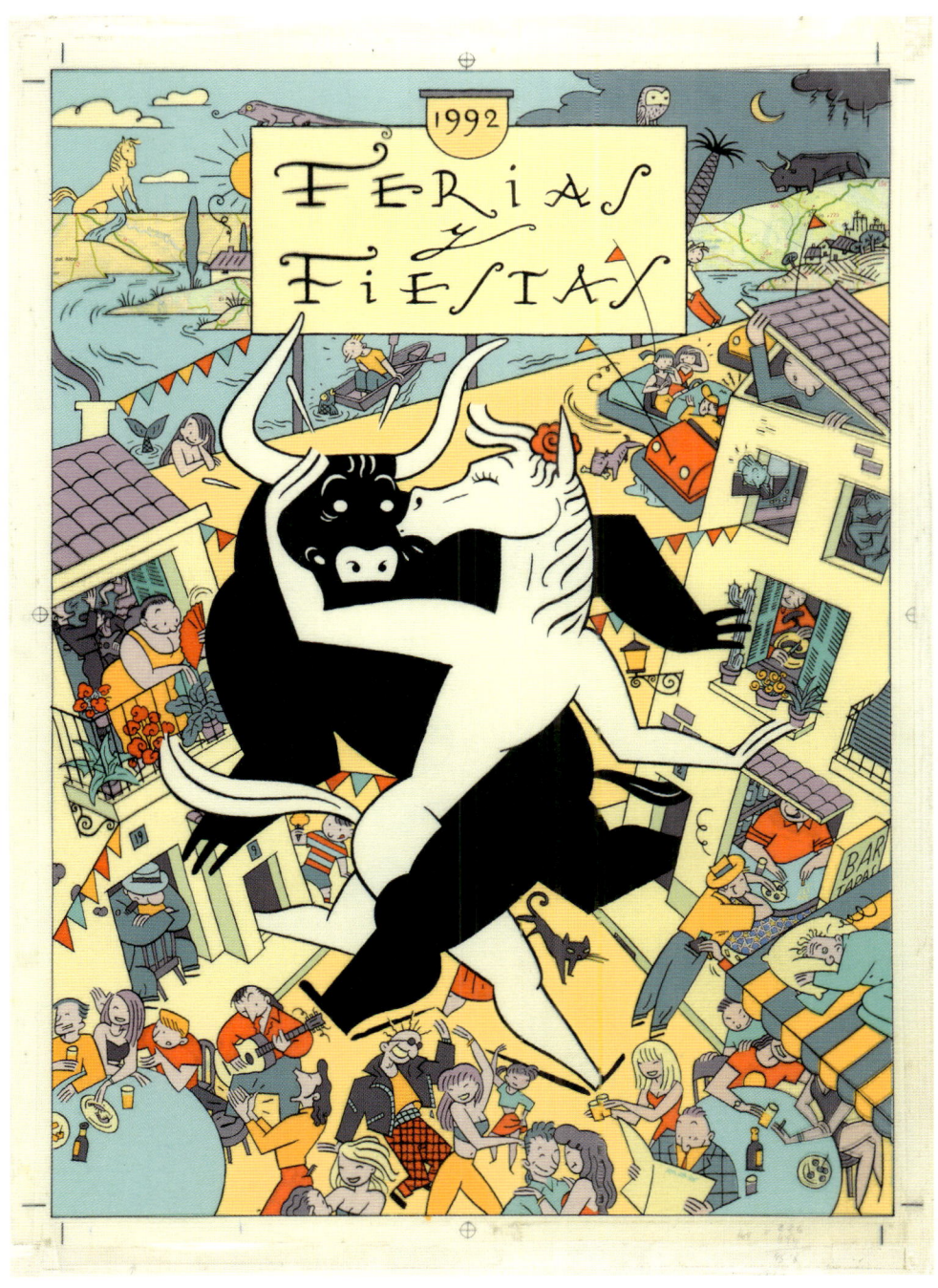

Ferias y fiestas, 1992
Gouache sobre papel + film
395 x 562 mm

76

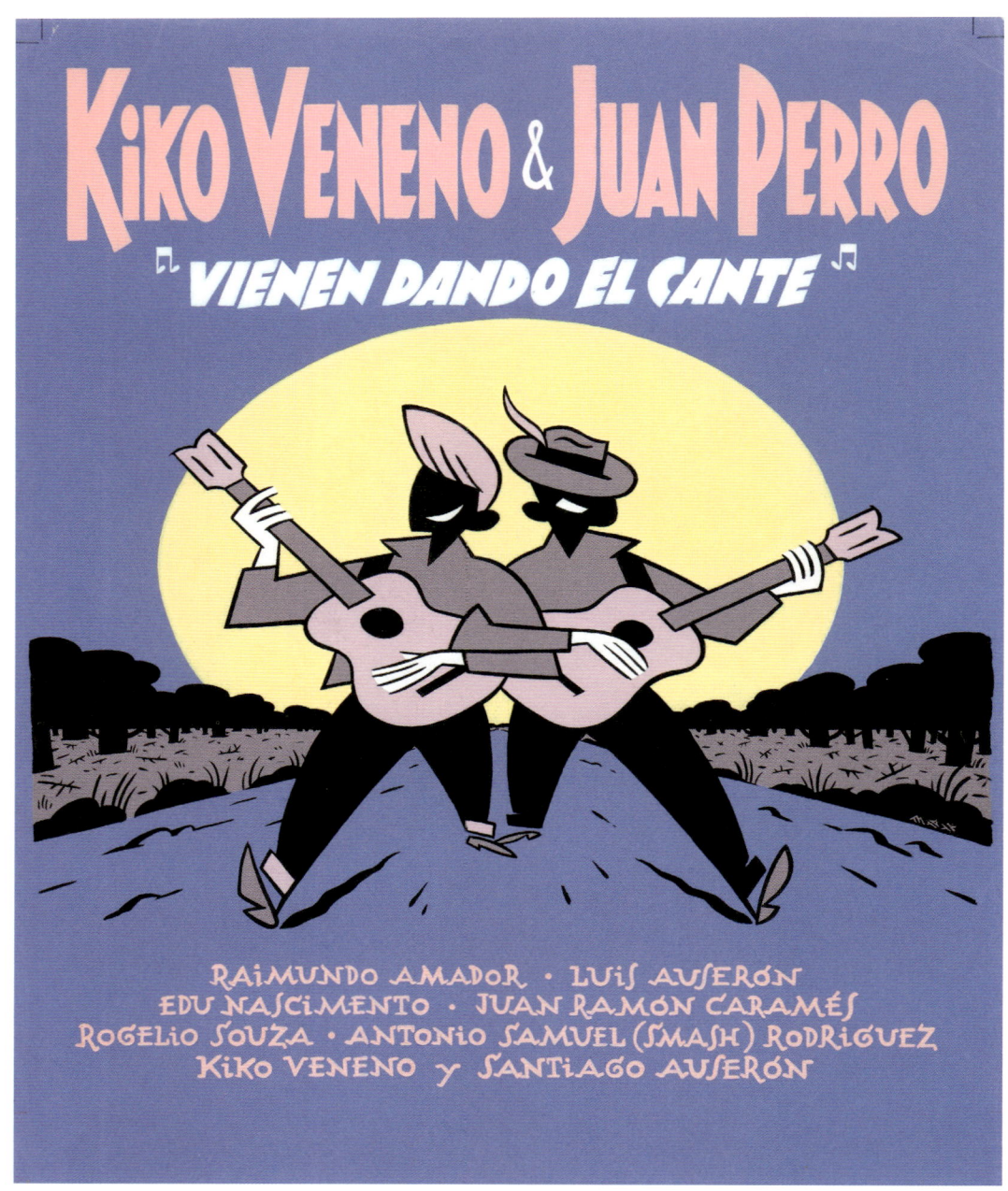

Kiko Veneno y Juan Perro, 1993
Gouache sobre papel
452 x 620 mm

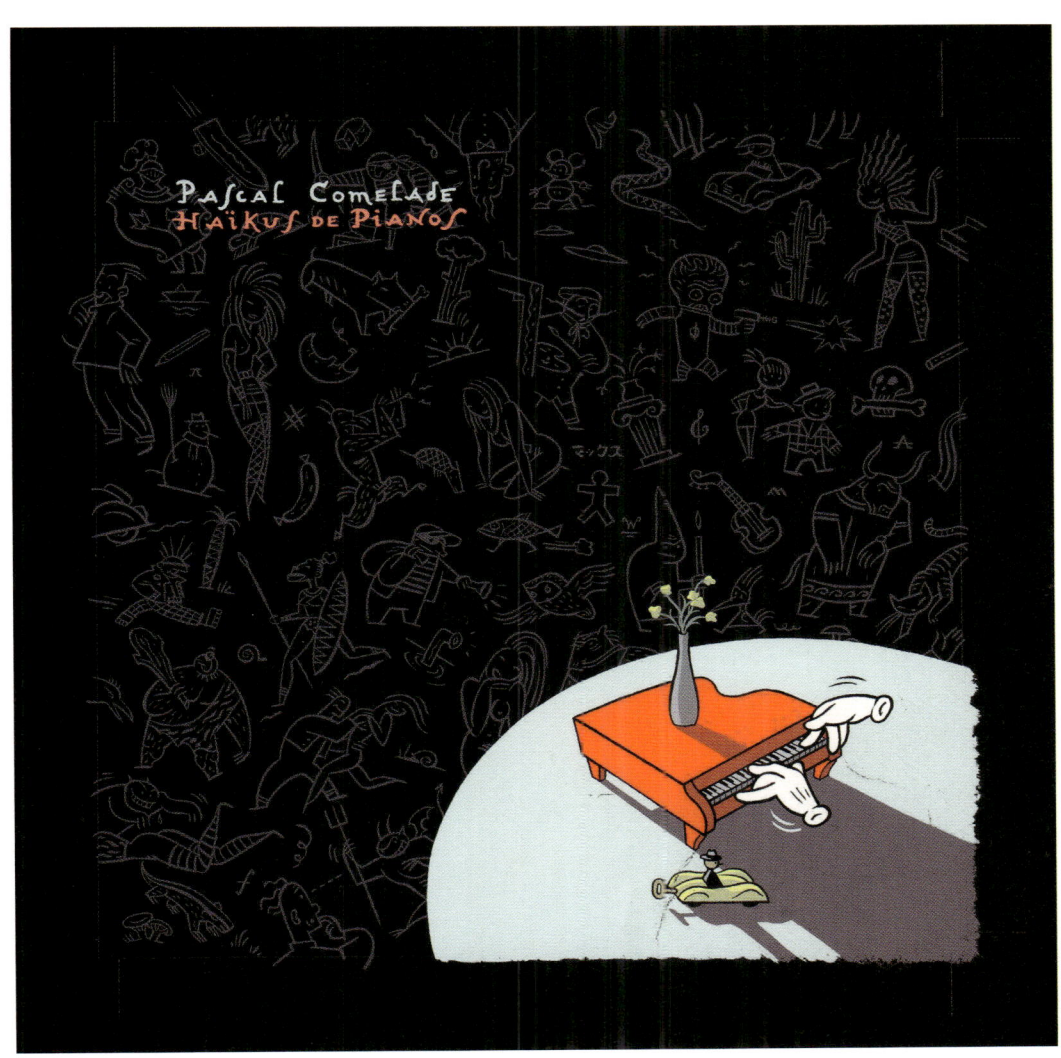

Haïkus de pianos, 1992
Gouache sobre papel
263 x 268 mm

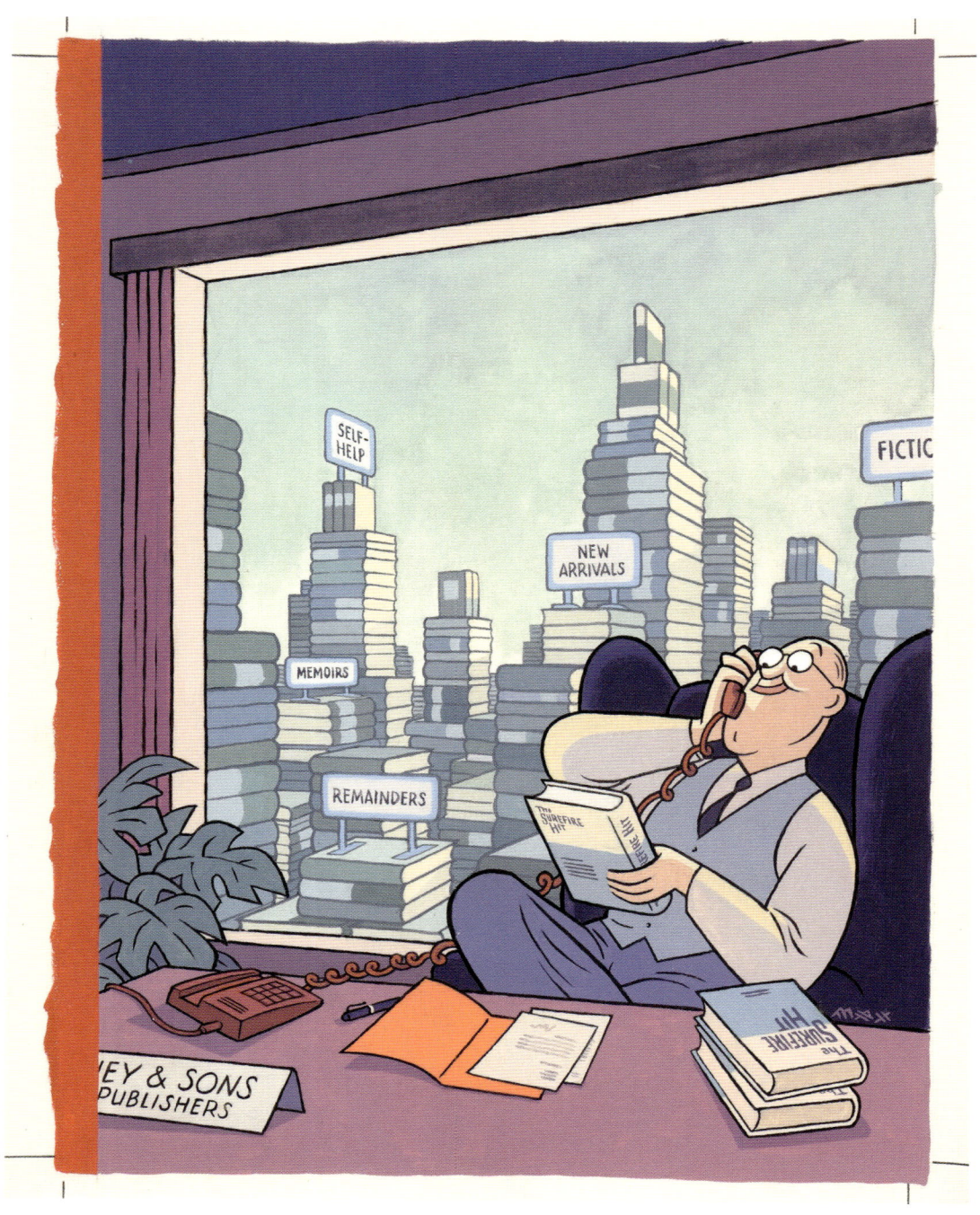

Tall stories, 1997
Gouache sobre papel
235 x 298 mm

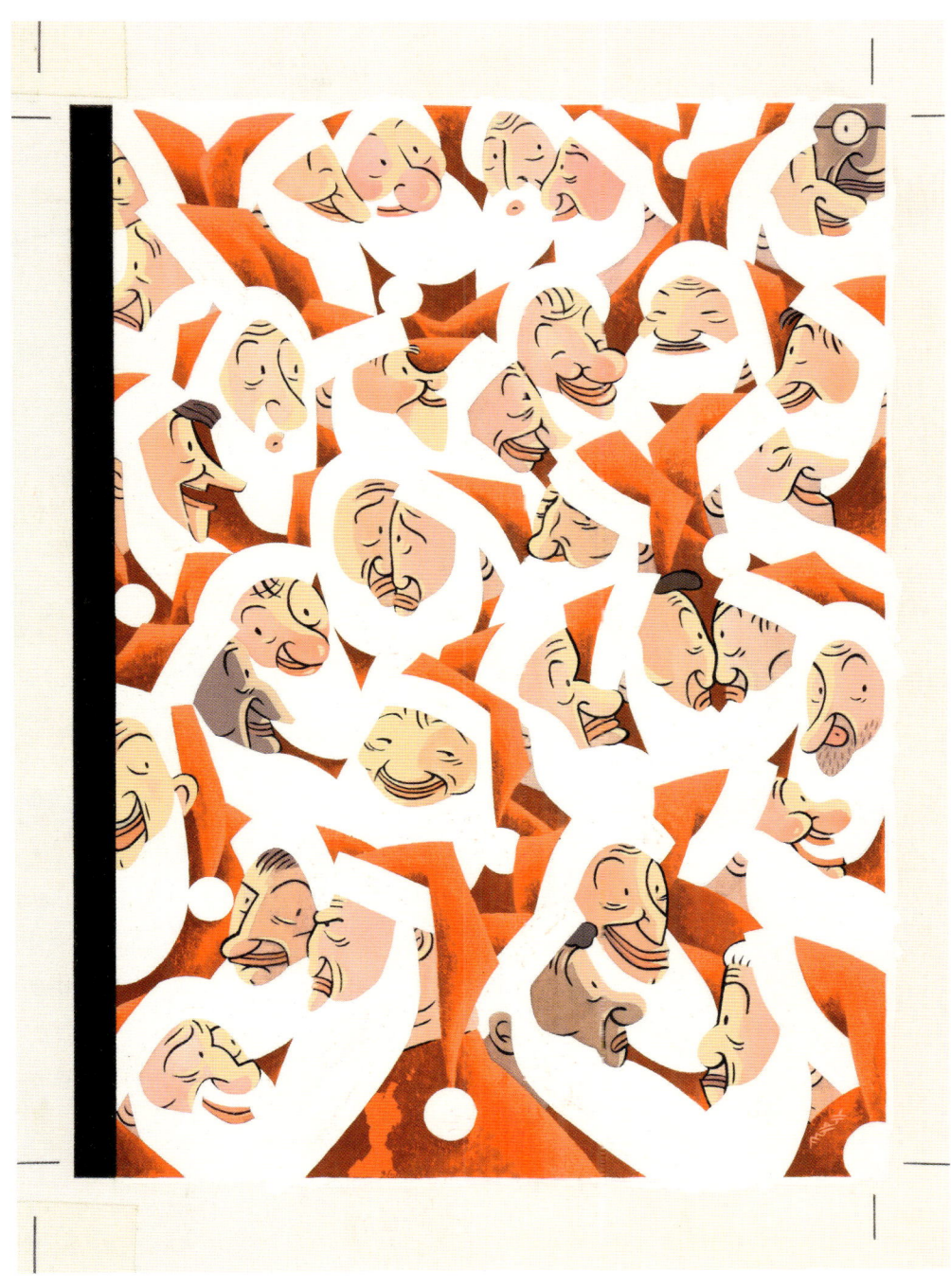

Santa City, 1995
Gouache sobre papel
240 x 330 mm

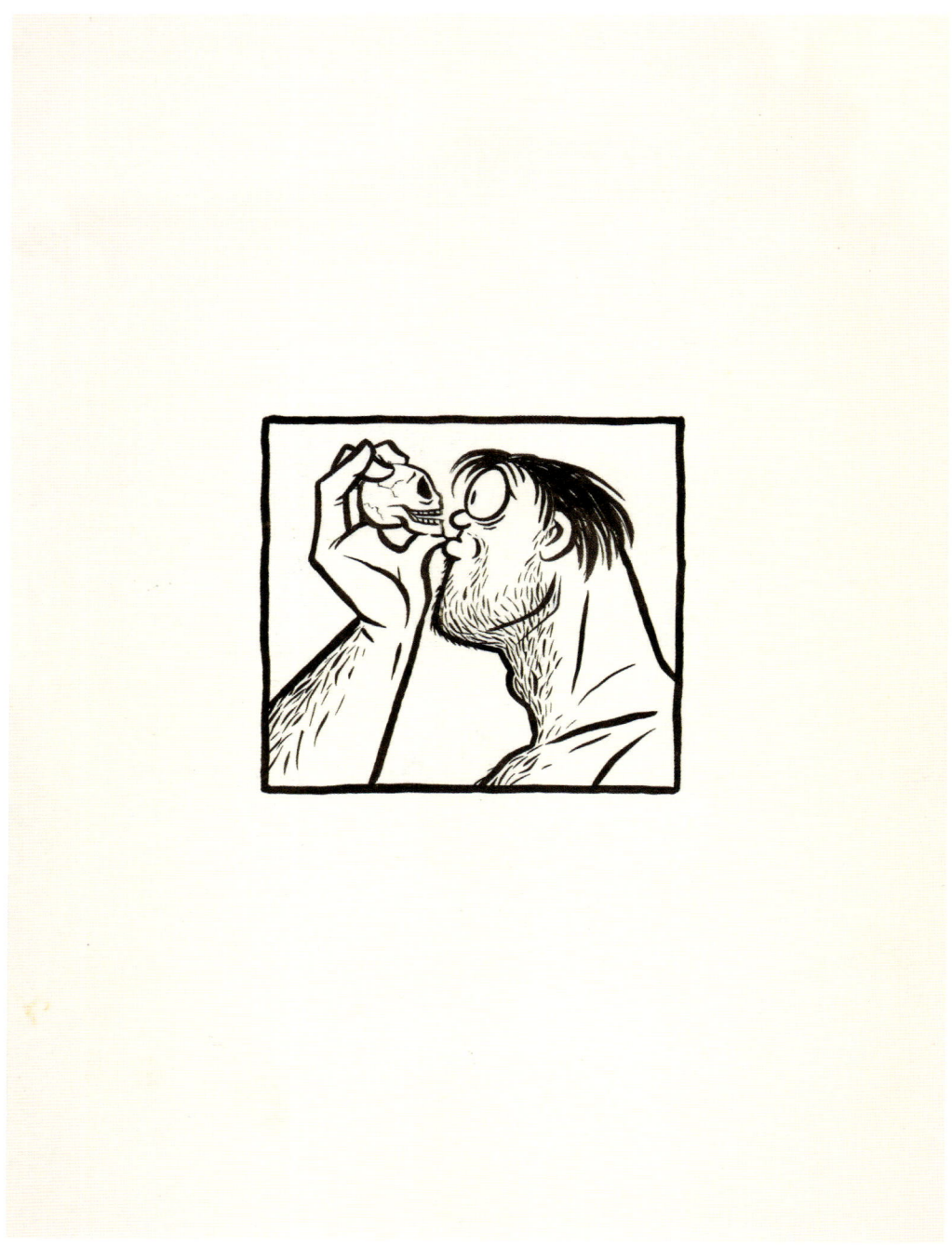

Monólogo y alucinación del gigante blanco - Últimos actos, 1996
Tinta china sobre papel
265 x 363 mm

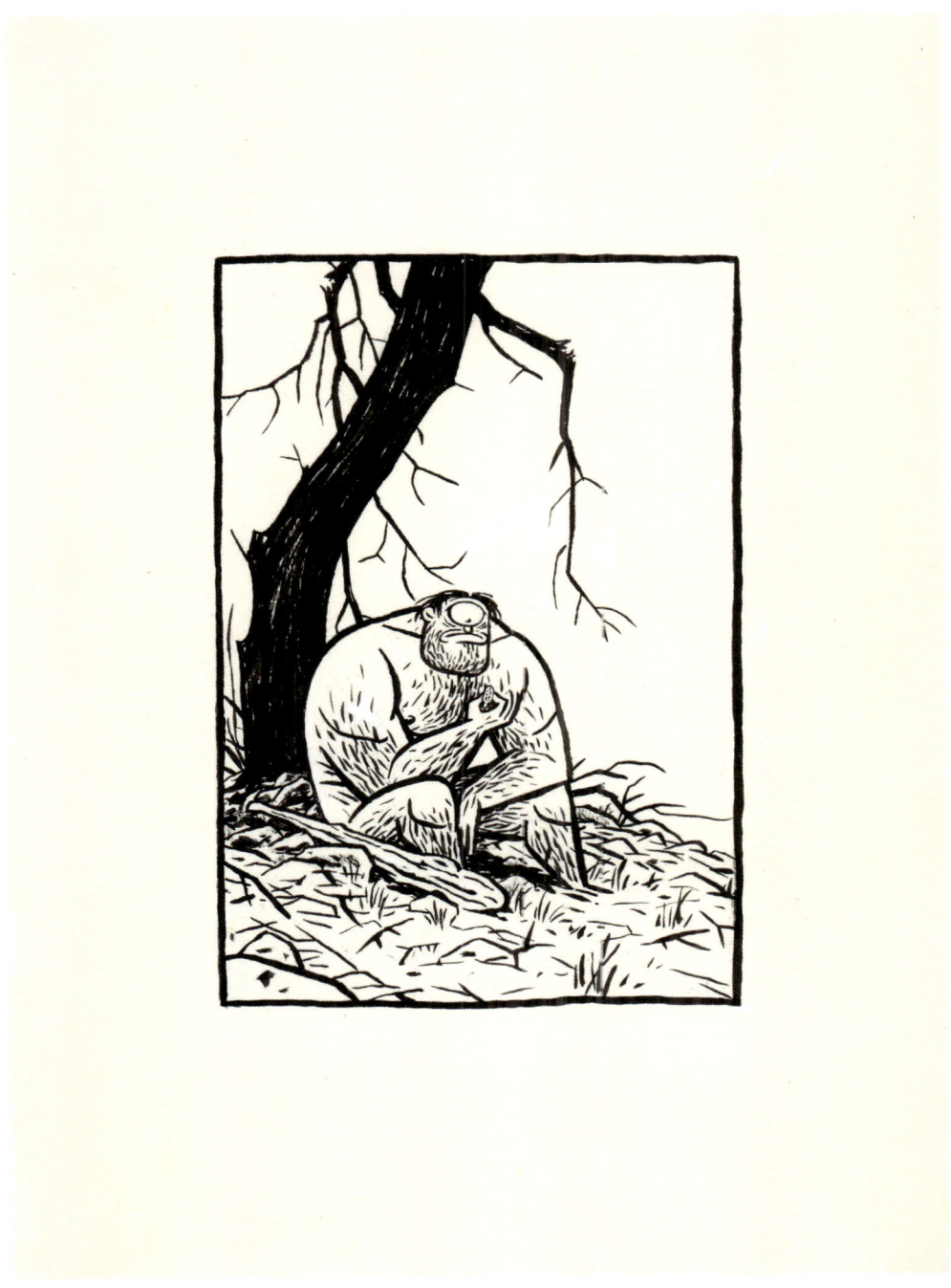

Monólogo y alucinación del gigante blanco - Comunión, 1996
Tinta china sobre papel
265 x 363 mm

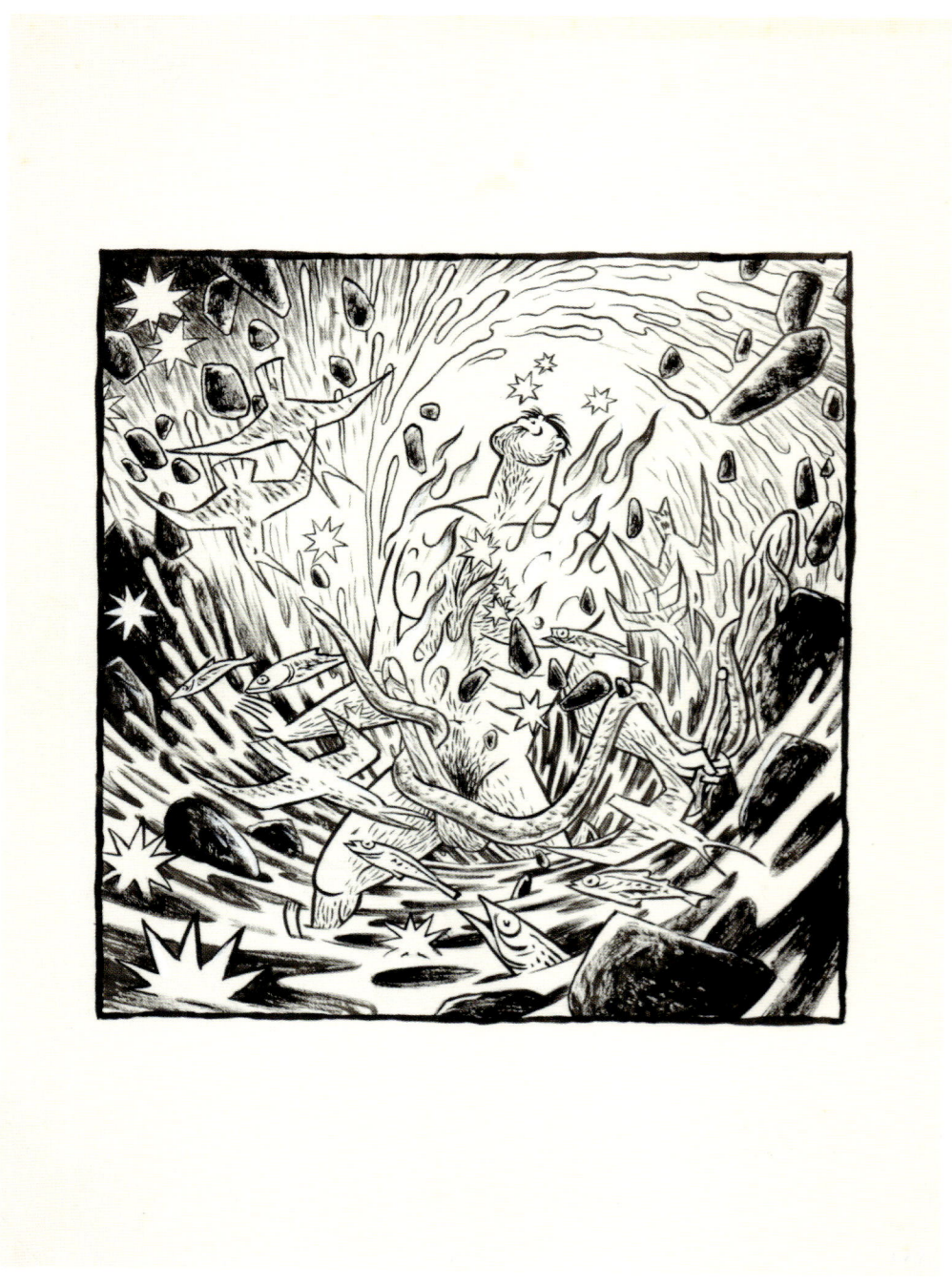

Monólogo y alucinación del gigante blanco - Inseminación, 1996
Tinta china sobre papel
265 x 363 mm

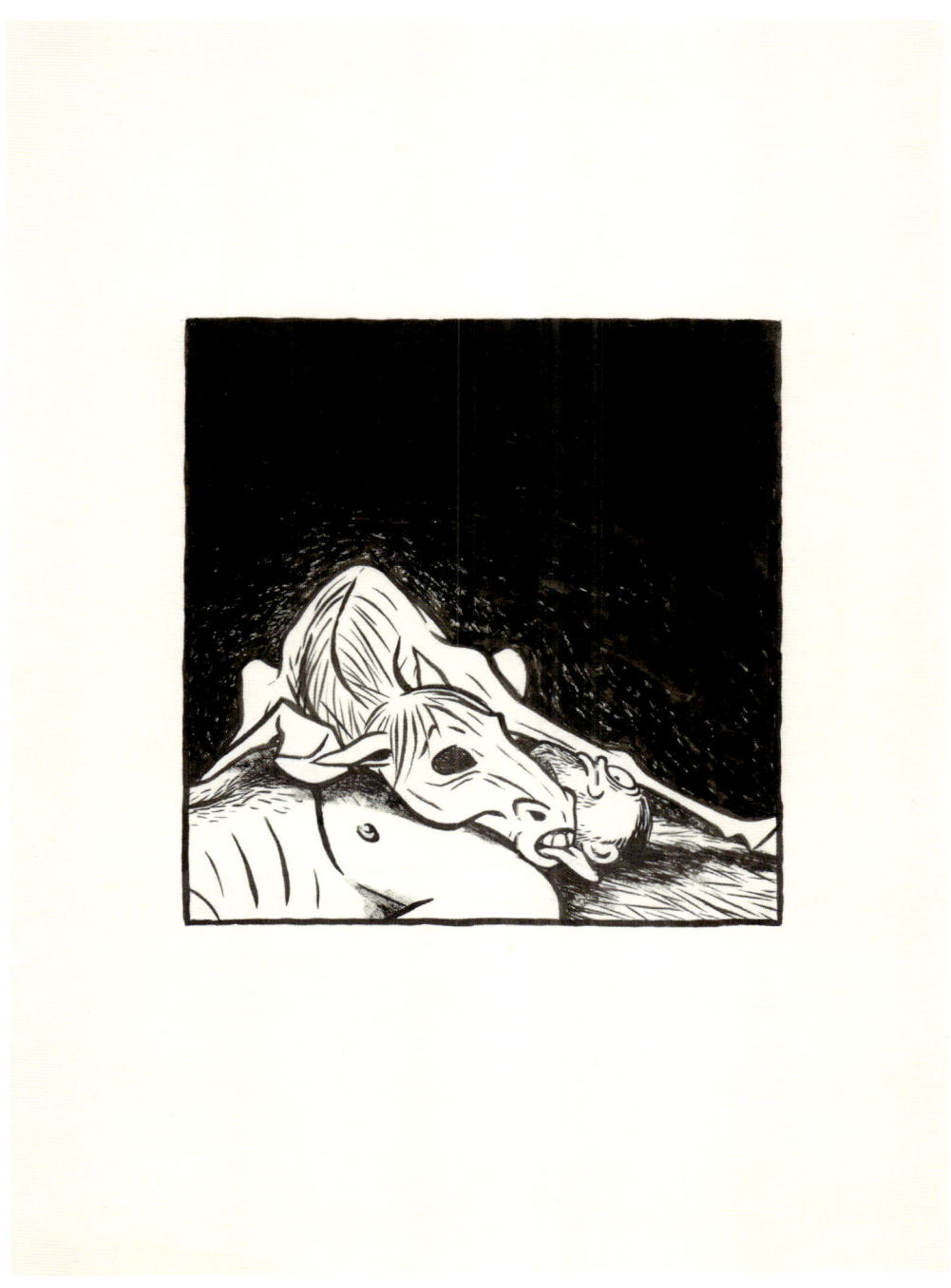

Monólogo y alucinación del gigante blanco - Pesadilla III, 1996
Tinta china sobre papel
265 x 363 mm

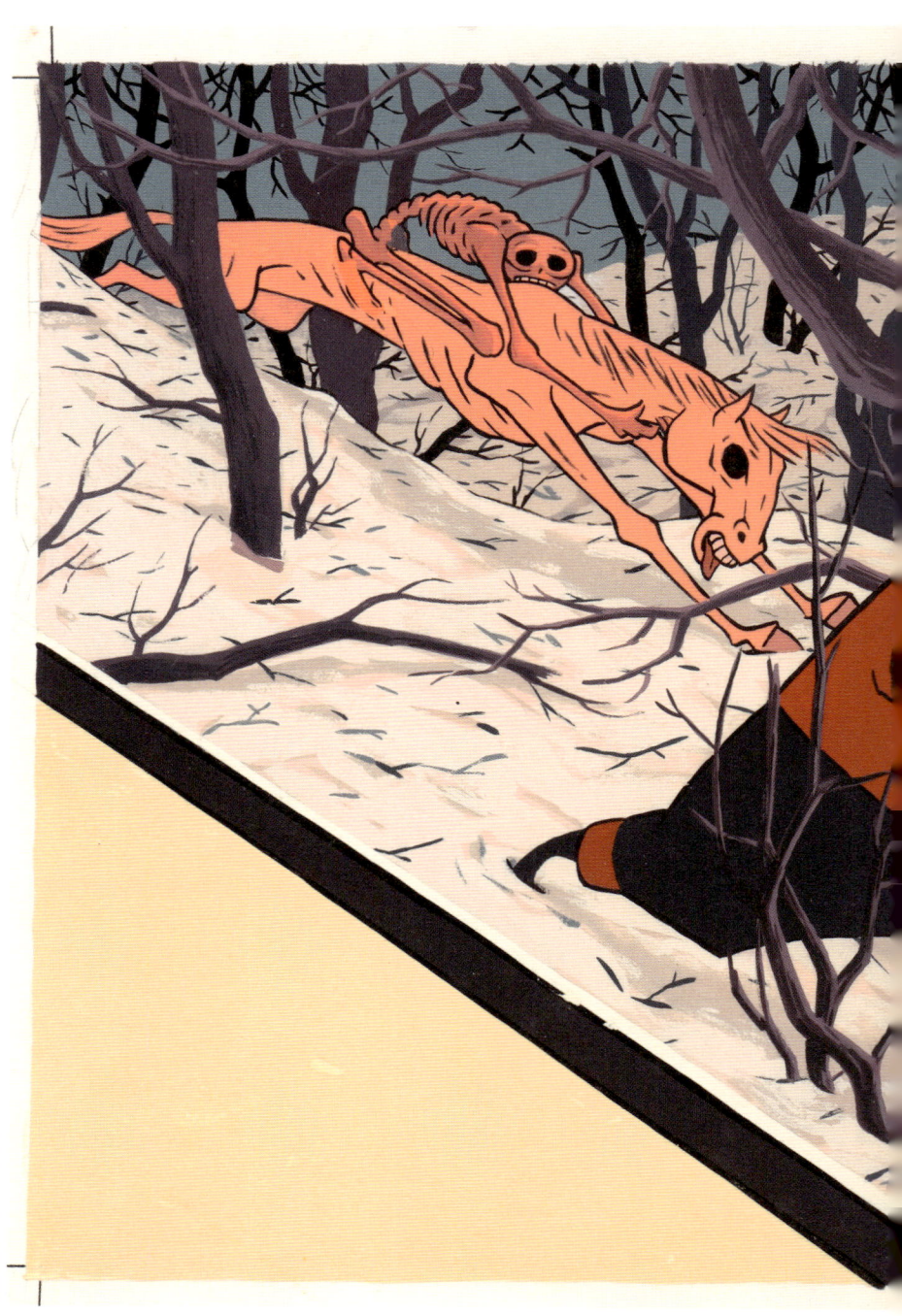

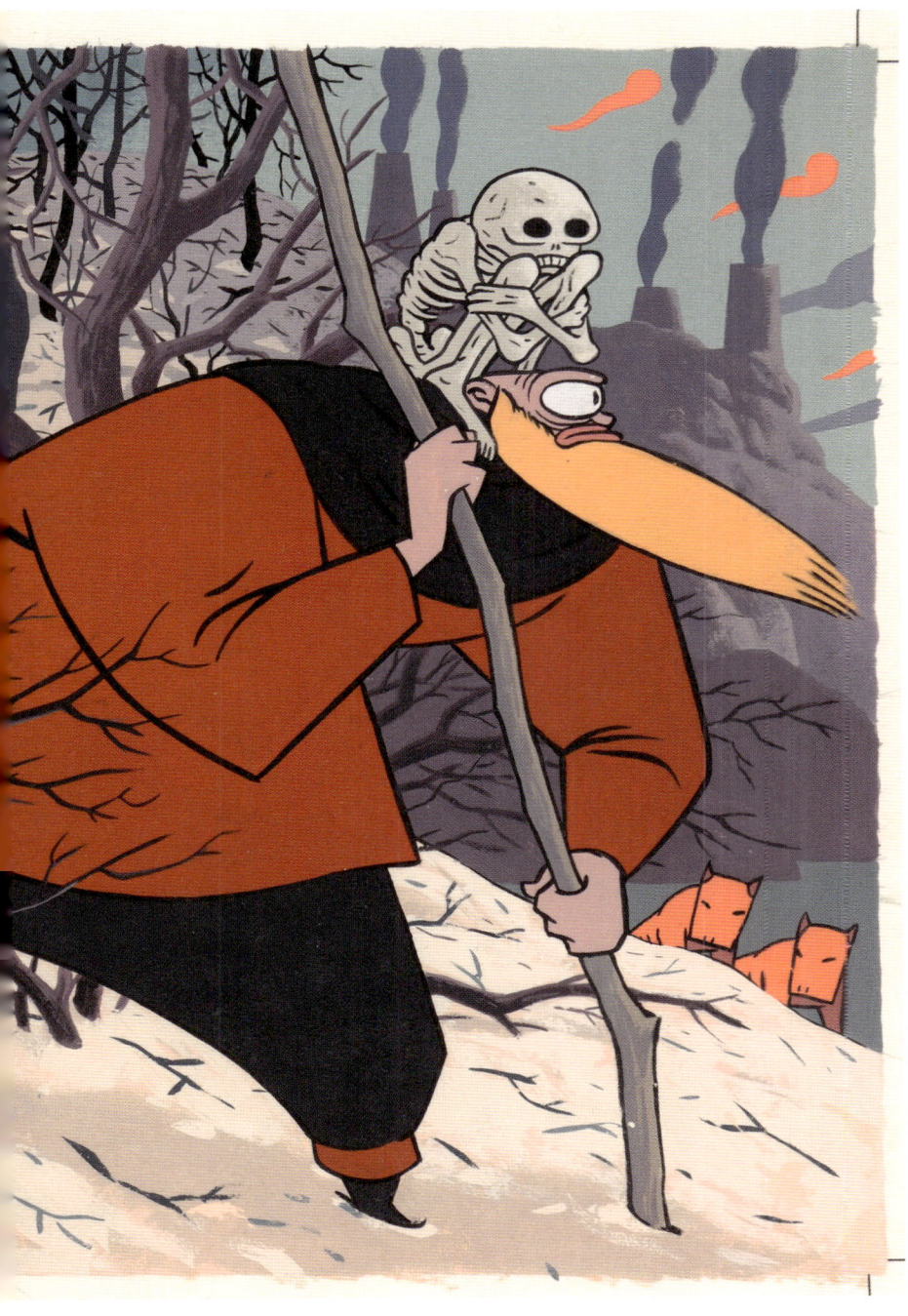

Pesadilla de una noche de verano, 1997
Gouache sobre papel
400 x 275 mm

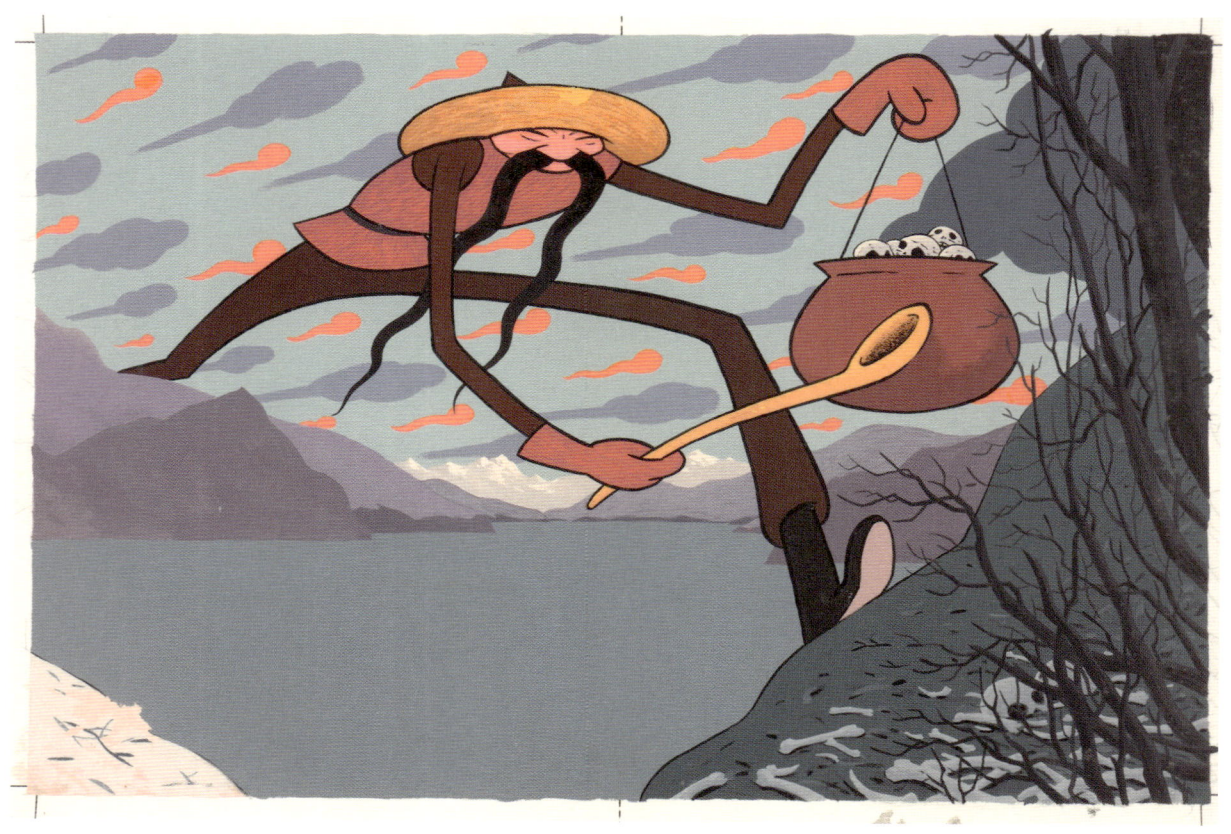

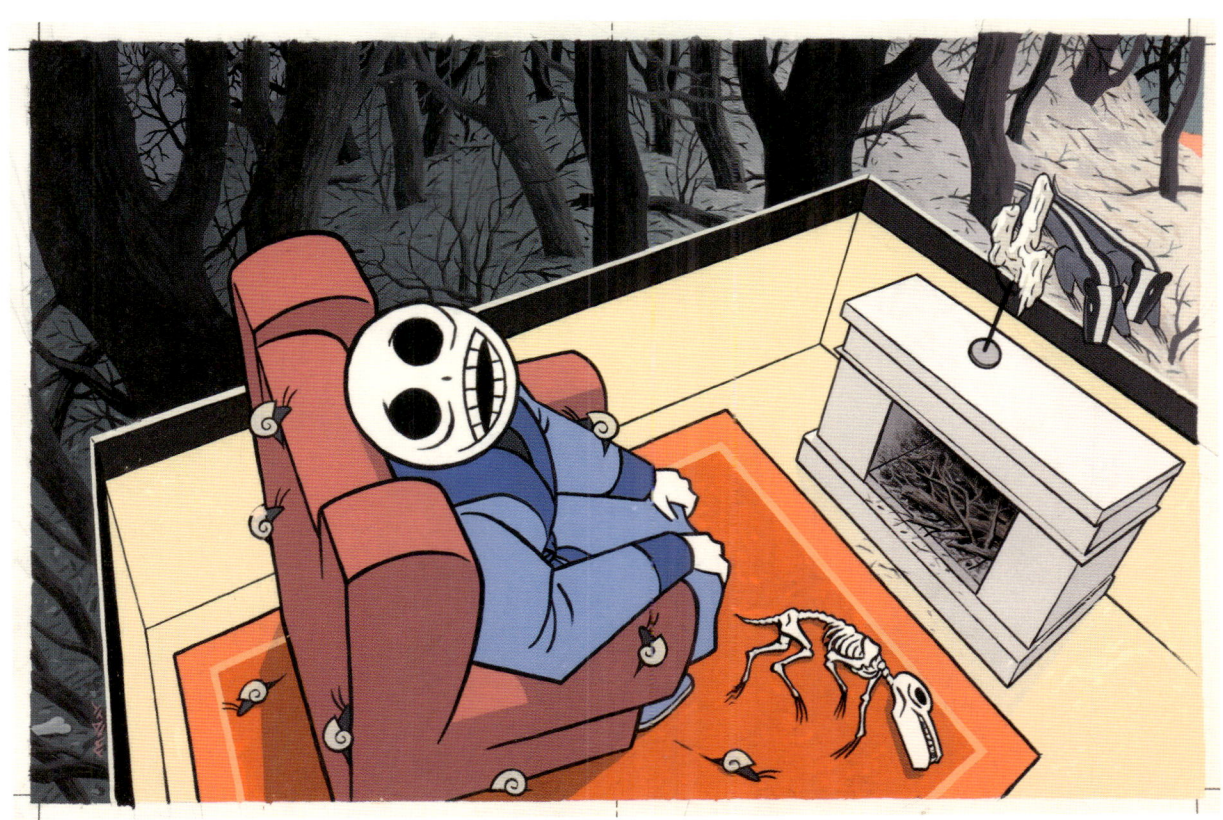

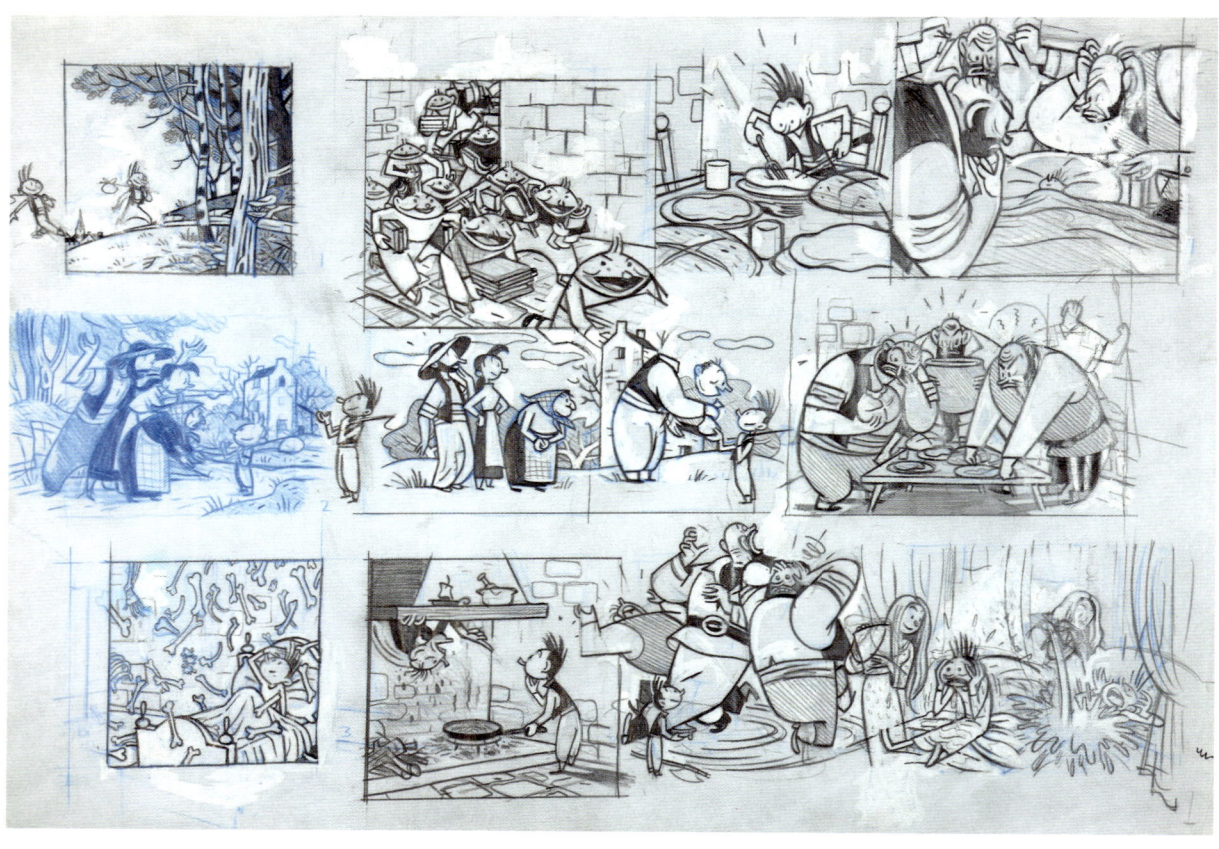

Juan sin miedo, 1999
Bocetos, lápiz negro y azul sobre papel
423 x 297 mm

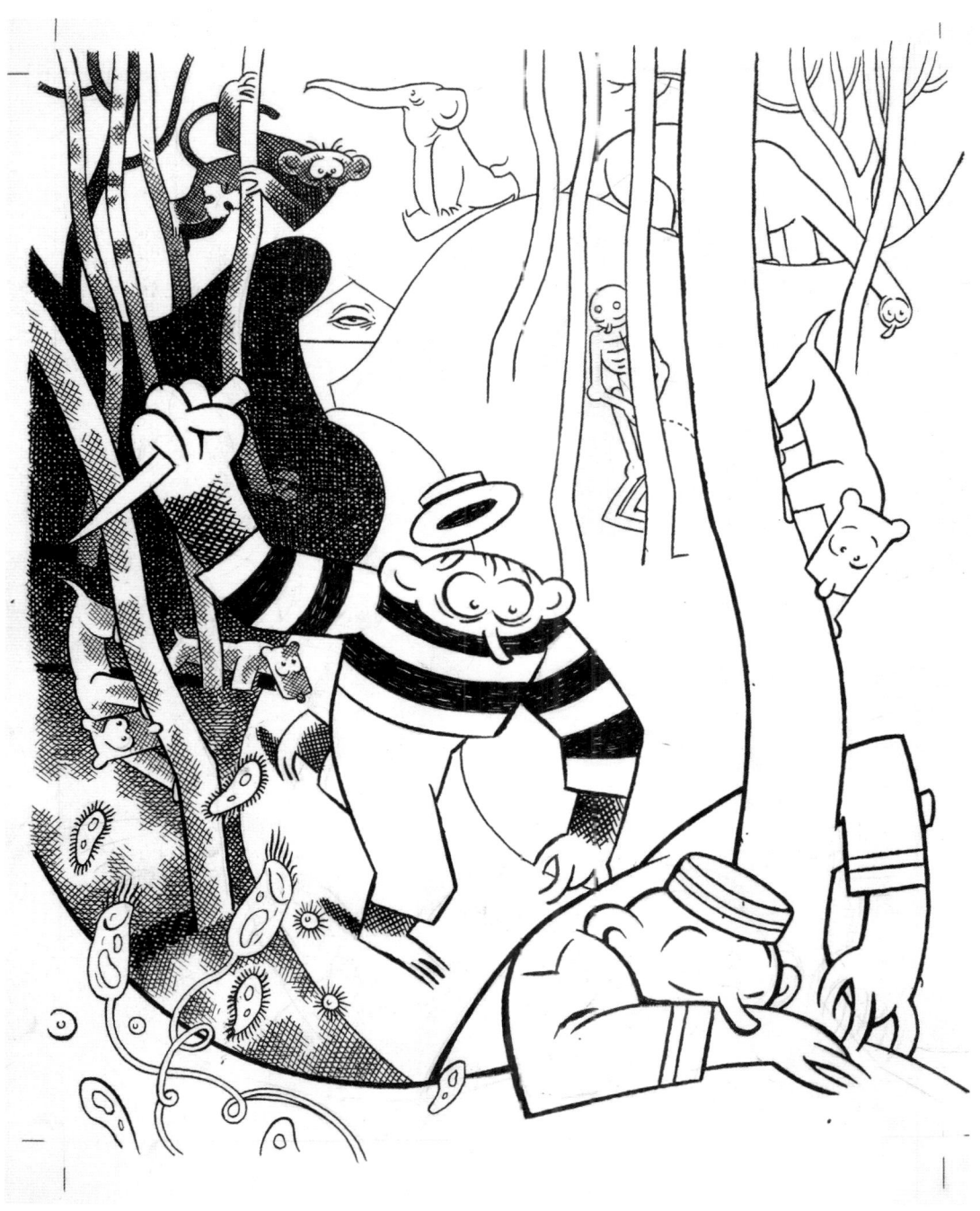

Crímenes ejemplares, 1999
Boceto, tinta china sobre papel
300 x 375 mm

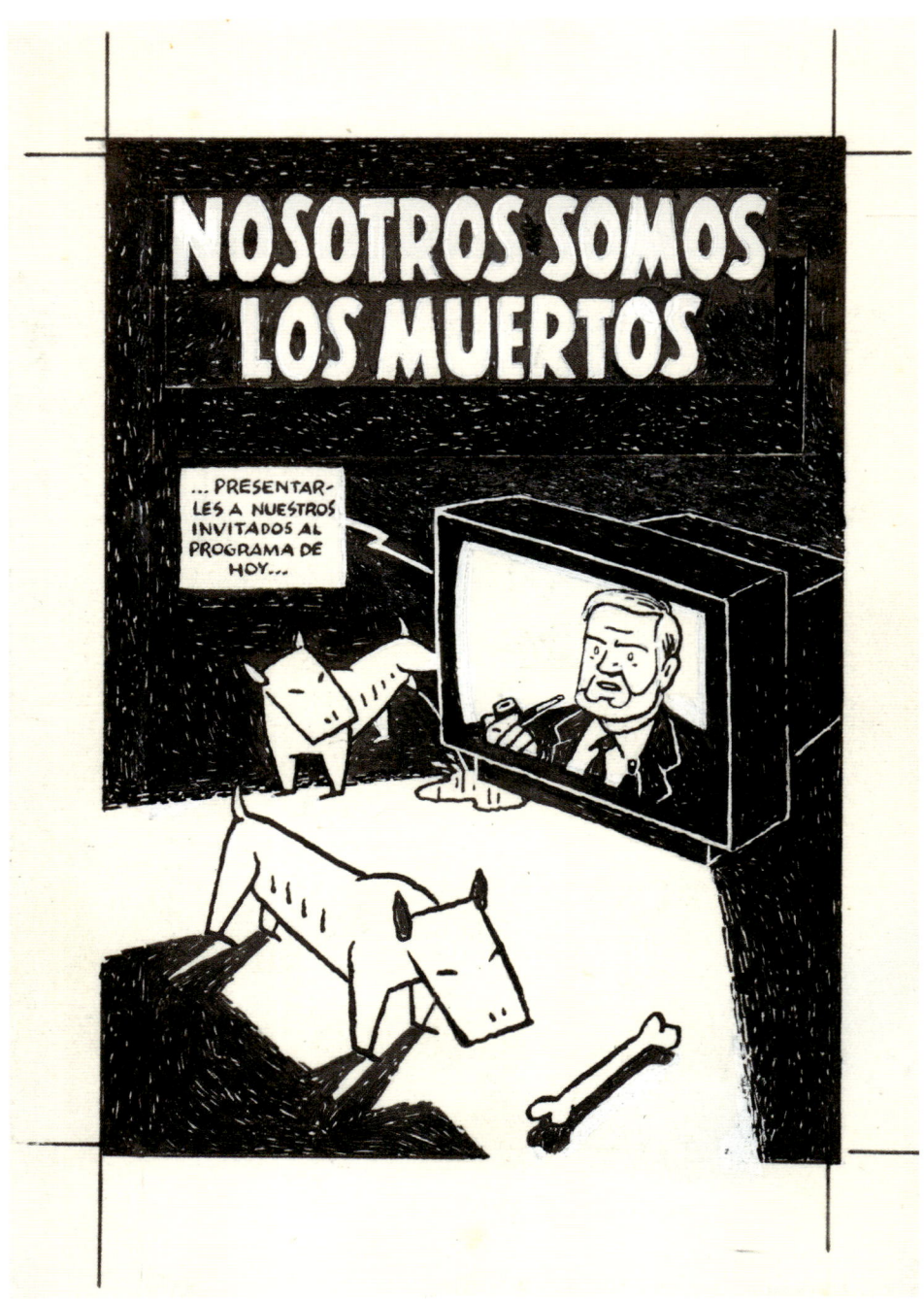

Nosotros somos los muertos, 1993
Tinta china sobre papel
130 x 187 mm

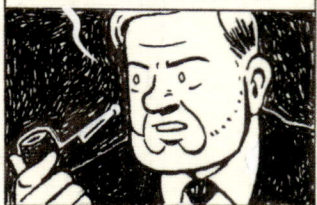
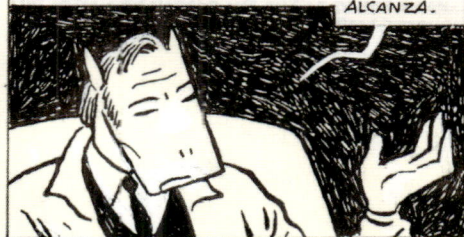
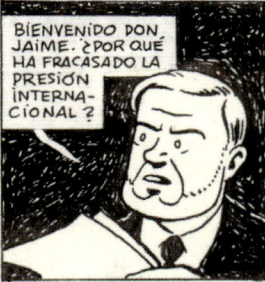
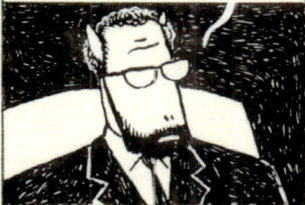
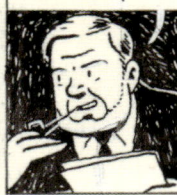
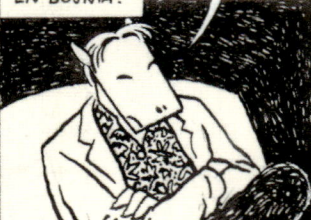
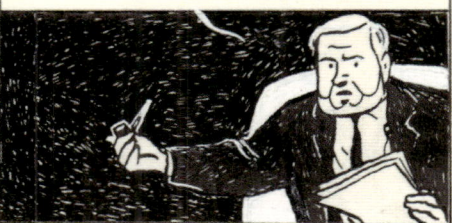

Nosotros somos los muertos, 1993
Tinta china sobre papel
210 x 296 mm

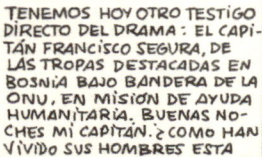
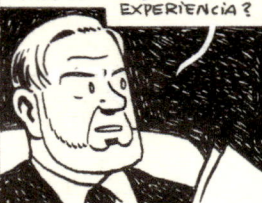
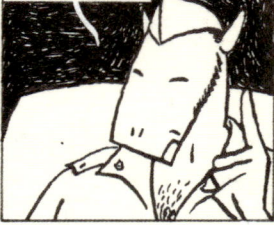
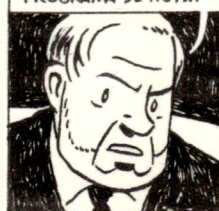
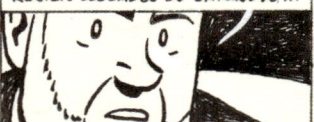
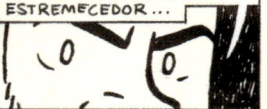
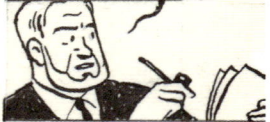
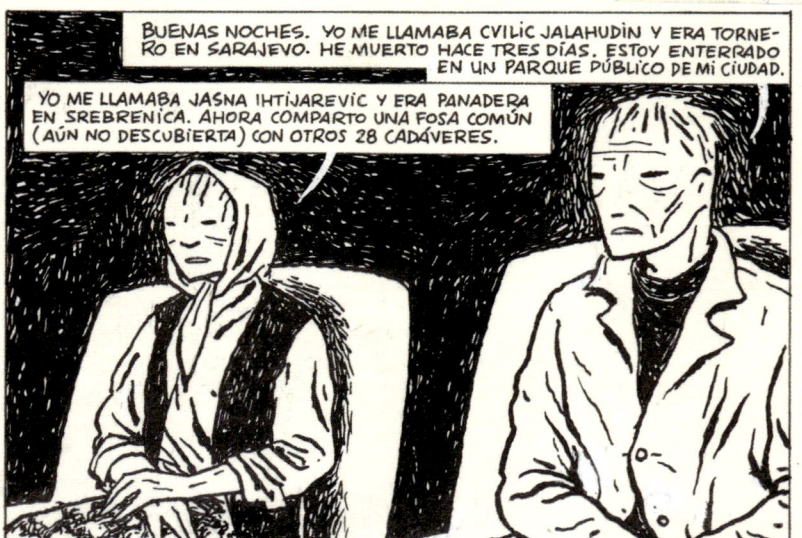

Nosotros somos los muertos, 1993
Tinta china sobre papel
210 x 296 mm

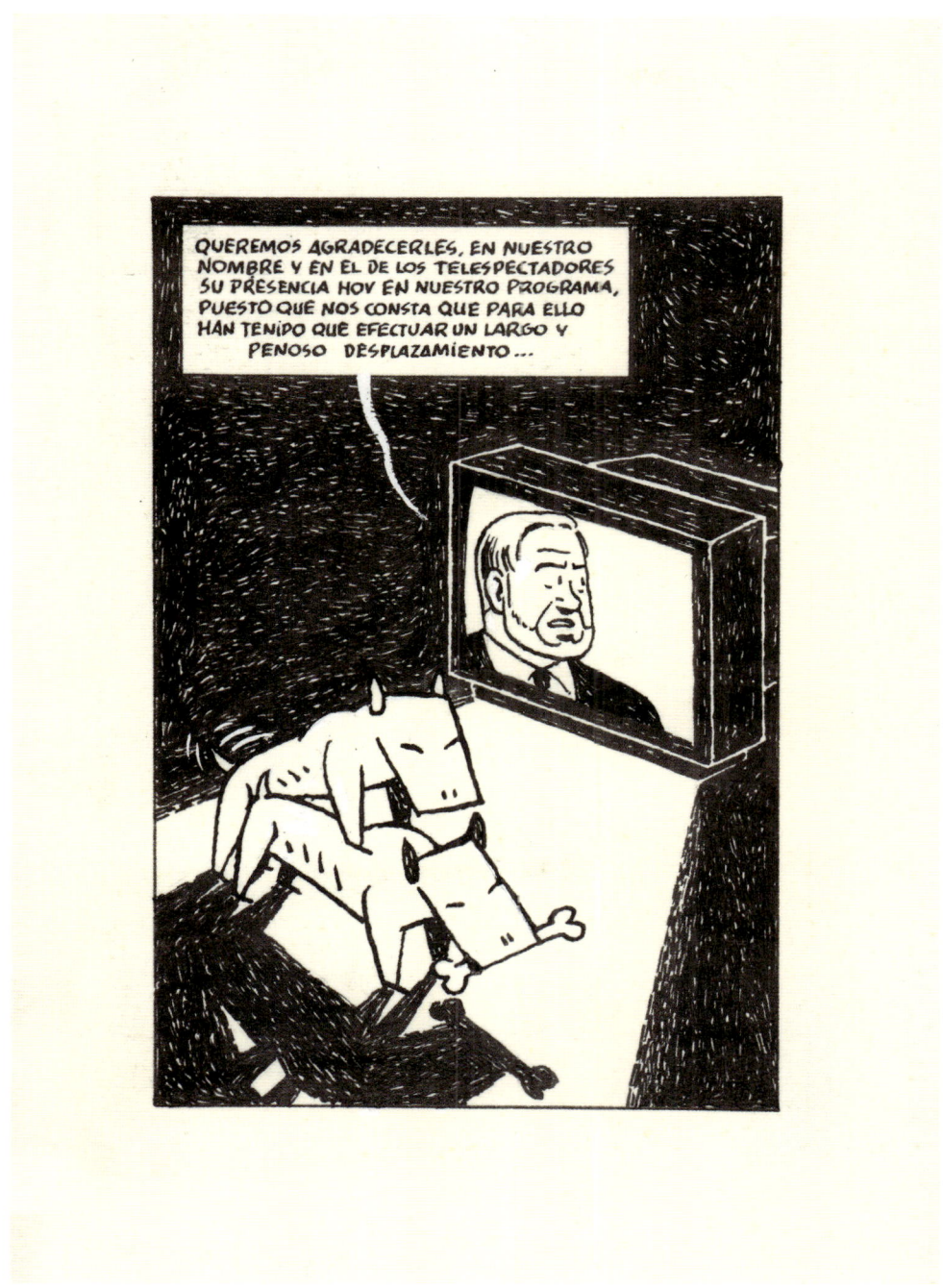

Nosotros somos los muertos, 1993
Tinta china sobre papel
146 x 205 mm

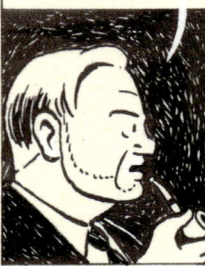
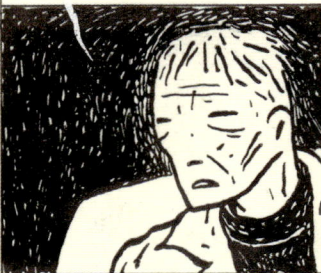
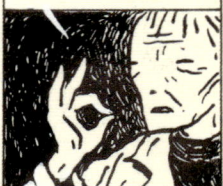
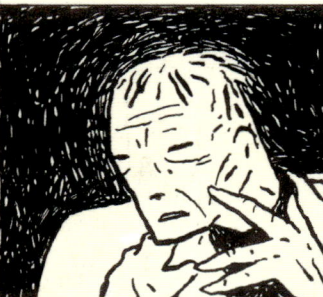
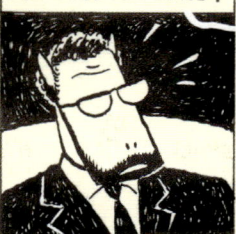
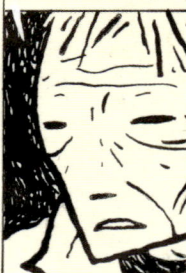
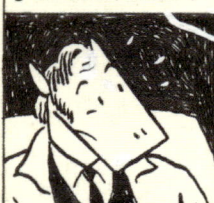
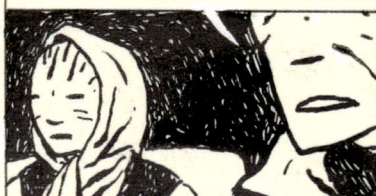
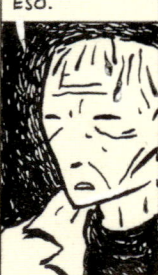

Nosotros somos los muertos, 1993
Tinta china sobre papel
210 x 296 mm

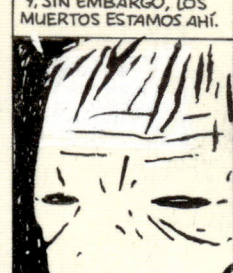
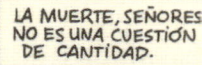
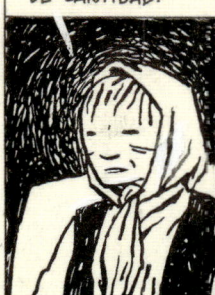
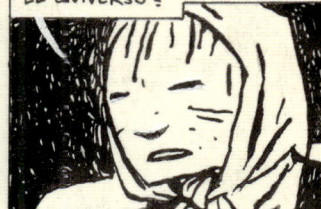
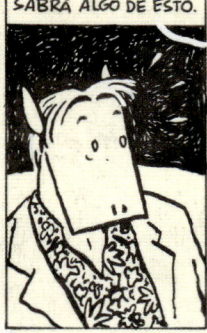
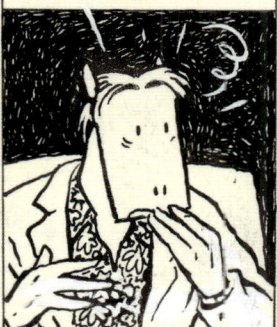
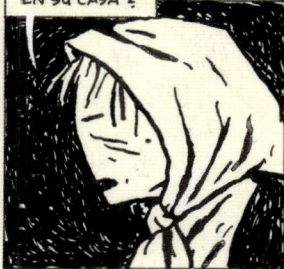
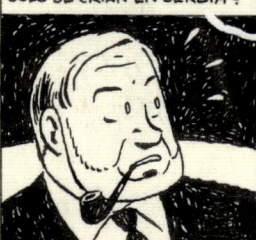
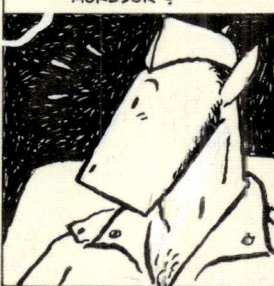
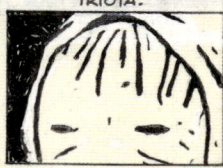

Nosotros somos los muertos, 1993
Tinta china sobre papel
210 x 296 mm

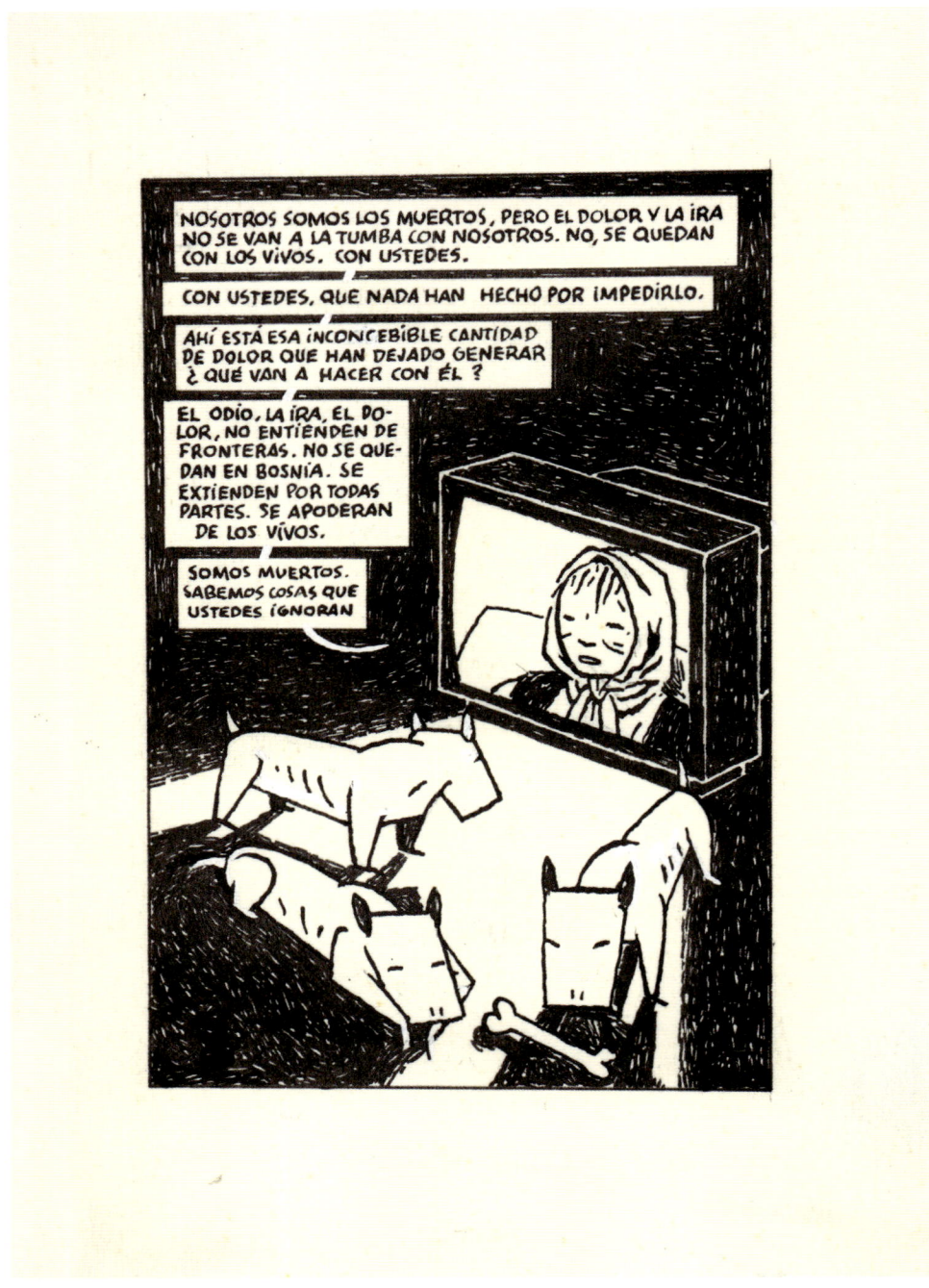

Nosotros somos los muertos, 1993
Tinta china sobre papel
146 x 205 mm

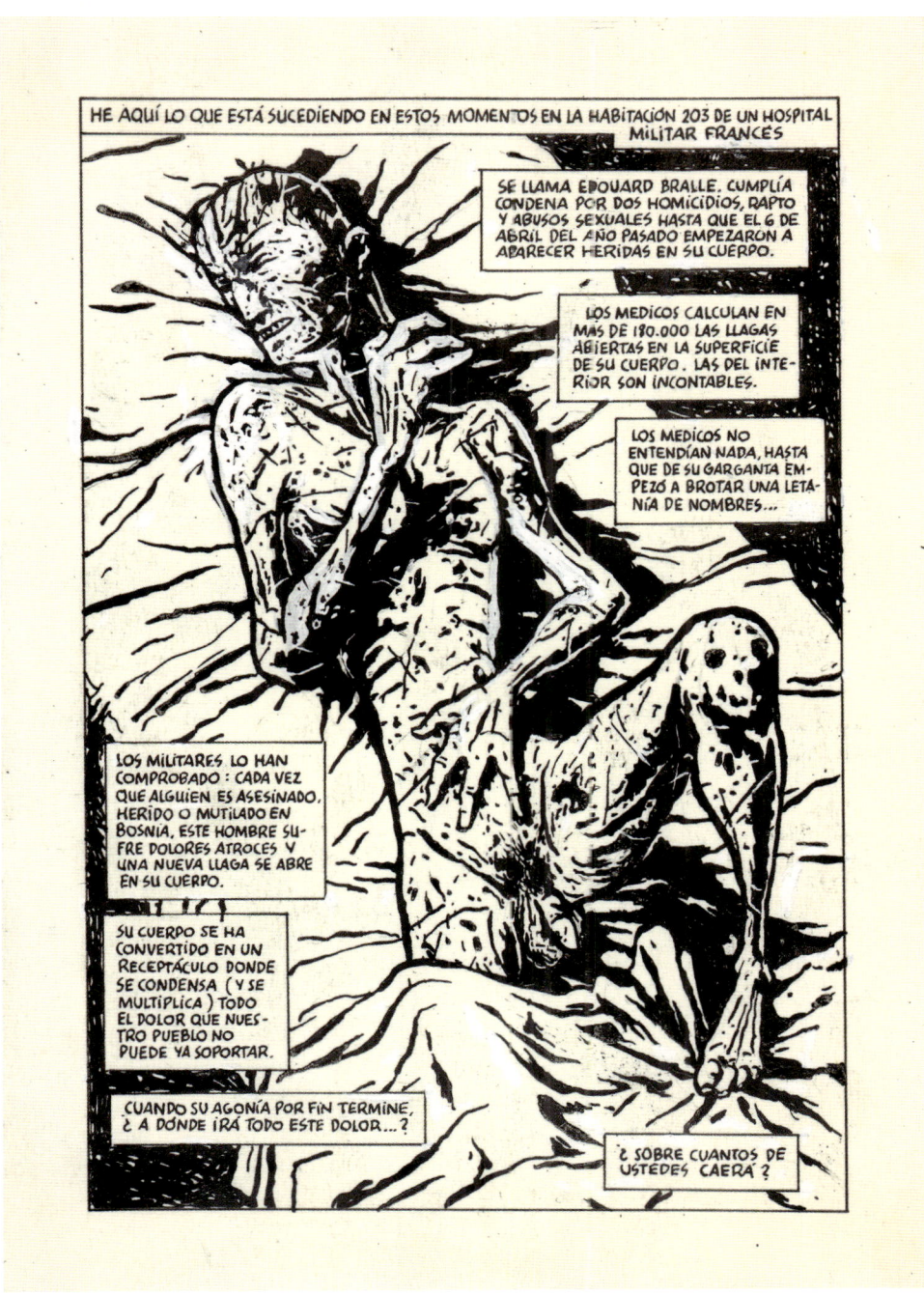

Nosotros somos los muertos, 1993
Tinta china sobre papel
210 x 296 mm

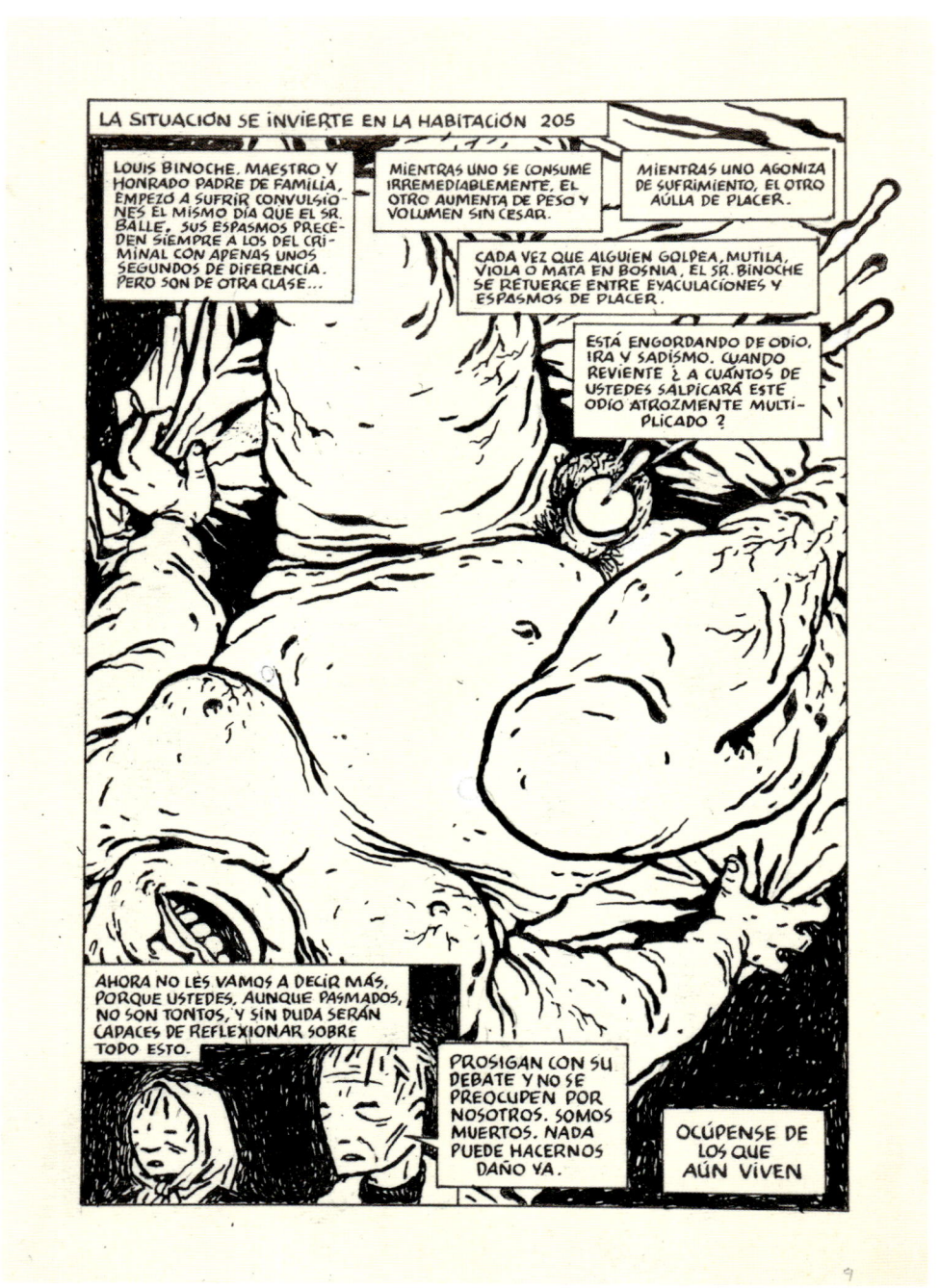

Nosotros somos los muertos, 1993
Tinta china sobre papel
210 x 296 mm

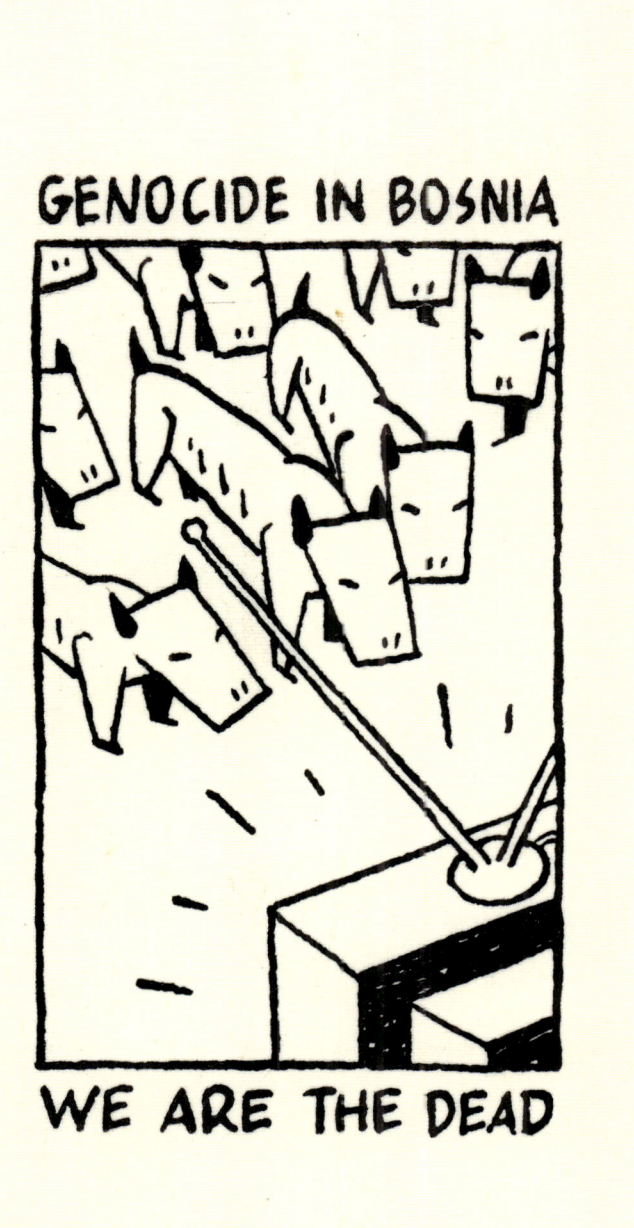

Nosotros somos los muertos, 1993
Tinta china sobre papel
130 x 181 mm

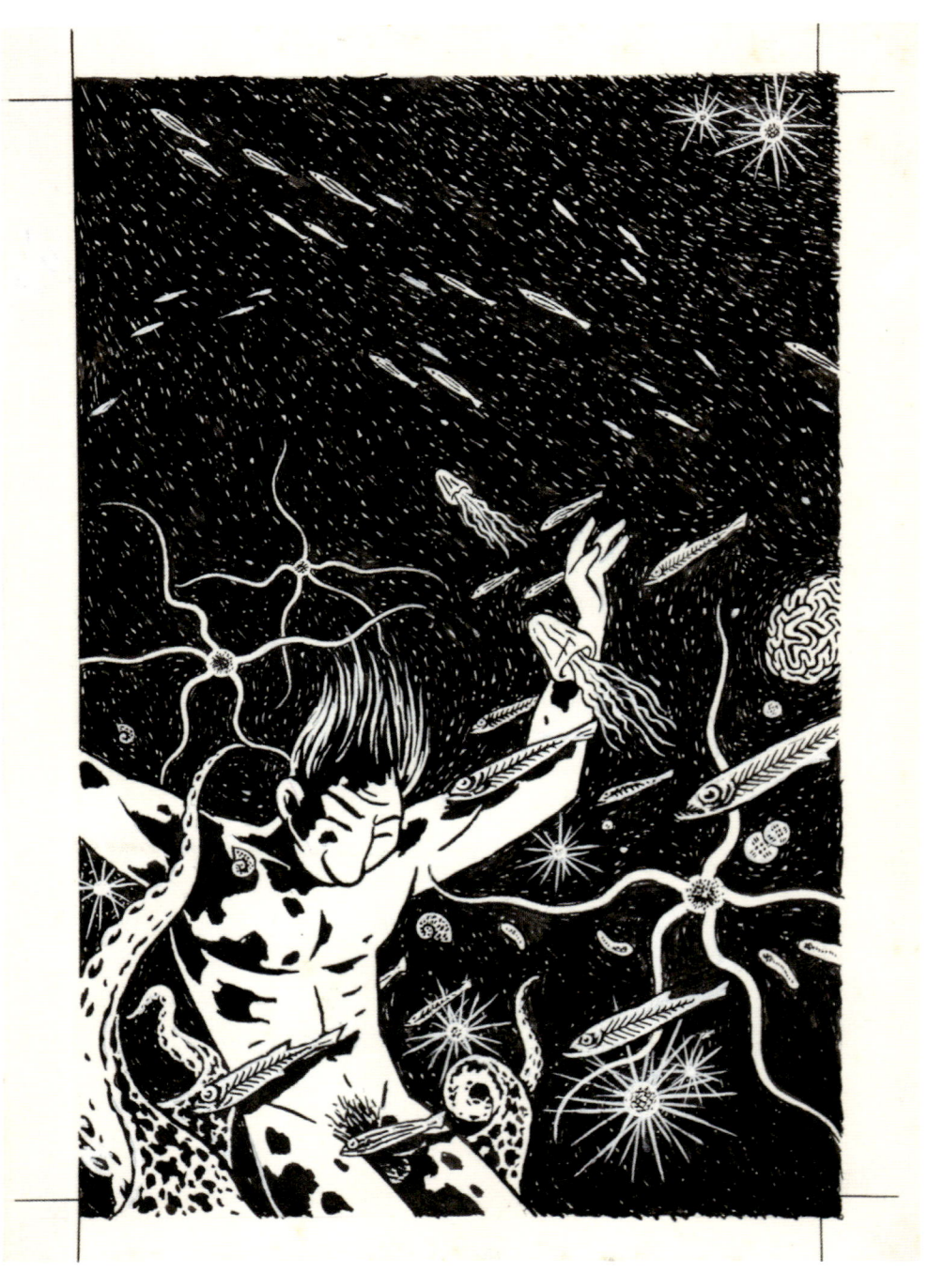

El prolongado sueño del Sr.T, 1997
Tinta china sobre papel
230 x 335 mm

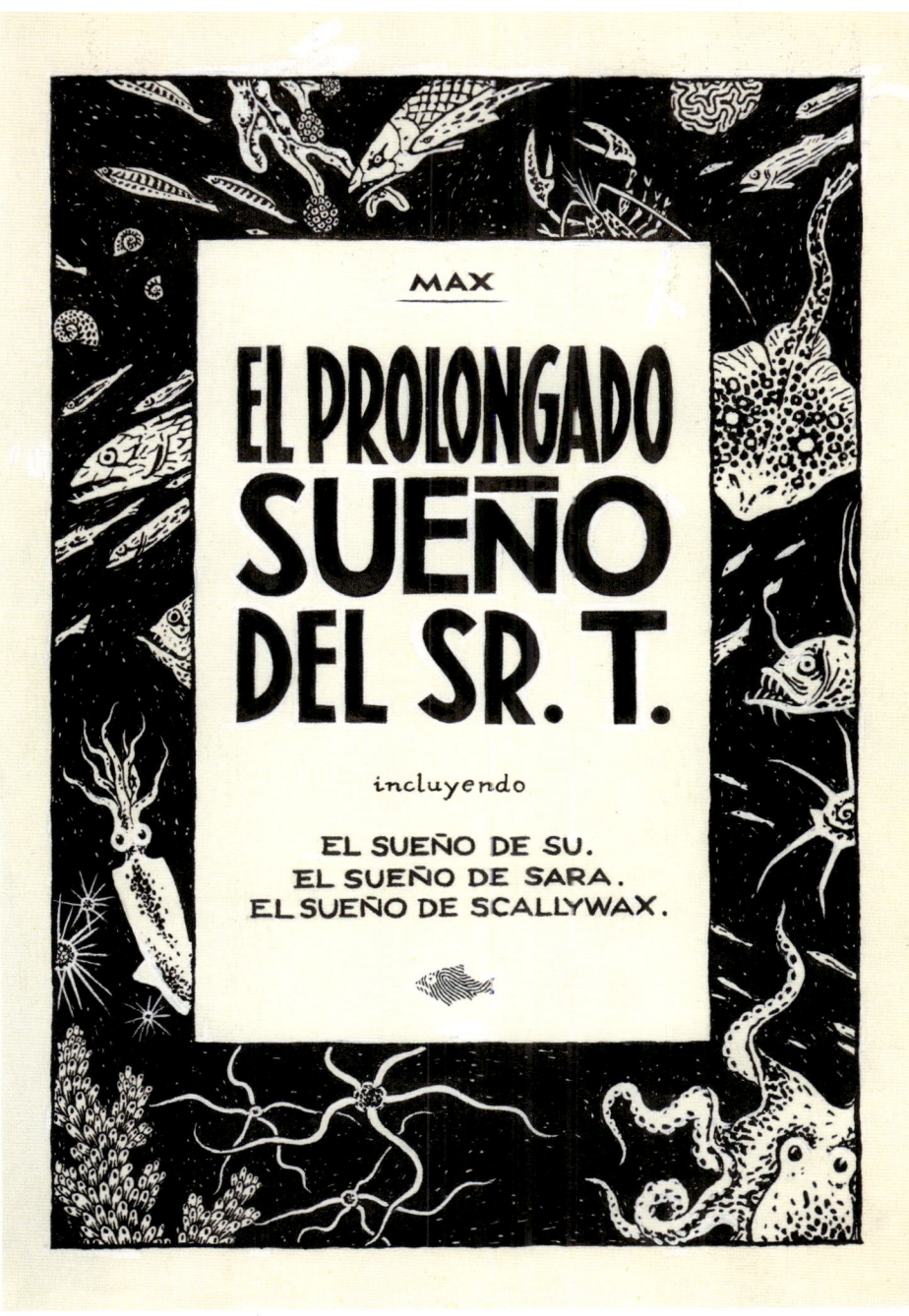

El prolongado sueño del Sr.T, 1997
Tinta china sobre papel
212 x 294 mm

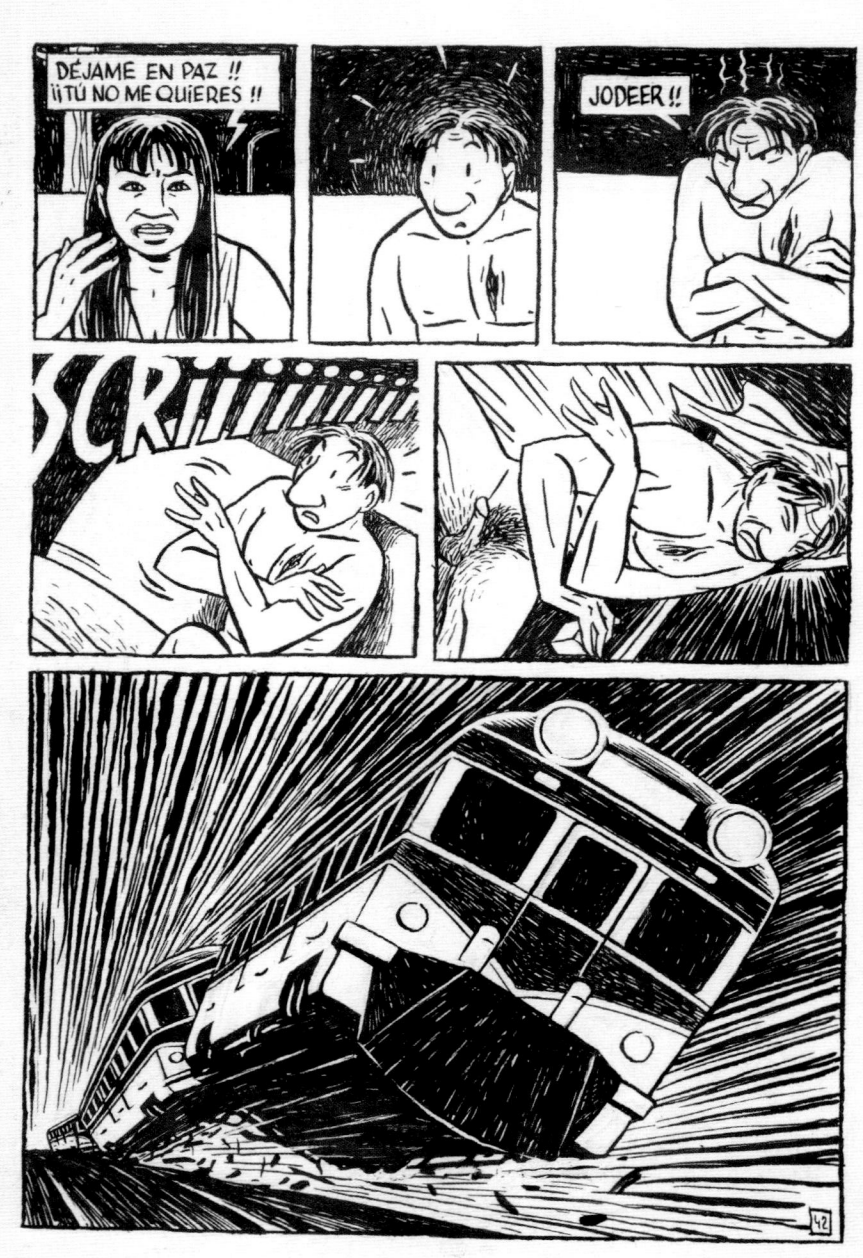

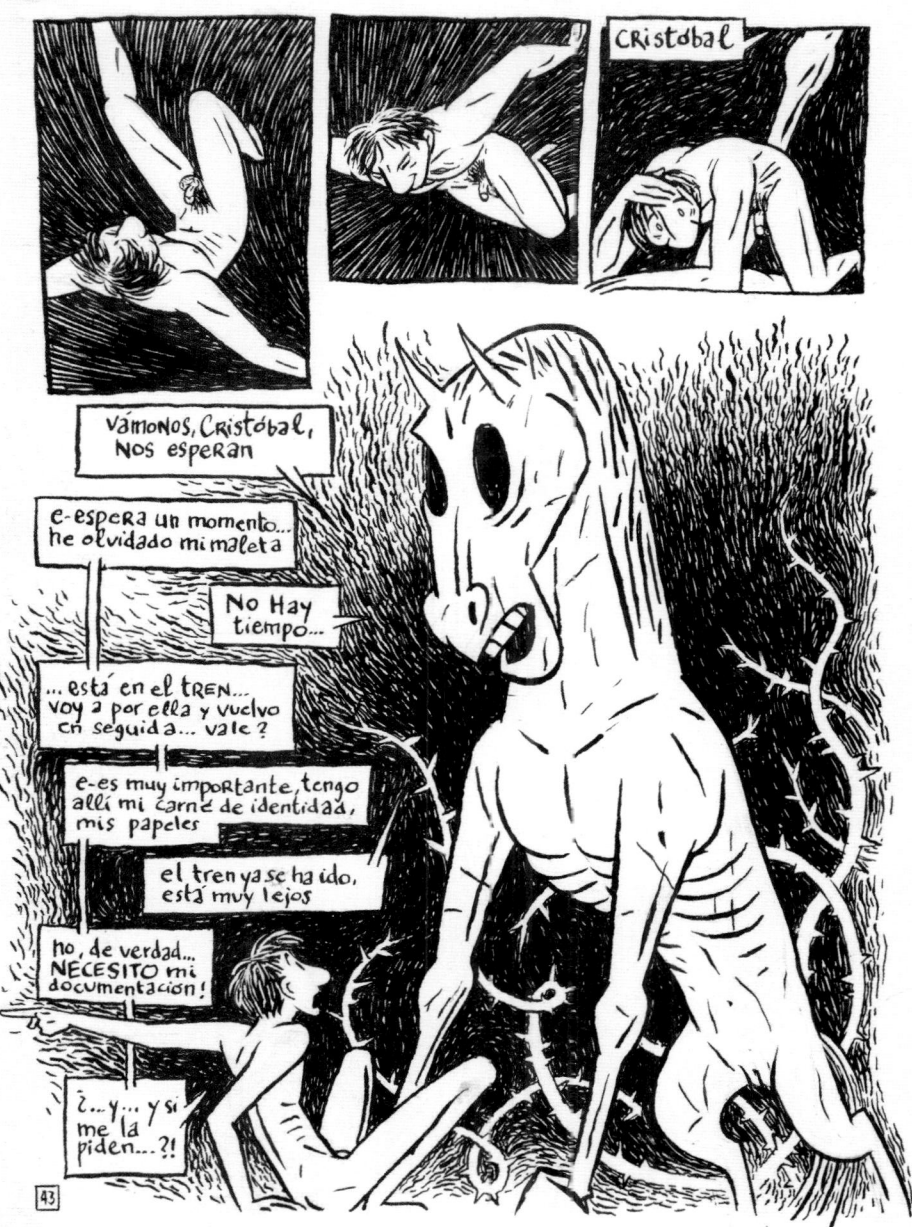

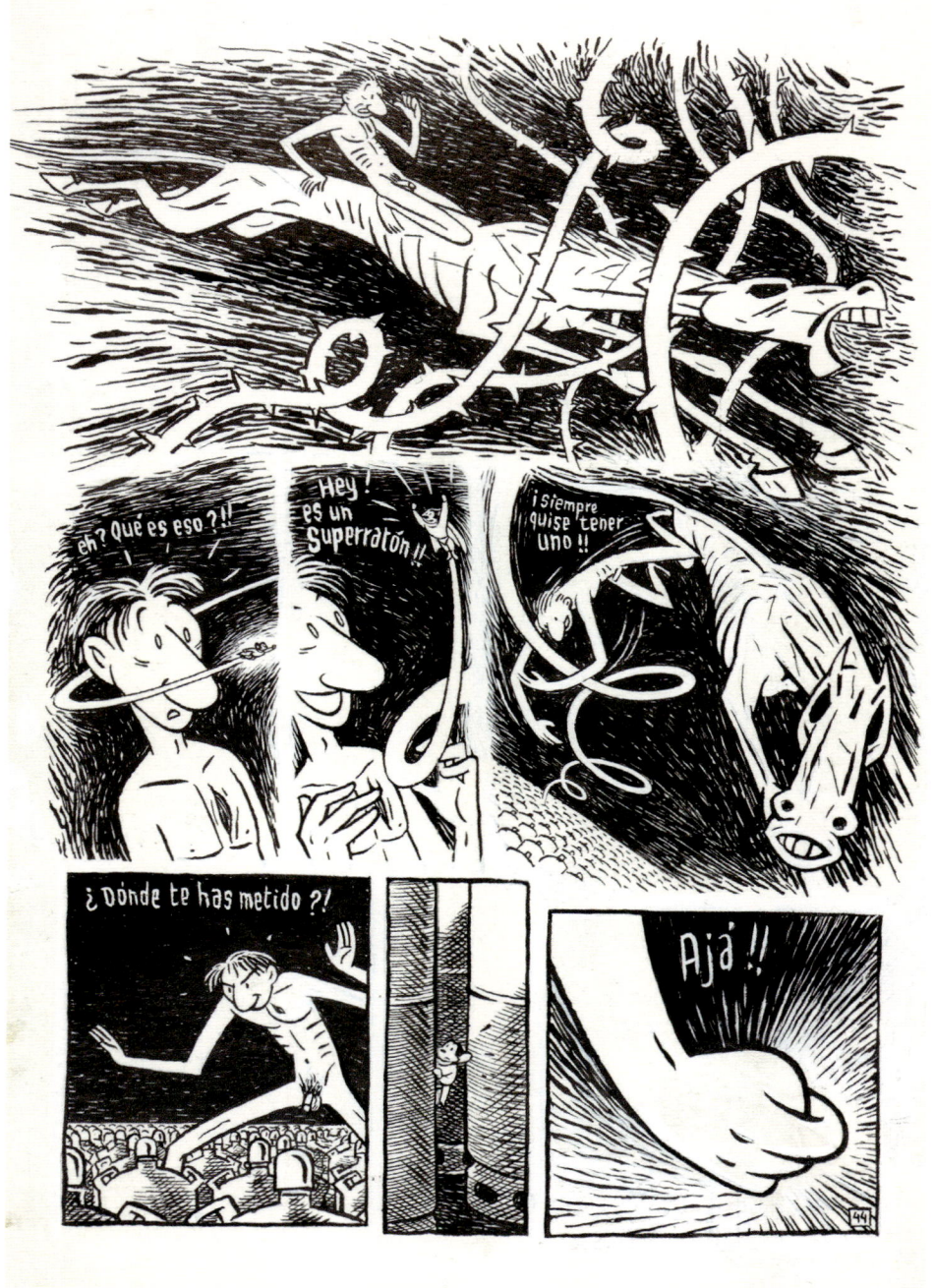

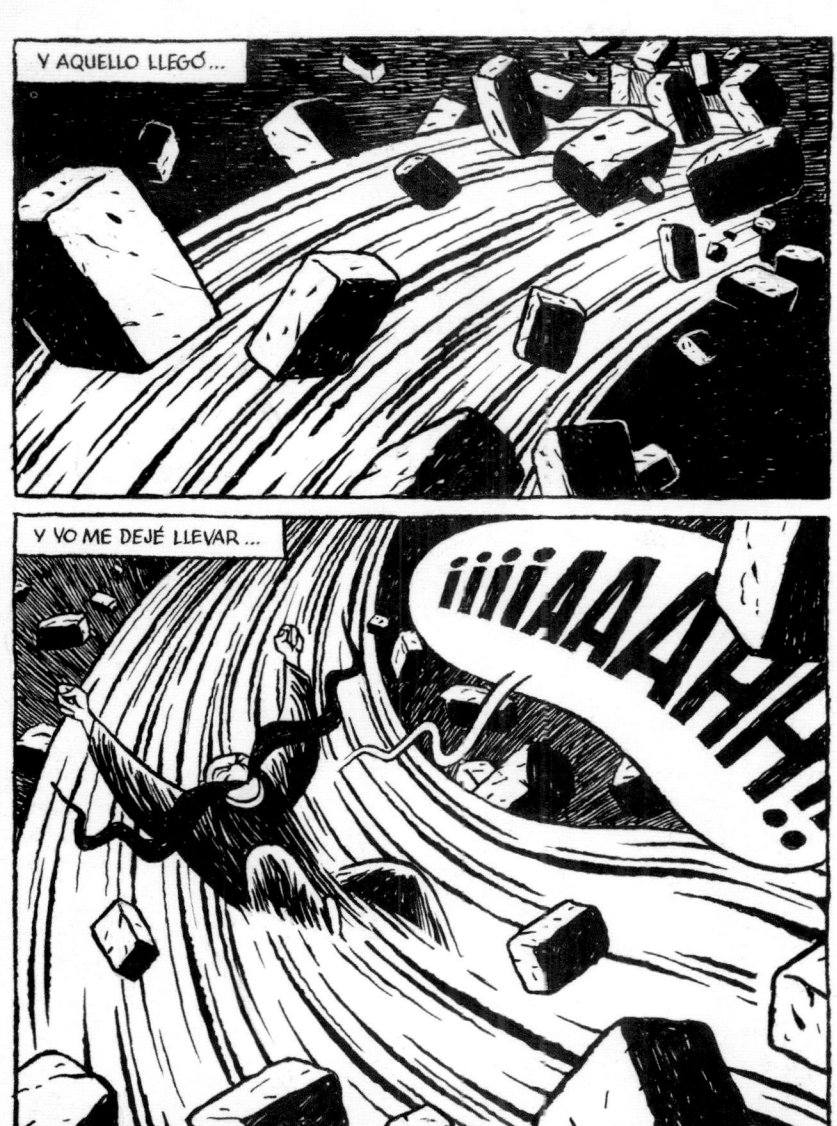

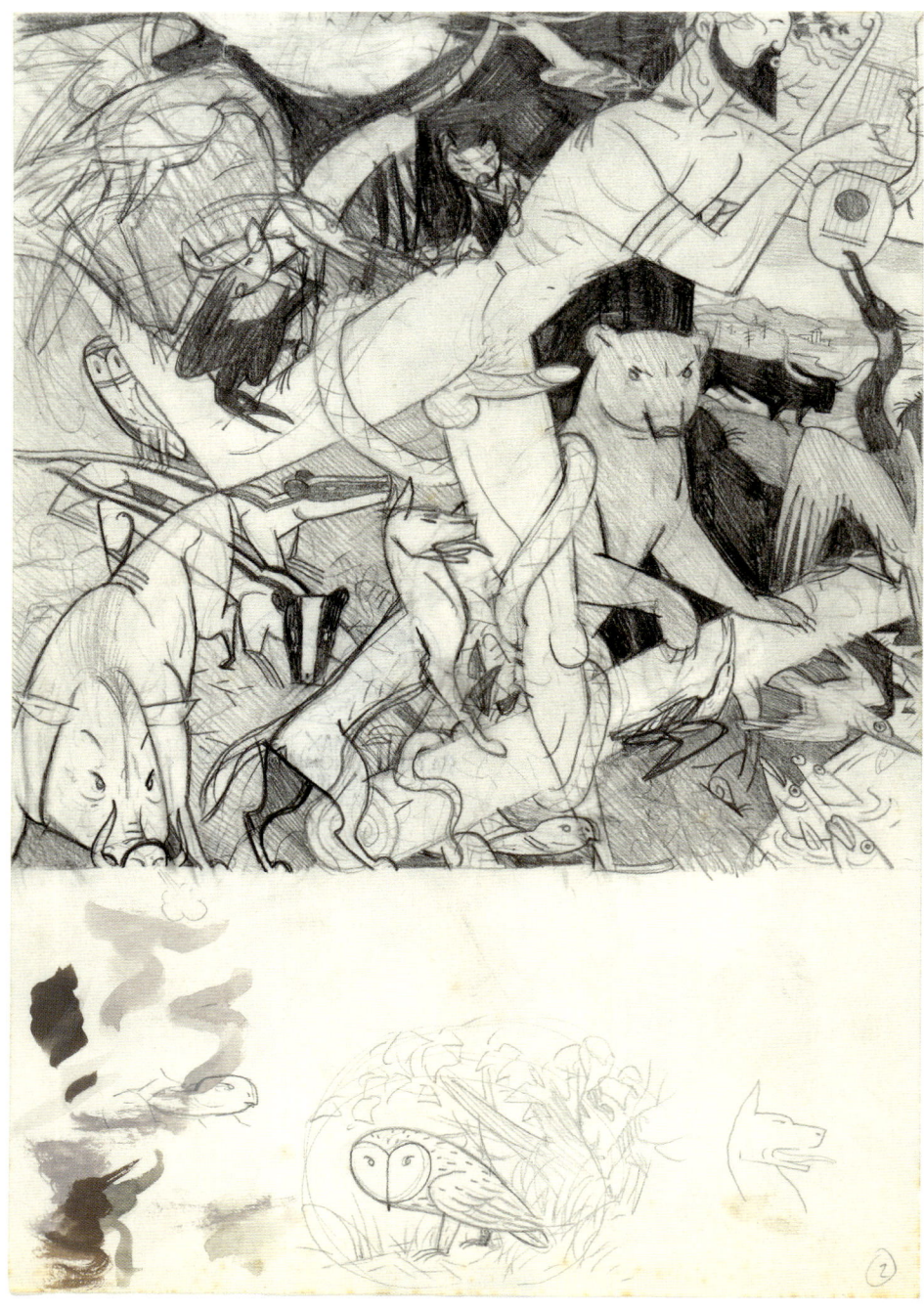

Órficas, 1994
Boceto, lápiz sobre papel
210 x 297 mm

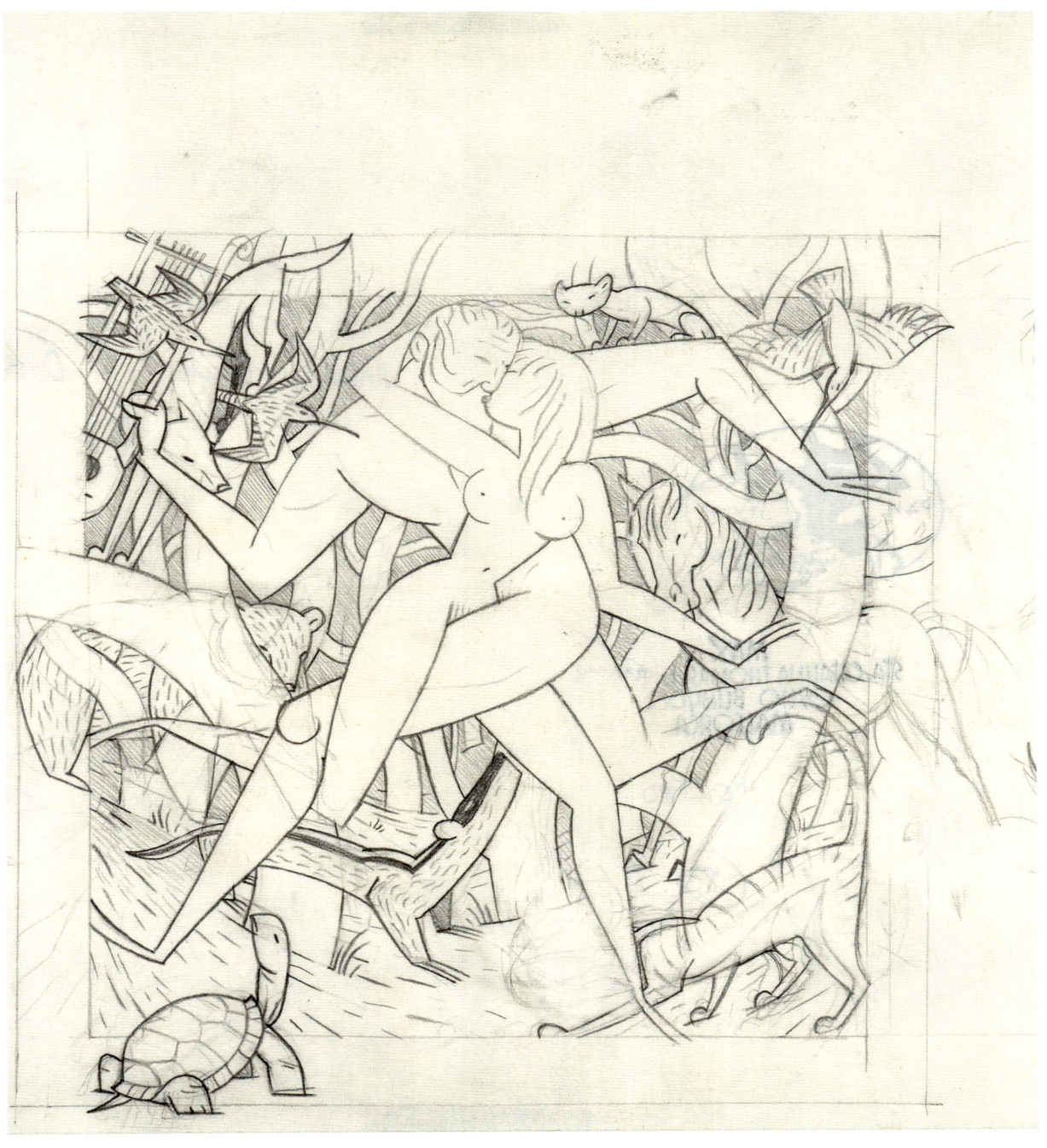

Órficas, 1994
Boceto, lápiz sobre papel
190 x 210 mm

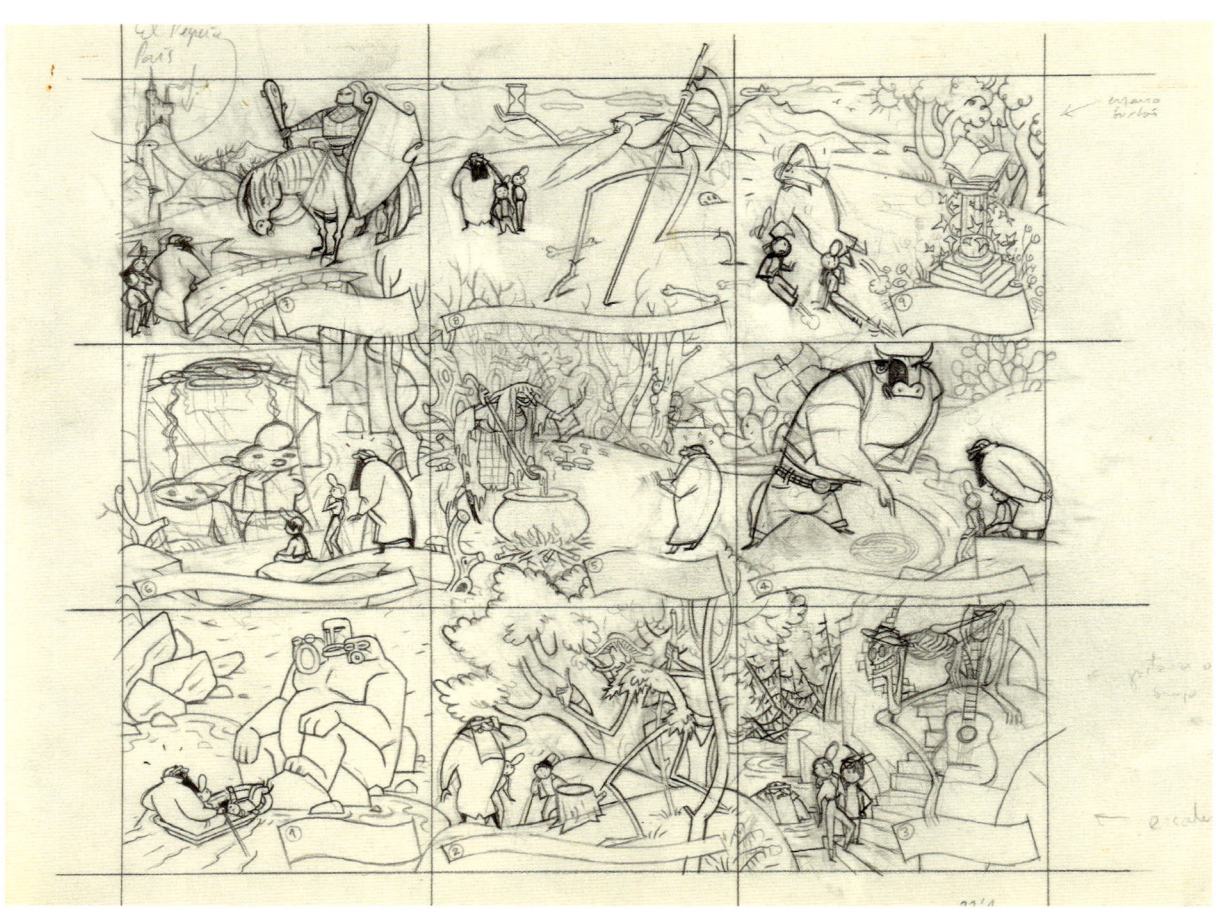

Los enigmas de Turpín, 1995
Boceto, lápiz sobre papel
297 x 230 mm

sec. 4 esc. 1 c

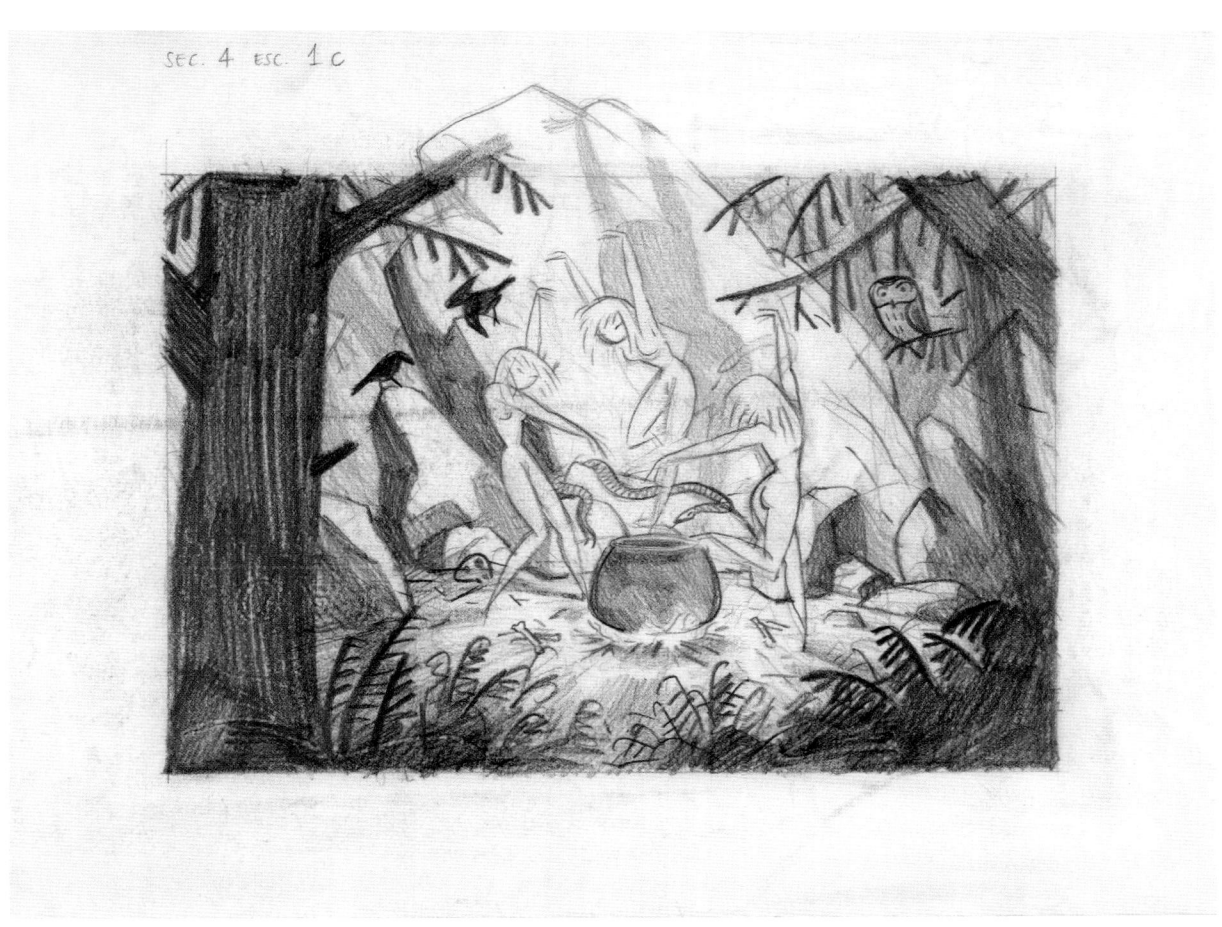

Tierra, 1992
Storyboard, lápiz sobre papel
297 x 210 mm

los años 2000

EL OJO Y LA MUERTE

Santiago García

El bosque oscuro

Bajo la mirada moderna, que se desliza a los rincones, lo que más llama la atención del grabado de Durero *El caballero, la muerte y el diablo* es el perro. De arriba abajo, hay un magnífico castillo, una cárcava tétrica, y luego tres figuras llamativas: la muerte con su reloj de arena en la mano, el diablo grotesco y peludo, y el caballero perfilado y seguro en su paso. Bajo el caballo, una calavera y una salamandra parecen símbolos demasiado obvios incluso para un contemporáneo lego en iconografía medieval. La primera insiste en el tema morboso, la segunda es recurrente en significados esotéricos, sean esos cuales sean.

Pero, ¿y el perro?

Sobre ese perro aparentemente desubicado construye Marco Denevi su cuento de 1966 titulado, apropiadamente, «Un perro en el grabado de Durero titulado "El caballero, la muerte y el diablo"», y sobre ese relato construye Max en 2006 una de sus pequeñas grandes obras maestras, las ilustraciones publicadas en un exquisito cuadernillo por Media Vaca con el añadido, no lo olvidemos, de una reinterpretación de la imagen original de Durero a cargo del barcelonés.

El perro tiene, nos parece, algo cómico y hasta insolente, como si rebajara un poco la gravedad de la reflexión sobre la fugacidad de la vida que se nos ofrece en estas postrimerías del medievo y albores del humanismo. No es algo tan raro: en muchas imágenes sacras, un can no canónico irrumpe en medio de una escena solemne, quizás por capricho del vuelo de la imaginación del pintor, y de pronto todo lo santo se hace profano. Como un lastre de carne y hueso, el chucho impide que levitemos con un exceso de pompa. En la versión del grabado que hace Max, el perro es verde como la esperanza (o como los perros verdes), y falta el caballero. Y ese perro perdido entre las patas de los mayores me recuerda, no sé por qué, al cómic perdido entre las patas de las artes mayores, que solemnes, ceremoniosas y envejecidas acaparan desesperadas toda la escena, sospechando que es el perro que corretea entre sus patas el que atrae inevitablemente nuestra atención.

Claro que en la versión de Max todos son esqueletos, así que saque usted sus propias conclusiones.

Imaginemos por un momento que el caballero es el propio Max. Que se haya descabalgado nos parece normal, entonces, porque él hace mucho que echó pie a tierra para moverse con más libertad entre las patas del Gran Arte. Este Max ha sido siempre un Caballero Errante, y como en los cuentos, esa ha sido su bendición y esa ha sido su maldición. Max ha tendido a perderse en el bosque, porque el bosque le produce un vértigo irresistible, y a atravesarlo sin saber cuándo llegaría al siguiente claro. Y en cuanto llegaba al claro –porque al final siempre hay un claro, aunque la espesura sea infinita–, buscaba otro bosque donde perderse.

En los noventa, el bosque del cómic español estaba muy negro. El impulso del *boom* del cómic de los ochenta, en todas sus corrientes –la *underground* abanderada por *El Víbora*; las de vocación más comercial, basadas en la ciencia-ficción y el erotismo, y la llamada «nueva línea clara»– se había extinguido, y muchos de los compañeros de viaje generacional de Max parecían haber agotado sus energías. ¿Podía esfumarse antes de los cuarenta la generación más prometedora del cómic español de la democracia? En esta encrucijada, Max hizo lo que hace en todas: cambiar de rumbo. Abandonó la rutina de los personajes seriados, abandonó el paraguas de La Cúpula y se lanzó a la autoedición en busca de una expresión verdaderamente adulta y desligada de los tópicos comerciales del cómic juvenil. No había otra manera de responder al desafío que lanzaba sobre nuestras conciencias la guerra de los Balcanes, una guerra que se estaba produciendo aquí mismo, en Europa, mientras nosotros celebrábamos la Olimpíada de Barcelona. Para expresar esa ruptura de conciencia, Max buscó también una ruptura gráfica: con *Nosotros somos los muertos* nacía una línea de reflexión visual que no solo mostraba una indudable gravedad, sino también la superación de la fase impresionable del autor, donde las influencias de diversos artistas (Crumb, Chaland, Ever Meulen) se habían traducido en deslumbramientos. Este nuevo Max era raro, era áspero, era rugoso, pero era más Max que nunca. Y nosotros, los muertos, éramos *casualmente* perros sin conciencia, es decir, sin ojos para ver las atrocidades que nos enseñaba la pantalla de televisión.

De aquella historieta también nacía una revista homónima donde Max se rearmaría como historietista acompañándose de lo mejor del cómic de vanguardia internacional, al que puso en contacto con los jóvenes valores del nuevo tebeo español y con aquellos de su propia generación que decidieron que no querían seguir perdidos. Con *Nosotros somos los muertos*, Max, acompañado de Pere Joan y de Álex Fito, escribió el prólogo de la novela gráfica contemporánea en España.

Escribir era precisamente, en aquel momento, un problema acuciante para Max. A mediados de los 90 publica dos de sus libros fundamentales, *Órficas* y *Monólogo y alucinación del gigante blanco* –un trabajo de mitología clásica y otro de mitología íntima– donde realiza el exorcismo de la palabra. Max se demuestra que además de ilustrador, es escritor. Y con ese conocimiento a las espaldas, decide agotar el poder de la palabra con dos grandes proyectos de cómic, uno frustrado y el otro frustrante: *El mapa de la oscuridad* y *El prolongado sueño del Señor T*. El primero es el embrión de una gran novela gráfica que quedará inconclusa tras un arduo trabajo preparatorio. El segundo es un brillante despliegue de simbolismo visual que finalmente se queda corto por un solo motivo: le pesa demasiado la palabra. Ambos pecan del mismo defecto: tienen guion.

Max, perplejo, descubre que, ahora que ya es escritor, ha dejado de ser historietista, y no sabe muy bien cómo. Afortunadamente, hemos llegado a otra encrucijada.

El giro visual

Mientras los intelectuales de la imagen discuten el «giro visual» que anuncian a mediados de los 90 W. T. J. Mitchell con su *pictorial turn* y Gottfried Boehm con su *iconic turn*, Max llega a conclusiones parecidas por cauces artísticos aproximadamente al mismo tiempo. En las discusiones teóricas de los últimos años, el «giro visual» vendría a sustituir al «giro lingüístico». La imagen alcanza una centralidad antes reservada a la palabra. La filosofía ya no es patrimonio exclusivo del logos. La relación entre lenguaje e imágenes se convierte en una cuestión crucial.

Bardín el Superrealista demuestra de forma práctica que el poder de las imágenes no es simplemente poético, sino epistemológico: la imagen no es solo un medio de representación, es ante todo un sistema de conocimiento con su propia lógica, un sistema de conocimiento que no necesita en modo alguno depender de la palabra. La epifanía resulta decisiva para Max, pues rompe un espejismo provocado por la aparente naturaleza híbrida del cómic (palabra/imagen) y por la insistencia de algunos teóricos precipitados pero influyentes en su valor eminentemente narrativo: resulta que Max descubre que *no* es realmente un historietista y *tampoco* es realmente un narrador. Es, ante todo, un *dibujante*, y por tanto *trata temas*, no *argumentos*; maneja *iconos*, no *personajes*.

Por eso Max es el único historietista capaz de hacer cómic a partir de la filosofía en la colección donde dibuja el pensamiento de Deleuze o Arendt sobre textos de Marta Larrauri. De un concepto nace una secuencia de viñetas, y el discurso no verbal que estas elaboran no es tanto ilustrativo como complementario (o alternativo) del texto de partida. Por eso, también, es capaz de hacer filosofía dibujada cuando cumple con escrupulosa profesionalidad (porque estamos hablando de un artista contemporáneo con la profesionalidad de un artesano medieval) con cada ilustración semanal para el suplemento *Babelia*. Su Dios monocular y de testa geométrica se muestra atónito ante el embrollo del cuento que él mismo se inventa, su lector cautivo se ve condenado a la lectura perpetua y silenciosa, ha caído bajo el despótico imperio de las palabras.

Desde su nombramiento como dibujante, sobre la obra de Max reina el Ojo, que es el soberano de la ínsula del dibujo. El ojo se conecta con Bardín a través del Perro Andaluz, que le otorga los poderes surrealistas de Luis Buñuel y Dalí. Al recibir esos poderes, Bardín obtiene una clarividencia total, casi una extensión a la máxima potencia del método paranoico-crítico, que aplica en primer lugar sobre sí mismo. Lo que descubre es, para su pesar, que porta tres tumores en su interior. La sabiduría no ofrece consuelo, o como dijo Foucault al hablar del panóptico: «La visibilidad es una trampa».

Tras el susto, el respiro. Ninguno de los tumores es una amenaza urgente para Bardín. Como al caballero de Durero, todavía le queda una cierta cantidad de arena por caer en el reloj.

Sin embargo, aquí se revela el tema que, disfrazado o a calavera descubierta, atraviesa toda la producción de Max en el último decenio: la muerte. Con la muerte ya había coqueteado en la juventud (*La muerte húmeda*, 1986, acumula varios ejemplos de su gusto por el motivo), pero ahora la toma con mayor gravedad. Medita sobre ella mirando al pasado, como en la evocación de la Danza de la Muerte medieval en la que sumerge a Bardín y a todo un tropel de dibujantes mundiales, y redescubre a través de esa vieja tradición una querencia por los pintores de norte de Europa del xvi. No solo el ya mencionado Durero, sino también el Bruegel de *El triunfo de la muerte*, o el Bosco de *Cristo portando la cruz* que le sirve de modelo para *Santa City*, la portada del *New Yorker*, y de que extrae una gota de esencia del *Jardín de las Delicias* para *Babelia*. Hay en Max una contradicción eterna entre su impulso rabiosamente futurista y su casi perversa fascinación por lo primitivo. Digo casi perversa porque a este escéptico convencido le pierde la vieja religión, las historias de santos mártires que se reconectan con el surrealismo de Bardín a través del mismo Buñuel de *Simón del desierto*. Tal vez sea el irreverente cineasta aragonés el *santo patrón* de «Vapor», su última historieta, donde vuelve al ascetismo cabreado, una de sus especialidades más personales. Si toda obra es en el fondo una fantasía de su autor, podríamos pensar que Max reprime una imposible nostalgia religiosa. En algún mundo alternativo, un tecnomonje llamado San Francesc ilumina salterios con su tableta gráfica.

Ya sabemos que la Muerte cabalga sobre un caballo blanco, aunque en el caso de Max con frecuencia sea una yegua. Y esa yegua nocturna es la *nightmare*, la pesadilla que anima el movimiento psíquico inconsciente, una especie de edema panóptico mental que, con un eufemismo cobarde, llamamos surrealismo porque es más educado. La yegua cabalga en *El prolongado sueño del Señor T*, y está también en sus permutas de *Pesadilla* (1781), el célebre cuadro de Füssli que le persigue durante un tiempo. Este sirve de excusa para «El ruido y la furia», otra de las pequeñas obras maestras de Max, que funciona como broche para *Hechos, dichos, ocurrencias y andanzas de Bardín el superrealista*. Allí, el inconsciente rabioso destruye uno por uno a todos sus atormentadores: la religión, el bosque, los cíclopes gigantes y, por fin, la pesadilla. Pero, al hacerlo, descubre que finalmente se ha arrancado el corazón a sí mismo.

Es un ajuste de cuentas, pero no solo con el inconsciente, sino también con la propia historia viñetera. Max concluye el periplo que inició de la mano de Crumb en el *underground* de los 70 y escapa de la atracción del campo de gravedad de Chris Ware, el cuerpo celeste más pesado de la constelación del cómic de vanguardia internacional en nuestros días, para recuperar sus primeras influencias, las influencias originales, aquellas influencias que están tan al principio que ni siquiera son influencias, son moldes con los que nos hacemos: la escuela Bruguera y la animación (Disney, Warner, Hanna-Barbera). Hoy día, Max puede mirar las páginas de Herbert Crowley, el historietista más secreto del siglo xx, e integrarlas en su propia visión de forma imperceptible. Es un signo de madurez, porque al final solo podemos jugar con los juguetes que nos dieron al principio.

Según los especialistas, Durero pintó *El caballero, la muerte y el diablo* como un canto a la victoria del caballero renacentista sobre la muerte. Tal vez incluso como un autorretrato velado de este que fue uno de los primeros autorretratistas de la pintura occidental, y que se completaría con un *San Jerónimo* en su celda y con su célebre *Melancolía*. Denevi, y Max con él, invierten la lectura y desarman el porte orgulloso del guerrero y su rocín para revelarnos que, como Bardín, él también porta el tumor de la peste consigo, la plaga que trae de la guerra, pues de ella solo se puede traer la ruina, o tal vez la ruina y unas imágenes que los perros que somos los muertos ya no somos capaces de ver, aunque sean omnipresentes. Siguiendo esta inversión de valores, descubrimos una nueva función en el perro. Según Cirlot –no por casualidad, ese es también el nombre del amigo de Bardín–, el perro es también el acompañante del muerto.

De esa ya definitivamente lúgubre estampa que inició Durero ha escapado, como decíamos, el caballero ausente en la versión de Max. También en su *Diccionario de símbolos*, Cirlot nos advierte de los significados que tiene la escala cromática aplicada al progreso de los caballeros: el caballero verde es el escudero, el precaballero; el caballero negro es el sufriente, todavía esforzándose por superar las pruebas; el caballero blanco es el triunfador elegido; el caballero rojo es el glorificado por las pruebas superadas. Si esta imagen de *El caballero, la muerte y el diablo* de Max es, como la de Durero, un autorretrato, es normal entonces que no lo veamos montado sobre el caballo (o yegua) espectral: superadas todas las pruebas, ha llegado a un peldaño superior al caballero rojo y al caballero blanco. Es el caballero transparente, que se sabe a sí mismo dibujante, y sabe por tanto que el poder del dibujo se basta y se sobra para llegar a donde no llega el poder de la palabra: a representar lo irrepresentable, a decir lo indecible, a dibujar lo indibujable. El rostro del artista está en su trazo, y su nombre está en todas partes; el único autorretrato posible es el autorretrato invisible.

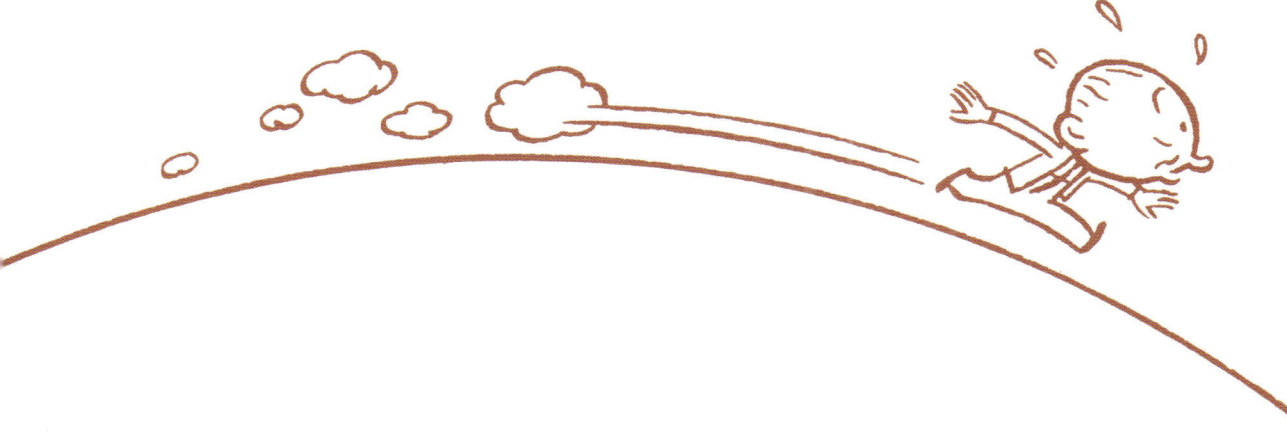

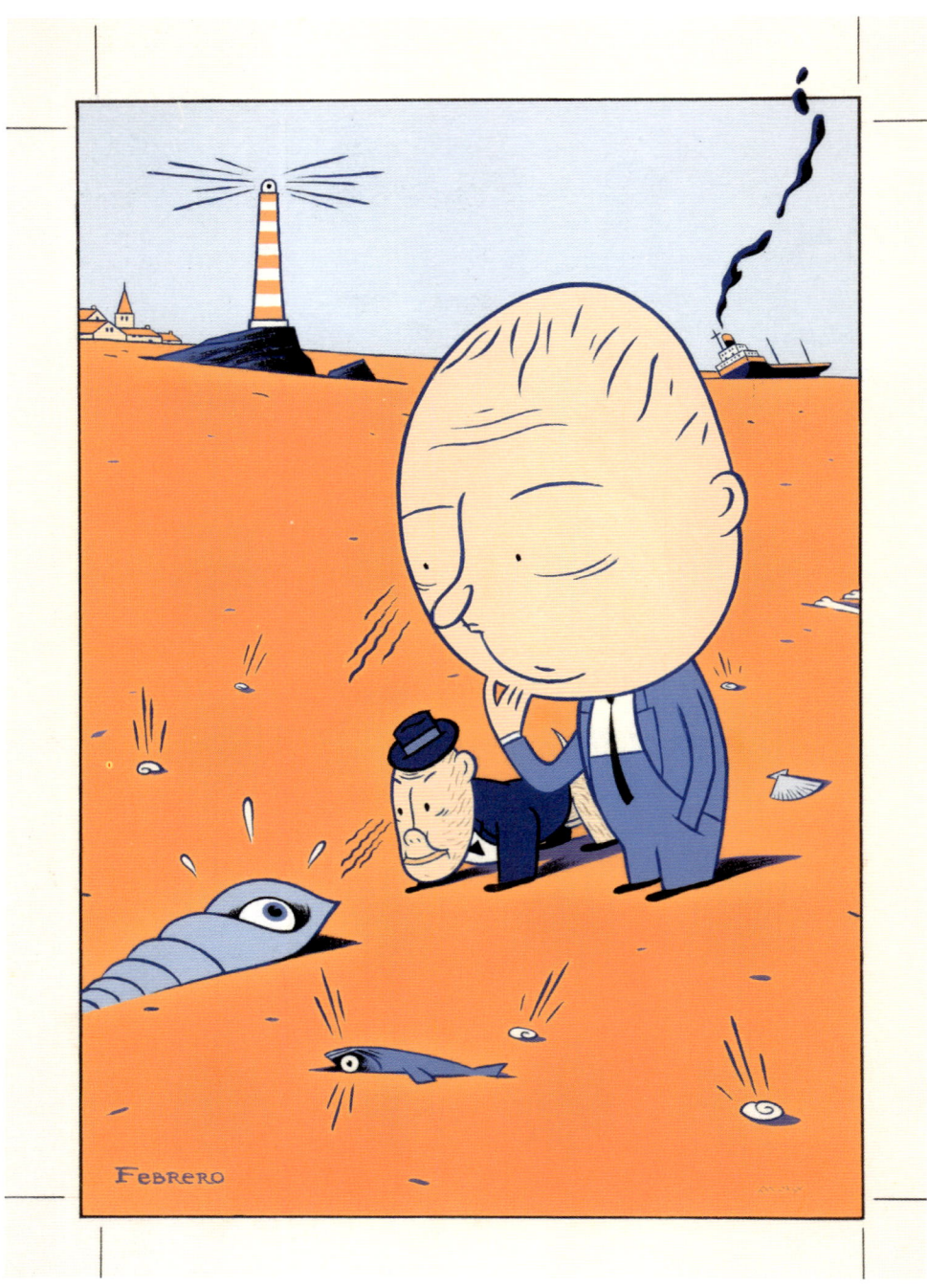

Bardín y el perro andaluz, 1996
Gouache sobre papel
256 x 364 mm

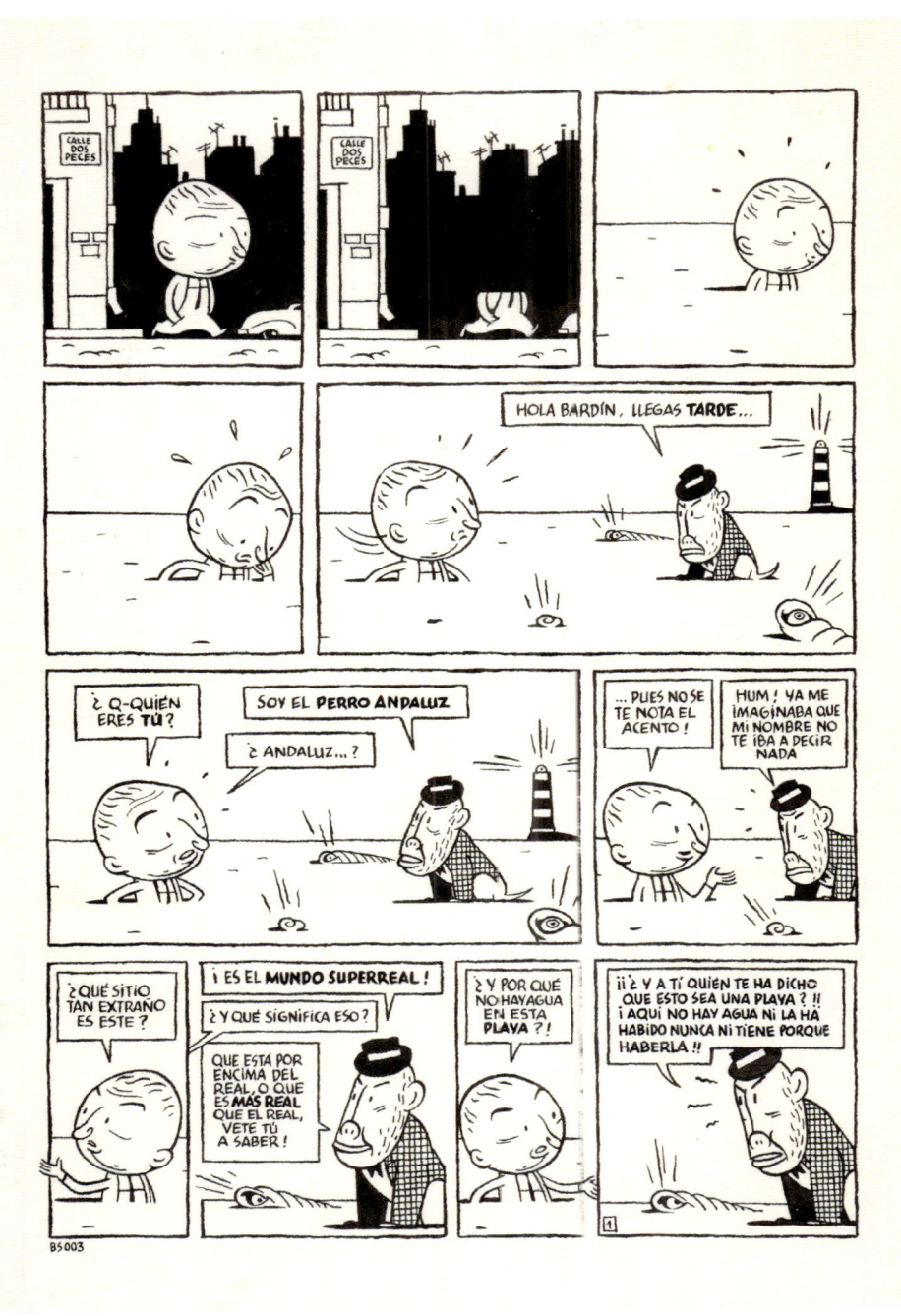

Bardín el superrealista, 1997
Tinta china sobre papel
230 x 333 mm

122

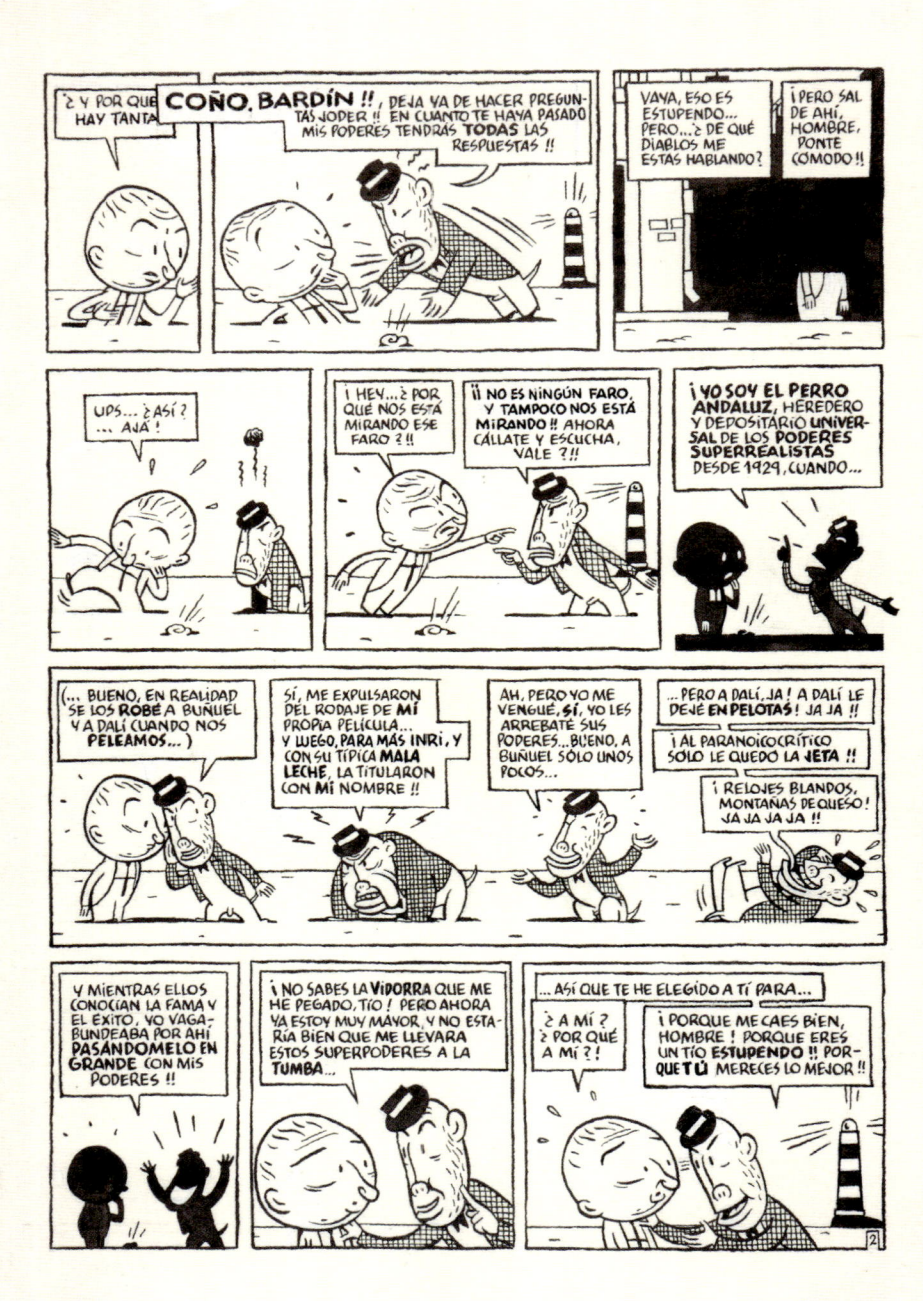

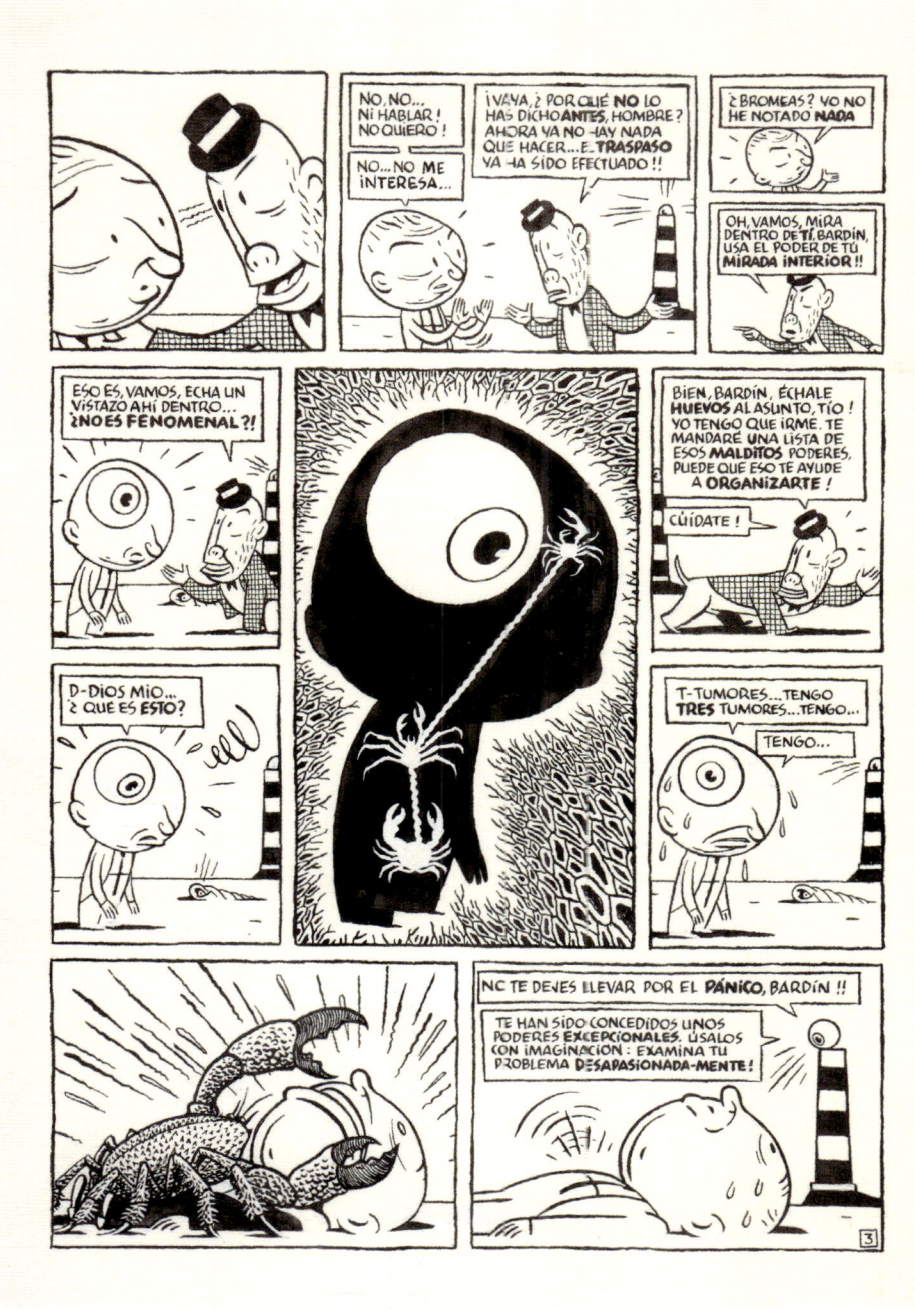

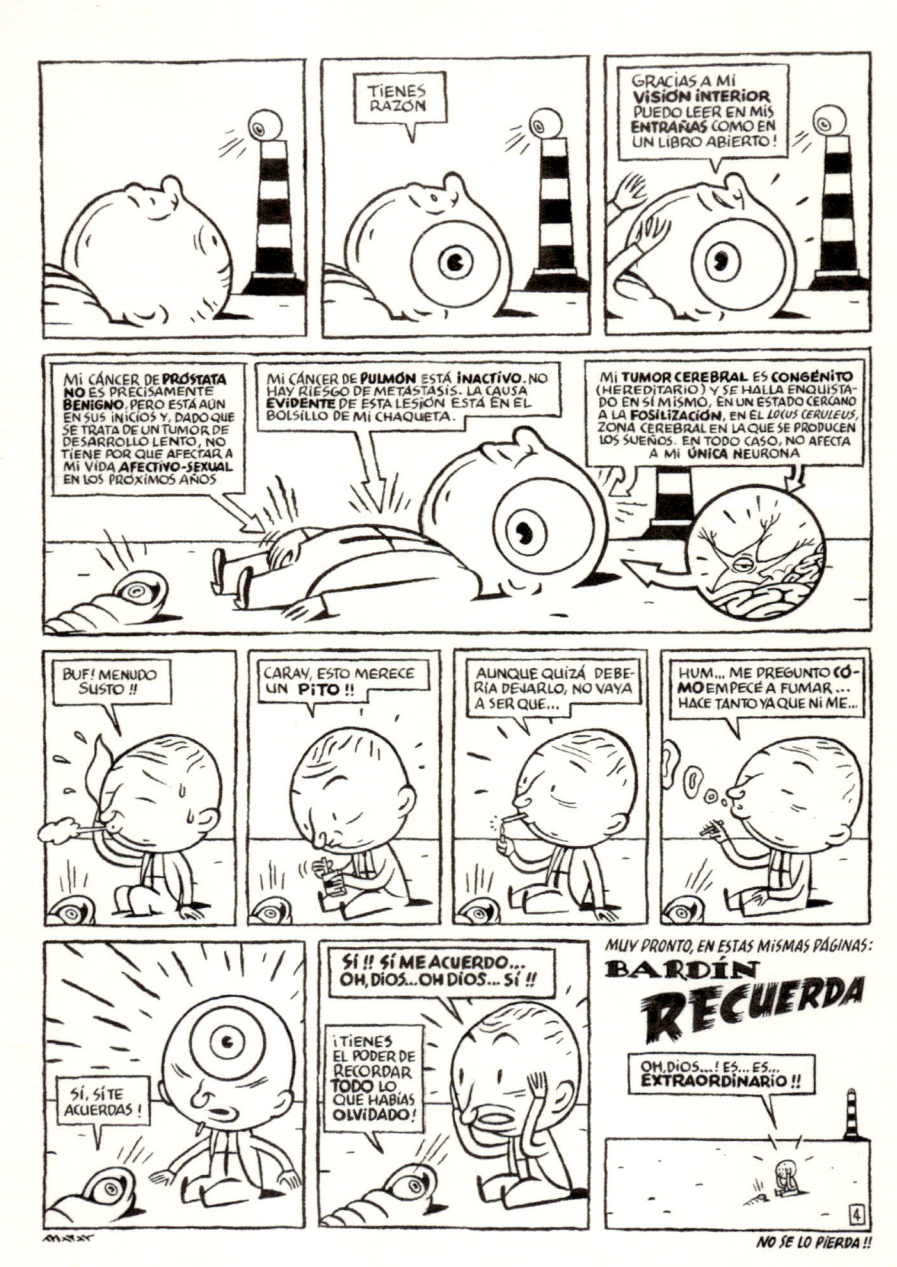

124

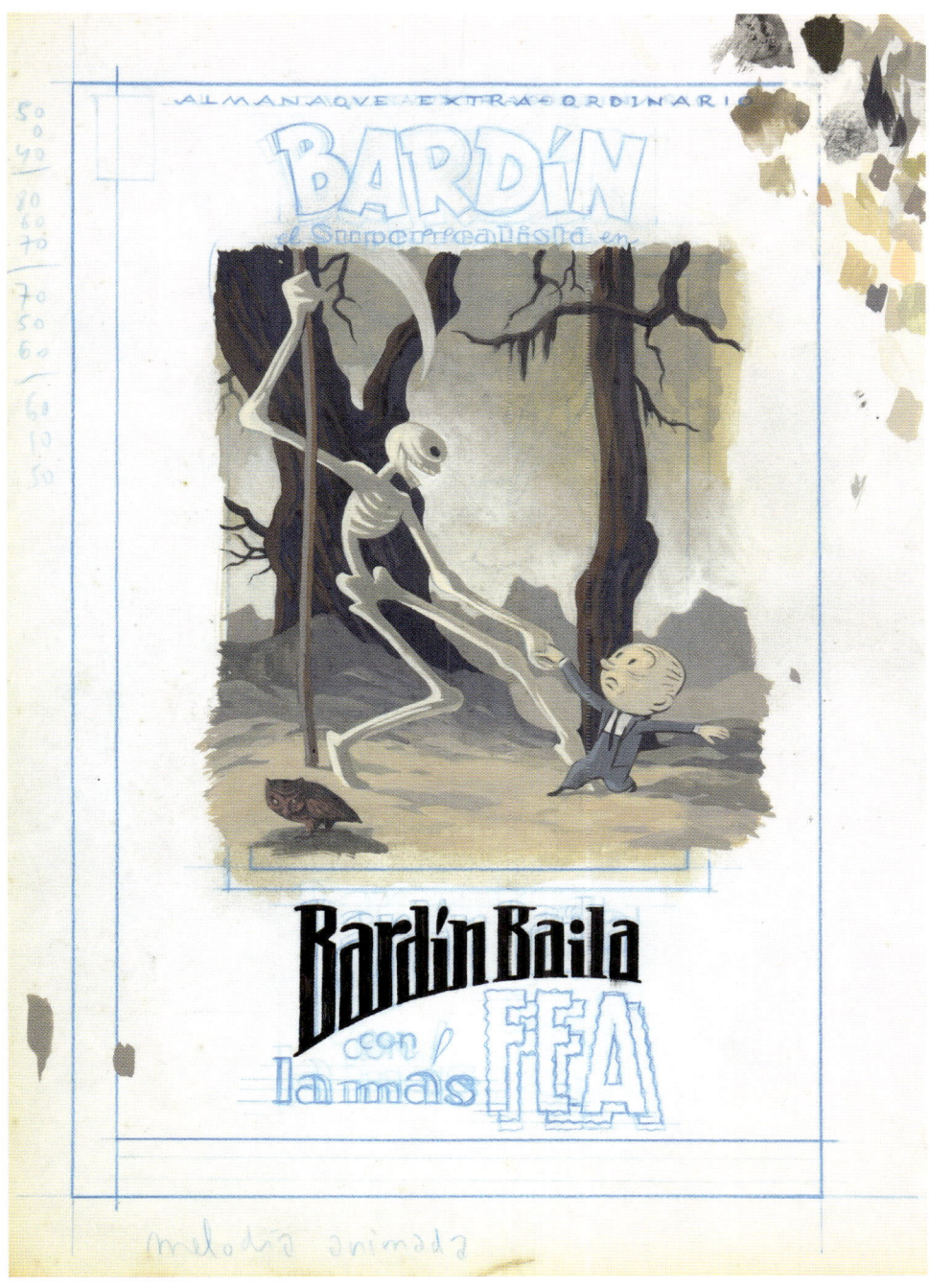

Bardín baila con la más fea, 2001
Lápiz azul, tinta y gouache sobre papel
210 x 297 mm

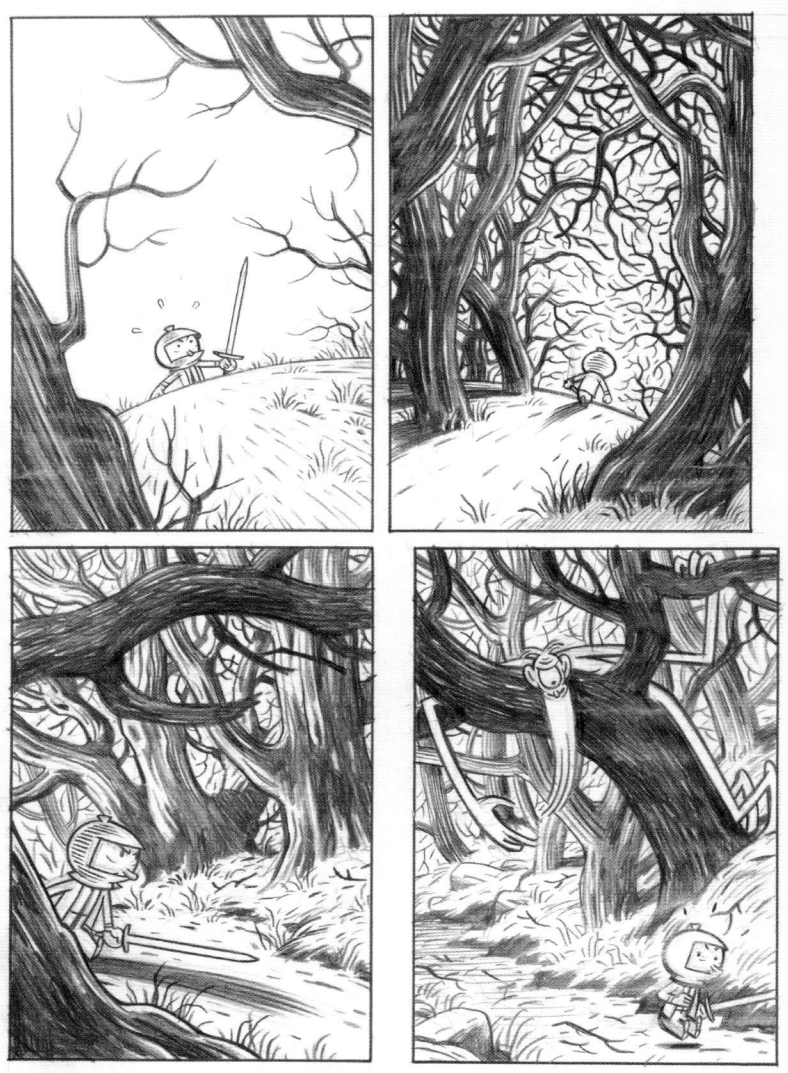

El ruido y la furia, 2006
Lápiz sobre papel
297 x 420 mm

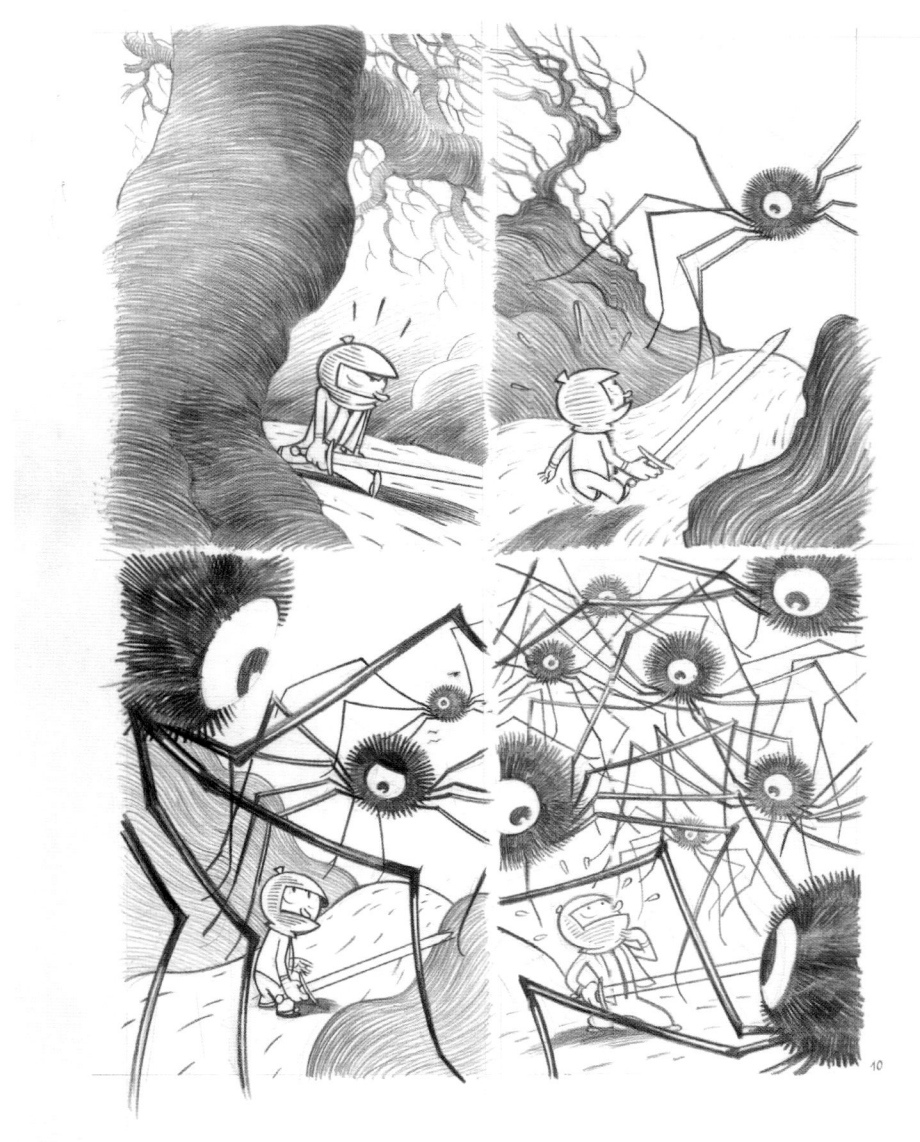

10

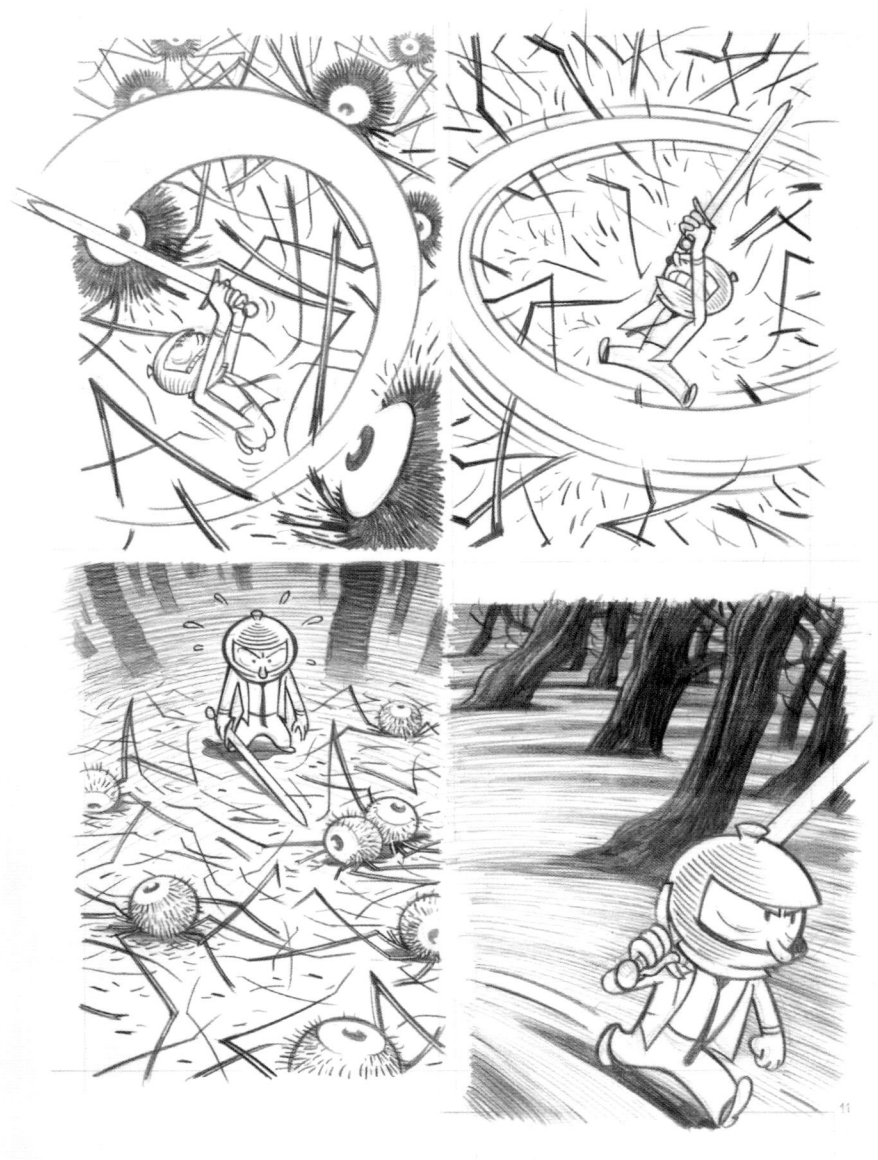

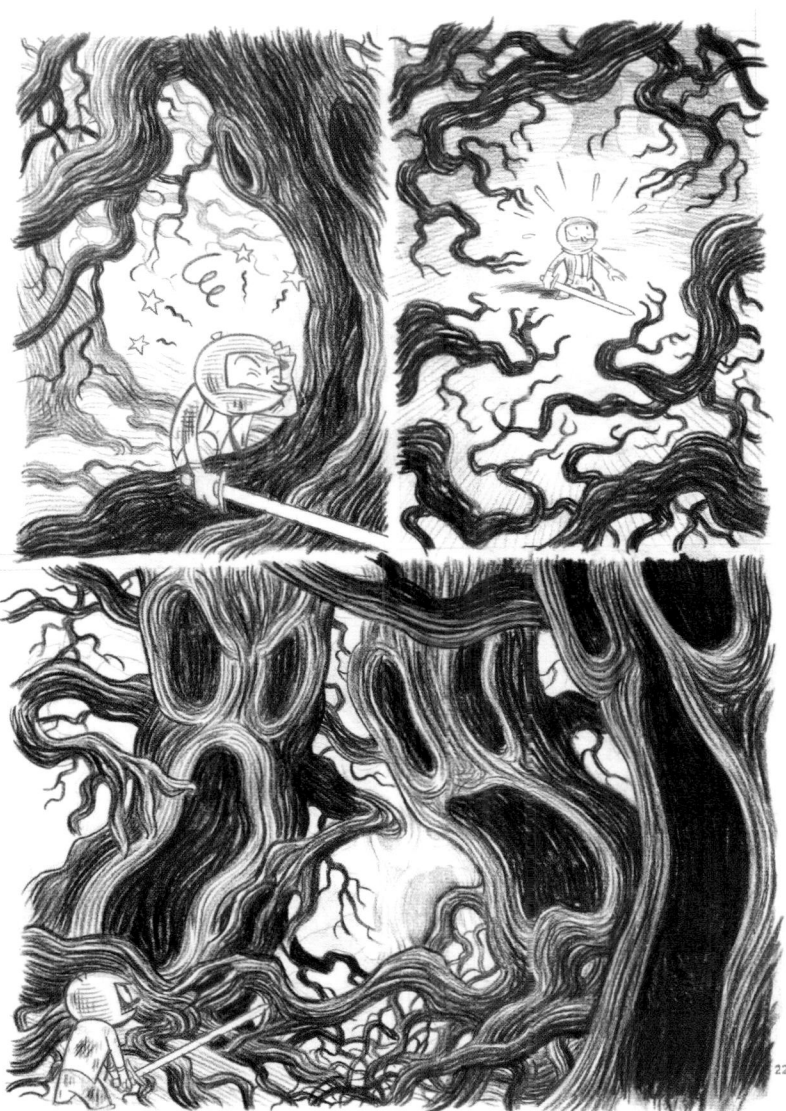

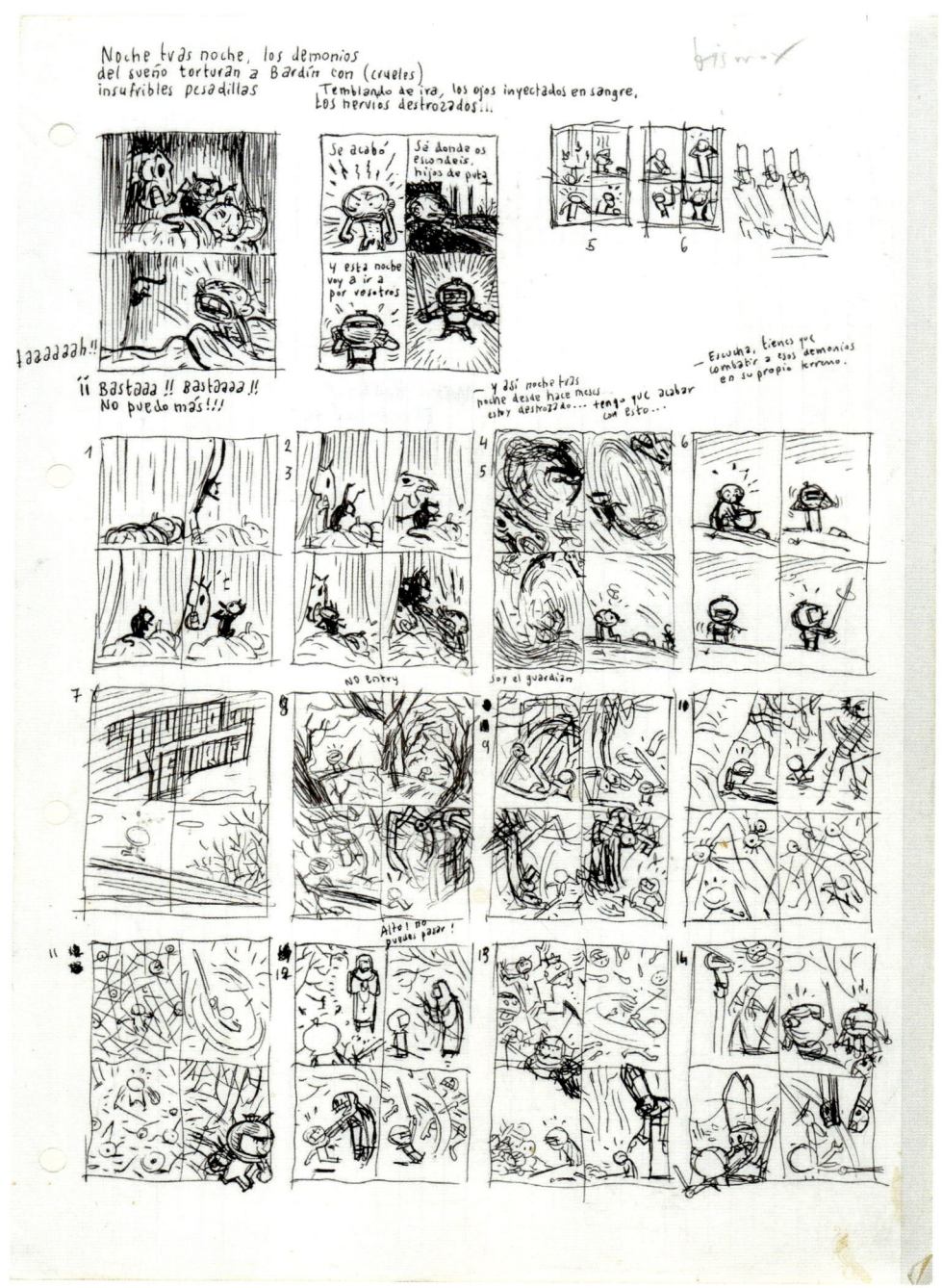

El ruido y la furia, 2006
Bocetos, tinta sobre papel
210 x 297 mm

131

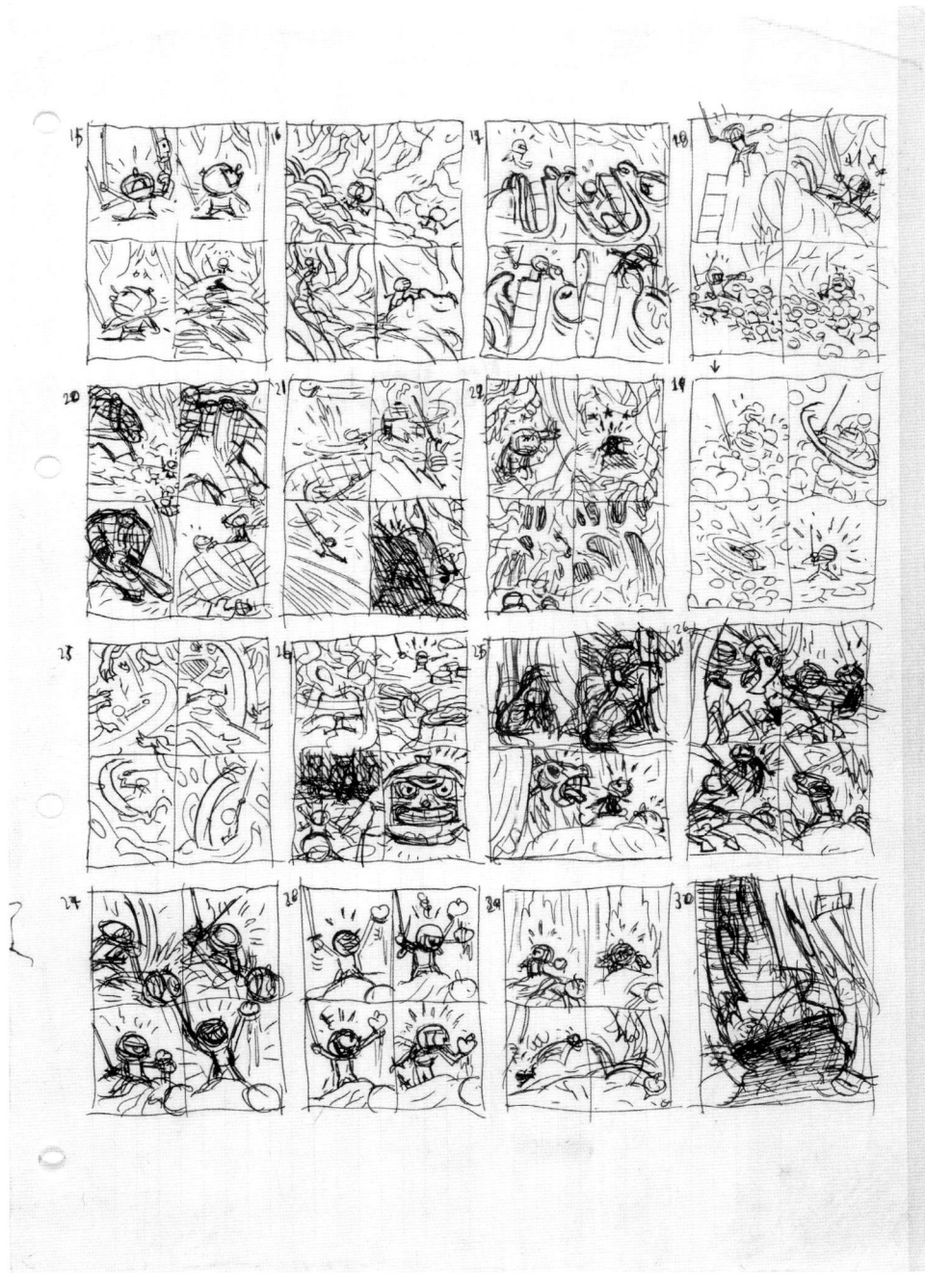

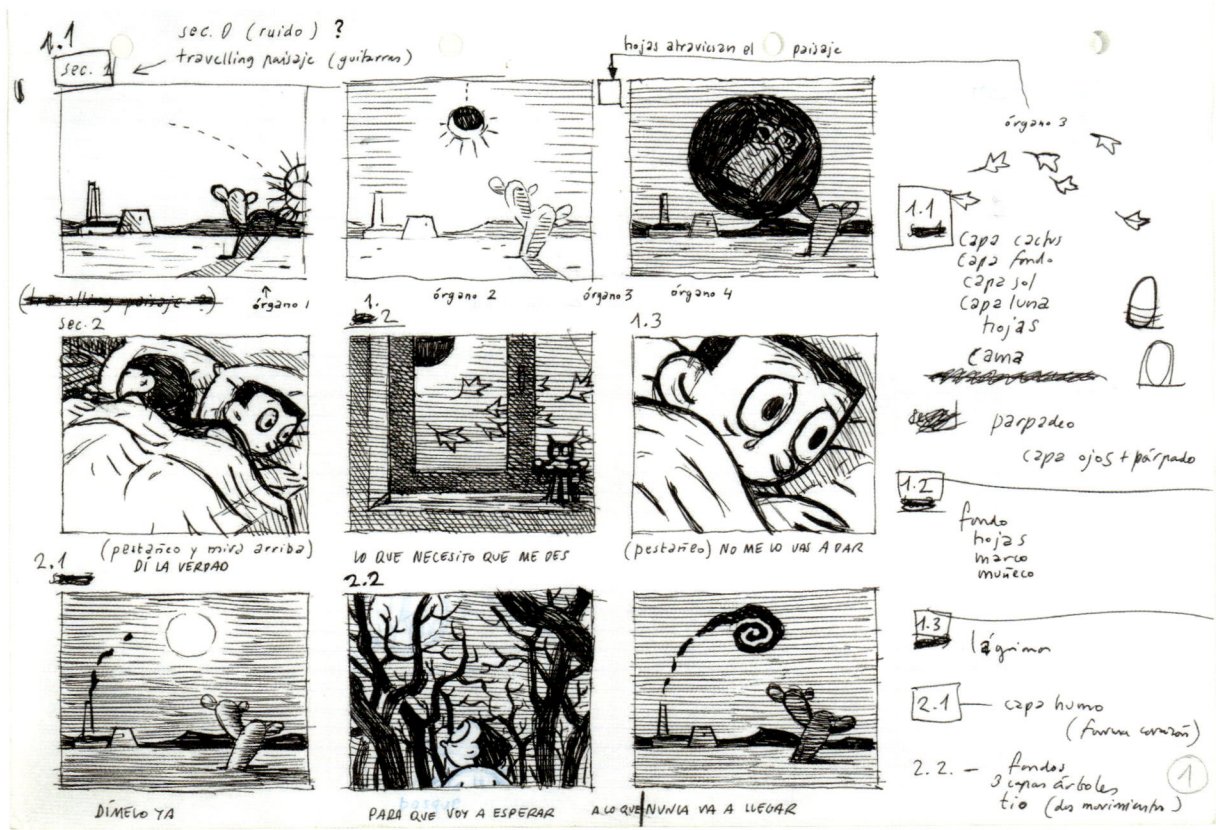

Y además es imposible, 2004
Storyboard, tinta sobre papel
297 x 210 mm

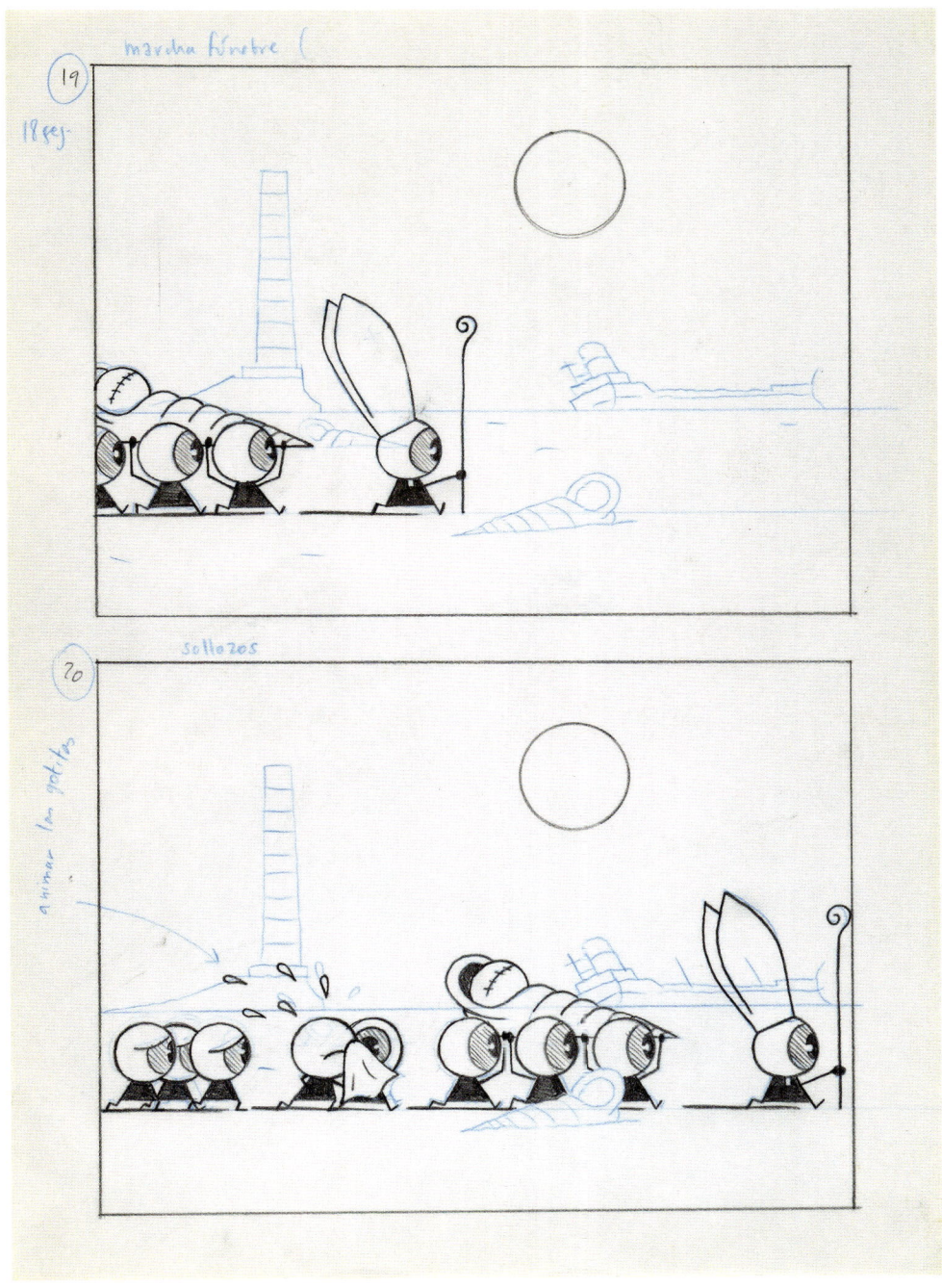

Homenaje a Luis Buñuel, 1999
Storyboard, lápiz sobre papel
210 x 297 mm

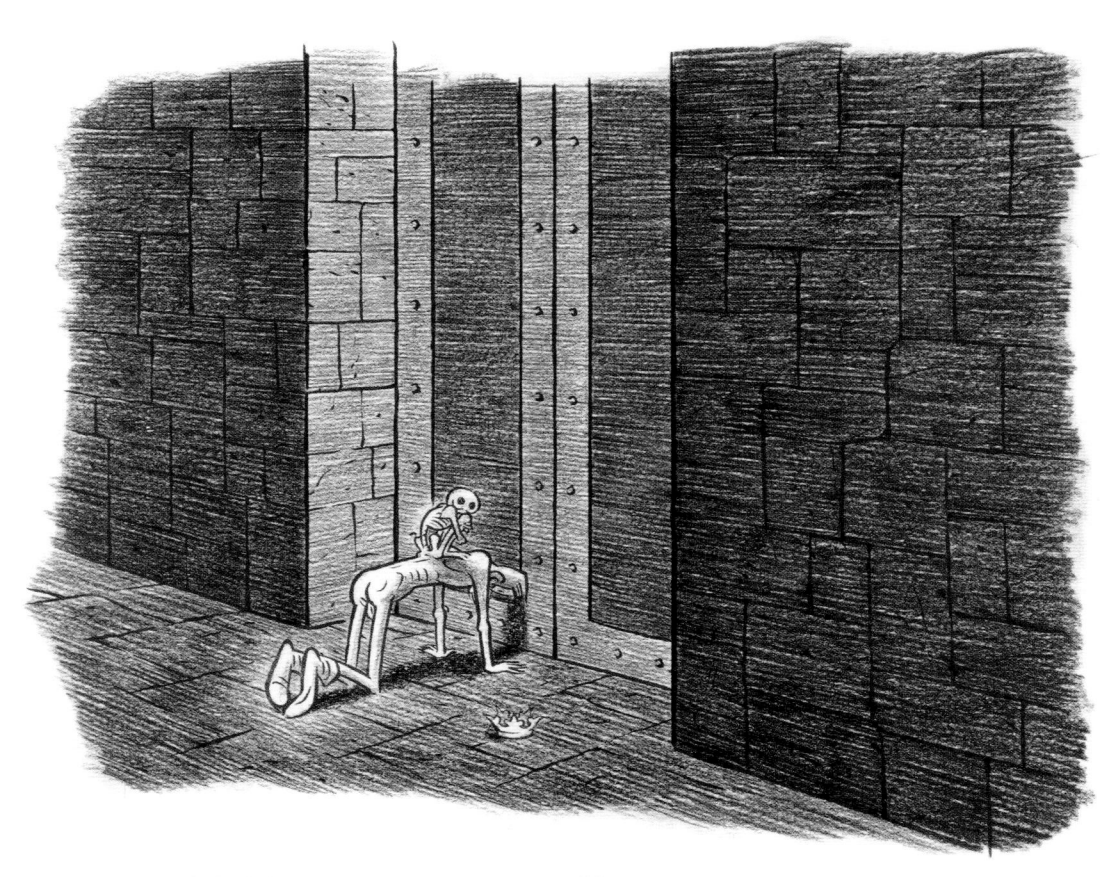

Un perro en el grabado de Durero titulado
"El caballero, la muerte y el diablo" - Rey arrodillado, 2006
Lápiz graso y tinta sobre papel
397 x 298 mm

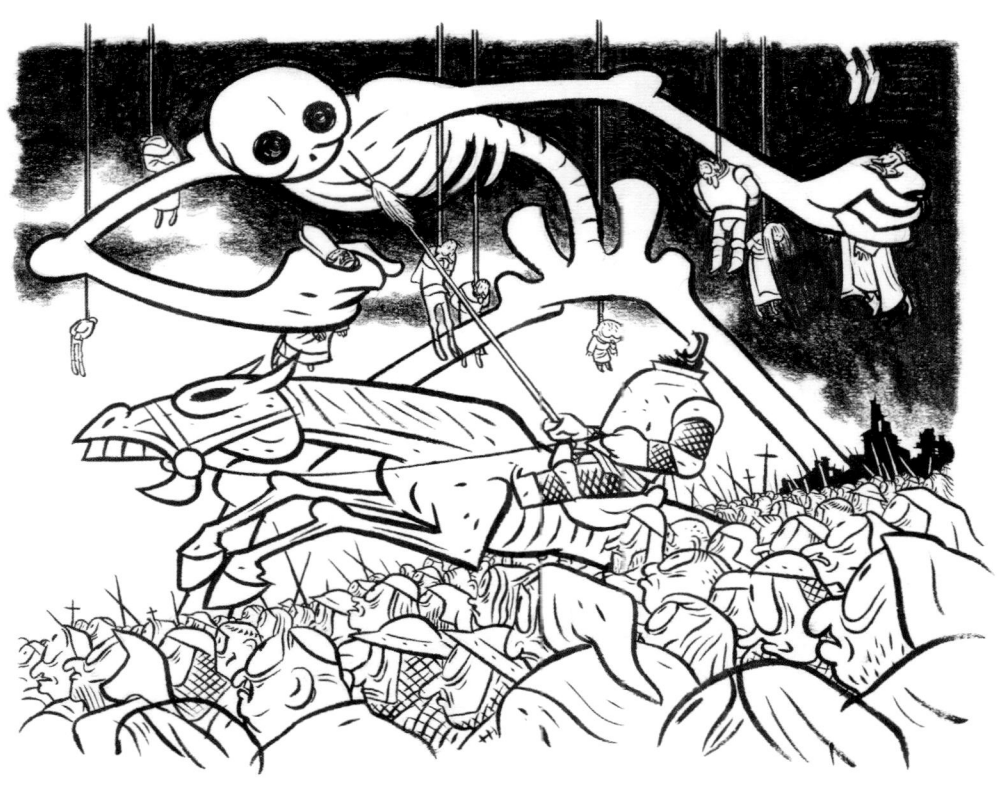

Un perro en el grabado de Durero titulado
"El caballero, la muerte y el diablo" - Esqueleto gigante, 2006
Lápiz graso y tinta sobre papel
397 x 298 mm

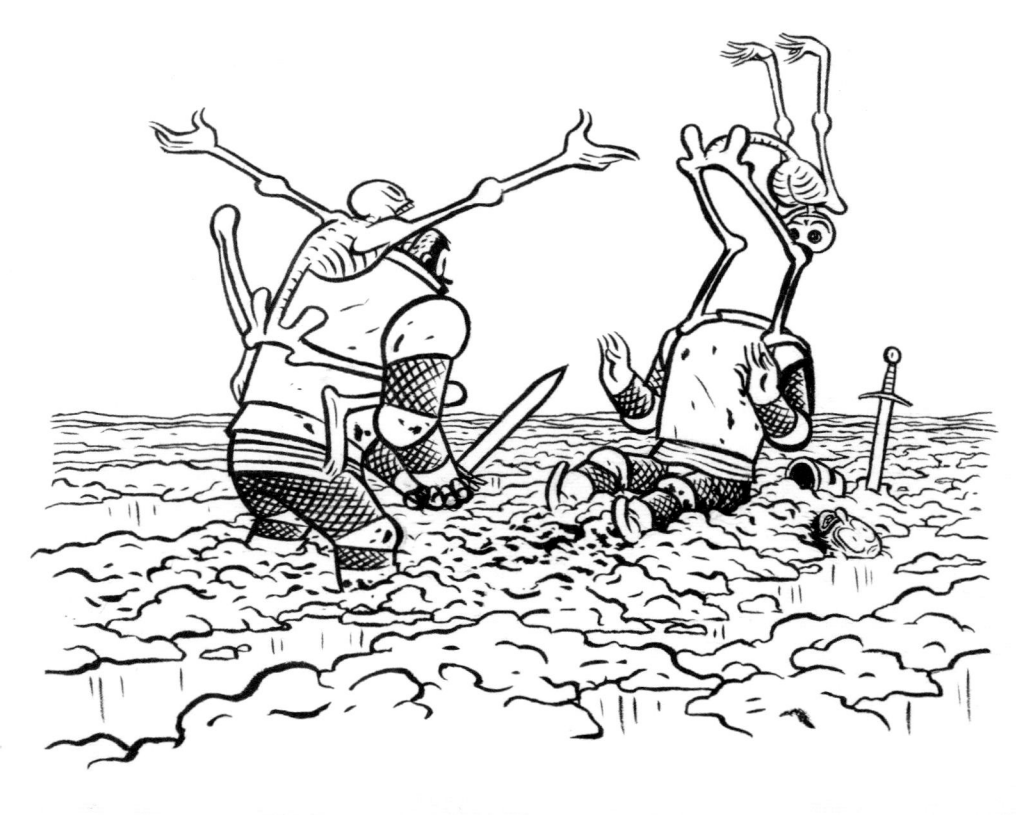

Un perro en el grabado de Durero titulado
"El caballero, la muerte y el diablo" - Combate de esqueletos, 2006
Lápiz graso y tinta sobre papel
397 x 298 mm

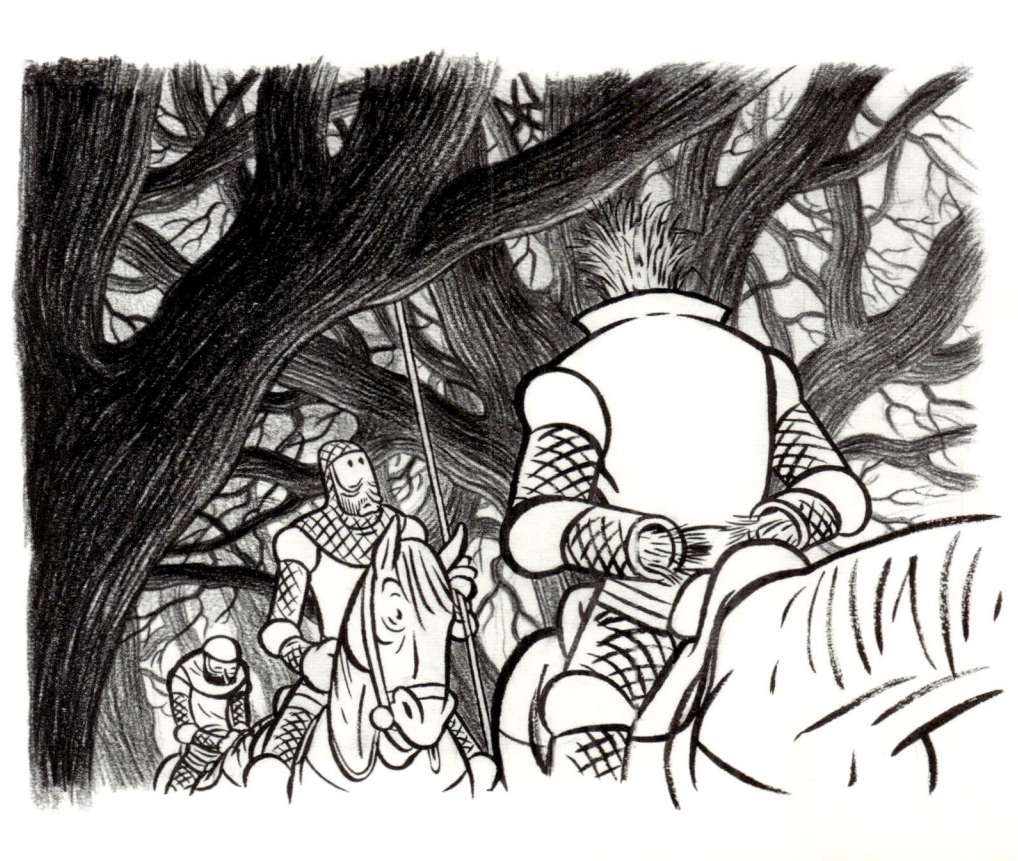

Un perro en el grabado de Durero titulado
"El caballero, la muerte y el diablo" - Caballeros, 2006
Lápiz graso y tinta sobre papel
397 x 298 mm

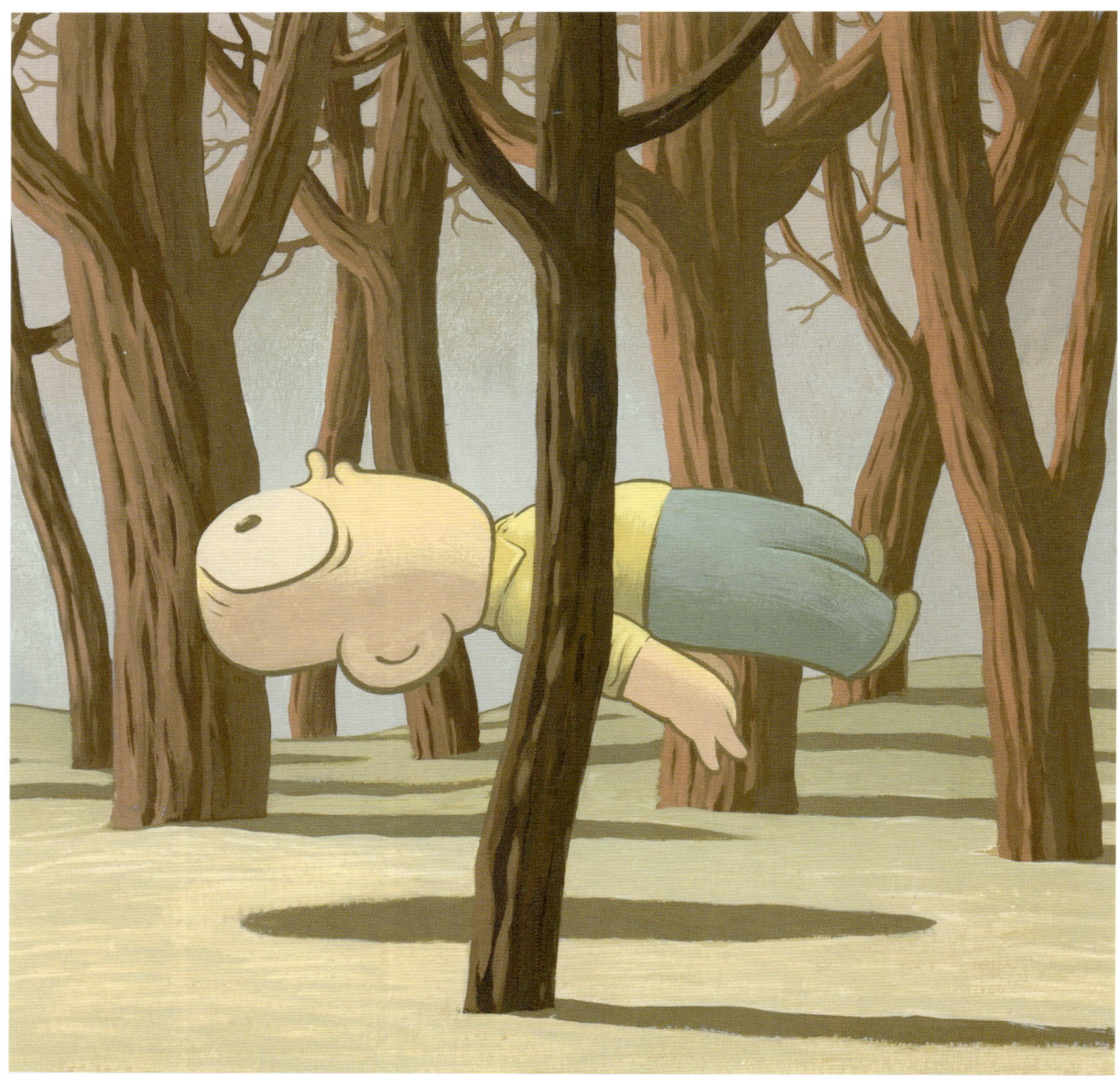

Tríptico del sonámbulo, 2006
Gouache sobre papel
319 x 282 mm

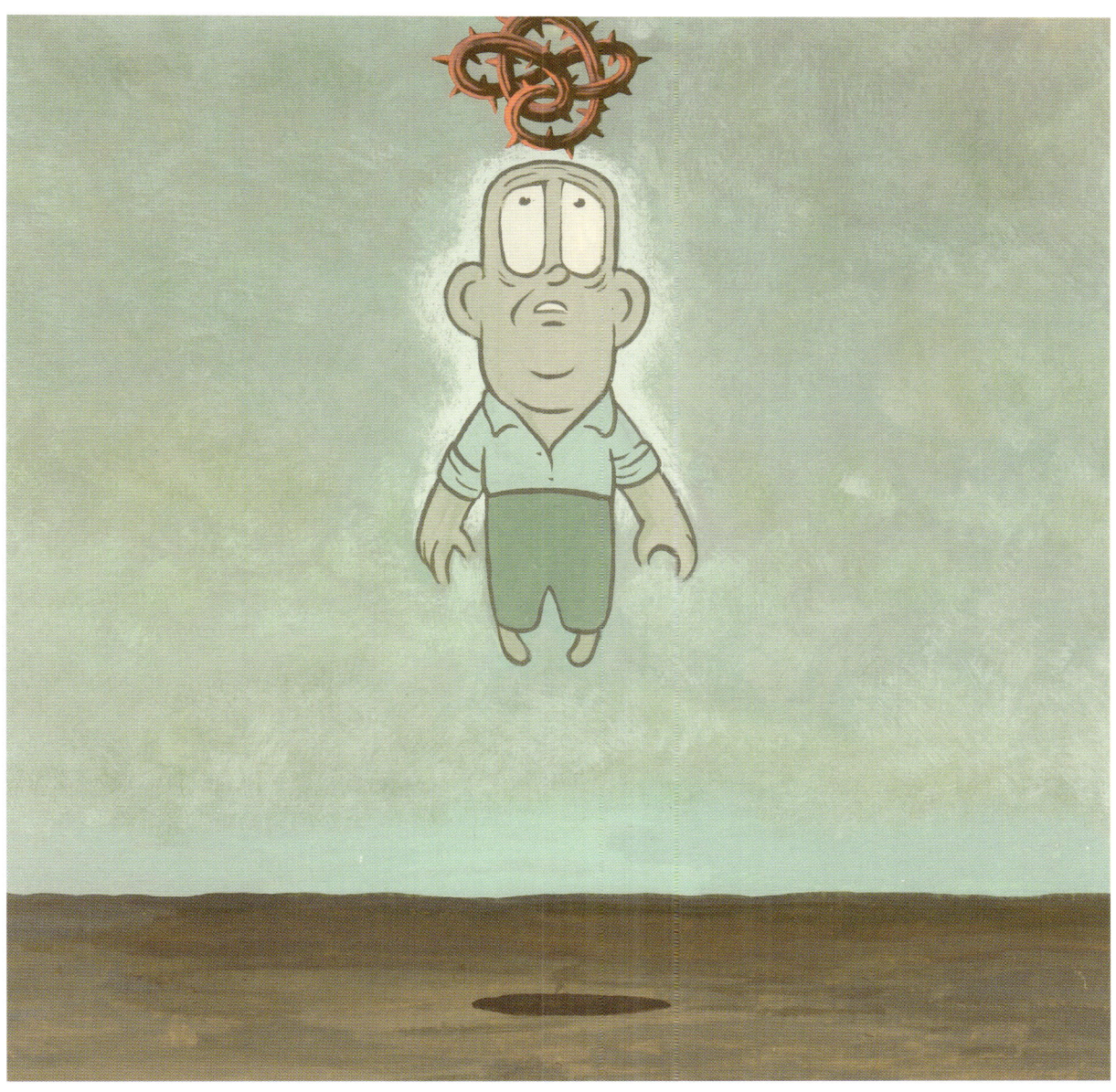

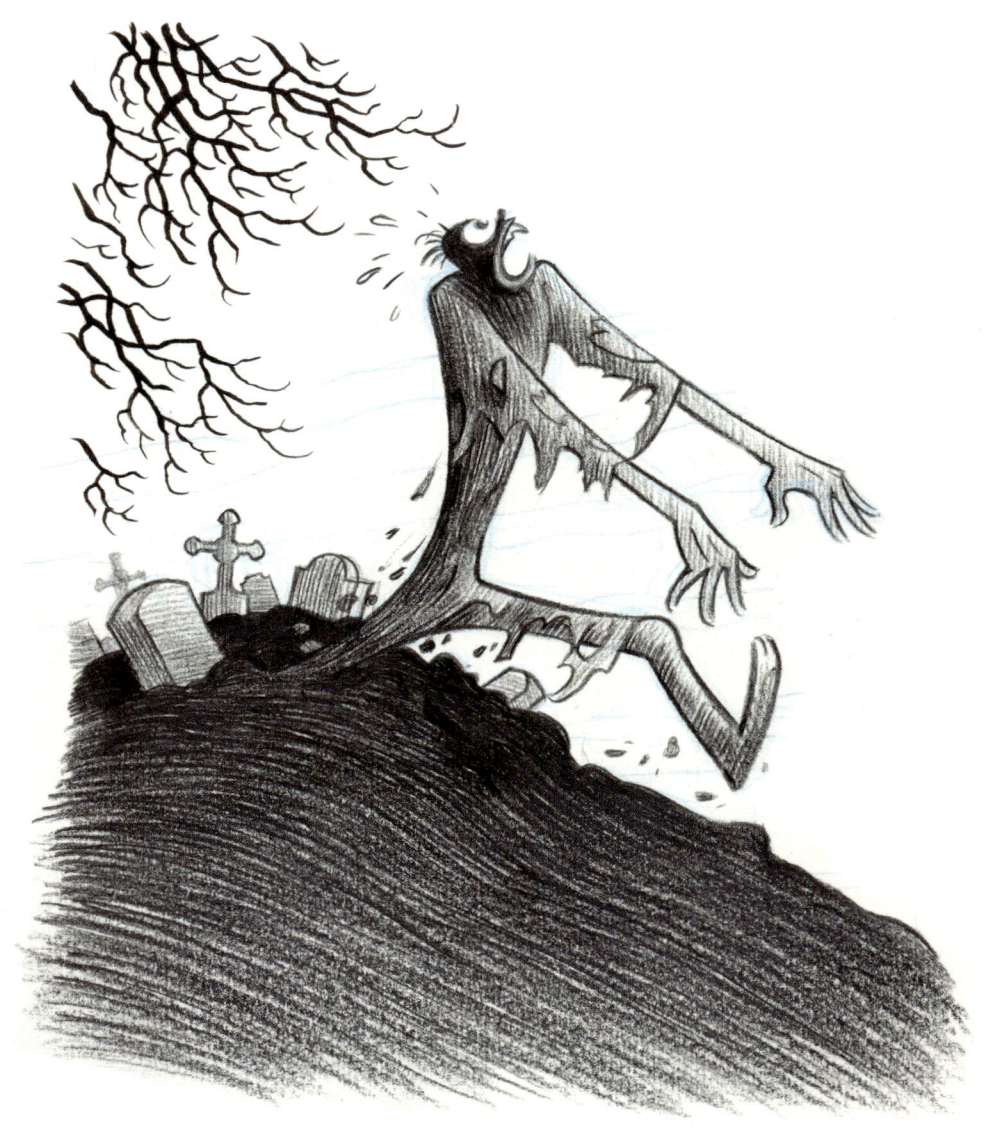

Vampizombi, 2010
Lápiz graso y tinta sobre papel
230 x 271 mm

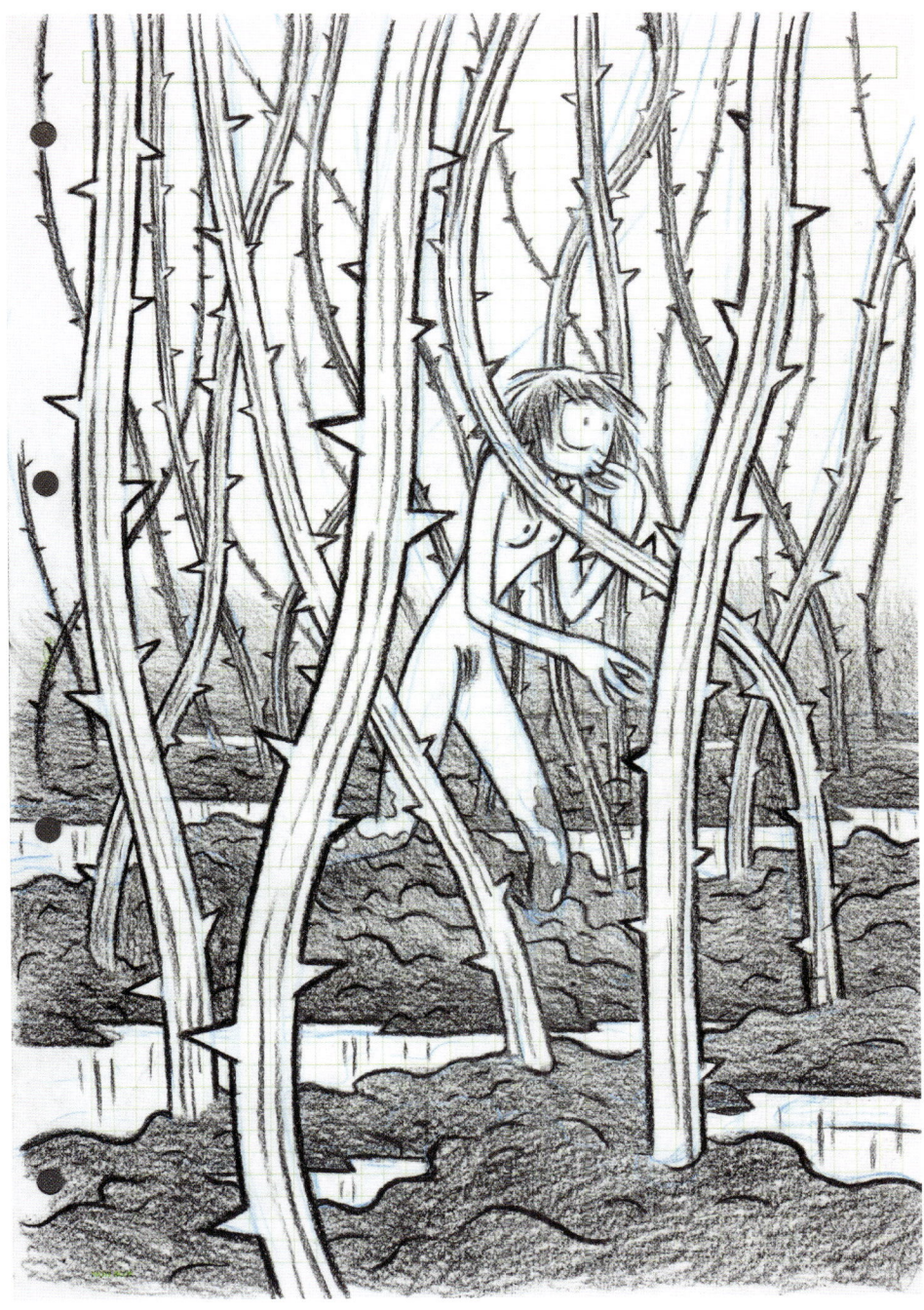

Mujer entre zarzas, 2008
Lápiz graso sobre papel
203 x 297 mm

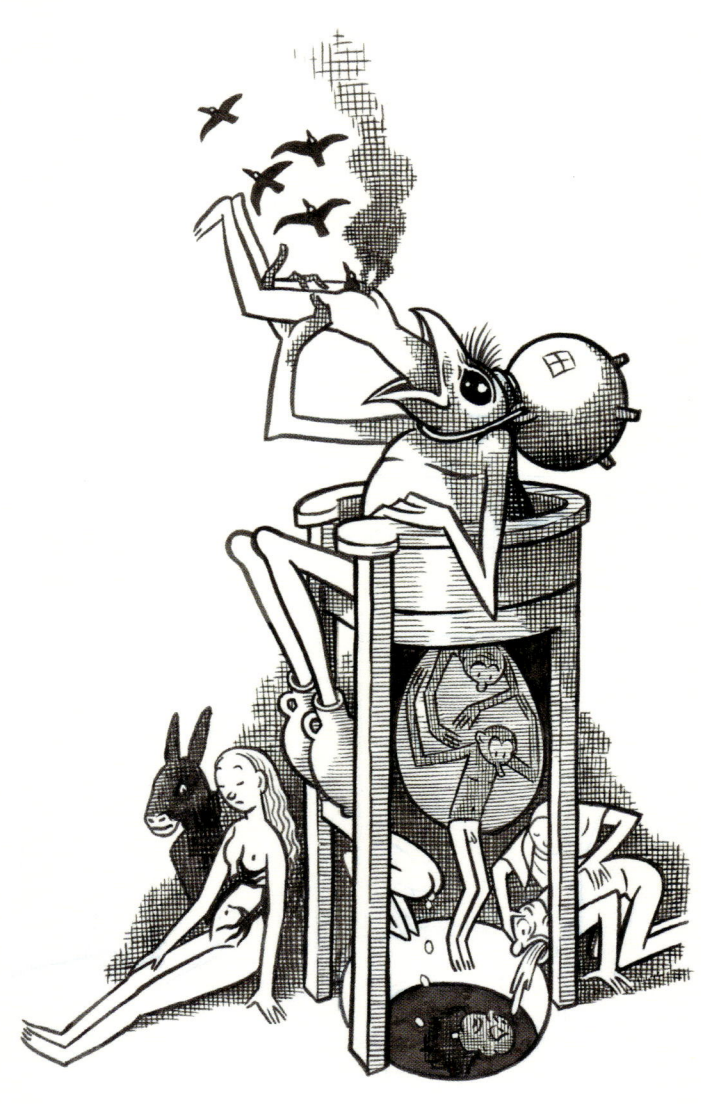

El jardín de las delicias, 2009
Tinta sobre papel
230 x 325 mm

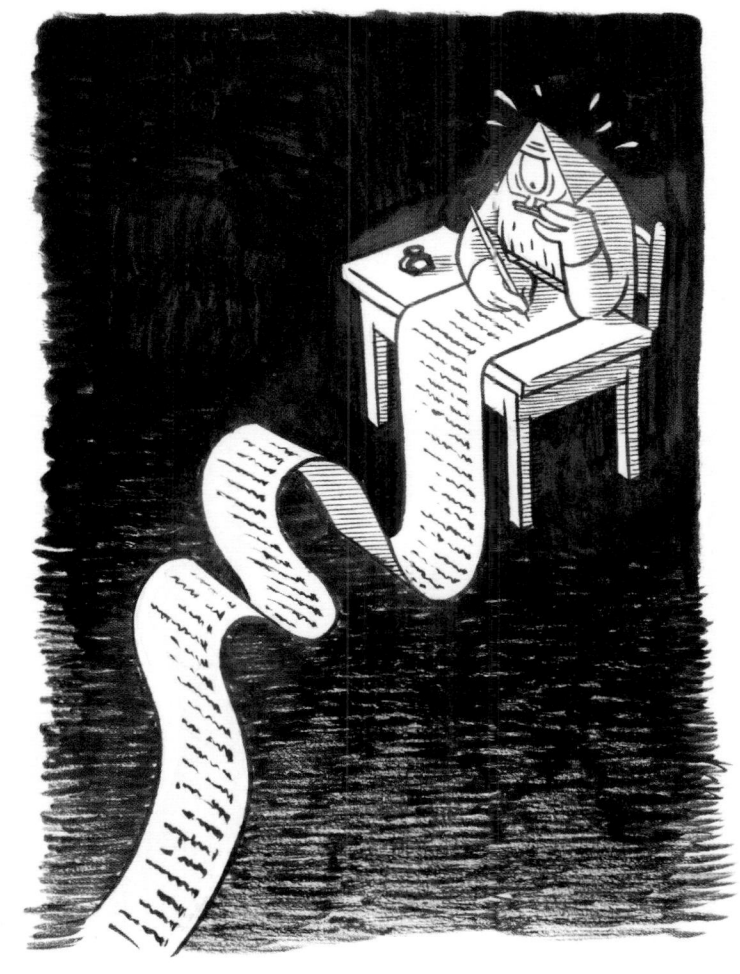

Dios, 2009
Tinta sobre papel
195 x 269 mm

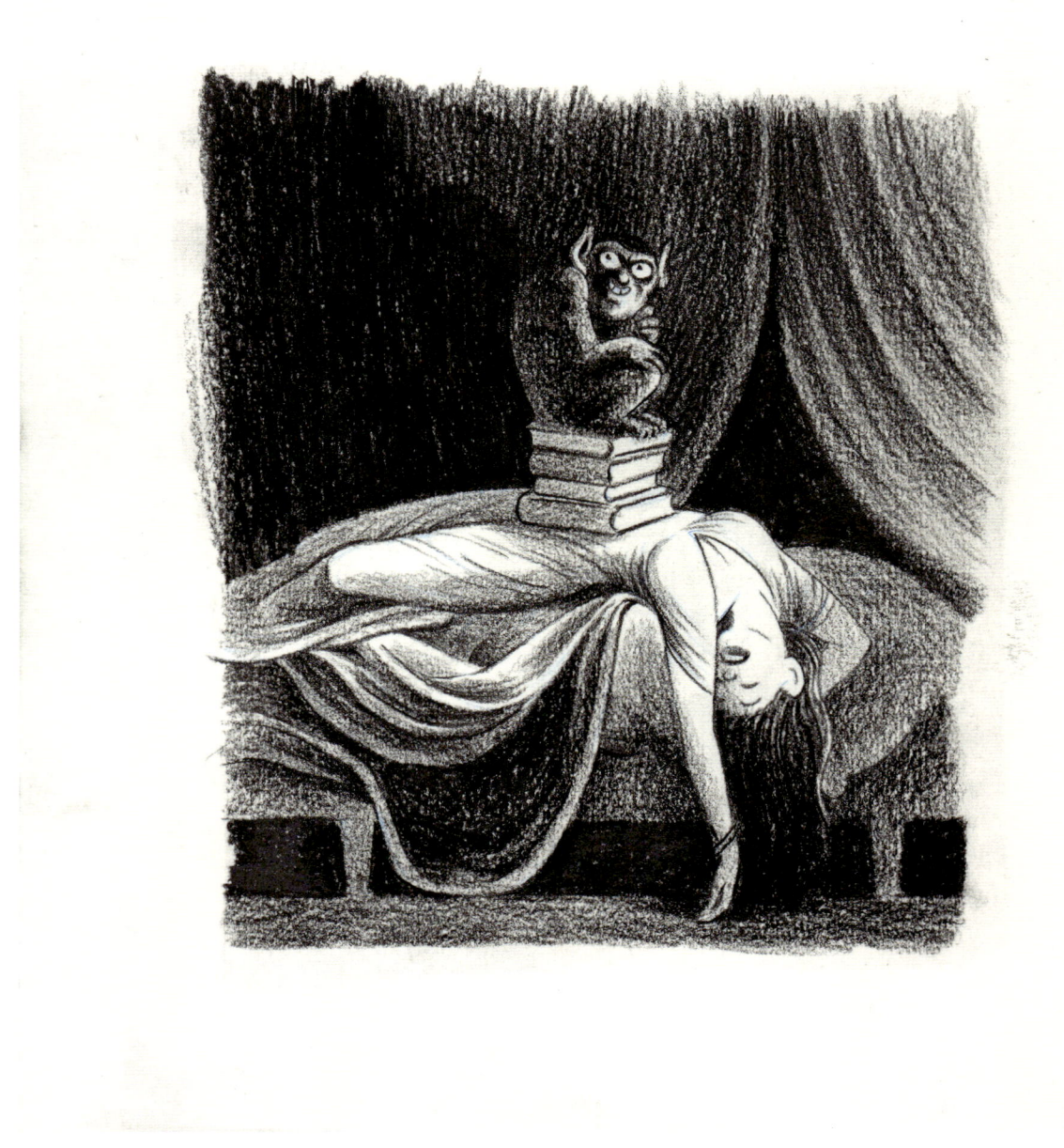

La pesadilla, 2009
Lápiz graso sobre papel
227 x 258 mm

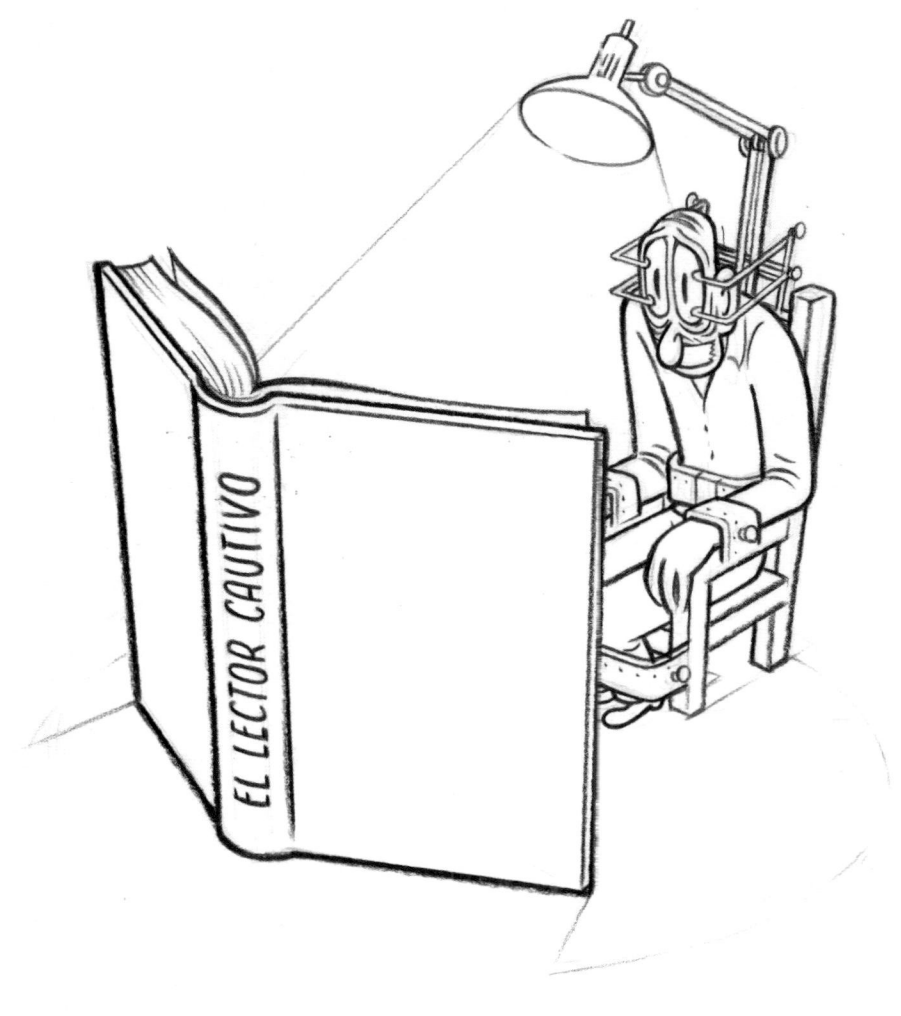

EL LECTOR CAUTIVO

El lector cautivo, 2008
Lápiz sobre papel
274 x 310 mm

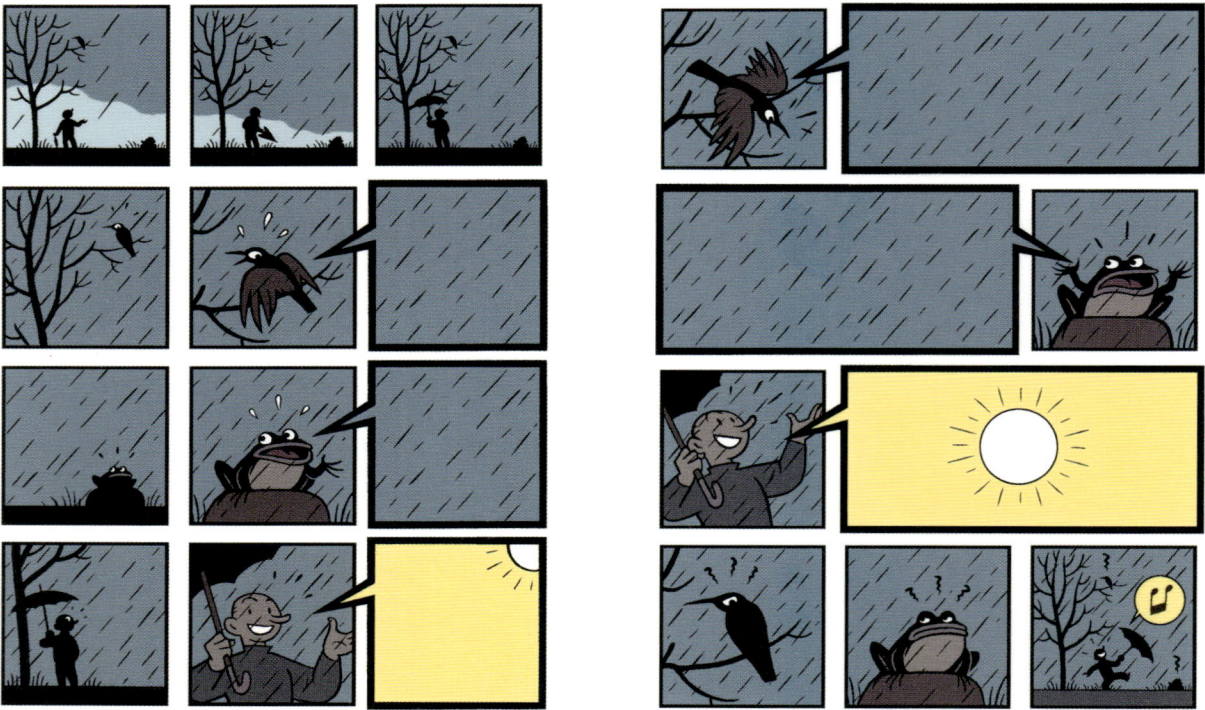

Filosofía para profanos - El embustero, 2001
Técnica digital
320 x 225 mm

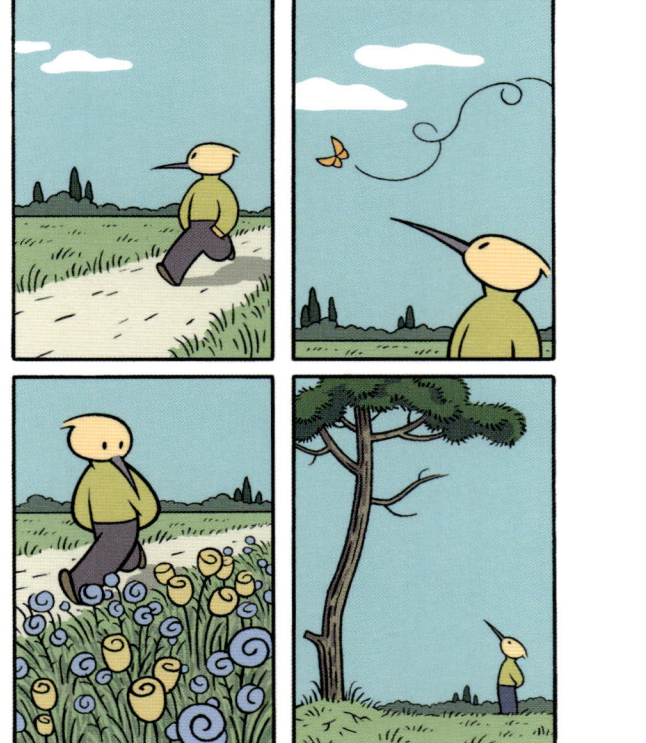
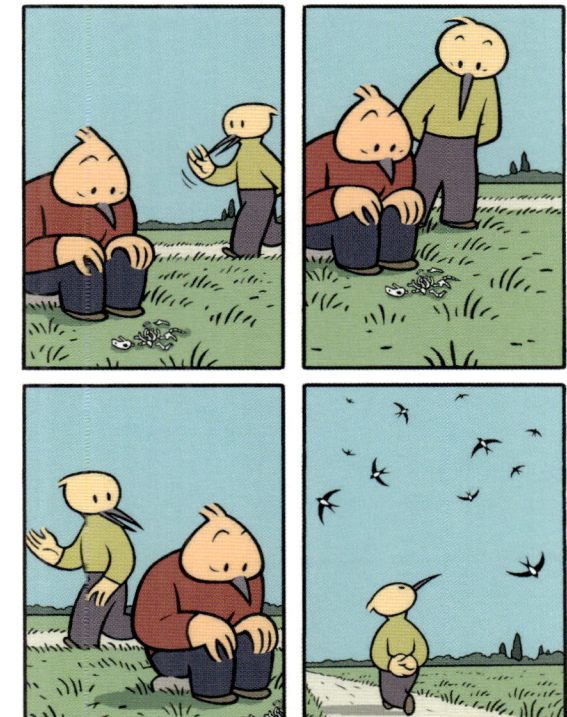

Filosofía para profanos - Pájaros, 2003
Técnica digital
320 x 225 mm

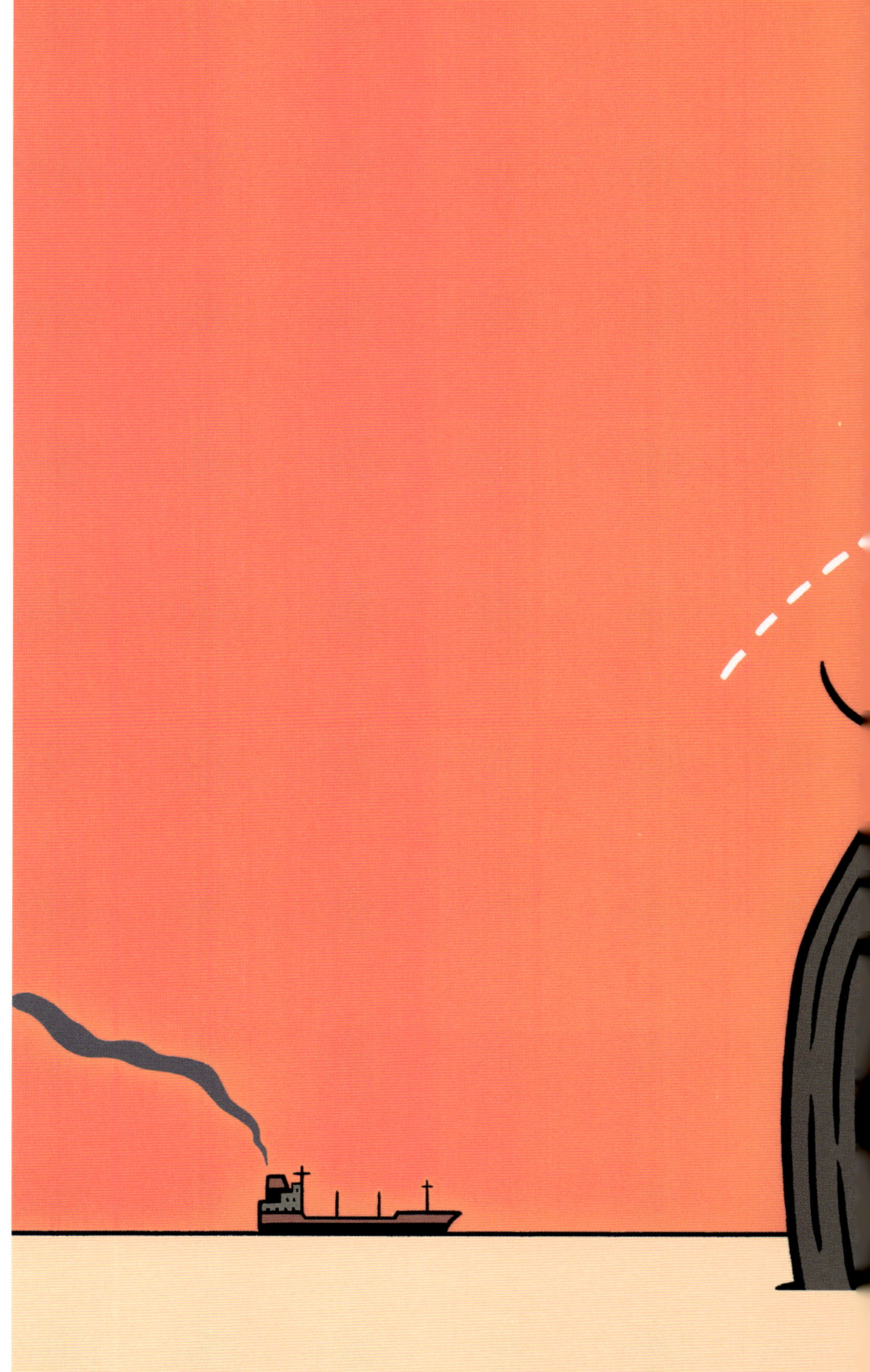

Espiasueños, 2003
Técnica digital
1250 x 750 mm

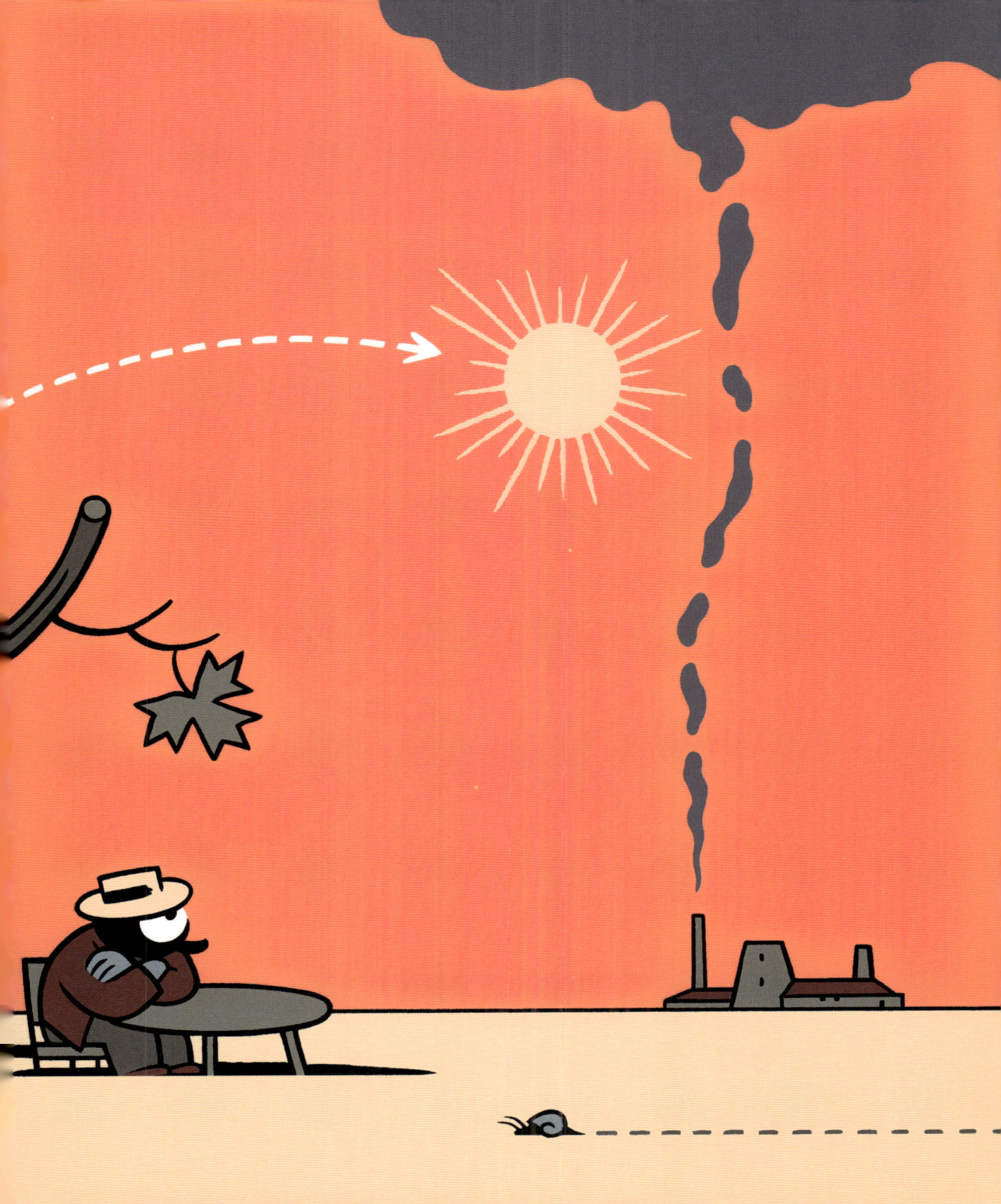

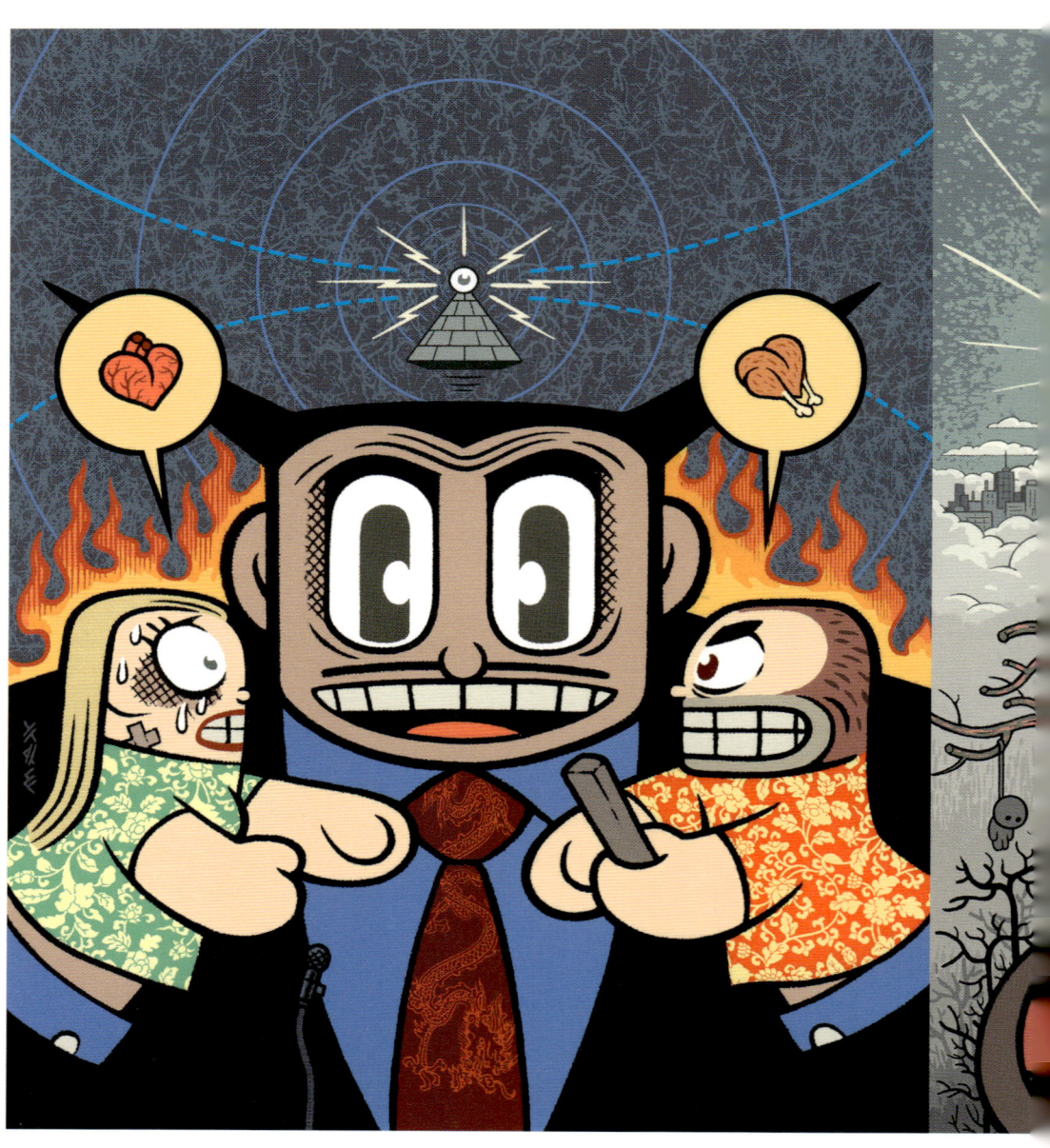

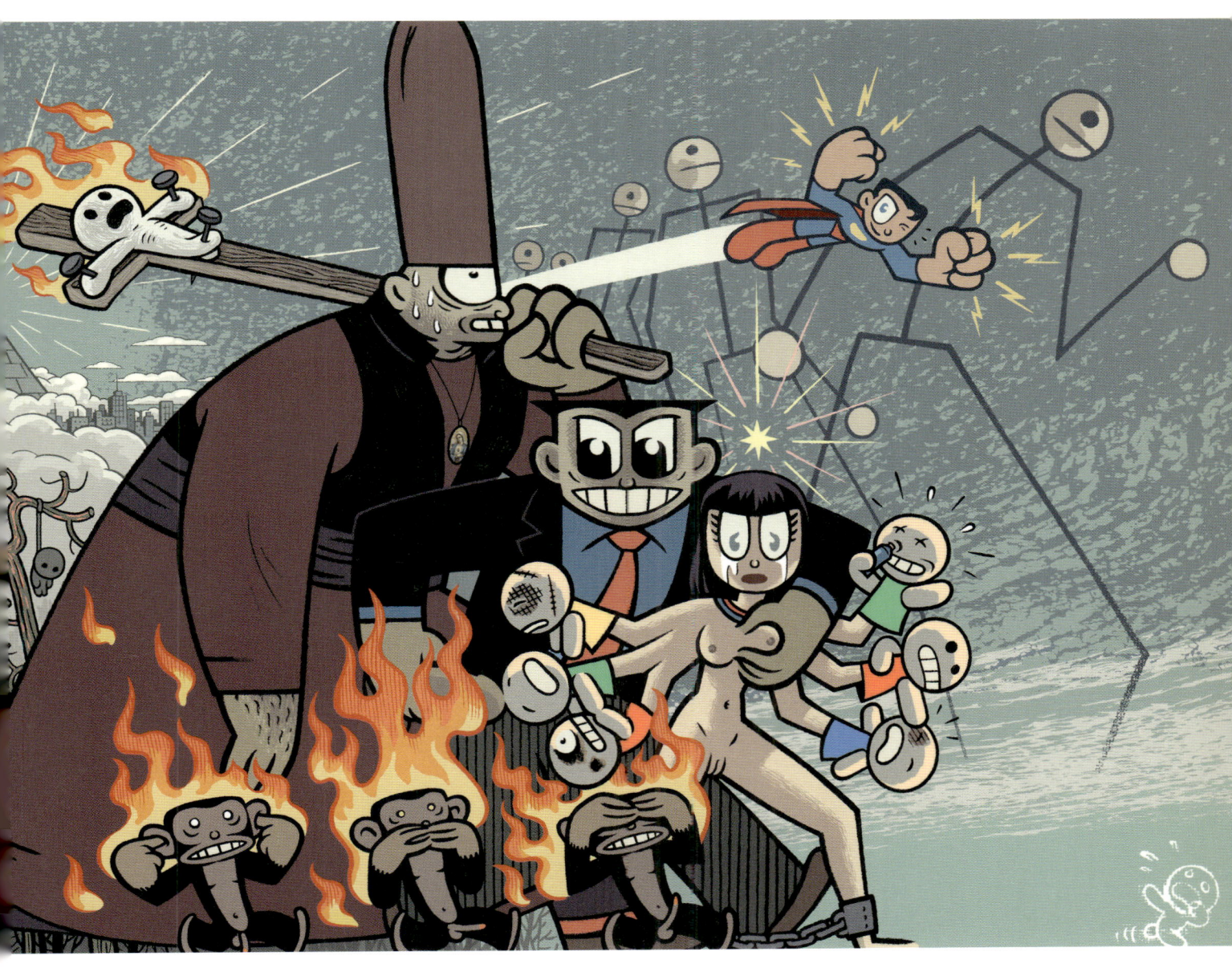

Díptico, 2004
Técnica digital
1410 x 594 mm

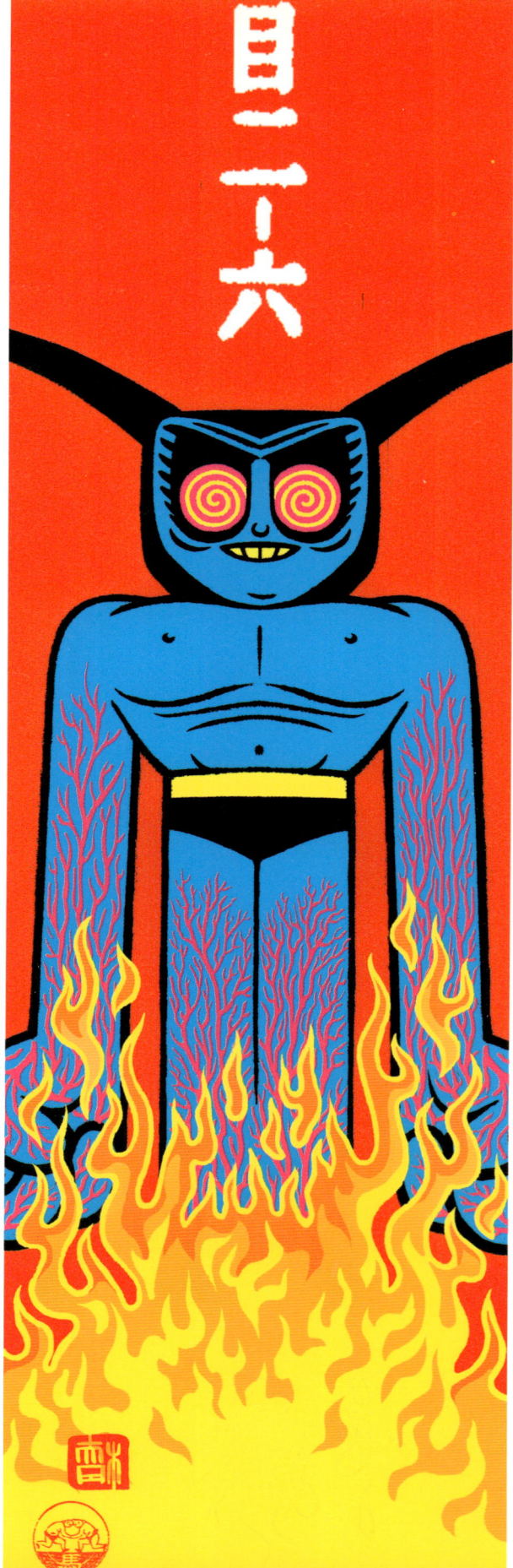

Neotokyo, 2006
Técnica digital
600 x 2000 mm

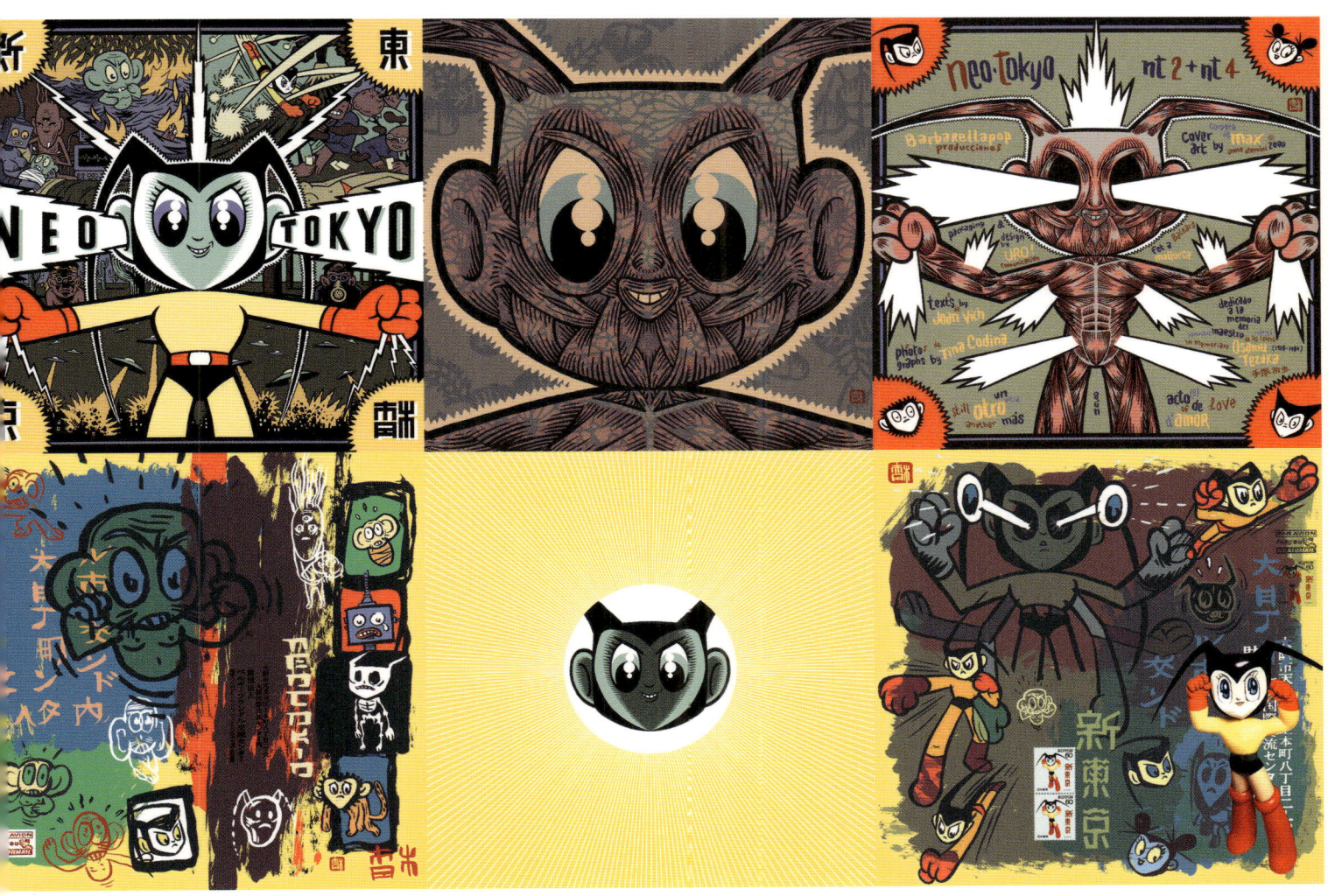

Neotokyo, 2000
Técnica digital
1500 x 1000 mm

Pascal Comelade al Palau

16 de juny del 2006

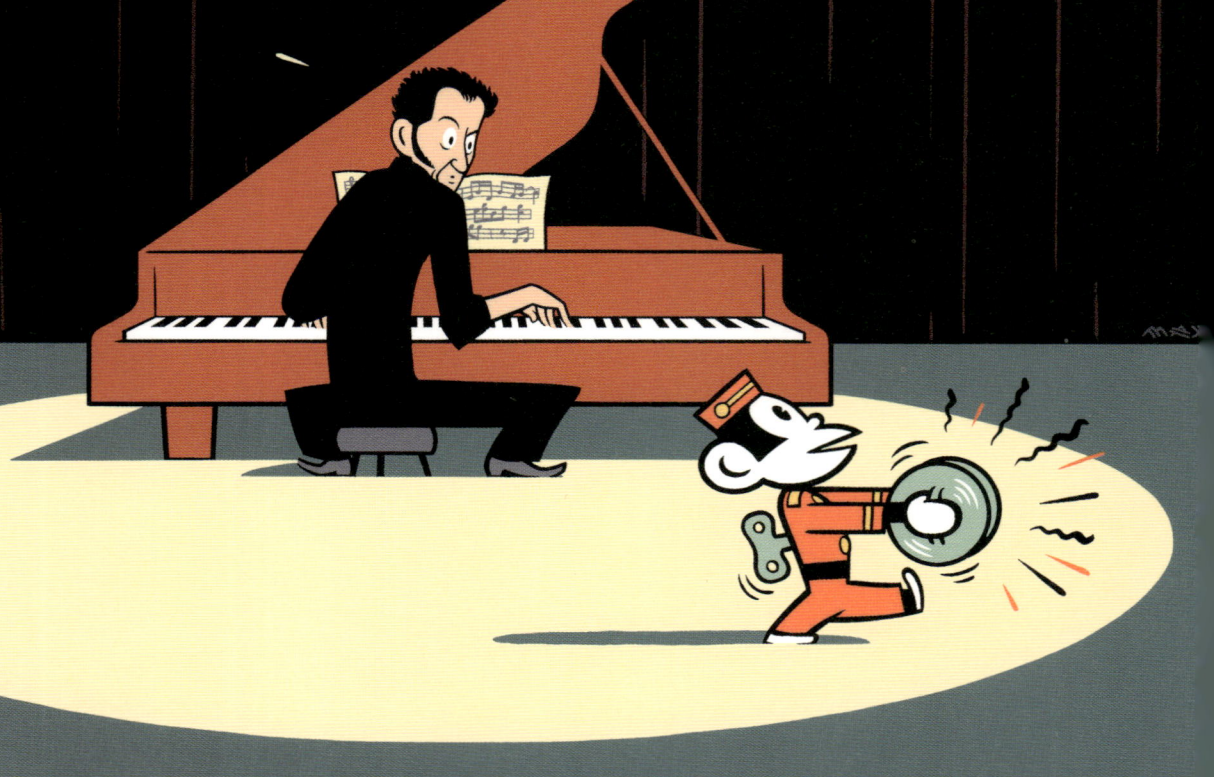

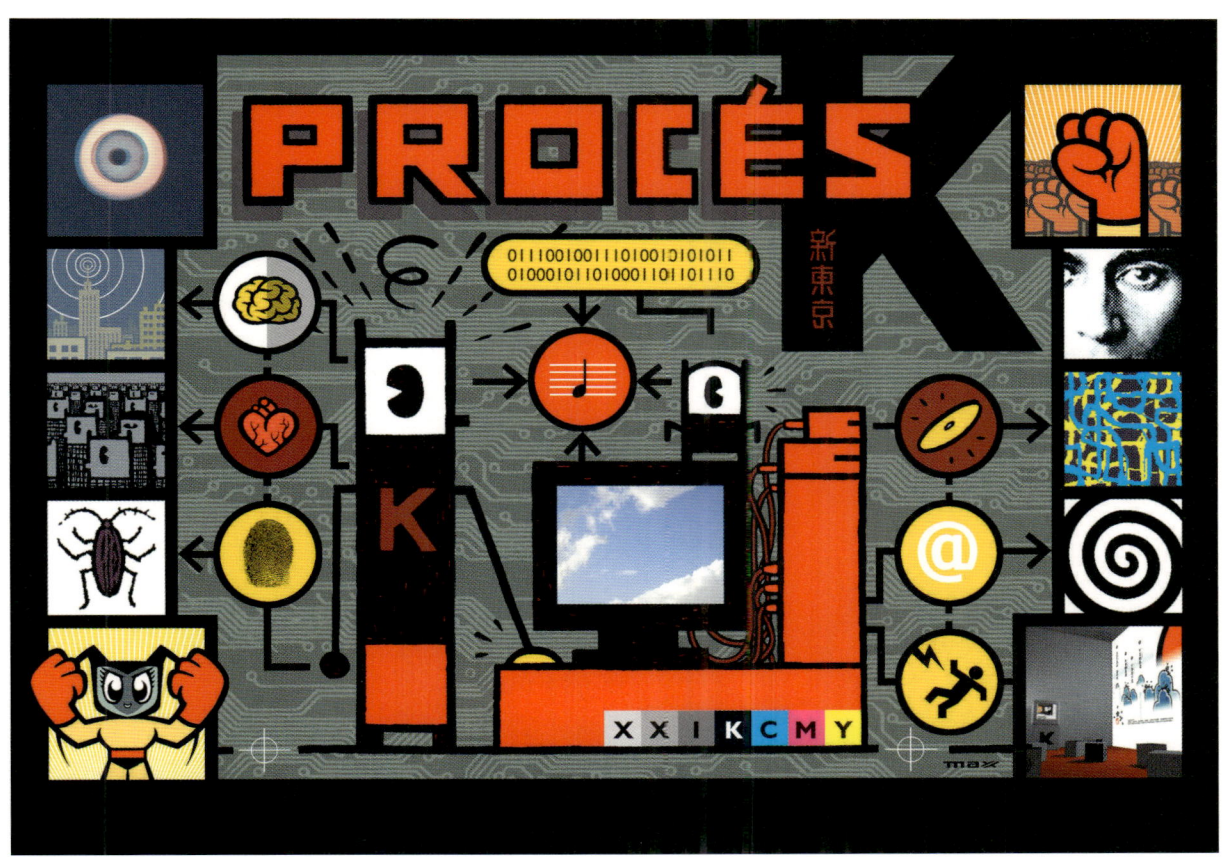

Pascal Comelade al Palau, 2006
Técnica digital
730 x 900 mm

Proceso K, 2005
Técnica digital
730 x 500 mm

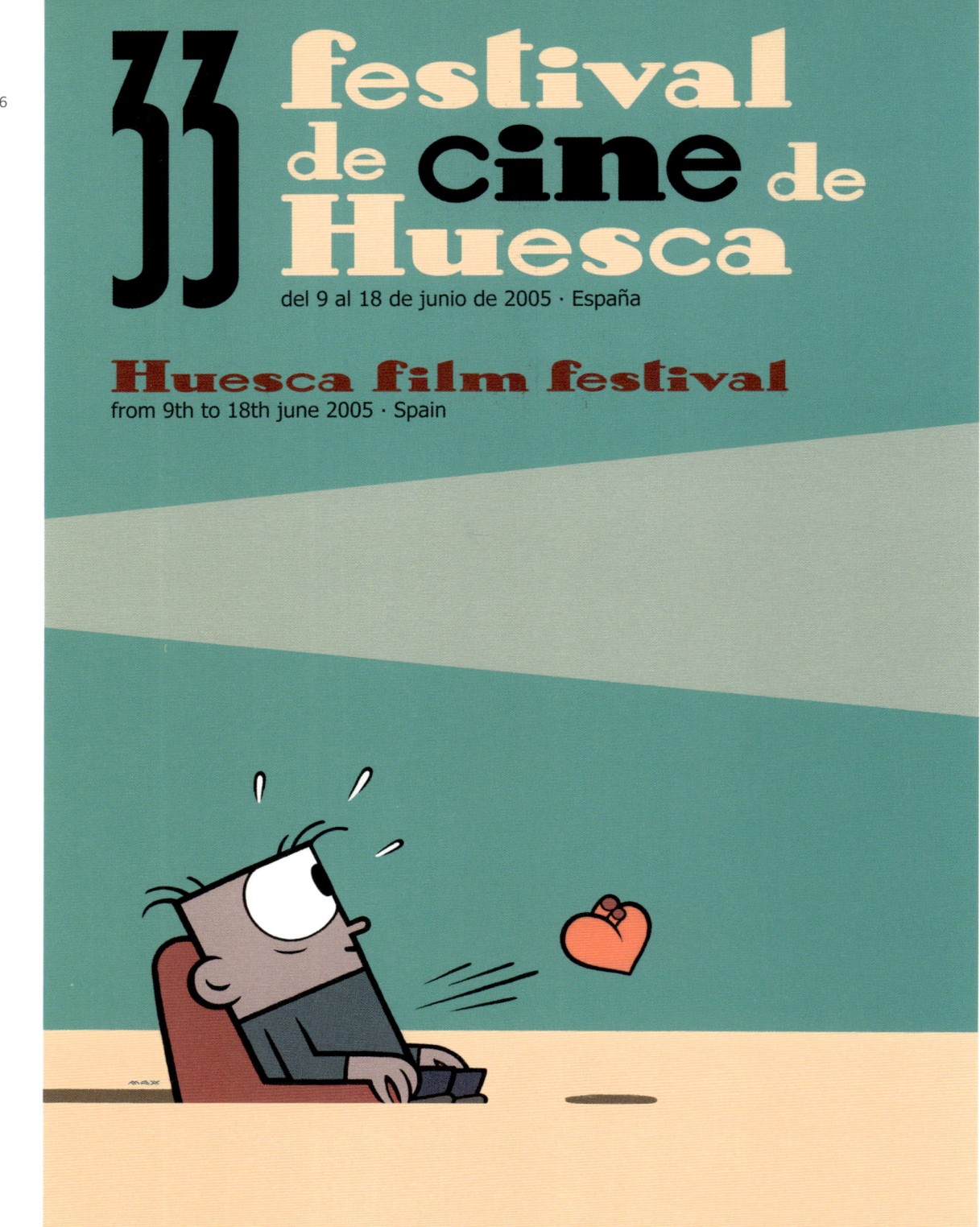

Festival de cine de Huesca, 2005
Técnica digital
500 x 700 mm

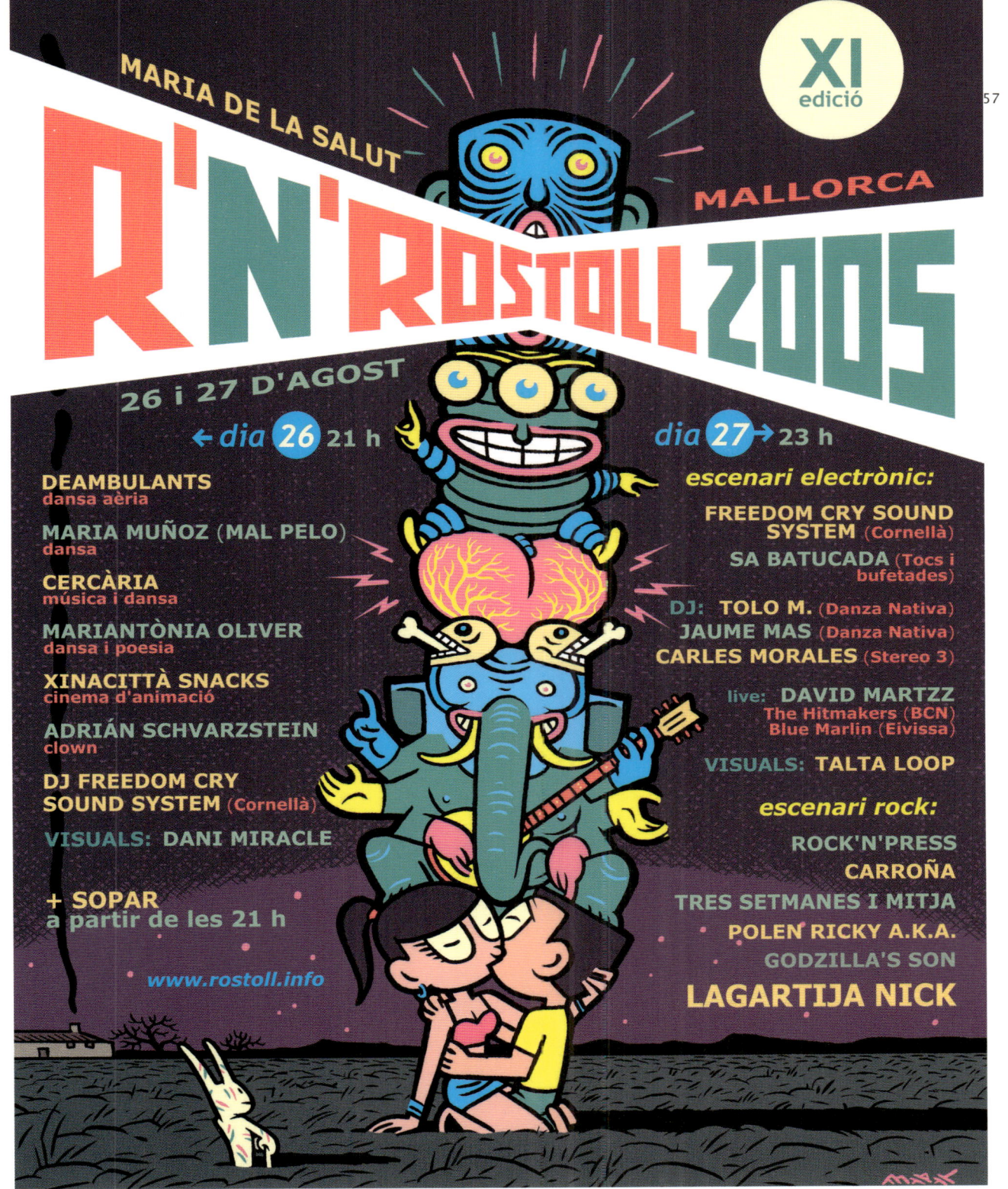

Rock'n'Rostoll, 2005
Técnica digital
500 x 700 mm

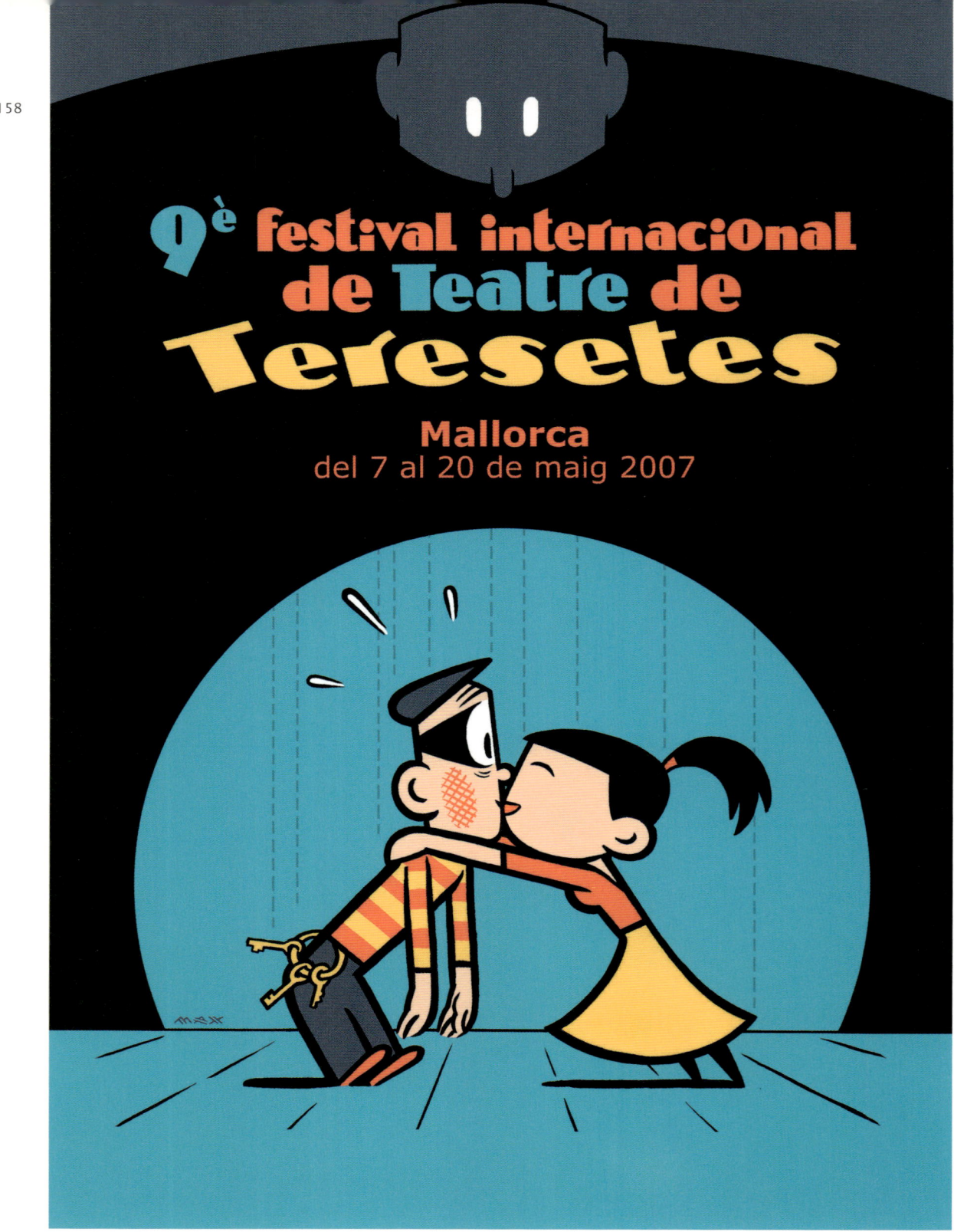

Festival de teatre de teresetes, 2007
Técnica digital
500 x 700 mm

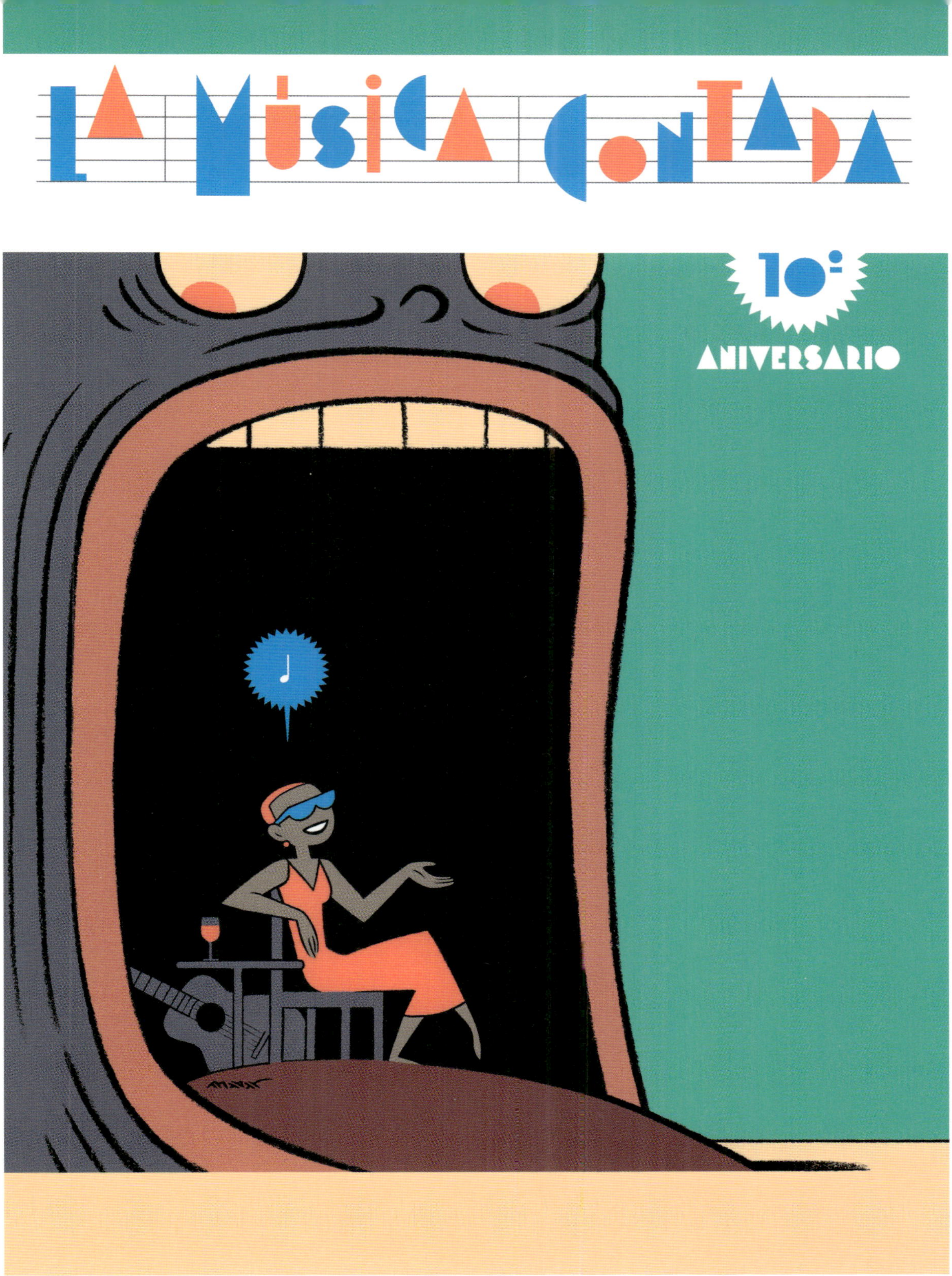

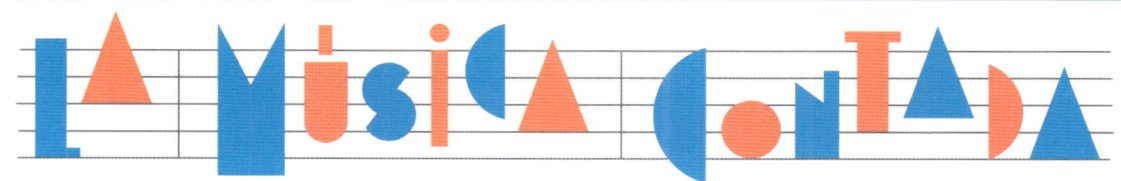

La música contada, 2009
Técnica digital
500 x 700 mm

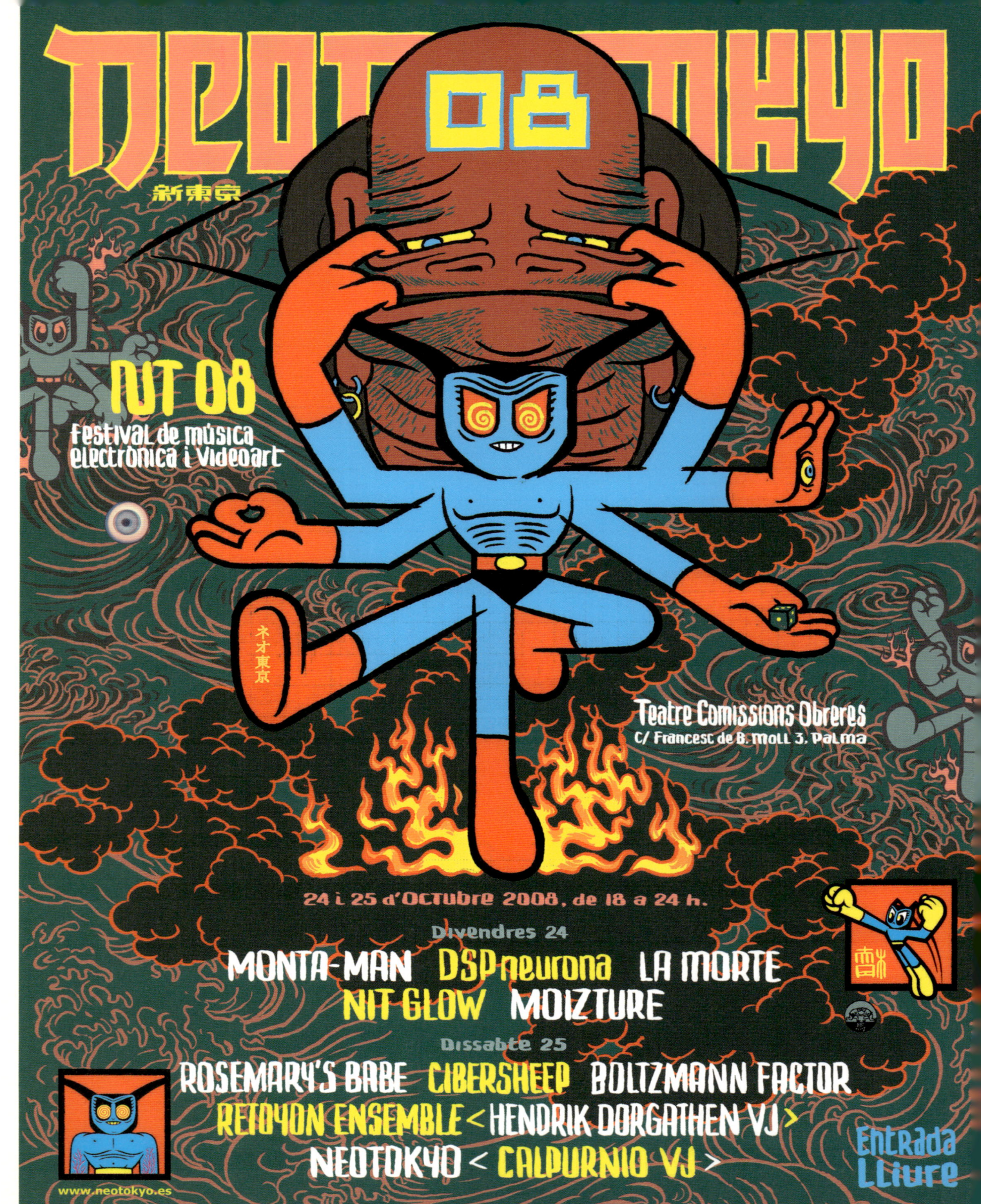

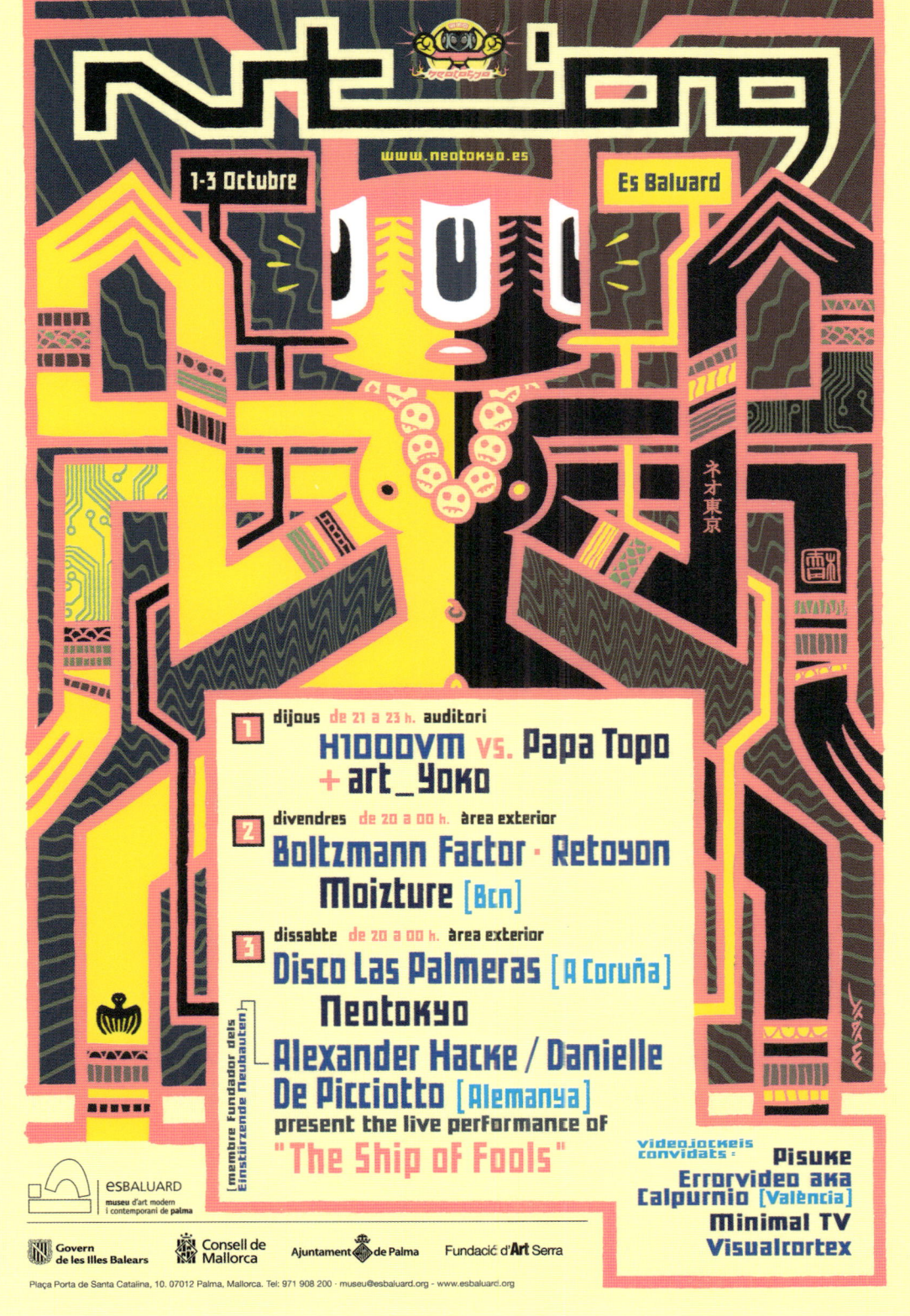

Festival NT08, 2008
Técnica digital
500 x 700 mm

Festival NT09, 2009
Técnica digital
500 x 700 mm

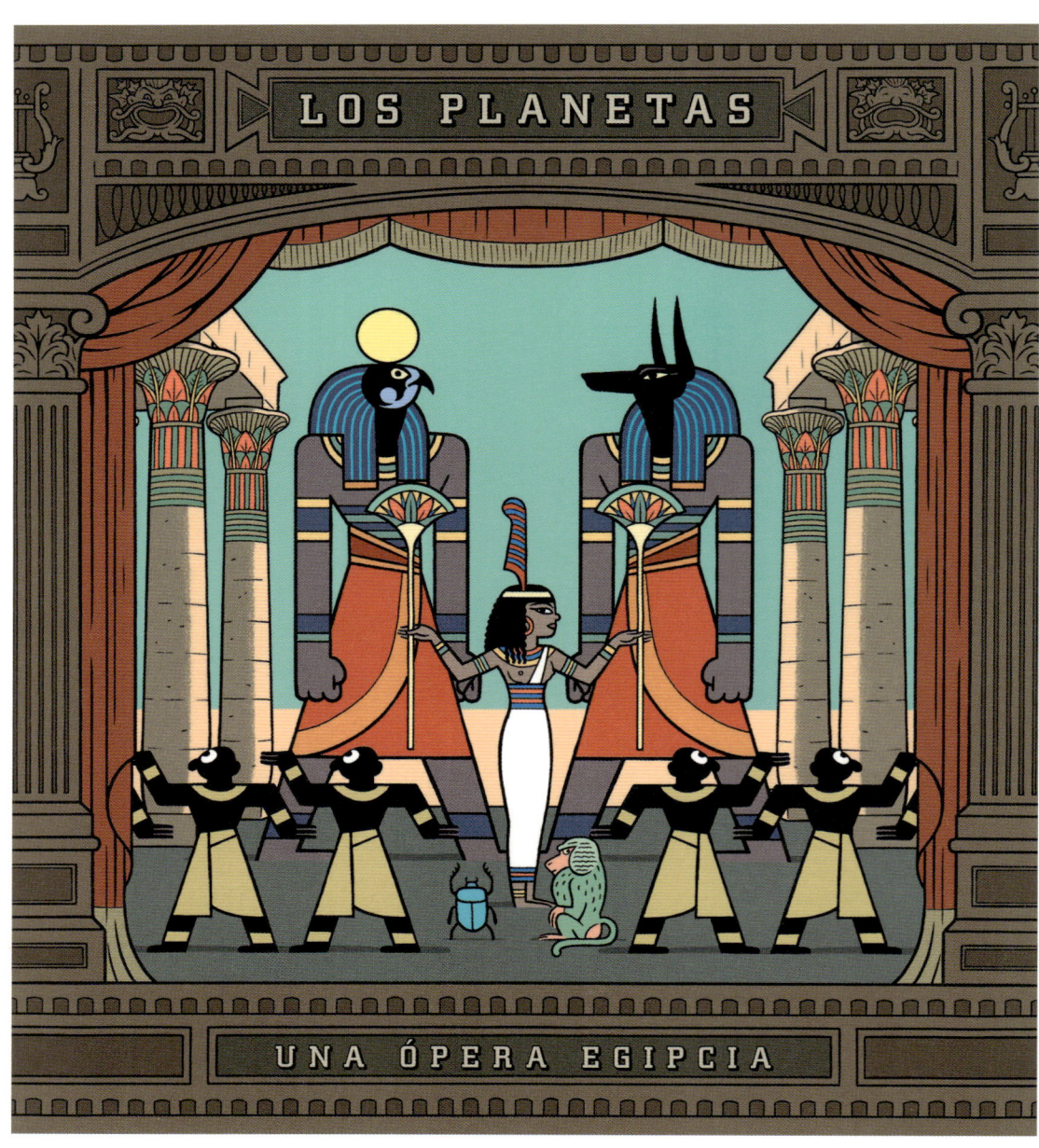

Una ópera egipcia, 2010
Técnica digital
630 x 630 mm

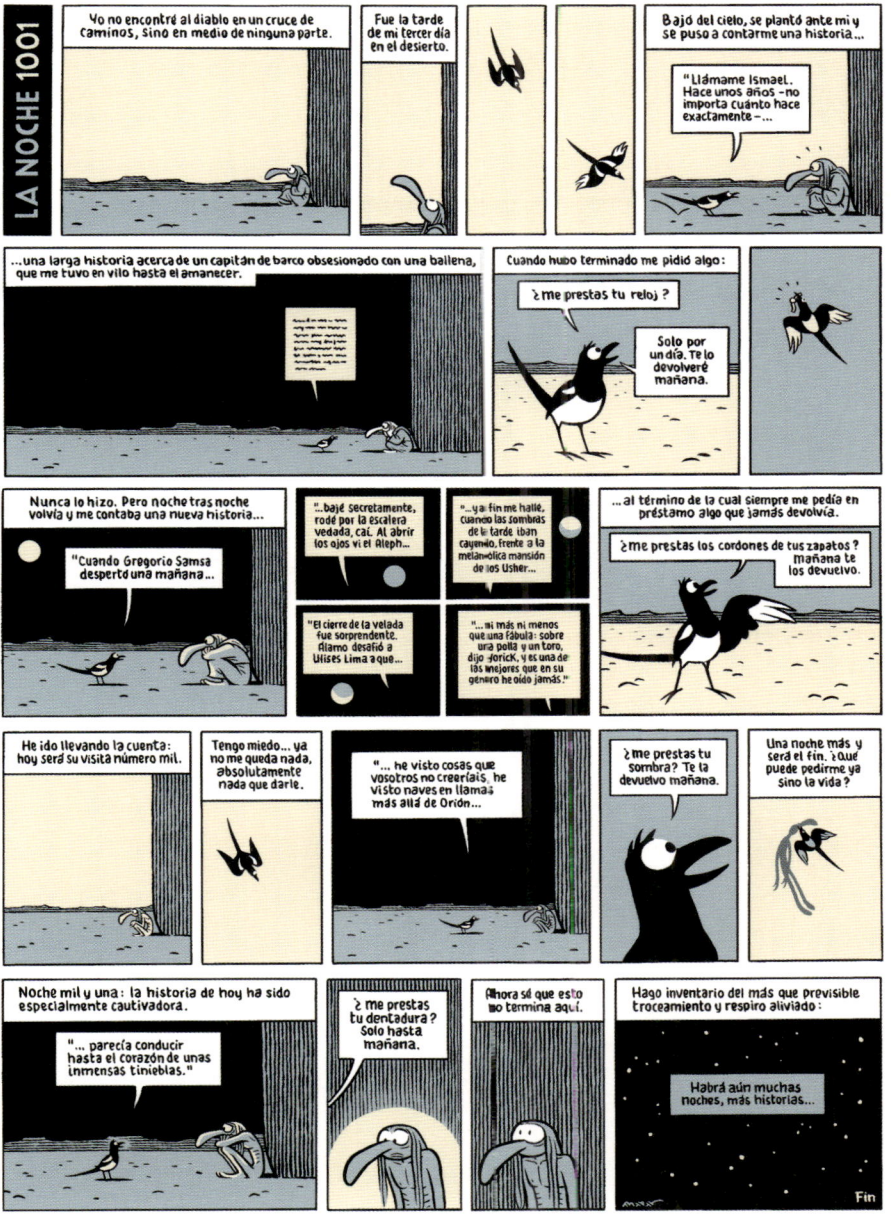

La noche 1001, 2011
Técnica digital
80 x 112 mm

MAX O, VERDADERAMENTE, UNA RISA DIVINA

Alberto Ruiz de Samaniego

> *«Loada sea la pesadilla, que nos revela que podemos crear el infierno.»*
>
> **Jorge Luis Borges**

> *«Los sueños terroríficos son excelentes exploradores de los abismos y de las oscuridades, nos ofrecen el terror a lo que va después de la vida, es decir, el terror a la muerte.»*
>
> **Ernst Bloch**

Como en los relatos de Sherezade, o como en las viejas teogonías, todo empieza por el caos y la noche. La noche de Max es noche antigua. Muy antigua, sideral, única y absoluta. Noche que cae, como una especie de hemorragia interna, del cielo mismo. Noche de melancólica sensación: uno siente el ritmo de su propia sangre identificándose con ese proceso de pérdida total, infinita, dulce, inexorable y rítmica. La caída de la noche instaura una debilidad que lleva el cuerpo al sueño. Destaquemos, también, la intensidad de todo pensamiento y de cada imagen en esta oscuridad. En cierto modo, Max sabe que las imágenes no están hechas para la luz. Como lo sabe todo sueño. Y cada noche lo demuestra. Aquí el sueño se desborda en la noche, cada noche. Es en esa atmósfera donde se desarrollan siempre los relatos de Max.

En la oscuridad. En el miedo, también, a la oscuridad. Efectivamente, el acecho, la idea peligrosa del acecho y su ojo, está vinculada a las tinieblas. La fascinación hipnotiza y paraliza a la víctima como la mirada del caballo de *La pesadilla*. La paraliza durante el tiempo necesario para darle muerte, para devorar su figura. El fascinado, la víctima, el hechizado es antes que nada un ojo. Un ojo que hace al que ve convertirse en lo visto. A fuerza de mirar el ojo que, frente a él, lo mira fijamente. El fascinado es un instante extático ante la forma autoritaria que lo domina. ¿Qué es el pavor? ¿Qué es el espanto? Es quedarse clavado en el sitio. Es estar sometido tanto a la imposibilidad de la huida como a la imposibilidad del contacto. Tan sólo hay una excepción en todo esto, a todo esto: el sueño. En el sueño. Cuando sueña, el durmiente sufre regresiones, son los retornos de las imágenes o las figuras de los muertos surgiendo al fondo de los ojos cerrados. Es a este punto adonde se dirigen siempre las imágenes de Max; es este surgimiento problemático y peligroso lo que los personajes de Max no pueden evitar: la imagen misma.

En el sueño, la representación humana lingüística, codificada e ilustrada, vuelve a su material de imágenes: el sueño (no la vista) es la fascinación óptica en estado puro. Entonces el ojo regresa hacia su imagen, donde el cuerpo cae, mientras que a causa de esta caída se yergue el deseo. En el transcurso del sueño, volviendo a recorrer el circuito del pasado (el recorrido por el que el ser vivo ha pasado), el hombre vuelve a una dimensión inmemorial, bestial, animal. Podríamos, por tanto, pensar con Max el universo completo como un inmenso juego de hechizos y fascinaciones. Así, en la gran despensa que es el universo, la vida derrocha, se prueba y prueba formas vivas que se acechan y devoran mutuamente, simétricamente: el universo jungla.

Después, a la inmensidad desconocida y flotante del mar y el cielo, o del bosque, se suma la de la noche. Con Bardín, con el gigante blanco, con el prolongado sueño del Sr. T, volvemos a la época en que las estrellas podían verse. Y somos, con ellos, como ellos, invadidos por una angustia a la vez terrorífica y deliciosa. Esta afección, capital en el universo de Max, no es otra que la de la presencia del mundo, o del Todo, y la pregunta por cuál sea el lugar que uno ocupa -si lo ocupa- en ese mundo. Pregunta de los orígenes y de la infancia, y de la infancia del pensamiento -pregunta presocrática, por ejemplo-. Pregunta del gigante blanco, incapaz de articular coherentemente esa experiencia, cuando uno sabe que se corresponde con interrogaciones ancestrales, atávicas: quién soy yo, por qué estoy aquí, qué es este mundo en el que estoy y, al tiempo, no estoy del todo. Los personajes de Max experimentan ese sentimiento de extrañeza, el asombro y la maravilla de estar alí. Esa sensación es lo que los griegos, justamente, llamaron «la cadena del ser». Bardín se topa a menudo con ella: es la sensación de estar inmerso en el mundo, de formar parte de él, en una suerte de continuidad que se extiende desde la más pequeña brizna de hierba hasta las estrellas. Ese mundo, pues, se hace presente, intensa y turbiamente presente -incluso, a veces, groseramente presente, insolentemente activo y al tiempo ridículo, como constata, en alguno de sus paseos nocturnos, Bardín-. A esa toma de conciencia, que es una impresión de extraña pertenencia al Todo, Freud la denominó «sentimiento oceánico». Desde el momento en que se experimenta, uno tiene la sensación de estar aparte de los otros; pero, con Max, como Max, uno descubre que muchas personas tienen experiencias análogas, solo que no hablan de ellas. Al hacerlo, monologan, deliran, poetizan -al modo del bueno del gigante blanco, o de Dylan Thomas, o de Cirlot-. Filosofan, en el buen entendido de que la filosofía no es más -ni menos- que aquella conciencia de la existencia, del ser-en-el-mundo, y la eterna dificultad por formular este sentimiento. La necesidad de escribir y dibujarlo, de recordarlo al modo de ese monólogo adánico del gigante blanco descubriendo su cuerpo y el mundo a su alrededor. Sabiéndose al tiempo (en) el mundo y otra cosa en el límite mismo del mundo. Sabiendo que el mundo, o la realidad del mundo, es incompleta -no-toda, en palabras de Lacan- precisamente porque existo yo y estoy en el medio, inmerso en él, y «este vacío me limita y me define. Sólo gracias a él puedo percibirme, tener conciencia de mí mismo, imaginar que existo. Pero si esto es así, entonces, ¿no seré yo sólo imagen, representación, ruido? ¿No será este pequeño recinto vacío, mota de polvo dentro de mi cuerpo -sí, está dentro, pero *es* fuera- lo ineludible, lo inocultable, lo irrepresentable de la existencia, por tanto lo *real*? ¿No seré yo tan sólo una excrecencia, un gigantesco tumor, la máscara, el disfraz de este vacío absoluto?»[1] Efectivamente, entre

1. Max, *Monólogo y alucinación del gigante blanco*, Edicions de Ponent, Alicante, 1996, p. 52.(Las cursivas pertenecen al orginal.)

nosotros y el Todo hay un hiato irreductible, una brecha Real incurable y sin embargo constitutiva de la realidad. Esta brecha real, anterior a todas las causas y los efectos, a los sujetos y los objetos, es imposible de simbolizar, y por ello mismo convoca tanto al horror como a todo tipo de astucias de las razones y las religiones que pretenden defendernos de ella misma. He ahí la fisura original que condiciona la organización de la realidad en todas sus modulaciones: desde el yo hasta el conjunto de la sociedad con sus creencias y afanes.

Max no tiene reparo en tratar con el incómodo fenómeno religioso al que, a menudo, conduce este preguntar por el principio. Ha metabolizado esta extrañeza y este asombro de tal manera, que puede reírse de él, jugar con él, refutarlo y, al tiempo, reduplicarlo hasta la extenuación hindú. Relatarnos todas sus derivas y propuestas, todas sus inclinaciones y subterfugios. Se ha acercado a él desde la psicología profunda (tras los pasos, por ejemplo, de Jung), por medio de argumentos psicoanalíticos próximos a Lacan o Freud, a través de variopintas revisiones de argumentos teológicos de toda estirpe (cristianos anacoréticos, animistas, extremo-orientales e hinduistas); por medio, también, de análisis antropológicos o mitológicos a la manera de Frazer. Lo ha considerado, asimismo, como un fenómeno sociológico: el llanto o el grito de la criatura oprimida; o como dispositivo de ideología –¡el opio del pueblo!–, también como un impulso de los estilemas modernos –el surrealismo, Ubu, el *non-sense* de Lewis Carroll, los diversos irracionalismos u onirismos desde el Romanticismo o la literatura gótica a las vanguardias–. En fin, como una salsa donde caben la *new age* y el tecno, Shin Chan y los budas de *todo a cien*.

Estamos, efectivamente, inmersos en él, construidos y conformados de continuo por él. Por él, precisamente, el hombre es, antes que nada, un enigma para sí mismo, y un animal soñador (antes, mucho antes que *homo faber* y *homo ludens*). Como tal animal soñador es, asimismo, un ser deseante. El deseo, en Max, está eternamente ligado a esta sensación de angustia y maravilla. Esta pulsión –ya lo supo Freud– es nuestra auténtica mitología: las pulsiones son seres míticos, grandiosos en su indeterminación. Tienen que ver con la contemplación, una escopia que nos hace tocar el trauma y el peligro sagrado: de hecho, nos ha relatado Klossowski, los dioses nos enseñan a los hombres a contemplarnos a nosotros mismos bajo la forma de un espectáculo, tal como los propios dioses se contemplan a sí mismos en la imaginación de los hombres. He aquí la razón de esa teatralización eterna que supone siempre el mundo fenoménico, y las cosas e intereses de los hombres. Se trata, en el fondo, de un deseo de ser, que se vuelve deseo mismo de amar al otro o a lo otro, deseo de fusión –y devoración– absoluta que es el acto de amor por antonomasia. Ese *eros* tiene expresión en su infinita, inagotable capacidad soñadora. El dibujo, la creación de imágenes tienen por función dotar de figura a estos sueños, y a sus más temibles pesadillas. Pues, en el fondo de este deseo habita, en definitiva, lo infigurable mismo, el objeto de asombro y estupor por antonomasia: el misterio inabordable que nos acosa y nos cerca cada noche, y cada día: la muerte. La muerte misma que se agiganta hasta lo indecible, que desborda todos los límites de la razón, y que encarna –al modo de un trance erótico intensísimo– lo radical y totalmente *otro*, lo heterogéneo absoluto. Aquello que los latinos –y luego Rudolf Otto– denominaron lo *numinoso*, que es lo sagrado en su aspecto más salvaje. La voracidad de los dioses mismos tragándose toda criatura y todo intento de integración racional o coherente. Voracidad en todo semejante a la del supermacho o el cazador originario que se ve envuelto en la masticación de la presa femenina. Nada más fascinante que esta simultaneidad de la repugnancia moral y de la irrupción sin límites del placer, en el mismo cuerpo, tal vez en la misma alma. Teo-pornología: los cuerpos se enrollan y desequilibran en laberínticos giros y pliegues, en todo tipo de incómodos movimientos esbozados, contradichos y contrapesados, en imperceptibles desviaciones y en subterfugios y penetraciones imparables. Espacio colmado de la carne en éxtasis: colmada, justamente, en estructuras de abierta descomposición o fragmentación, cuerpos encauzados, tendencialmente incestuosos, continuamente volcados en ilógicas peripecias y entrelazamientos confusos. La atracción genealógica y morbosa de Max responde claramente a esa atracción por lo divino como salvaje femineidad, o como prostitución sagrada. Deseo monstruoso que, como los sueños y los malos presentimientos, nos guía hacia dominios de una intensidad –e incluso perversidad– radical. Tiene que ver con un hecho primitivo y violento, un acto de profanación, que puede llegar a hacernos perder la cabeza: como si no hubiese goce y belleza más que en la catástrofe, o incluso en la castración.

Hay una *terribilitá* característica de Max, que no es otra que la de los cultos orgiásticos del paganismo o los atavismos más resistentes, y que se manifiesta en esas peculiares epifanías, con sus temibles modos de manifestarse, casi siempre acompañados de una sexualidad irreprimible, bestial. Se trata de una emoción que tiene que ver con lo religioso, en el modo en que Kierkegaard, por ejemplo, y luego Freud, ya lo trazaron: un sentimiento que provoca temor, temblor, muy cercano al espanto y al éxtasis: experiencia fascinante y seductora que se ha dado en llamar *unheimlich*: lo siniestro; y que, de manera inquietante persigue y atrae la mirada de Max, focalizándose una vez y otra en el cuadro de la pesadilla de Fussli. La pesadilla, esta pesadilla o yegua de la noche, nos recuerda de continuo su naturaleza irreductible, su grandísimo misterio. Trasciende al cabo cualquier forma subjetiva de sentimiento de estupor y consternación, para descubrir un fenómeno primordial que provoca un terror atroz y fascinante. Ella irradia la seducción absoluta, promueve un ardor pasional, una pulsión erótica irresistible. Tal duplicidad –terror y fascinación al tiempo– es la que recorre todas las religiones, trazando toda su imponente presencia sexual en la mística y la poesía visionaria de todos los tiempos. Eso es lo que nos asalta en los arrebatos y éxtasis orgiásticos de Max, en las fusiones pánicas y las posesiones indomables, en los cuerpos sementales y danzantes o en las caídas y los vuelos chamánicos de sus relatos. Los personajes de las narraciones de Max habitan la desmesura del exilio, viven en la verticalidad insensata del perforador de la tierra, o del explorador de éxtasis cósmicos: quieren escapar a todo horizonte, a cualquier órbita. Su ímpetu es el de adentrarse en la tierra (en cuevas, en el fango, en remolinos, en humus) o, si no, elevarse prodigiosamente hasta el cielo. En el fondo de esos remolinos se produce siempre un incremento de conciencia, que puede llegar hasta el orgasmo de lo repulsivo, incluso a una suerte de hiperestesia trágica que se relaciona, ineludiblemente, con una suerte de desplazamiento simbólico del complejo de castración, complejo que se evoca precisamente a través de las imágenes de miembros mutilados. Las epifanías de Max, como las de Poe, se hallan siempre en estrecha relación con lo opresivo, con lo densificado en una brutal descomposición como imagen de uno mismo, y con el estallamiento brutal de esa permanencia rarificada, en una voluptuosidad que respondería a la fantasía de volver, de algún modo, al vientre materno, con objeto de escapar de la pérdida de ser y de la identidad. Fuga en abismo de todas esas hemorragias ontológicas, de esa descomposición como ruido de fondo del universo. Estamos rodeados de ese misterio de lo presente que acecha, ominoso y crucial, de su extrema violencia y goce, justo donde acaba el espacio. Lo descubrimos, turbadoramente, en nosotros mismos, se proyecta incluso en los latidos más profundos de nuestro propio corazón, tal como evidencia el *Tríptico del sonámbulo*. Constituye nuestra pasión y conforma nuestra experiencia estética. Es nuestro –atávico– principio de muerte y de –imposible– identificación.

Esta pulsión de muerte, que habita en el ombligo mismo del sueño, constituiría el principio mismo de la narración que llamamos hombre, tal como el propio relato freudiano nos lo transmite, en una visión que bien podría haber dibujado Max, si es que no lo ha hecho, pongamos por caso, en el *Monólogo y alucinación del gigante blanco*: «En cierta ocasión, por el efecto de una fuerza que resulta aún imposible de imaginar, en la materia inerte se despertaron las cualidades de la vida. (...) La tensión que se originó entonces en la sustancia inerte deseó ajustarse; se había dado la primera pulsión, la de volver a lo inanimado. La sustancia viva de entonces tenía aún fácil el morir; probablemente no había de recorrer más que un corto camino vital cuya dirección estaba determinada por la estructura química de la joven vida. Durante mucho tiempo, la sustancia viva quiso ser creada de nuevo, una y otra vez, y morir con facilidad, hasta que decisivas influencias exteriores se transformaron de tal modo que obligaron a la sustancia que aún sobrevivía a desviaciones cada vez mayores del camino vital originario y a rodeos cada vez más complicados hasta alcanzar el objetivo de la muerte. Estos rodeos hacia la muerte, fijados fielmente por las conservadoras pulsiones, nos ofrecerían hoy el cuadro de los fenómenos vitales»[2]. He aquí la voluntad órfica que atrae continuamente a Max. La escena originaria, el origen del sujeto que busca verse representado en ese acto sexual inaccesible. Pues «ningún hombre puede oír el grito en el instante en que el semen que lo crea se derrama».[3]

Podríamos decir, entonces, que todo en Max conduce a la interrogación sobre la propia constitución turbulenta –e inalcanzable– de un sujeto. Y en tanto que turbulenta, y al tiempo sin cura, lo que aquí aflora son las turbulencias mismas, las fisuras y los absurdos de la criatura –y de la comunidad entera de criaturas: eso que llamamos civilización, o cultura–. Un oscuro territorio psicoanalítico emerge, pues, de esta indagación; configurado por esqueletos sádicos que irrumpen con toda su fuerza parasitaria, como anuncios o heraldos «superyoi-

2. Cit. por Isabel Platthaus, en *Lo real de Freud*, Jorge Alemán (ed.), Ediciones del Círculo de Bellas Artes, Madrid, 2007, p. 67.

3. Pascal Quignard, *El sexo y el espanto*, Ed. Minúscula, Madrid, 2005, p. 153.

cos» de la muerte y de su ley omnímoda. Huesos blanqueados y triunfantes que, al tiempo, manifiestan la más oscura e inconfesable satisfacción del sujeto, el castigo por la deuda y la culpa; la irreductibilidad del mal, las inercias cadavéricas que arrastran al fango todo proyecto civilizatorio o identificativo. Esas calaveras, esos huesos y esqueletos sardónicos se inmiscuyen en el sueño mismo –de la humanidad–. Se valen de la atracción mórbida que suscitan las imágenes de una carnalidad lasciva, o de una crueldad sin bordes. Sobre todo, se ocultan tras los espectros de los muertos, cabalgan o se apoyan –residuales, simulacrales, como cuerpos simiescos y caricaturescos– en formas de existencia prestada: necesitan de otra existencia para ejercer su negación obsesional y maléfica. He ahí la experiencia perversa en todo su sentido: comparte con el éxtasis y con ciertas formas alucinatorias de locura la apropiación de cuerpos y almas, ya de por sí expropiados. En medio de esta danza de la muerte, el individuo, por su parte, cabalga también, desconcertado y en solitario, como el viejo caballero de Durero, acorazado e impotente en medio de la devastación, la crueldad y el despotismo. He ahí, también, las virtudes cardinales de Bardín como caballero andante y aventurero: coraje, humor caballeresco y gusto de la descubierta, en medio del páramo, la desolación y el bosque de la noche. Es ese territorio shakespeariano y pánico –paisaje obsesional del fantasma y de la culpa que nos obsesiona y devora– el que impone sus exigencias, que superan la mera capacidad de obedecer. El carácter mortal, mortificante, de la ley –del yo– es, en definitiva, el que impide toda negociación o transacción, al mostrarse como el reverso homicida y obsceno de toda legitimidad. Él muestra, bajo el efecto de destrucción, no solo que el sujeto está dividido o roto en la escisión entre el yo, el *superyo* y el inconsciente, sino que, sobre todo, estructuralmente está vuelto contra sí mismo. Ante esa *alteridad* trascendente, demoníaca y brutal, que solo pide esclavitud y muerte, repetición destructiva, escándalo de la vida contra sí misma, no queda otra alternativa que la del perplejo y anárquico Bardín: la administración irónica y desencantada de uno mismo, el principio del placer frente a toda tendencia a la consecución de una subjetividad puramente masoquista, sojuzgada continuamente por el marco inquietante de la fuerza turbadora, originaria y fatal del espectro pesadillesco y sublime. En este sentido, el desapego irónico y hedonístico de Bardín ya no aspira a comunicarse o fundirse con esa alteridad trascendente y elemental. Bardín, ciertamente, nunca llega a confundir la divinidad con su teofanía. El espectáculo a menudo irrisorio o banal de esa manifestación con la de las esencias cósmicas. A fuerza de asumir su propia limitación y falta de plenitud ha alcanzado la *ataraxia*, la serenidad sutil y feliz de los viejos sabios, o de los antiguos cínicos. Su verdad es también divina, pero ahora en el sentido –asimismo antiguo– de aquellos dioses que, justamente en el momento de exorcizar las obsesiones más traumáticas, podían llegar a morir de risa. Bardín o la hilaridad de lo serio o, en palabras de Blanchot, «un humor que va más lejos que las promesas de esta palabra, una fuerza que no es solamente paródica o de irrisión, sino que llama al estallido de la risa y designa en la risa el objetivo o el sentido último de una teología».[4]

4. M. Blanchot, "Le rire des Dieux", *L'Amitié*, París, Gallimard, 1971, p. 193.

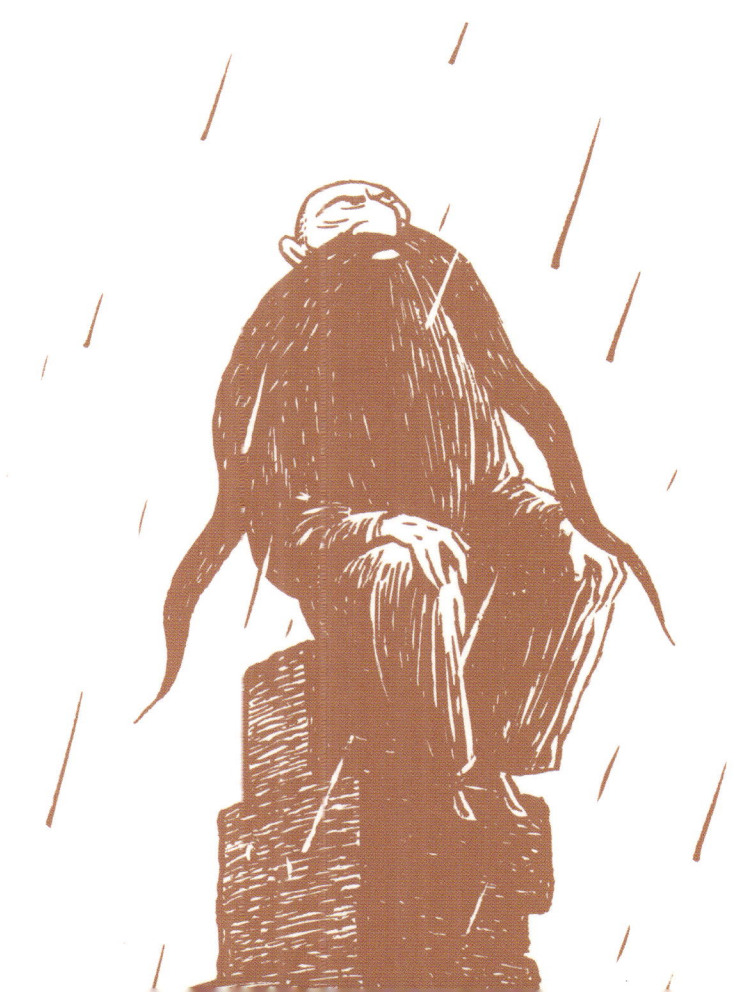

mapa conceptual del MundoBardín
Escala 1:∞

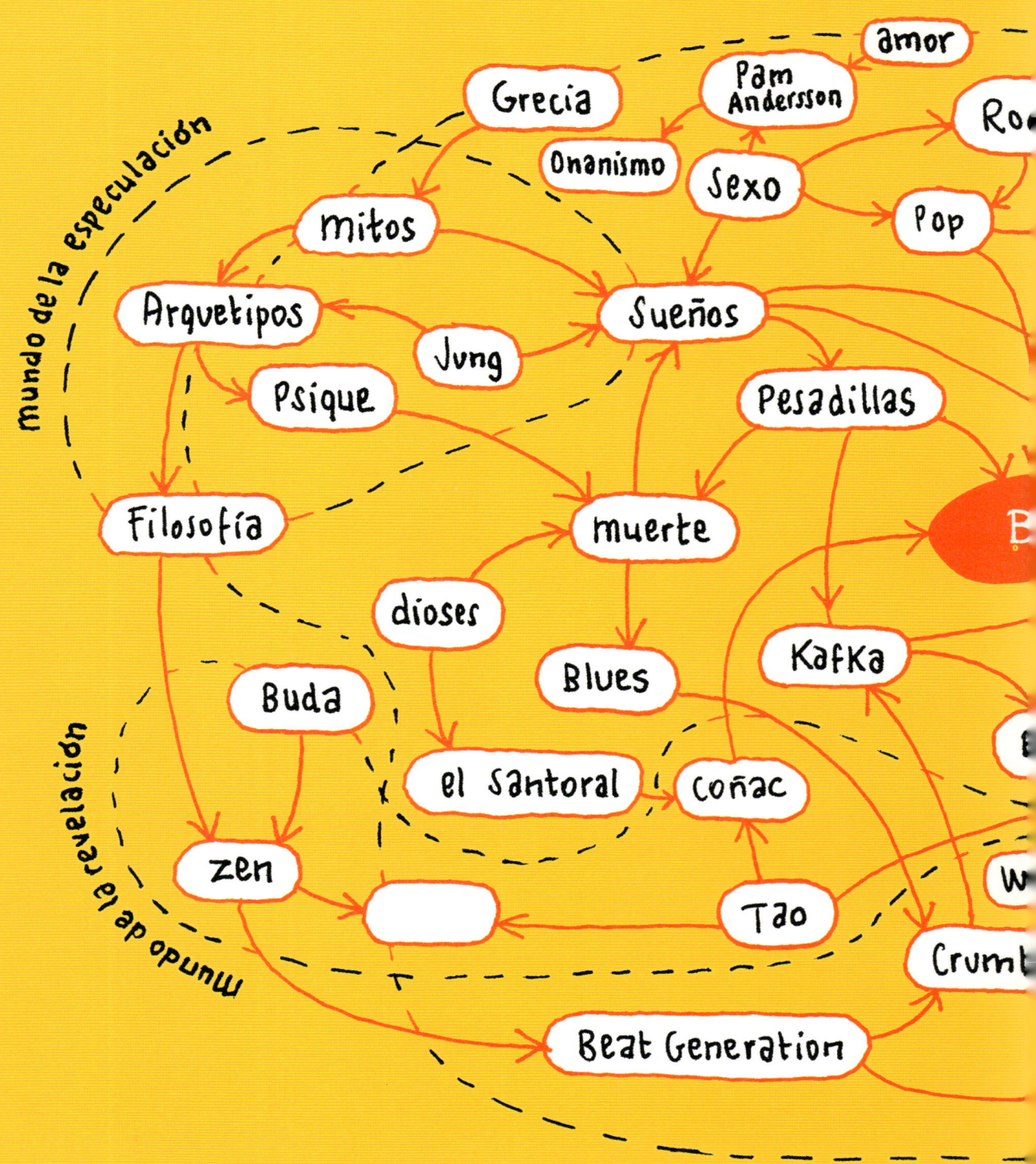

Mundo de la especulación

Mundo de la revelación

amor

Grecia

Pam Andersson

Ro

Onanismo

Sexo

Pop

mitos

Arquetipos

Sueños

Jung

Psique

Pesadillas

B

Filosofía

muerte

dioses

Kafka

Buda

Blues

el Santoral

Coñac

W

zen

Tao

Crumb

Beat Generation

mundo atorr

atormentado

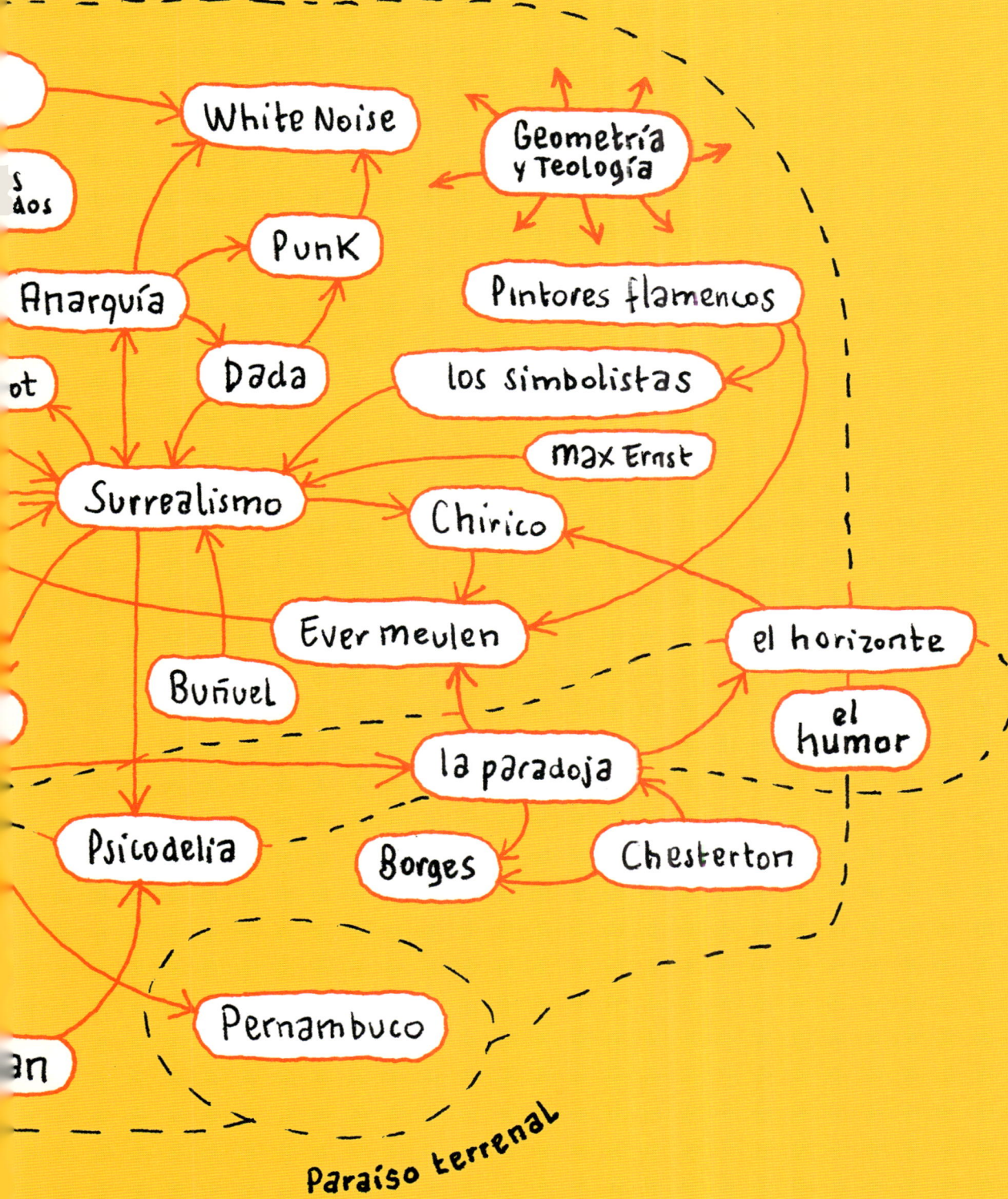

White Noise

Geometría y Teología

Punk

Pintores flamencos

Anarquía

s dos

ot

Dada

los simbolistas

max Ernst

Surrealismo

Chirico

Ever meulen

el horizonte

Buñuel

el humor

la paradoja

Psicodelia

Borges

Chesterton

Pernambuco

an

Paraíso terrenal

Índice de las obras

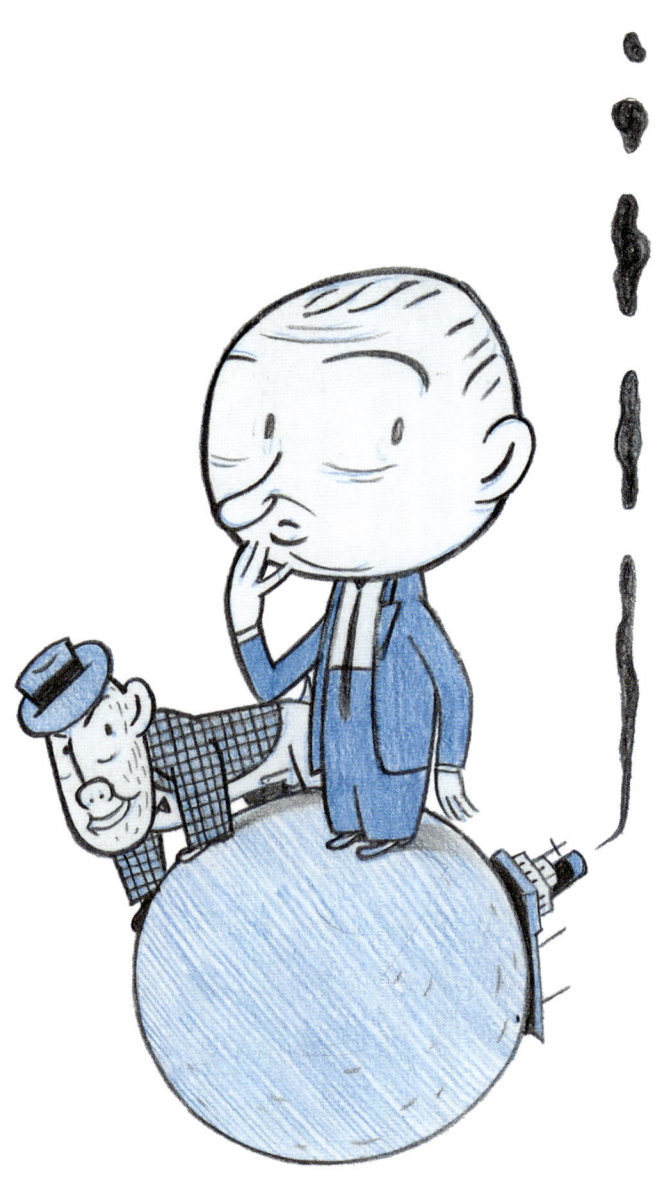

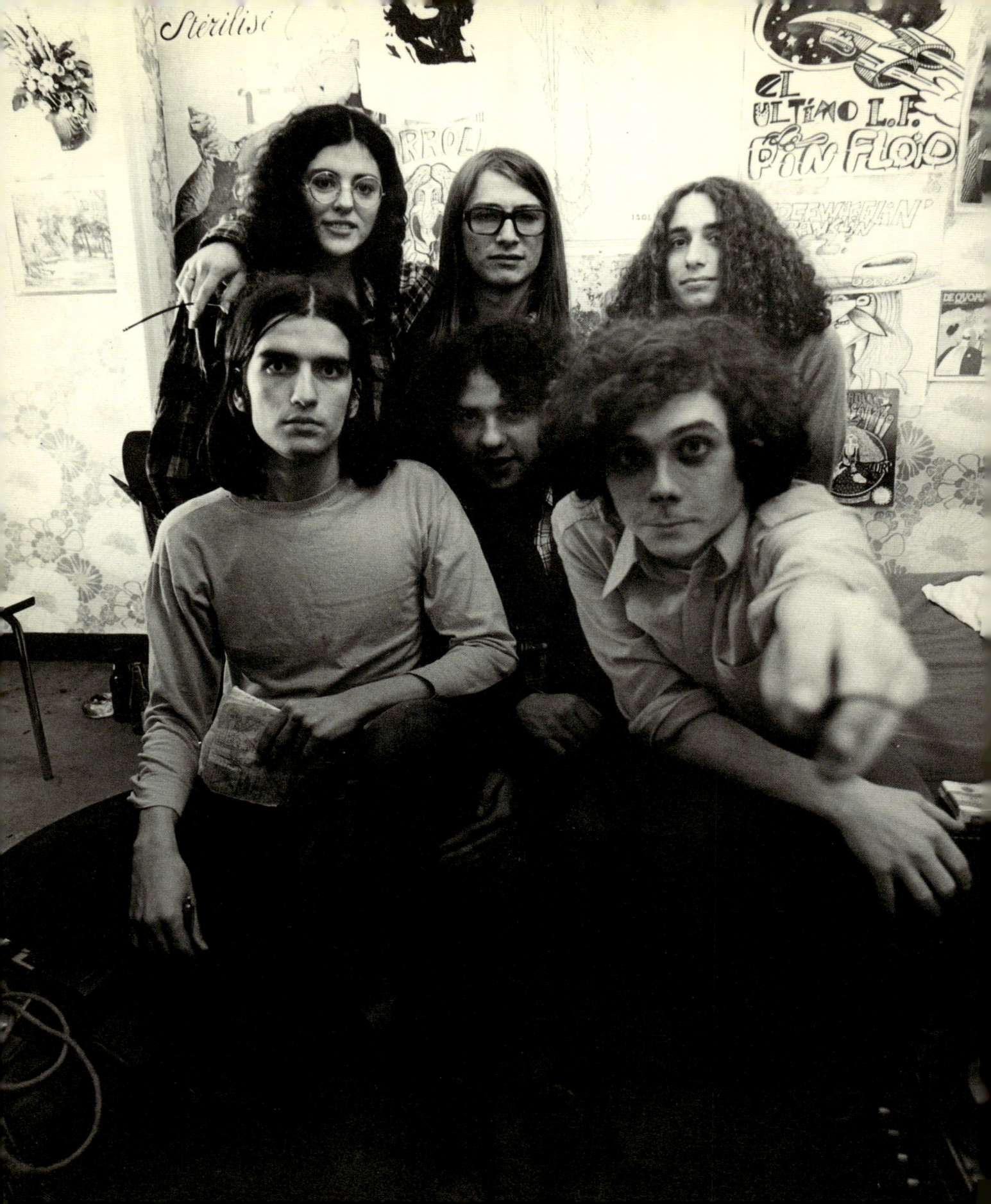

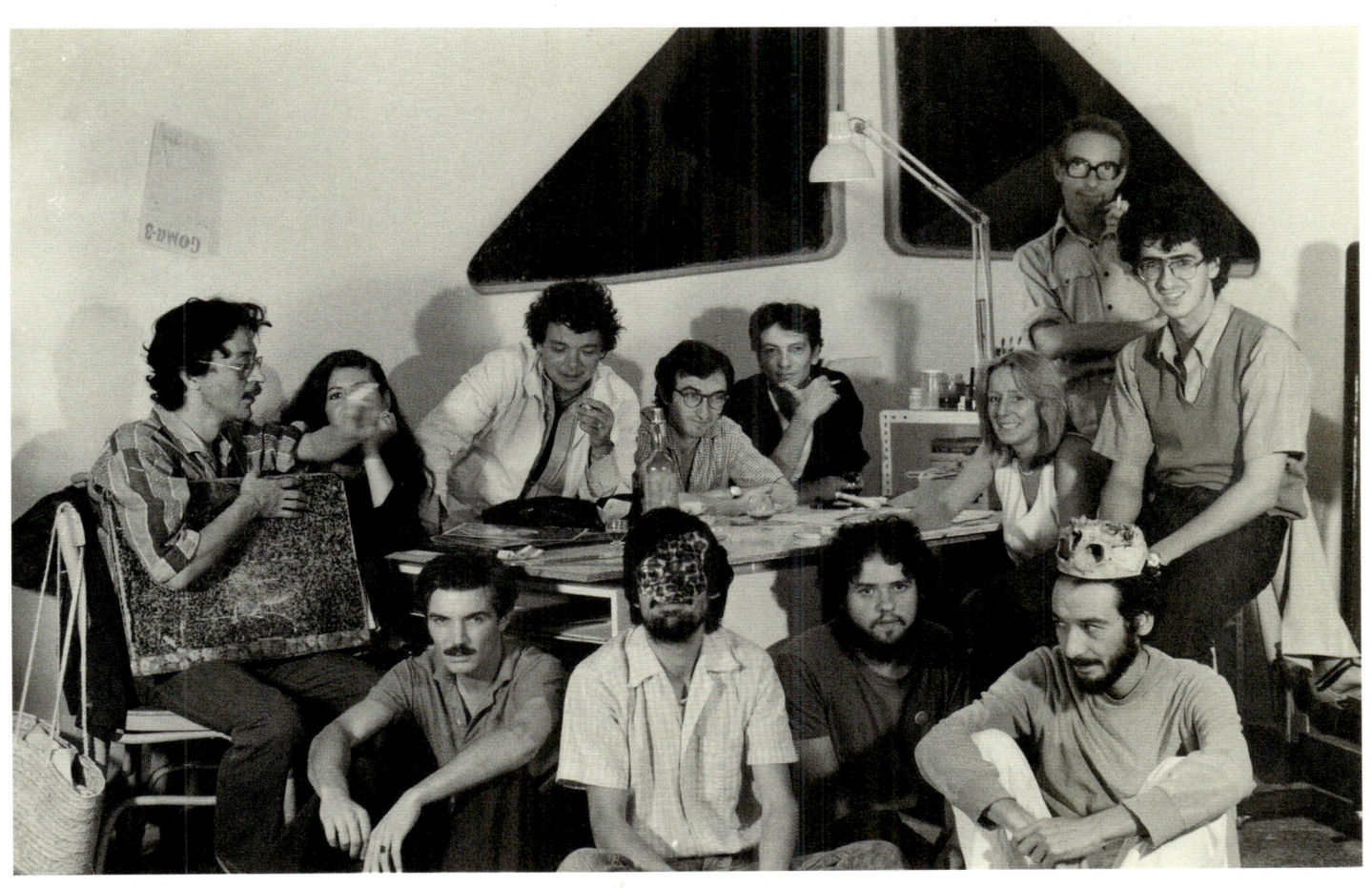

Isa Feu, Roger Subirachs, Pep Casares,
Antonio Pámies, Max y Xavier Sansuán.
Barcelona, 1975.
Foto: X. Sansuán

Reunión fundacional de el Víbora: Nazario, Míriam, Beá, Rodolfo,
Martí, Dolors García, Josep Toutain, Gallardo, Pons, Mediavilla,
Max y Josep Mª Berenguer. La Floresta, 1979.
Foto: J. Mª Berenguer

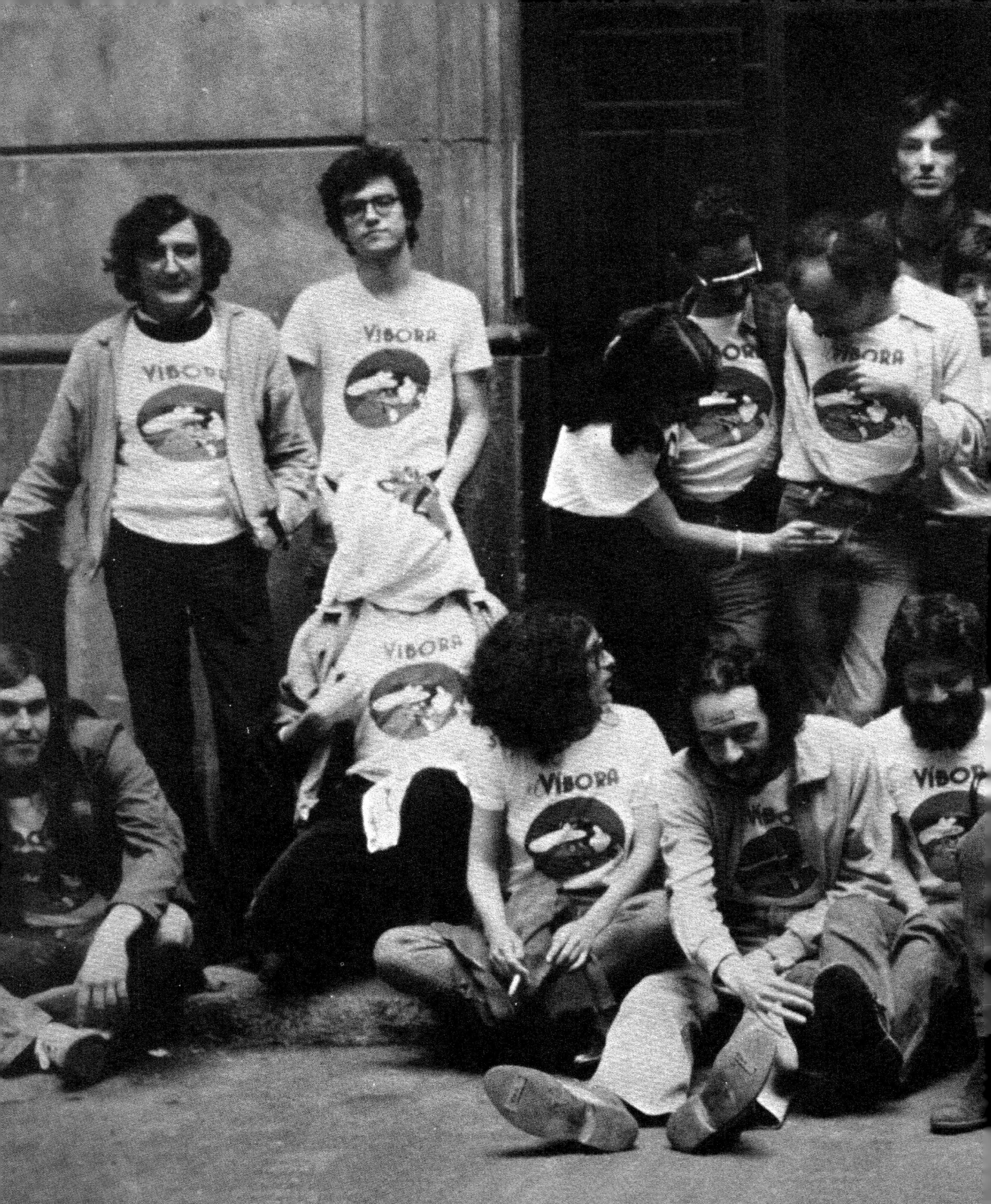

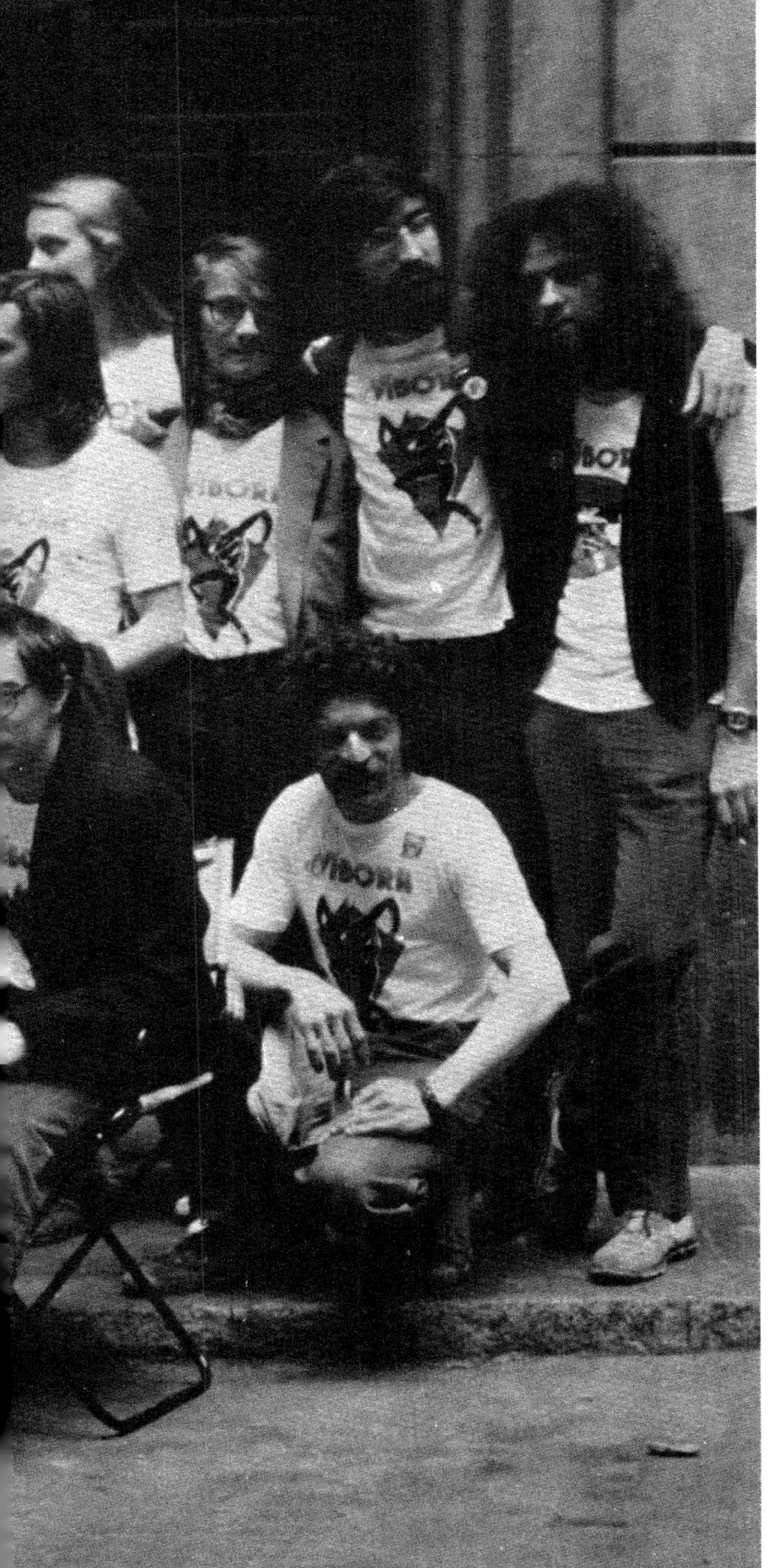

El staff de *El Víbora* en 1981:
Onliyú, Calonge, Belén, Nazario,
Alejandro, Martí, Lluïsa, Pons, Eulália,
Roger, Mediavilla, Max, Emilio,
¿Gallardo?, Isa, Berenguer, Borrallo,
Rodolfo y el Viejo.

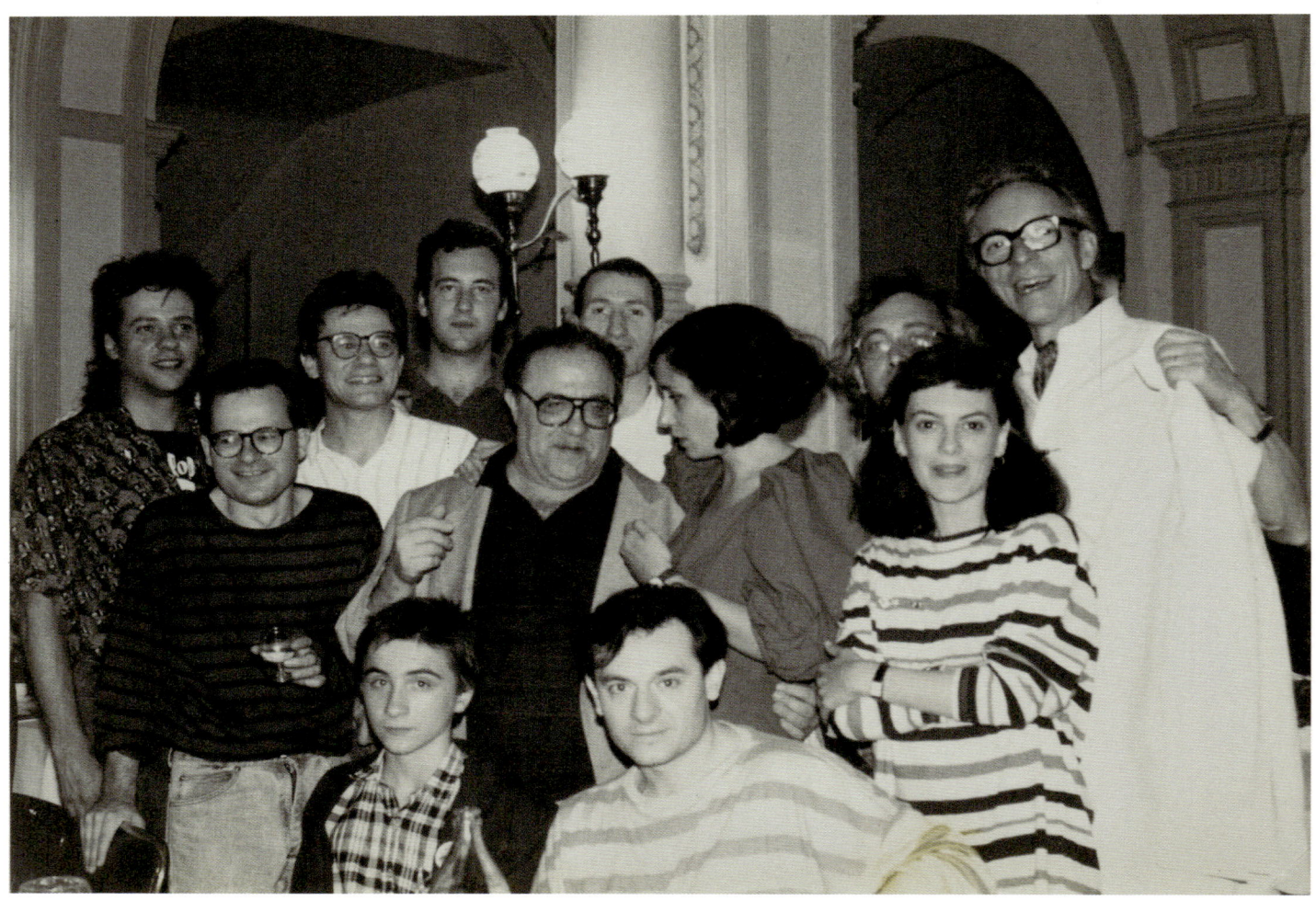

Max, Pere Joan, Juan Pablo Caja, Emilio Manzano, Vázquez, Juan Bufill, Victoria Bermejo, Josep Solà, Pilar Tirbió, Josep Toutain, Vázquez júnior y Mique Beltrán. Barcelona, c.1986.

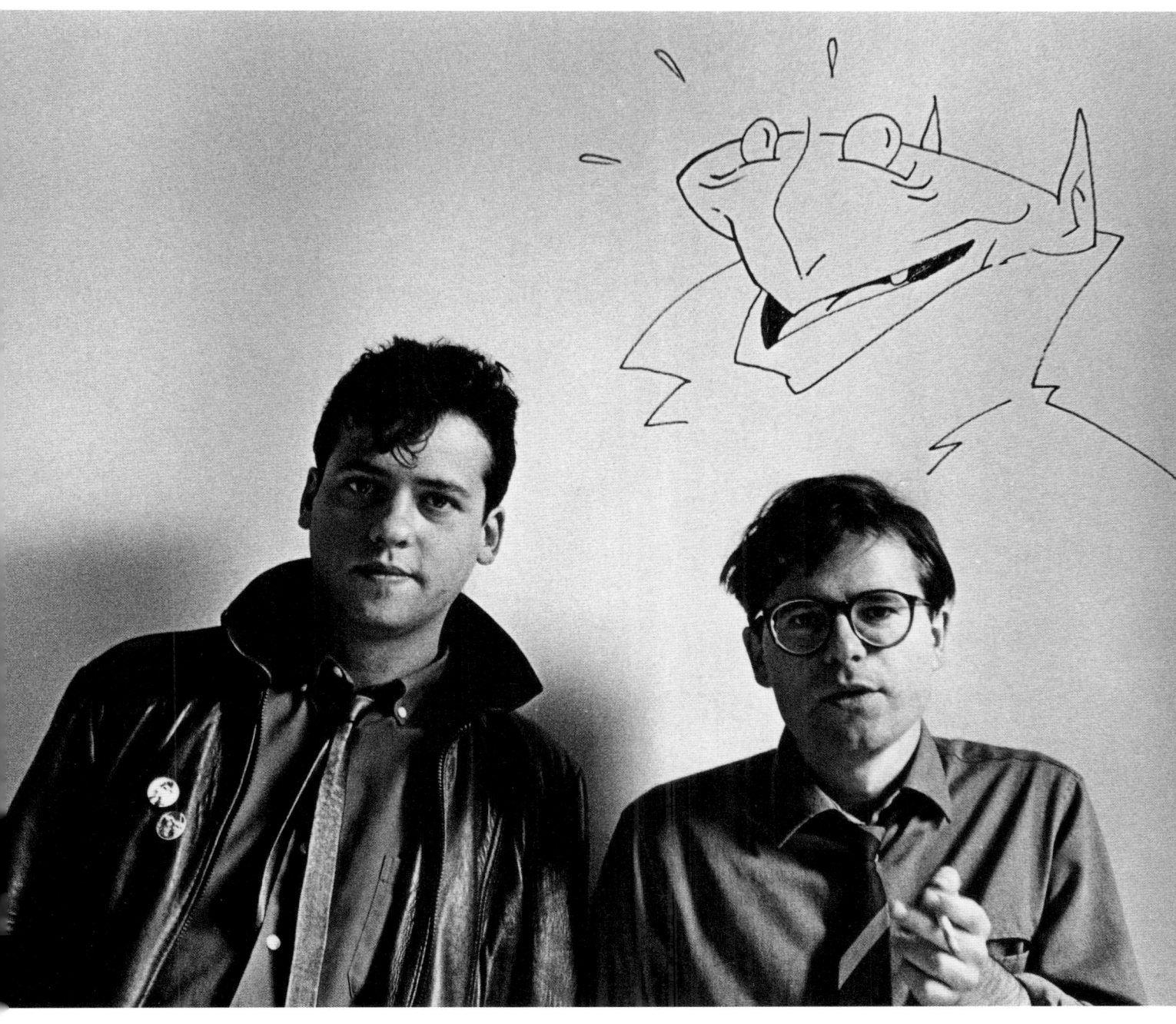

Max y Pere Joan. Barcelona, 1983.
Foto: Rosa Mª Sánchez

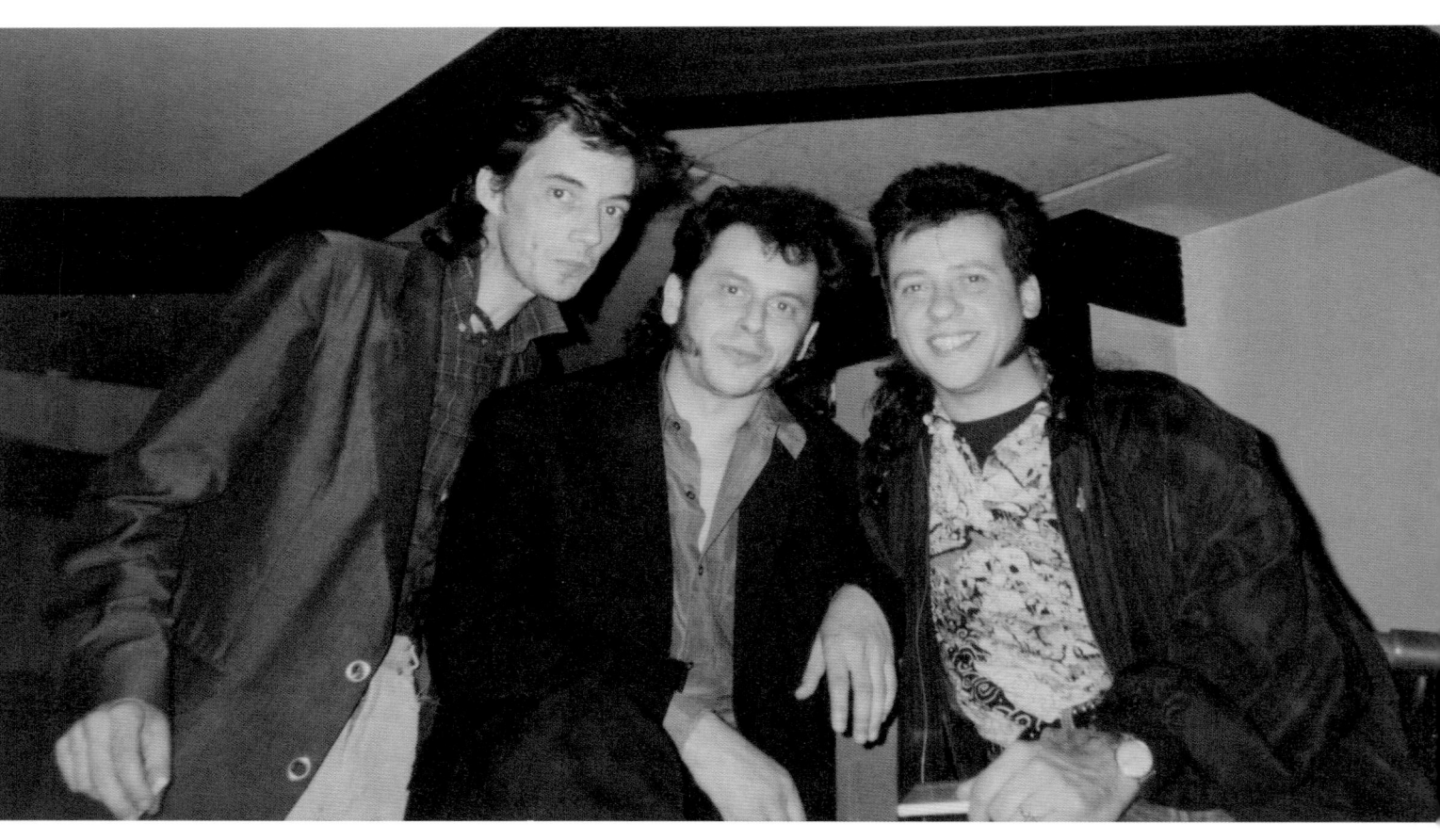

Enric Casasses, Pascal Comelade y Max.
Barcelona, c. 1994.

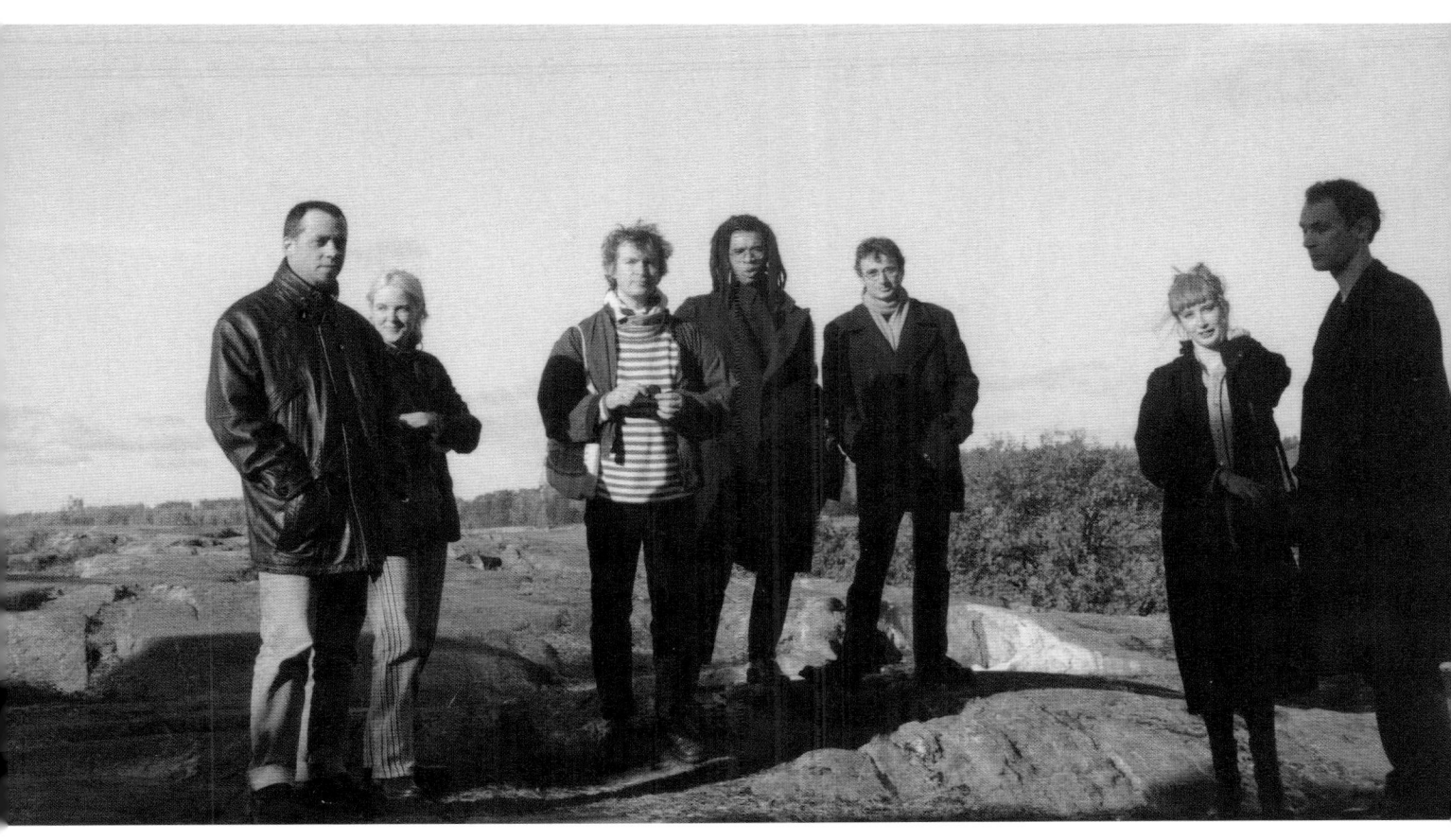

Max, Julie Doucet, J. C. Menu, Yvan Alagbé, David B, Helena y Max
Andersson. Helsinki, 2000

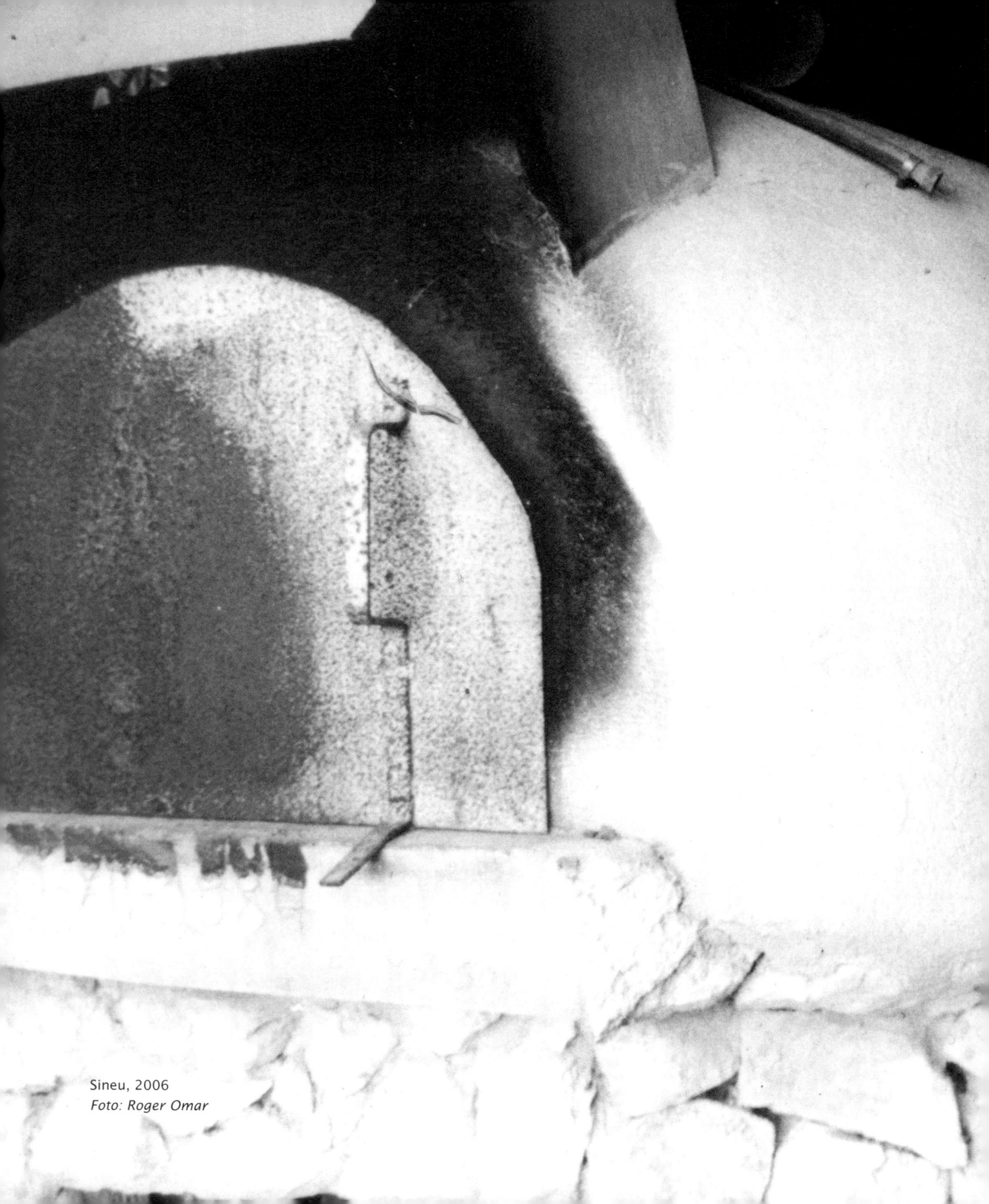

Sineu, 2006
Foto: Roger Omar

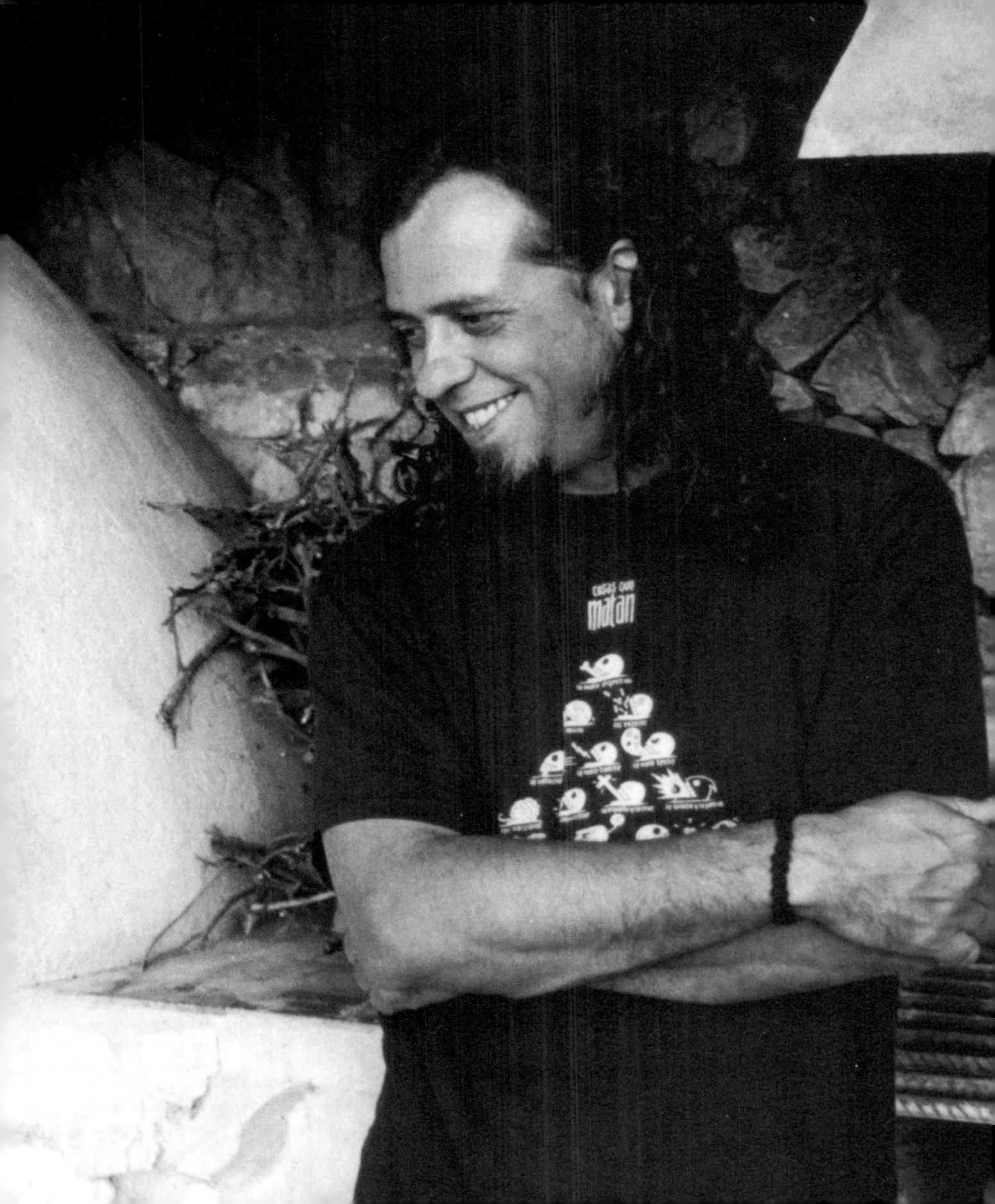

Bibliografía

Vapor (en preparación). Ed. La Cúpula, 2011

La cova del Mussol (en preparación). En colaboración con Pau y el Museo Arqueológico de Son Fornés. Consell de Menorca, 2011

El piano rojo. Discmedi, 2008

Hipnotopía –catálogo–. Inrevés Ed./Fundació Sa Nostra/Fundación Cajasol, 2008

El bosc negre. En colaboración con Pau y el Museo Arqueológico de Son Fornés. Govern de les Illes Balears, 2008

Hechos, dichos, ocurrencias y andanzas de Bardín el Superrealista. Ed. La Cúpula, 2006

Un perro en el grabado de Durero titulado "El caballero, la muerte y el diablo". Ed. Media Vaca, 2006

Max. Conversación/Sketchbook. Ed. Sins entido, 2005

Espiasueños/Dreamspy/Chasseur de rêves. Ediciones La Cúpula, 2003

74 dibujos y pico (sketchbook). Inrevés Edicions, 2002

Filosofía para profanos –8 volúmenes–. En colaboración con Maite Larrauri. Tàndem Edicions, 2001-2009

Bardín baila con la más fea –comic-book–. Edición del autor, 2000

Bardín el Superrealista –comic-book–. Edición del autor, 1999

El prolongado sueño del Sr. T. Ed. La Cúpula, 1998

Monólogo y alucinación del gigante blanco. Edicions de Ponent, 1996

El canto del gallo. Ed. La Cúpula, 1996

Alicia en la ciudad virtual. Ed. Midons, 1996

Como perros! Ed. La Cúpula, 1995

Dibujos raros. Ed. Midons, 1995

Órficas. Fundación Luis Cernuda, 1994

El jugador de los dioses. Guion de F. Machuca. Planeta Agostini, 1992

La biblioteca de Turpín. Ed. La Cúpula, 2006

Mujeres fatales. Guion de Mique Beltrán. Ed. La Cúpula, 1997

Diagramas y fascinación (sketchbook). En colaboración con Pere Joan. Sin Nombre Ed, 1987

El beso secreto. Ed. La Cúpula, 2000

Peter Pank –edición integral– (en preparación). Ed. La Cúpula, 2011

La muerte húmeda/El carnaval de los ciervos. Ed. La Cúpula, 1999

¡Flipados! Ed. La Cúpula, 2006

Las aventuras de Gustavo –edición integral–. Ed. La Cúpula, 2010

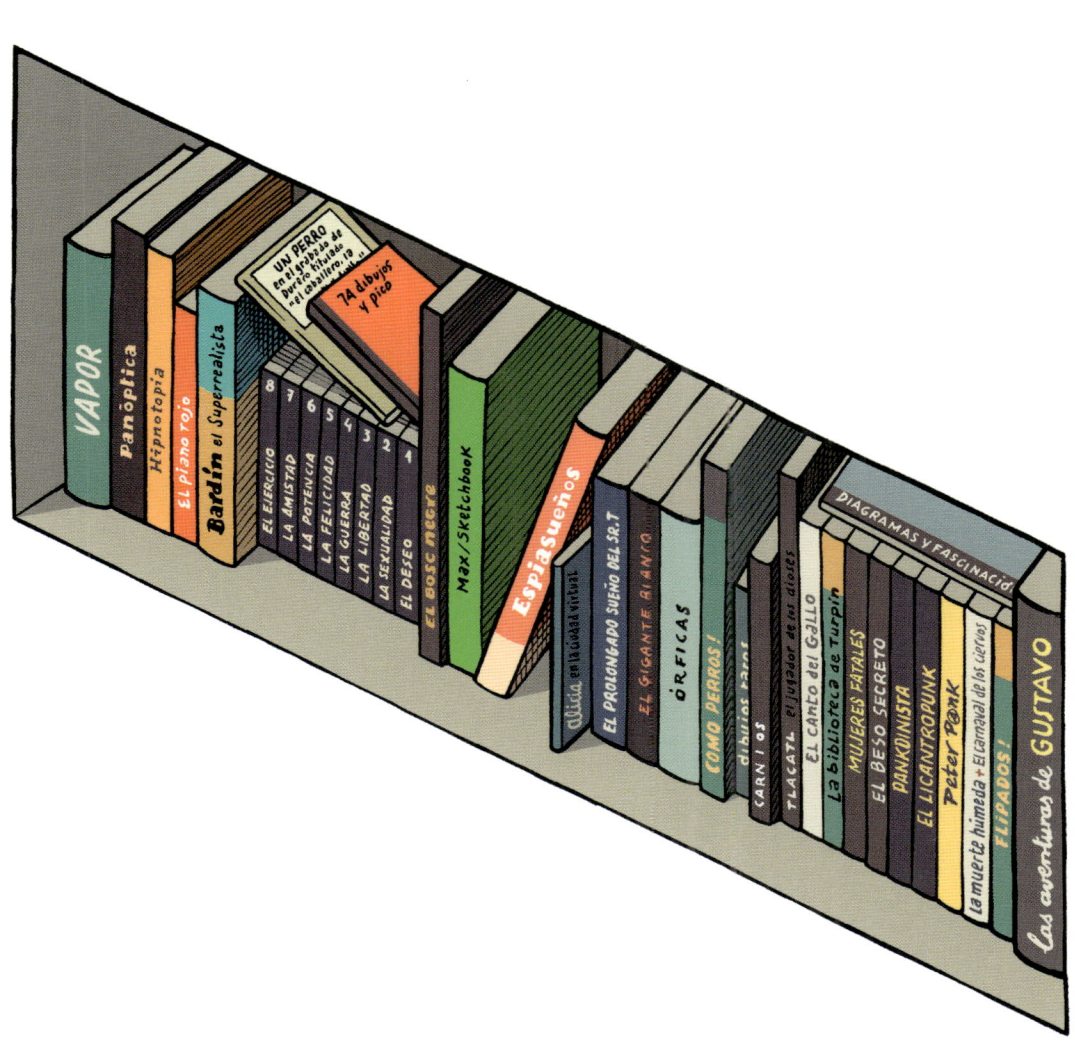

Exposiciones individuales

2008/9
Hipnotopía. Centre de Cultura Sa Nostra en Palma, Eivissa, Maó y Ciutadella.
Sala Cajasol, Cádiz. Fundación Luis Seoane, A Corña. Cabildo de Gran Canaria, Las Palmas.

2007
Salón BD de Beja (Portugal).
Marieta Quadres (València).

2005
El perllongat viatge del Sr. Max. Biblioteca Ca'n Fabra, Barcelona. Bibliotecas de La Massana (Andorra),
Gavà y L'Hospitalet.

2005
Fumetto Comix (Luzern, Suiza).
Espacio Sins entido (Madrid).

2004
Erlangen Comic Festival (Alemania).
Salón del Cómic de Getxo.

2001
Caminito de Pernambuco. Saló del Cómic de Barcelona.
La Recova, Tenerife.

2000
Galería la Guillotina, València.

1999
Saló del Cómic de Barcelona.

1995
Mercado Ferreira-Borges, Oporto (Portugal).

1994
Carn i os. Casal Balaguer, Palma. Gallerie Lambiek, Amsterdam.

1992
Ermita de San Miguel, La Laguna (Tenerife).

1991
Los invasores. Café El garito, Palma.
Aula de Cultura Sant Feliu, L'Hospitalet.

1986
Capella de La Misericòrdia, Palma.

Principales exposiciones colectivas

Cent pour cent. La cité internationale de la BD et de l'image, Angoulême, 2010

Viaje con nosotros. La casa encendida, 2008

Los hoteles de la imaginación. MuVIM, Valencia, 2007

Cataloonia. Museüm für Kommunikation, Frankfurt, 2007

El cómic de la democracia española 1975-2005. Instituto Cervantes Bruselas, 2006

El còmic a les Illes Balears. Espai Ramon Llull, Palma, 2006

Miradas en torno al Quijote. Bologna Book Fair, 2005

Ilustrísimos. Bologna Book fair, 2005

El texto iluminado. Biblioteca Nacional, 2002

Comix 2000. Angoulême, 2000

Les maîtres de la BD europeénne. Bibliothèque Nationale de France, 2000

12x21, 12 dibujantes para el siglo XXI. Palau de la Virreina, 1998

Viñetas de España. Instituto de Cooperación Iberoamericana, 1992

Una historieta democrática. Museo de Arte Contemporáneo de Madrid, 1991

Els anys 80 en el cómic. Teatre de la Casa de la Caritat, 1990

La nouvelle BD espagnole. CNBDI, Angoulême, 1989

La jeune BD europeénne, 100 auteurs. Salon BD Grenoble, 1989

La nova historieta, 30 dibuixants. Centre d'Art Santa Mònica, 1989

Museo vivo, 16 historietistas y su cámara. Instituto de la Juventud, Madrid, 1987

Nova narrativa dibuixada, 25 autors de Barcelona. Galería Metrònom, 1986

1984x20, un maremágnum gràfic. Fundació Caixa de Pensions, Barcelona, 1984

Perpetuum mobile. Círculo de Bellas Artes, Madrid, 1983

El Víbora. Galería Moriarty, Madrid, 1982

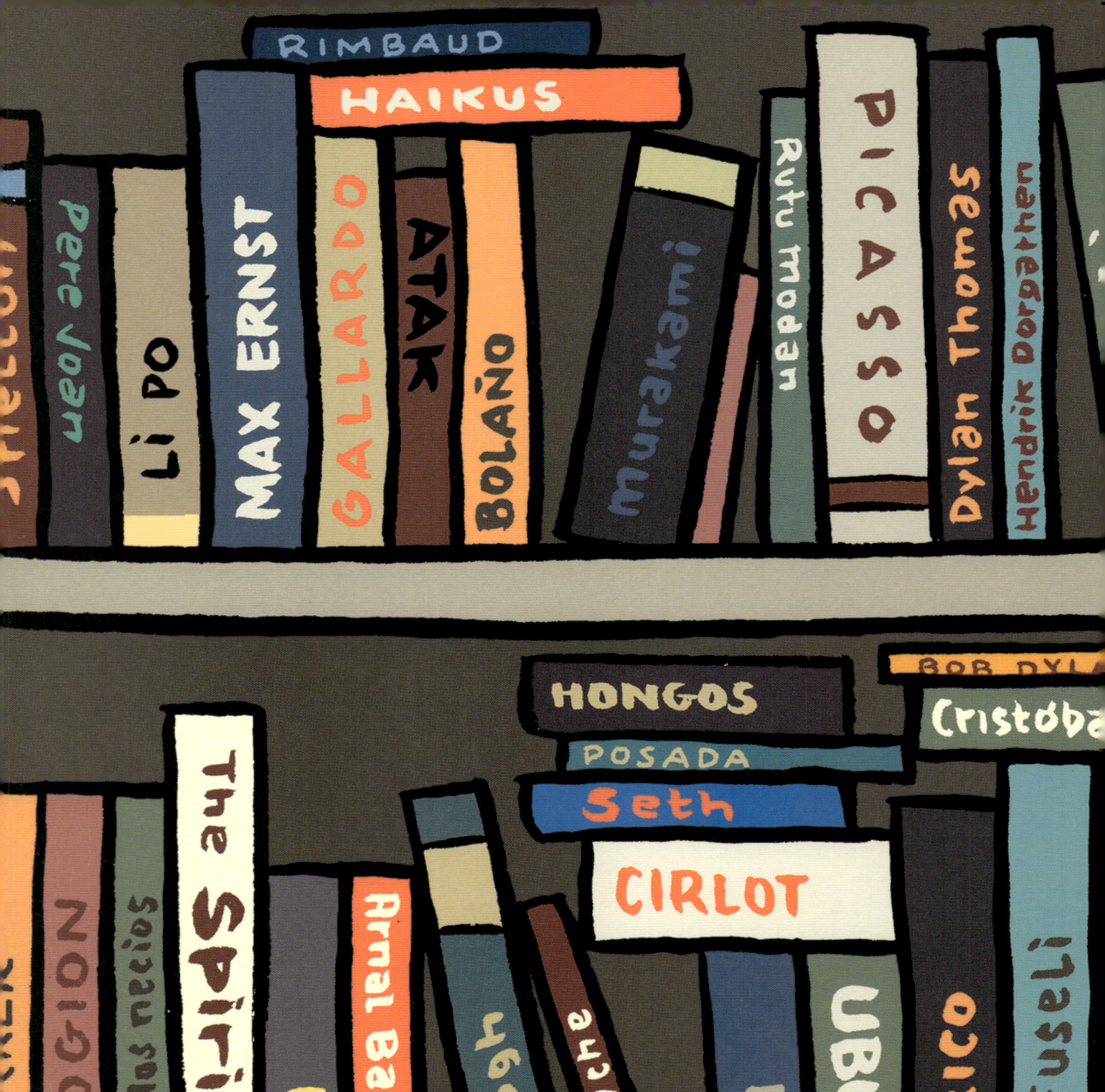

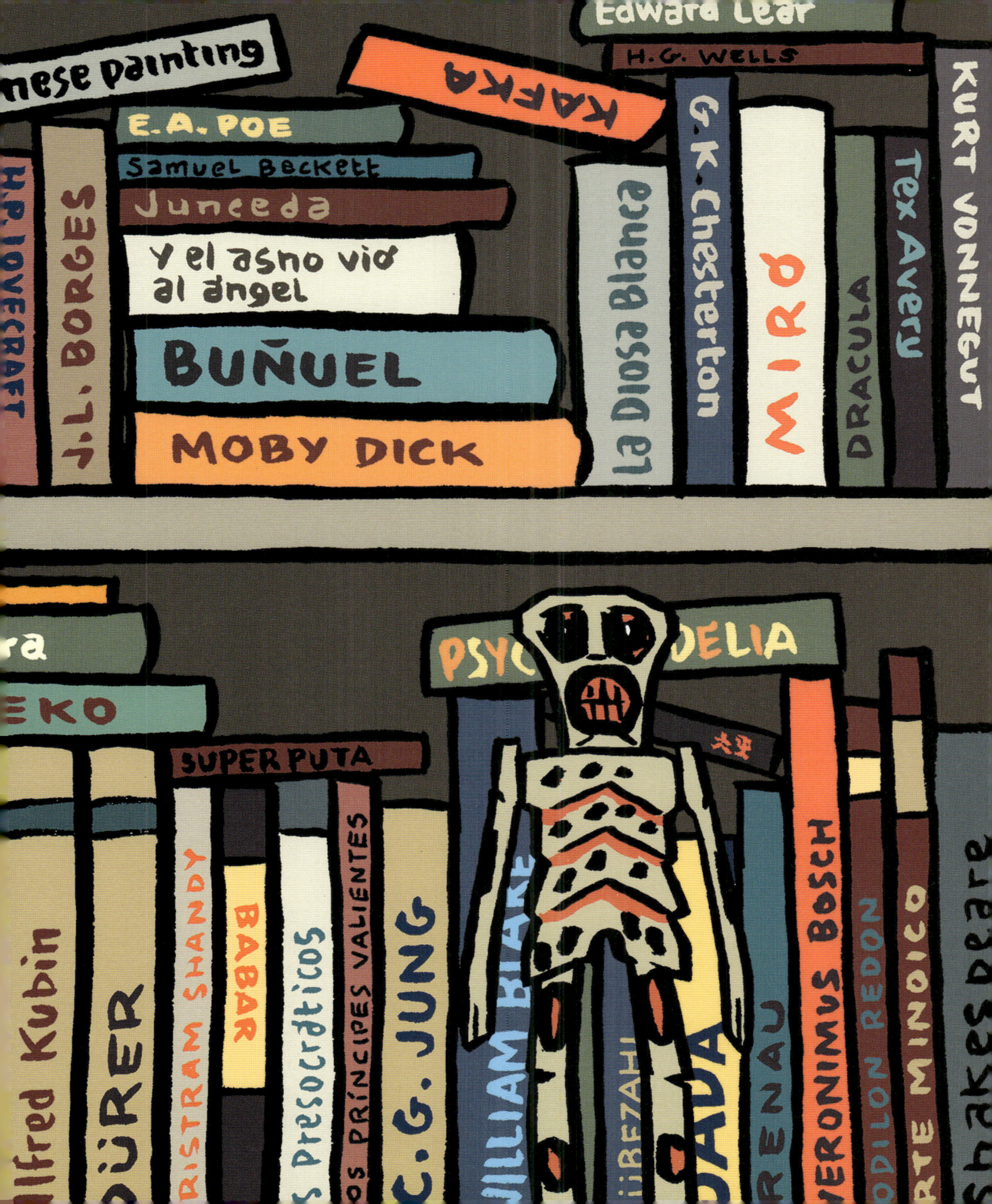
nese painting
Edward Lear
H.G. WELLS
KAFKA
E.A. POE
Samuel Beckett
Junceda
Y el asno vió al ángel
BUÑUEL
MOBY DICK
H.P. LOVECRAFT
J.L. BORGES
La Diosa Blanca
G.K.Chesterton
MIRÓ
DRACULA
Tex Avery
KURT VONNEGUT
PSYC
DELIA
EKO
SUPER PUTA
lfred Kubin
DÜRER
RISTRAM SHANDY
BABAR
s Presocráticos
os PRÍNCIPES VALIENTES
C.G. JUNG
WILLIAM BLAKE
DADA
RENAU
VERONIMUS BOSCH
ODILON REDON
RTE MINOICO
Shakespeare

Textos en valencià

MAX EN EL TEMPS

José Carlos Llop

Fa vint-i-cinc anys un grup d'amics i de coneguts ens vam reunir en els jardins d'un hotel de la badia de Palma per a celebrar el nostre trenté aniversari. Era a primeries de l'estiu i el lloc s'anomenava Ciutat Jardí. L'hotel s'havia construït allà pels anys vint o trenta i tenia l'aire orientalista de les produccions de Hollywood de l'època. Vull dir que el seu concepte d'Orient no diferia en absolut del d'un decorador cine-matogràfic i la seua afició pels mi-narets. Una piscina olímpica buida li donava el toc de modernitat aban-donada, que era –tant en la moder-nitat com en un cert abandó, com, d'alguna manera, aquell oriental-isme occidental– bastant adequat a la nostra generació. L'orientalisme i l'abandó, com un rastre que ja ha-víem deixat enrere; la modernitat, com un desig més o menys inaugu-ral. El 1986 feia la impressió que la festa estava en el seu zenit i ningú no volia perdre-se-la.

En aquella festa, la majoria érem –amb perdó– artistes. Pintar, di-buixar, escriure, era –o seria– l'argument de les nostres vides. Tots, o quasi, estàvem en el llindar de la consecució d'una veu, d'un es-til, d'una forma que ens identificara d'una manera singular. Temptejant aquell llindar i a punt de travessar-lo. Tots menys dos, els dibuixants d'historietes Max i Pere Joan, que també havien nascut –com la resta– el 1956 (any d'una collita vinatera excel·lent, per cert). Tant l'un com l'altre eren ja, als trenta anys, madurs en el seu art. A la resta ens hi que-dava un bon tram, i això a aquells

que no estàvem disposats a tirar la tovalla pel camí i no la tiràrem, com sí que van fer tants altres.

Només tinc una fotografia d'aquella festa. No sé per què, però només en tinc una i aquesta imatge corrobora el que acabe de dir. En ella estem dues persones, Max i jo, vint-i-cinc anys més joves que ara. Però els anys es noten més en el meu rostre que en el de Max i no perquè Max semble major que jo en aquesta fotografia. No, és com si ell ja estiguera fet i a mi me'n faltara (i per descomptat me'n faltava). El rostre de Max és el rostre de Max, l'únic que he conegut. El que tenia llavors i el que té ara, un rostre de tòtem benèfic. És a dir, propens a l'hieratisme i a l'observació, i que de tant en tant es mou i dibuixa un somriure entre ama-ble i irònic, com de qui ja ho ha vist tot i encara així –o per això mateix– sap que només en la calidesa està el con-sol. La força d'aquell rostre –i és una força tranquil·la– està en els ulls.

Sempre he pensat que mai res dolent no li podia succeir a un al costat de Max, i així es veu en la fotografia de la festa. Eixa humanitat de Max –de la mateixa família, vull dir– l'he tro-bada molts anys després no tant en pintors o en escriptors, com –i açò no pot ser l'atzar– en altres dibuixants d'historietes. Pense ara en tres me-ravellosos i inoblidables personatges amb els quals vaig conviure uns dies a la Provença el l'any passat: Olivier Mau, Matthieu Blanchin i Christian Perrissin. Sense oblidar-me, és clar, del Pere Joan, a qui vaig començar a tractar als dèsset anys, quan prac-ticava la pintura hiperrealista i jo escrivia poemes a la manera de... Hi ha en tots aquells una resistència a l'abandó del regne de la infantesa que els fa, paradoxalment, molt més

madurs que aquells que sembla que mai la van tindre. Aquesta almenys és la meua impressió.

El regne de la infantesa. La paraula regne. El regne del bosc. El regne del desert. Aquest és el Max que conec. El regne de Max. Del bosc al desert. De la mitologia sensual a la metafísica càustica. De l'erotisme a l'ascetisme. De la tribu a la soledat. I al fons, la literatura, que també hi és; que no s'entén –Max– sense ella. No en la seua totalitat, almenys. No la cartografia del regne de Max. En aquell regne no hi ha temps o no-més hi ha un temps que s'apropia dels altres temps, dels que sí que van existir. Hi ha alguna cosa ucrònica en les històries de Max, en els dibuixos de Max, allunyada del temps i al-hora inscrita en els seus rastres. Tot naix del bosc –el bosc que no té fi– i aquest bosc és el pare –i els seus se-crets– i la mare –que ens nodreix–. I les criatures del bosc són les que ens acompanyaran, des de l'ombra o des de l'alegria, durant tota la nostra vida. Això sembla voler dir-nos Max entre els troncs negres i les lianes es-pinoses. Però també en els animals-fetitxe que ens observen sense ànim de fer-nos mal i en els cossos nus i exultants de les egèries que ens en-volten, en les petites fades que foten amb un entusiasme inversament proporcional a la seua dimensió, o en el sarcasme negre d'un dels seus personatges més celebrats, Peter Pank.

He escrit ucrònic, però quan pense en el Max que vaig conéixer, l'alta edat mitjana, les seues icones i les seues pors, els seus colors i els mites pre-cristians acudeixen immediatament. Com també acudeixen Lovecraft o Borges. Com si Max haguera traçat les

198

fronteres del seu regne entre la infantesa –el color de Disney, entre tants altres– i el *limes* de l'adolescència. I entre ambdós haguera fet madurar tot el seu món artístic: el lloc d'on sorgirien totes les altres coses. Potser és una impressió falsa, però és la que tinc i així la conte.

Perquè l'art de Max, d'una manera o d'una altra, ens submergeix en el món antic. O almenys no se'n desprén. Com si ens diguera que ací, en aquest origen, està l'explicació del que som. A diferència d'altres dels seus companys de generació –pense ara en Mariscal, Nazario, Torres, o Pere Joan, entre tants altres– no sembla que el Max hi haja hagut un enlluernament especial per la modernitat. Per l'exigència frívola de plasmar-la en l'obra per a no quedar al marge. Per la necessitat legítima de ser moderns en el món modern. Només en la sèrie *El Rrollo enmascarado* i les seues seqüeles –tan influenciades per Robert Crumb, que han de mirar-se com un aprenentatge, és on pense que Max, tot i ser Max, no és de l tot Max– esdevé, en part, tot el contrari del que dic. Després, una vegada trobada la seua veu en l'estilització del dibuix i l'originalitat de les històries, ja hi trobem aqueix Max total, el cordó umbilical del qual el lliga amb el món antic. Ja siguen les fades, els boscos, els déus, les seues òrfiques, o ja siguen les gàrgoles, el postvictorianisme lovecraftià, el panteisme druídic o l'erotisme de la Rússia tsarista. I el perill, la bogeria i la mort –com en *El seté segell* bergmanià– sempre aquí presents, jugant als escacs amb els seus personatges.

Abans he citat la paraula estilització i el món de Max ha anat estilitzant-se –o depurant-se– encara més en el temps

fins arribar a una soledat distinta: la soledat que arranca en el desolador *Nosotros somos los muertos* –fruit d'eixa cicatriu inesborrable de la guerra iugoslava– que se centra en eixa espècie de sant Antoni contemporani –entre la perplexitat, el turment i la indignació– que és *Bardín el Superrrealista* i se sintetitza en els personatges solitaris –humans, animals o llibrescos– que il·lustren en *Babelia* l'article setmanal de Manuel Rodríguez Rivero. Una estètica –i una ètica– que entre fars d'un sol ull, vaixells ancorats en el desert o les amenaces del somni, em fan pensar en Simeón l'Estilita: la figura mítica dels Pares Sants i també la seua recreació *buñuelesca*. En ambdues coses em fa pensar l'últim Max i tampoc no crec que açò siga casual, o una interpretació merament generacional. Encara que només parle del Max que conec i que he llegit.

El 1986 un grup d'amics i coneguts celebràrem el nostre trenté aniversari en un hotel de la badia de Palma, com ja ho havia dit. Amb Max. Però abans i després d'aqueixa data, trobar-lo pels carrers de la ciutat havia representat, durant uns minuts, quedar fixat en el temps. No en el passat o en una anècdota personal –fóra la que fóra– en la qual les nostres vides s'hagueren creuat o hagueren compartit alguna cosa bona. No. Era quedar fixat en el temps de Max, que és ucrònic i al mateix temps suma tots els temps. Un temps que en el tractament personal destil·la silenci i bonhomia i darrere de la mirada i el somriure apareix el bosc i en aquest les figures recreades per Max i el Max mateix.

El regne del bosc. El regne de Max. «M'encisa dibuixar algues, selves, boscos. Sobretot tinc una predilecció especial pels boscos» –li va dir al

seu amic Pere Joan– «És un ambient que sempre m'ha agradat, que em sembla, a més, que no s'acaba mai. En un bosc sempre hi ha més enllà i encara hi ha més enrere, i encara darrere d'aquell arbre encara hi ha més, i sempre hi ha coses amagades darrere dels arbres». D'aquell lloc –amb una creu celta coberta de molsa en una clariana– i d'aquell temps –que arranca en la Barcelona dels setanta i s'inscriu després en els mites de tots els temps– sorgeix Max. Com Merlí. I encara que sàpia la cruesa del bosc i de la soledat, hi ha una mirada salvífica que es projecta en els seus dibuixos i ens fa millors. Com esdevé amb la bona literatura. Com esdevé amb els bons amics.

MATÈRIA FOSCA EN UN MÀGIC MÓN DE COLORS

Propostes per a una cartografia del primer Max

Jordi Costa

Hi ha moments en la història de la cultura popular que semblen tocats pel do (o la condemna) de la premonitorietat: inesperades talaies que permeten contemplar el que vindrà des d'una posició privilegiada que, al mateix temps, desvela inesperades connexions, el traçat secret d'arbres genealògics invisibles. Un d'aquests territoris clau és l'escena de la borratxera en *Dumbo* (1941), un clàssic Disney que, en principi, va ser concebut com a obra menor funcional en plena convalescència econòmica de l'estudi –i en el llindar de l'entrada dels Estats Units en la Segona Guerra Mundial–, però que va cristal·litzar en obra mestra capaç de temptejar estètiques futures. Dirigida per Ben Sharpsteen, la pel·lícula és un illot estrany, una pausa gratificant en la progressiva tendència a l'emulació realista per part del traç Disney: una obra conscient que el destí natural de l'animació no és suplantar, sinó llegir, interpretar la realitat. Els seus fons d'aquarel·la, de formes quasi insinuades, semblen suggerir un primer intent d'aproximació a aquelles estètiques del buidatge que culminaran en la revolució de l'estudi UPA. Als anys cinquanta, però, l'escena del malson etílic suposa un salt més radical: directament, la profecia de les estètiques lisèrgiques d'una cultura *underground* que encara tardaria diverses dècades a emergir i afermar-se. Convé no deixar-se temptar massa per un entusiasme capaç d'adjudicar als talents de la Disney una capacitat visionària quasi sobrenatural: just és apuntar que, en gran manera, les coreografies al·lucinatòries i aquell polimorfisme pervers que van articular el precoç *delirium tremens* de l'elefantet marginat eren l'amplificació de quelcom que ja estava allí, els ecos formals de l'escola de Nova York encapçalada pels germans Dave i Max Fleischer. Tampoc cal deixar volar la imaginació en direccions imprudents: Ward Kimball ja va deixar clar que les úniques drogues en joc durant la realització del segment van ser Alka-Seltzer i Pepto-Bismol. Però potser es podria proposar un joc: fixar una conjectura i deixar que la seua veritat provisional es mantinga vigent almenys fins arribar al punt final d'aquest text. Ací va: l'*underground* naix, en part, del procés de fermentació ideològic i estètic que acaben experimentant les formes canòniques de l'animació Disney.

Al maig de 1967 –és a dir, en la mateixa antesala de l'anomenat Estiu de l'Amor–, el número 74 de la revista *The Realist*, una publicació ja veterana que va aconseguir convertir-se en punt de referència de la premsa alternativa de final dels seixanta, publicava un pòster dibuixat per l'historietista Wally Wood que, amb el títol de *The Disneyland Memorial Orgy*, mostrava un ampli elenc de personatges de l'imaginari disneià entregats a l'abandó lúbric. No era l'únic senyal que relacionava la irrupció d'una sensibilitat subterrània amb la perversió dels senyals d'identitat d'això que Walt Disney va anomenar al seu dia, en probable estat d'innocència lisèrgica, Màgic Món de Colors. Va ser també a l'Estiu de l'Amor quan Víctor Moscoso es va donar a conéixer com a arravatat cartellista d'una flamant psicodèlia. Tan sols un any després, en les pàgines de la fundacional *Zap Comix*, el mateix Moscoso retorcia la silueta de Mickey Mouse seguint les lleis esquives d'un somni de peiot. En aquell moment, el gat Fritz de Robert Crumb ja s'havia convertit en icona contracultural: un personatge que, en plena efervescència *underground*, exemplificava la vigència de la tradició dels *funny animals* i delatava, entre les lectures de formació del seu creador, un profund coneixement de l'obra de Carl Barks, precisament el gran autor que estava darrere de les grans historietes clàssiques de l'ànec Donald. Per al gruix d'aquell relleu generacional, l'imaginari Disney semblava ser l'enemic a batre: un discurs de poder expressat a través de la seductora tirania del cercle. Possiblement hi ha espai per a una altra interpretació: el reciclatge d'icones Disney funcionava com a tractament de xoc perquè aquella estètica canònica del dibuix animat alliberara el potencial lúbric i dionisíac que el pare Walt havia reprimit de manera antinatural. Van bastar uns anys més perquè la cultura *underground* es prenguera la seua relació amb l'estètica disneiana en termes d'incendiat activisme: el 1971, el col·lectiu d'artistes denominat Air Pirates –en honor a una banda de brivalls que apareixia en les historietes de Mickey Mouse dibuixades per Floyd Gottfredson els anys trenta– va llançar els dos números de la publicació alternativa *Air Pirates Funnies*, en els quals es parodiava de manera inclement els personatges de Disney, amb la promiscuïtat sexual i el consum politòxic com a automàtiques ferramentes de provocació. Abans que l'any arribara a la seua fi, la Disney va demandar els responsables de l'ofensa. Era el tipus de resposta que Dan O'Neill, capitost dels Air Pirates, estava buscant, en el seu convenciment que allò disneià era, directament, l'Enemic i Mickey Mouse el símbol d'una hipocresia cultural genuïnament americana. Els Air Pirates van perdre davant dels tribunals, però O'Neill va decidir alliberar els seus de la responsabilitat de continuar la guerra per a dedicar-se en cos i ànima a fer el seu pols en solitari amb la corporació. Un pols que es va prolongar fins al 1980.

Quan la Disney va decidir alliberar O'Neill del pes de viure a la contra –a la seua contra–, el barceloní Francesc Capdevila, àlies Max, ja era un dels puntals de la revista El Víbora, nascuda a final de 1979, publicació que va suposar la –per dir-ho d'alguna manera– legalització –que no domesticació– d'una sensibilitat underground que, a imatge i semblança del model americà, havia nascut silvestre i salvatge en una Espanya en procés de crispada transformació. Max va ser, probablement, el més disneià dels dibuixants underground del país, encara que «Los Garriris» del valencià Mariscal també partien del mateix model referencial per a acabar arribant, per la via de la destil·lació i el buidatge, al territori pur i primigeni del «Krazy Kat» d'Herriman. Convé deixar clar que definir l'art del primer Max com disneià no deixa de resultar problemàtic. I imprecís. En el Max previ al naixement d'El Víbora –i a la definitiva posada de llarg del seu primer personatge emblemàtic: Gustavo– allò disneià només apunta com a cabal camuflat enmig d'una insubordinada frondositat, al mateix temps cannàbica i psilocibínica, que sembla emergir d'un sòl ben adobat per la memòria d'alguns grans de la il·lustració catalana com Junceda, Opisso i Urda. El traç de Max, des dels seus orígens, és permeable i generós: el traç d'un artista que detecta, reconeix afinitats,

les canibalitza amorosament i sap continuar avançant i creixent en un constant afinament de la seua pròpia identitat. Com sap tot seguidor fidel de l'obra de Max, la seua trajectòria ha tingut les seues fases Chaland, els seus trànsits Ever Meulen, els seus interludis grecs, les seues ruptures irades i els seus èxtasis surreals, però en cap moment, ni tan sols en les primeres fases de construcció d'un caràcter propi i recognoscible a través de l'estil, no ha aflorat la sospita d'estar davant d'un creador condemnat a la mimesi per limitació o dèficit d'eloqüència pròpia. En les pàgines d'El Víbora, el traç de Max no era l'únic que remetia a referents tradicionals: Martí alçava la seua particular poètica noir iberitzant el traç expressionista i deformant de Chester Gould, de la mateixa manera que Gallardo trobava en la bulliciosa vitalitat del «Thimble Theatre» d'E. C. Segar un possible espill de l'efervescència marginal del lumpen barceloní. Havia ocorregut quelcom paregut en l'underground nord-americà: la seducció immediata de la línia psicodèlica obria les portes de la percepció del consumidor llec cap a un passat que ja havia sigut transgressor, hipnòtic, subjugador i inesgotable per altres mitjans. La modernitat –o, almenys, la modernitat digna de tal nom– és un diàleg amb el passat. O un moment precís d'una seqüència que ve de lluny i, si tot va bé, morirà encara més lluny.

Recorde haver escoltat a Max, en algun moment del 1982, celebrar amb sincer entusiasme el desenllaç d'Els fetillers de la guerra (Wizards; 1977), la pel·lícula d'animació d'espasa i bruixeria que Ralph Bakshi va dirigir cinc anys després d'haver dotat de moviment el gat Fritz de Robert Crumb. Podria u pensar que, en un

cert sentit, Bakshi va tancar un cercle en traslladar al llenguatge dels dibuixos animats l'icònic felí de l'underground: allò que havia nascut com a fill bastard de Disney ocupava el territori màgic –la gran pantalla– on el Màgic Món de Colors havia difós el seu particular credo estètic. A Crumb no li va fer gens de gràcia aquest tipus de consagració: la seua resposta va ser l'assassinat gens ritual del personatge –esdevingut corrompuda icona de la cultura de masses– en el territori primigeni de les vinyetes. Va haver-hi alguna cosa en el tractament del personatge que va revoltar especialment el seu creador: la sàtira dels activistes radicals que ocupava l'últim tram de la pel·lícula. D'alguna manera, Bakshi havia pervertit Fritz per a posar-lo al servici de quelcom que reafirmava els discursos de poder. El que li agradava a Max del final d'Els fetillers de la guerra semblava, no obstant això, una mena d'acte de contrició de Bakshi després de la seua relliscada. En la pel·lícula, dos mags germans fan un pols fatal sobre el teló de fons d'una terra apocalíptica. El primer, Avatar, és un encreuament entre gnom i guru hippie, apologeta de la pau i practicant de la màgia blanca. El segon, Blackwolf, creu només en el potencial destructiu de la tecnologia militar i en la rendibilitat futura de la manipulació de les masses a través de la propaganda. En el seu enfrontament final, Bakshi sorprén l'espectador amb un colp baix: Avatar, el mag hippie, bo i pacifista, trau un hiperbòlic revòlver i mata el seu germà. Acció directa per al bé comú. Hi ha quelcom summament interessant en la fascinació de Max –del Max de l'època– per aquest final: l'aparent contradicció del tipus amb les traces superficials del hippie afable que somia dinamitar centrals nuclears. Arribats en aquest punt cal esquivar un altre perill: la confusió entre persona i personatge, entre autor i discurs. Max ha contat moltes vegades que Gustavo va nàixer com a reacció ideològica a la primerenca des-ideologització de la Contracultura que, precisament, semblaven encarnar alguns dels companys de viatge en l'aventura creativa de l'artista. «Vam decidir (el plural es refereix al mateix Max i al seu còmplice Zap, Jaume Fargas) crear un personatge que reflectira el que pel que es veu ningú més assumia en el comix, la part combativa i radical del Rotllo: provos, yippies, anarcos i en general totes aquelles gents que sempre estan disposades a moure brega», escrivia l'autor rememorant la gènesi de Gustavo, criatura que no era ja revisió del *funny animal* sinó un *angry animal* que, a pesar dels suggeriments del seu contorn, mai no podria haver-se aclimatat al Màgic Món de Colors del mestre de l'animació. Encara que Max mai no el va considerar un animal, sinó un senyor de nas molt llarg que acabaria desvelant-se posseïdor d'una ànima complicada, en perpètua confrontació no sols amb les formes d'obscenitat del poder, sinó també amb les covardies i contradiccions del seu entorn polititzat. En certa manera, Gustavo era la figura subsidiària a través de la qual Max vivia la seua particular revolució en el territori de les formes. El personatge no va ser lobotomitzat per cap Ralph Bakshi amb la forma de dibuix animat enganyosament alternatiu: la seua altra vida es va manifestar en pasquins, pintades i cartells que reciclaven la seua efígie per a reivindicacions polítiques, socials, ecològiques o veïnals. Els que van reciclar Gustavo per als seus propis usos immediats i conjunturals no sabien que, en realitat, manejaven un material tan inestable com la nitroglicerina. Perquè l'interessant de

Gustavo no va raure tant en la seua gènesi com a heroi activista, sinó en el seu desenrotllament com a figura carregada amb una estimulant munició d'ombra i ambigüitat.

Quan va trobar el seu acomodament en les pàgines d'*El Víbora*, Gustavo va continuar sent l'únic personatge d'aquest imaginari *post-underground* capaç d'exercitar aquella polititzada acció directa que, en els nostres dies, resultaria més controvertida, agressiva i provocadora del que ho va ser llavors, però les seues crispades peripècies convivien amb altres lluites. *El Víbora* era camp de diverses batalles, entre el desafiament *queer* i transgenèric de l'Anarcoma de Nazario i la tragicomèdia de la marginalitat de la Basca de Gallardo i Mediavilla, passant per aquella resistència en la immaduresa que encarnaven els Garriris de Mariscal i que potser hauria pogut aplaudir Witold Gombrowicz. En aquest context, Gustavo no va ser una figura immobilitzada en la seua pròpia essència revolucionària: Max va polsar els mecanismes interiors que el portarien al qüestionament de si mateix, amb una naturalitat que farien bé a envejar els creadors d'altres parcel·les estètiques quan el seu interés a desvelar el costat fosc del súper-heroi delatara la seua mecànica forçada. En «Masacre!», cinquena entrega de l'aventura *Comecocometrón*, Gustavo, rescatat per una gitana bellíssima, s'enfronta a un dilema semblant al que resolia Avatar al final d'*Els fetillers de la guerra*: la pistola o l'amor. Gustavo acaba triant la pistola. En «Pacto con el diablo», la següent entrega, Gustavo s'alia amb el tipus la vida del qual va decidir perdonar en l'últim moment, després d'haver eliminat els seus seqüaços: amb ell s'infiltrarà en les files del Mal i, des d'aquesta posi-

ció, viurà un procés d'estranyament cap als seus vells col·legues que, al final de l'àlbum, culminarà amb el violent mutis d'un desenganyat Gustavo que tria, per dir-ho així, la soledat del camí del samurai. Gustavo es perd en un bosc frondós. Sabrem alguna cosa de la seua posterior vida com a captaire, però és estimulant imaginar que Gustavo es va perdre en aquell bosc i va reaparéixer, convertit en una altra cosa, en els paisatges selvàtics de Nunca Jamás, que Max rebatejarà com Punkilandia en les aventures de Peter Pank. Gustavo creix, evoluciona i s'enterboleix en forma de Peter Pank i el Max que va construint el seu propi vocabulari estètic –pas a pas, però sempre guiat per la curiositat i mogut pel pur plaer de l'execució precisa– decideix canviar les regles del joc: tornar explícitament a Disney, per a celebrar-lo en les seues formes i negar-lo en el seu fons, posant la seducció de la línia al servici del caos improvisatori, l'absoluta llibertat narrativa i el ferm rebuig al discurs acabat.

En el punt anterior s'ha parlat del plaer de l'execució: Max és algú que gaudeix treballant, que converteix el seu traç en instrument de perpètua exploració, la línia fluida que descriu una senda puntuada per constants descobriments. D'una altra manera no poden entendre's uns primerencs recitals de poder com la planxa que obri el capítol «Abigarrados!» de *Comecocometrón*, amb la seua minuciosa celebració gaudiniana, o el virtuós ús del bitó en l'espectacular pàgina que obri el ja mencionat «Masacre!», amb aqueixa animació suspesa d'onírics gustaus que cauen sobre l'efígie d'un Gustavo que es desperta sobresaltat del seu son, o l'espectacular tempesta, amb els seus violents efectes lumínics, que esclata en la primera entrega de *Les amigues de Lilian* –on els ecos d'*El vell molí* (1937), el clàssic curt de Disney, no ressonen precisament en la llunyania–. Aquest plaer, aquest traç dionisíac que acaba tafanejant en l'apol·lini per a integrar-lo en el seu voraç organisme, porta el Max dels vuitanta a esbossar la identitat del Max madur que aconseguirà la seua definitiva afirmació amb «Nosotros somos los muertos», «Órficas», «Monólogo y alucinación del gigante blanco» i la saga de Bardín: un Max culterà, que obri la porta a la possibilitat de l'horror sense oblidar-se de continuar jugant, que cita Borges, Carroll, Graves i Tenniel, que comença a parlar sense embuts de la foscor, la nit, el somni i la mort…

El 1985, Max firma una historieta remarcable, en la qual, de manera més o menys explícita –i, sobretot, de forma molt significativa–, l'autor s'integra a si mateix en la ficció: «El encuentro entre Walt Disney y H. P. Lovecraft». El suposat *alter ego* de Max hi fa de nexe d'unió entre els dos llegendaris personatges, respectives encarnacions simbòliques de la Llum i l'Ombra. H.P. Lovecraft repta Walt Disney en una aposta: li assegura ser capaç d'aparéixer-li en els seus somnis. Si ho aconsegueix, el cineasta haurà de satisfer l'aposta portant a la pantalla un guió de l'escriptor. Lovecraft apareix en el somni de Disney, però, l'endemà, aquest decideix negar-ho. El de Providence persevera: apareix, cada nit, en els somnis de l'arquitecte del Màgic Món de Colors que, en el procés, es va sumint en un estat obsessiu fronterer amb la bogeria. Lovecraft mor i deixa d'aparéixer en els somnis de Disney. La pel·lícula, per descomptat, no arriba a materialitzar-se, però l'artista ha realitzat alguns dibuixos i esbossos

que decideix llegar al narrador de la història que, recordem, és tota una contrafigura del mateix Max. «Pel que fa als dibuixos… sí, jo els vaig veure… ¿Cal que us diga que eren el més al·lucinant, el més bell i el més terrible que mai ningú no haja dibuixat…? ¿Us podeu arribar a fer una mínima idea de quina classe de pel·lícula hauria eixit d'allí si Lovecraft haguera viscut uns mesos més…?», afirma el personatge/autor. Arribats en aquest punt del text, llancem una altra conjectura. En aquest cas, la seua validesa pot prolongar-se tot el que el lector crega convenient. Millor: proposem dues conjectures. Primera: Efectivament, Lovecraft i Walt Disney van creuar els seus camins quan el segon preparava *Blancaneus i els set nans* (1937). Disney mai no va fer cap pel·lícula amb guió de Lovecraft, però la trobada el va transformar completament: el bosc fosc en què es perd Blancaneus és territori d'horrors primordials, carta de presentació de tota aquella matèria fosca que, a partir d'aquest moment, aflorarà periòdicament en l'imaginari disneià, incapacitat d'una vegada per sempre per a ser virginal territori de la innocència. Segona: Lovecraft mai no va conéixer Walt Disney, però la capacitat d'imaginar aquesta trobada va dotar Max del privilegi (o el va condemnar a la maledicció) de resoldre aquesta paradoxa. L'energia d'aquesta pel·lícula inexistent és el que mou el seu traç per a desvelar el costat fosc d'allò disneià, la seua reprimida procacitat, el seu secret poder revolucionari, la seua indagació en la profunditat… Quan parla de la suma de Lovecraft i Disney, Max aporta una estranya, escairada, però aclaridora definició de si mateix.

L'ULL I LA MORT

Santiago García

El bosc fosc

Sota la mirada moderna, que llisca cap als racons, el que més crida l'atenció del gravat de Dürer *El cavaller, la mort i el diable* és el gos. De dalt a baix, hi ha un castell magnífic, una vall tètrica, i després tres figures cridaneres: la mort amb el seu rellotge d'arena a la mà, el diable grotesc i pelut, i el cavaller perfilat i segur del seu pas. Sota el cavall, una calavera i una salamandra semblen símbols massa obvis fins i tot per a un contemporani llec en iconografia medieval. La primera insisteix en el tema morbós, la segona és recurrent en significats esotèrics, siguen quins siguen aquests.

Però, ¿i el gos?

Sobre aquest gos aparentment desubicat construeix Marco Denevi el seu conte del 1966 titulat, apropiadament, «Un perro en el grabado de Durero titulado El caballero, la muerte y el diablo», i sobre aquest relat construeix Max, el 2006, una de les seues petites grans obres mestres, les il·lustracions publicades en un exquisit quadernet per Media Vaca, amb l'afegit, no ho oblidem, d'una reinterpretació de la imatge original de Dürer a càrrec del barceloní.

El gos té, ens pareix, quelcom còmic i fins i tot insolent, com si rebaixara un poc la gravetat de la reflexió sobre la fugacitat de la vida que se'ns ofereix en aquestes acaballes de l'edat mitjana i albors de l'humanisme. No és tan rar: en moltes imatges sacres, un ca no canònic irromp al mig d'una escena solemne, potser per caprici del vol de la imaginació del pintor, i de sobte tot allò que és sant esdevé profà. Com un llast de carn i os, el xitxo impedeix que levitem amb un excés de pompa. En la versió del gravat que fa Max, el gos és verd com l'esperança (o com els gossos verds), i manca el cavaller. I aquest gos perdut entre les potes dels majors em recorda, no sé per què, el còmic perdut entre les potes de les arts majors, que solemnes, cerimonioses i envellides acaparen desesperades tota l'escena, sospitant que és el gos que vagareja entre les seues potes el que atrau inevitablement la nostra atenció.

És clar que en la versió de Max tots són esquelets, així que traga vosté les seues pròpies conclusions.

Imaginem per un moment que el cavaller és el mateix Max. Que s'haja descavalcat ens sembla normal, llavors, perquè ell fa molt que va tirar peu a terra per a moure's amb més llibertat entre les potes del Gran Art. Aquest Max ha sigut sempre un Cavaller Errant, i com en els contes, aquesta ha sigut la seua benedicció i aquesta ha sigut la seua maledicció. Max ha tendit a perdre's en el bosc, perquè el bosc li produeix un vertigen irresistible, i a travessar-lo sense saber quan arribaria a la següent clariana. I només arribar a la clariana –perquè al final sempre hi ha una clariana, encara que l'espessor siga infinita–, buscava un altre bosc on perdre's.

Als noranta, el bosc del còmic espanyol era molt negre. L'impuls del *boom* del còmic dels huitanta, en tots els seus corrents –l'*underground* abanderat per *El Víbora*; els de vocació més comercial, basats en la ciència-ficció i l'erotisme, i l'anomenat «nova línia clara»– s'havia extingit, i molts dels companys de viatge generacio-

nal de Max pareixien haver esgotat les seues energies. ¿Podia esfumar-se abans dels quaranta la generació més prometedora del còmic espanyol de la democràcia? En aquesta cruïlla, Max va fer el que fa en totes: canviar de rumb. Va abandonar la rutina dels personatges seriats, va abandonar el paraigua de La Cúpula i es va llançar a l'autoedició a la recerca d'una expressió verdaderament adulta i deslligada dels tòpics comercials del còmic juvenil. No hi havia una altra manera de respondre al desafiament que llançava sobre les nostres consciències la guerra dels Balcans, una guerra que es produïa ací mateix, a Europa, mentre nosaltres celebràvem l'Olimpíada de Barcelona. Per a expressar aquesta ruptura de consciència, Max va buscar també una ruptura gràfica: amb *Nosotros somos los muertos* naixia una línia de reflexió visual que no sols mostrava una indubtable gravetat, sinó també la superació de la fase impressionable de l'autor, on les influències de diversos artistes (Crumb, Chaland, Ever Meulen) s'havien traduït en enlluernaments. Aquest nou Max era rar, era aspre, era rugós, però era més Max que mai. I nosaltres, els morts, érem *casualment* gossos sense consciència, és a dir, sense ulls per a veure les atrocitats que ens ensenyava la pantalla de televisió. D'aquella historieta també naixia una revista homònima on Max es rearmaria com a historietista acompanyant-se del millor del còmic d'avantguarda internacional, que va posar en contacte amb els joves valors del nou còmic espanyol i amb aquells de la seua pròpia generació que van decidir que no volien continuar perduts. Amb *Nosotros somos los muertos*, Max, acompanyat de Pere Joan i d'Àlex Fito, va escriure

el pròleg de la novel·la gràfica contemporània a Espanya.

Escriure era precisament, en aquell moment, un problema apressant per a Max. A mitjan anys noranta publica dos dels seus llibres fonamentals, *Órficas* i *Monólogo y alucinación del gigante blanco* –un treball de mitologia clàssica i un altre de mitologia íntima– o fa l'exorcisme de la paraula. Max es demostra que, a més d'il·lustrador, és escriptor. I amb aquest coneixement a l'esquena, decideix esgotar el poder de la paraula amb dos grans projectes de còmic, un frustrat i l'altre frustrant: *El mapa de la oscuridad* i *El prolongado sueño del Señor T*. El primer és l'embrió d'una gran novel·la gràfica que quedarà inconclusa després d'un ardu treball preparatori. El segon és un brillant desplegament de simbolisme visual que finalment es queda curt per un sol motiu: li pesa massa la paraula.

Ambdós pequen del mateix defecte: tenen guió.

Max, perplex, descobreix que, ara que ja és escriptor, ha deixat de ser historietista, i no sap molt bé com. Afortunadament, hem arribat a un altra cruïlla.

El gir visual

Mentre els intel·lectuals de la imatge discuteixen el «gir visual» que anuncien a mitjan anys noranta W. T. J. Mitchell amb el seu *pictorial turn* i Gottfried Boehm amb el seu *iconic turn*, Max arriba a conclusions semblants per vies artístiques aproximadament al mateix temps. En les discussions teòriques dels últims anys, el «gir visual» vindria a substituir el «gir lingüístic». La imatge aconsegueix una centralitat abans reservada a la paraula. La filosofía ja no és patri-

204

moni exclusiu del logos. La relació entre llenguatge i imatges es converteix en una qüestió crucial.

Bardín el Superrealista demostra de manera pràctica que el poder de les imatges no és simplement poètic, sinó epistemològic: la imatge no és només un mitjà de representació, és per damunt de tot un sistema de coneixement amb la seua pròpia lògica, un sistema de coneixement que no necessita de cap manera dependre de la paraula. L'epifania resulta decisiva per a Max, perquè trenca un miratge provocat per l'aparent naturalesa híbrida del còmic (paraula/imatge) i per la insistència d'alguns teòrics precipitats però influents en el seu valor eminentment narratiu: resulta que Max descobreix que *no* és realment un historietista i *tampoc* no és realment un narrador. És, abans que res, un *dibuixant*, i per tant tracta *temes*, no *arguments*; maneja *icones*, no *personatges*.

Per això Max és l'únic historietista capaç de fer còmic a partir de la filosofia, en la col·lecció on dibuixa el pensament de Deleuze o Arendt sobre textos de Maite Larrauri. D'un concepte, naix una seqüència de vinyetes, i el discurs no verbal que aquestes elaboren no és tant il·lustratiu com complementari (o alternatiu) del text de partida. Per això, també, és capaç de fer filosofia dibuixada quan compleix amb escrupolosa professionalitat (perquè parlem d'un artista contemporani amb la professionalitat d'un artesà medieval) amb cada il·lustració setmanal per al suplement *Babelia*. El seu Déu monocular i de testa geomètrica es mostra atònit davant de l'embull del conte que ell mateix s'inventa, el seu lector captiu es veu condemnat a la lectura perpètua

i silenciosa, ha caigut sota el despòtic imperi de les paraules.

Des del seu nomenament com a dibuixant, sobre l'obra de Max reina l'Ull, que és el sobirà de l'illa del dibuix. L'ull es connecta amb Bardín a través del *Chien andalou*, que li atorga els poders surrealistes de Luis Buñuel i Dalí. En rebre aquests poders, Bardín obté una clarividència total, quasi una extensió a la màxima potència del mètode paranoicocrític, que aplica en primer lloc sobre si mateix. El que descobreix és, per al seu pesar, que porta tres tumors en el seu interior. La saviesa no ofereix consol, o com va dir Foucault en parlar del Panòptic: «La visibilitat és una trampa».

Després de l'esglai, el respir. Cap dels tumors és una amenaça urgent per a Bardín. Com al cavaller de Dürer, encara li queda una certa quantitat d'arena per caure en el rellotge.

No obstant això, ací es revela el tema que, disfressat o a calavera descoberta, travessa tota la producció de Max en l'últim decenni: la mort. Amb la mort ja havia coquetejat en la joventut (*La muerte húmeda*, 1986, acumula diversos exemples del seu gust pel motiu), però ara la pren amb major gravetat. Medita sobre ella mirant al passat, com en l'evocació de la Dansa de la Mort medieval en què submergeix a Bardín i a tot un tropell de dibuixants mundials, i redescobreix a través d'aquesta vella tradició una volença pels pintors del nord d'Europa del XVI. No sols el ja esmentat Dürer, sinó també el Bruegel d'*El triomf de la Mort*, o el Bosch de *Crist portant la creu* que li serveix de model per a *Santa City*, la portada de The New Yorker Magazine, i del qual extrau una gota d'essència del

Jardí de les delícies per a *Babelia*. Hi ha en Max una contradicció eterna entre el seu impuls rabiosament futurista i la seua quasi perversa fascinació per allò primitiu. Dic quasi perversa perquè a aquest escèptic convençut el perd la vella religió, les històries de sants màrtirs que es reconnecten amb el surrealisme de Bardín a través del mateix Buñuel de *Simón del desierto*. Tal vegada siga l'irreverent cineasta aragonés el *sant patró* de «Vapor», la seua última historieta, on torna a l'ascetisme emprenyat, una de les seues especialitats més personals. Si tota obra és en el fons una fantasia del seu autor, podríem pensar que Max reprimeix una impossible nostàlgia religiosa. En algun món alternatiu, un tecnomonjo anomenat sant Francesc il·lumina saltiris amb la seua pastilla gràfica.

Ja sabem que la Mort cavalca sobre un cavall blanc, encara que en el cas de Max ben sovint siga una egua. I aquesta egua nocturna és la *night mare*, el malson que anima el moviment psíquic inconscient, una espècie d'edema panòptic mental que, amb un eufemisme covard, anomenem surrealisme perquè és més educat. L'egua cavalca en *El prolongado sueño del Señor T*, i està també en les seues permutes de *Malson* (1781), el cèlebre quadro de Füssli que el persegueix durant un temps. Aquest serveix d'excusa per a «El soroll i la fúria», una altra de les petites obres mestres de Max, que funciona com a passador per a *Hechos, dichos, ocurrencias y andanzas de Bardín el Superrealista*. Allí, l'inconscient rabiós destrueix un per un tots els seus turmentadors: la religió, el bosc, els ciclops gegants, i per fi el malson. Però, en fer-ho, descobreix que finalment s'ha arrancat el cor a si mateix.

És un ajust de comptes, però no sols amb l'inconscient, sinó també amb la pròpia història vinyetera. Max conclou el periple que va iniciar de la mà de Crumb en l'*underground* dels anys setanta i escapa de l'atracció del camp de gravetat de Chris Ware, el cos celeste més pesat de la constel·lació del còmic d'avantguarda internacional en els nostres dies, per a recuperar les seues primeres influències, les influències originals, aquelles influències que estan tan al principi que ni tan sols són influències, són motles amb què ens fem: l'escola Bruguera i l'animació (Disney, Warner, Hanna-Barbera). Hui en dia, Max pot mirar les pàgines d'Herbert Crowley, l'historietista més secret del segle xx, i integrar-les en la seua pròpia visió d'una manera imperceptible. És un signe de maduresa, perquè al final només podem jugar amb els joguets que ens van donar al principi.

Segons els especialistes, Dürer va pintar *El cavaller, la mort i el diable* com un cant a la victòria del cavaller renaixentista sobre la mort. Tal vegada fins i tot com un autoretrat velat d'aquest que va ser un dels primers autoretratistes de la pintura occidental, i que es completaria amb un *Sant Jeroni* en la seua cel·la i amb la seua cèlebre *Melenconia*. Denevi, i Max amb ell, inverteixen la lectura i desarmen el port orgullós del guerrer i el seu rossí per a revelar-nos que, com Bardín, ell també porta el tumor de la pesta amb ell, la plaga que porta de la guerra, perquè d'ella només es pot portar la ruïna, o tal vegada la ruïna i unes imatges que els gossos que som els morts ja no som capaços de veure, encara que siguen omnipresents. Seguint aquesta inversió de valors, descobrim una nova funció en el gos. Segons Cirlot –no per casualitat, aquest és també el nom de l'amic de Bardín–, el gos és també l'acompanyant del mort.

D'aquella ja definitivament lúgubre estampa que va iniciar Dürer ha escapat, com dèiem, el cavaller absent en la versió de Max. També en el seu *Diccionario de símbolos*, Cirlot ens adverteix dels significats que té l'escala cromàtica aplicada al progrés dels cavallers: el cavaller verd és l'escuder, el precavaller; el cavaller negre és el patidor, encara esforçant-se per superar les proves; el cavaller blanc és el triomfador escollit; el cavaller roig és el glorificat per les proves superades. Si aquesta imatge d'*El cavaller, la mort i el diable* de Max és, com la de Dürer, un autoretrat, és normal llavors que no el vegem muntat sobre el cavall (o egua) espectral: superades totes les proves, ha arribat a un escaló superior al cavaller roig i al cavaller blanc. És el cavaller transparent, que se sap a si mateix dibuixant, i sap per tant que el poder del dibuix es basta i se sobra per a arribar a on no arriba el poder de la paraula: a representar allò irrepresentable, a dir el que no es pot dir, a dibuixar el que és indibuixable. El rostre de l'artista està en el seu traç, i el seu nom està per totes bandes; l'únic autoretrat possible és l'autoretrat invisible.

MAX O, VERTADERAMENT, UN RIURE DIVÍ

Alberto Ruiz de Samaniego

«Lloat siga el malson, que ens revela que podem crear l'infern.»
Jorge Luis Borges

«Els somnis terrorífics són excel·lents exploradors dels abismes i de les foscors, ens ofereixen el terror a allò que va després de la vida, és a dir, el terror a la mort.»
Ernst Bloch

Com en els relats de Sherezade, o com en les velles teogonies, tot comença pel caos i la nit. La nit de Max és nit antiga. Molt antiga, sideral, única i absoluta. Nit que cau, com una espècie d'hemorràgia interna, del cel mateix. Nit de melancòlica sensació: u sent el ritme de la seua pròpia sang identificant-se amb aqueix procés de pèrdua total, infinita, dolça, inexorable i rítmica. La caiguda de la nit instaura una debilitat que du el cos al somni. Destaquem, també, la intensitat de tot pensament i de cada imatge en aquesta foscor. En certa manera, Max sap que les imatges no estan fetes per a la llum. Com ho sap tot somni. I cada nit ho demostra. Ací el somni es desborda en la nit, cada nit. És en aqueixa atmosfera on es desenvolupen sempre els relats de Max.

En la foscor. En la por, també, a la foscor. Efectivament, l'aguait, la idea perillosa de l'aguait i el seu ull, està vinculada a les tenebres. La fascinació hipnotitza i paralitza la víctima com la mirada del cavall d'*El malson*. La paralitza durant el temps necessari per a donar-li mort, per a devorar la seua figura. El fascinat, la víctima, l'encisat és abans que res un ull. Un ull que fa a

206

qui veu convertir-se en el vist. A força de mirar l'ull que, enfront d'ell, el mira fixament. El fascinat és un instant extàtic davant la forma autoritària que el domina. ¿Què és la paüra? ¿Què és l'espant? És quedar-se clavat en el lloc. És estar sotmés tant a la impossibilitat de la fugida com a la impossibilitat del contacte. Només hi ha una excepció en tot açò, a tot açò: el somni. En el somni. Quan somia, el dorment pateix regressions, són els retorns de les imatges o les figures dels morts sorgint al fons dels ulls tancats. És a aquest punt on es dirigeixen sempre les imatges de Max; és aquest sorgiment problemàtic i perillós el que els personatges de Max no poden evitar: la imatge mateixa.

En el somni, la representació humana lingüística, codificada i il·lustrada, torna al seu material d'imatges: el somni (no la vista) és la fascinació òptica en estat pur. Llavors l'ull torna cap a la seua imatge, on el cos cau, mentre que a causa d'aquesta caiguda es dreça el desig. En el transcurs del somni, tornant a recórrer el circuit del passat (el recorregut pel qual l'ésser viu ha passat), l'home torna a una dimensió immemorial, bestial, animal. Podríem, per tant, pensar amb Max l'univers complet com un immens joc d'encisos i fascinacions. Així, en el gran rebost que és l'univers, la vida malgasta, es prova i prova formes vives que s'aguaiten i es devoren mútuament, simètricament: l'univers jungla.

Després, a la immensitat desconeguda i flotant del mar i el cel, o del bosc, se suma la de la nit. Amb Bardín, amb el gegant blanc, amb el Prolongat somni del Sr. T, tornem a l'època en què les estreles podien veure's. I som, amb ells, com ells, envaïts per una

angoixa al mateix temps terrorífica i deliciosa. Aquesta afecció, capital en l'univers de Max, no és una altra que la de la presència del món, o del Tot, i la pregunta per quin siga el lloc que u ocupa –si n'ocupa cap– en aqueix món. Pregunta dels orígens i de la infància, i de la infància del pensament –pregunta presocràtica, per exemple–. Pregunta del gegant blanc, incapaç d'articular coherentment aqueixa experiència, quan u sap que es correspon amb interrogacions ancestrals, atàviques: qui sóc jo, per què estic ací, què és aquest món on estic i, alhora, no hi sóc del tot. Els personatges de Max experimenten aqueix sentiment d'estranyesa, la sorpresa i la meravella de ser-hi. Aqueixa sensació és el que els grecs, justament, van anomenar *la cadena del ser*. Bardín topa sovint amb ella: és la sensació d'estar immers en el món, de formar-ne part, en una mena de continuïtat que s'estén des del més petit bri d'herba fins a les estreles. Aqueix món, doncs, es fa present, intensament i tèrbolament present –fins i tot, a vegades, grosserament present, insolentment actiu i alhora ridícul, com ho comprova Bardín en algun dels seus passejos nocturns–. Aqueixa presa de consciència, que és una impressió d'estranya pertinença al Tot, Freud la va denominar *sentiment oceànic*. Des del moment que s'experimenta, u té la sensació d'estar a banda dels altres; però, amb Max, com Max, u descobreix que moltes persones tenen experiències anàlogues, encara que no en parlen. En fer-ho, monologuen, deliren, poetitzen –a la manera del bon gegant blanc, o de Dylan Thomas, o de Cirlot–. Filosofen, en el ben entés que la filosofia no és més –ni menys– que aquella consciència de l'existència, del ser-en-el-món, i l'eterna dificultat per a formular aquest sentiment. La

necessitat d'escriure i dibuixar-ho, de recordar-ho a la manera d'aqueix monòleg adàmic del gegant blanc descobrint el seu cos i el món al seu voltant. Sabent-se alhora (en) el món i una altra cosa en el límit mateix del món. Sabent que el món, o la realitat del món, és incompleta –no-tota, en paraules de Lacan– precisament perquè existesc jo i estic al mig, immers en ell, i «aquest buit em limita i em defineix. Només gràcies a ell puc percebre'm, tindre consciència de mi mateix, imaginar que existesc. Però si açò és així, llavors, ¿no seré jo només imatge, representació, soroll? ¿No serà, aquest petit recinte buit, taca de pols dins del meu cos –sí, està dins, però *és* fora– l'ineludible, l'inocultable, l'irrepresentable de l'existència, per tant el *real*? ¿No seré jo tan sols una excrescència, un tumor gegantí, la màscara, la disfressa d'aquest buit absolut?»[1] Efectivament, entre nosaltres i el Tot hi ha un hiat irreductible, una bretxa Real incurable i tanmateix constitutiva de la realitat. Aquesta bretxa real, anterior a totes les causes i a tots els efectes, als subjectes i els objectes, és impossible de simbolitzar, i per això mateix convoca tant a l'horror com a tot tipus d'astúcies de les raons i les religions que pretenen defendre'ns d'ella mateixa. Heus ací la fissura original que condiciona l'organització de la realitat en totes les seues modulacions: des del jo fins al conjunt de la societat amb les seues creences i afanys.

Max no té inconvenient a tractar amb l'incòmode fenomen religiós a què, sovint, condueix aquest preguntar pel principi. Ha metabolitzat aquesta estranyesa i aquesta sorpresa de tal manera, que pot riure's d'ella, jugar amb ella, refutar-la i, alhora, reduplicar-la fins a l'extenuació hindú. Rela-

1. Max, *Monólogo y alucinación del gigante blanco*, Edicions de Ponent, Alacant, 1996, p. 52. (les cursives pertanyen a l'original)

tar-nos totes les seues derives i propostes, totes les seues inclinacions i subterfugis. S'ha acostat a ella des de la psicologia profunda (després dels passos, per exemple, de Jung), per mitjà d'arguments psicoanalítics pròxims a Lacan o Freud, a través de molt variades revisions d'arguments teològics de tota estirp (cristians anacorètics, animistes, extremoorientals i hinduistes); per mitjà, també, d'anàlisis antropològiques o mitològiques a la manera de Frazer. Ho ha considerat, així mateix, com un fenomen sociològic: el plor o el crit de la criatura oprimida; o com a dispositiu d'ideologia –l'opi del poble!–, també com un impuls dels estilemes moderns –el surrealisme, Ubu, el nonsense de Lewis Carroll, els diversos irracionalismes o onirismes des del romanticisme o la literatura gòtica a les avantguardes–. En fi, com una salsa on caben la *new age* i el techno, Shin Chan i els budes de *tot a cent*.

Estem, efectivament, immersos en ell, construïts i conformats contínuament per ell. Per ell, precisament, l'home és, abans que res, un enigma per a si mateix, i un animal somiador (abans, molt abans que *homo faber* i *homo ludens*). Com a tal animal somiador és, igualment, un ésser desitjós. El desig, en Max, està eternament lligat a aquesta sensació d'angoixa i meravella. Aquesta pulsió –ja ho va saber Freud– és la nostra autèntica mitologia: les pulsions són éssers mítics, grandiosos en la seua indeterminació. Tenen a veure amb la contemplació, una escòpia que ens fa tocar el trauma i el perill sagrat: de fet, ens ha relatat Klossowski, els déus ens ensenyen als hòmens a contemplar-nos a nosaltres mateixos en la forma d'un espectacle, tal com els mateixos déus es contemplen a si mateixos en

la imaginació dels homes. Heus ací la raó d'aqueixa teatralització eterna que comporta sempre el món fenomènic, i les coses i interessos dels homes. Es tracta, en el fons, d'un desig de ser, que es torna desig mateix d'amar l'altre o a allò altre, desig de fusió –i devorament– absoluta que és l'acte d'amor per antonomàsia. Aqueix *eros* té expressió en la seua infinita, inesgotable capacitat somiadora. El dibuix, la creació d'imatges tenen per funció dotar de figura aquests somnis, i els seus més temibles malsons. Perquè en el fons d'aquest desig habita, en definitiva, l'incorporal mateix, l'objecte de sorpresa i estupor per antonomàsia: el misteri inabordable que ens acaça i ens assetja cada nit, i cada dia: la mort. La mort mateixa que s'engenganxeix fins l'indicible, que desborda tots els límits de la raó, i que encarna –a la manera d'un tràngol eròtic intensíssim– el radicalment i totalment *altre*, l'heterogeni absolut. Allò que els llatins –i després Rudolf Otto– van denominar el *numinós*, que és el sagrat en el seu aspecte més salvatge. La voracitat dels déus mateixos engolint-se tota criatura i tot intent d'integració racional o coherent. Voracitat en tot semblant a la del supermascle o el caçador originari que es veu embolicat en la masticació de la presa femenina. Res més fascinant que aquesta simultaneïtat de la repugnància moral i de la irrupció sense límits del plaer, en el mateix cos, tal vegada en la mateixa ànima. Teopornologia: els cossos s'enrotllen i es desequilibren en girs i plecs laberíntics, en tot tipus d'incòmodes moviments esbossats, contradits i contrapesats, en imperceptibles desviacions i en subterfugis i penetracions imparables. Espai omplit de la carn en èxtasi: omplida, justament, en estructures d'oberta descomposició o

fragmentació, cossos canalitzats, tendencialment incestuosos, contínuament bolcats en il·lògiques peripècies i entrellaçaments confusos. L'atracció genealògica i morbosa de Max respon clarament a aqueixa atracció per allò diví com a salvatge femineïtat, o com a prostitució sagrada. Desig monstruós que, com els somnis i els mals pressentiments, ens guia cap a dominis d'una intensitat –i fins i tot perversitat– radical. Té a veure amb un fet primitiu i violent, un acte de profanació, que pot arribar a fer-nos perdre el cap: com si no hi hagués gaudi i bellesa més que en la catàstrofe, o fins i tot en la castració.

Hi ha una *terribilitá* característica de Max, que no és una altra que la dels cultes orgiàstics del paganisme o els atavismes més resistents, i que es manifesta en aqueixes peculiars epifanies, amb les seues temibles maneres de manifestar-se, quasi sempre acompanyades d'una sexualitat irreprimible, bestial. Es tracta d'una emoció que té a veure amb allò religiós, en la manera en què Kierkegaard, per exemple, i després Freud, ja ho van traçar: un sentiment que provoca temor, tremolor, molt pròxim a l'espant i a l'èxtasi: experiència fascinant i seductora que s'ha vingut a anomenar *unheimlich*: *el sinistre*; i que d'una manera inquietant persegueix i atrau la mirada de Max, focalitzant-se una vegada i una altra en el quadre del malson de Füssli. El malson, aquest malson o egua de la nit, ens recorda contínuament la seua naturalesa irreductible, el seu grandíssim misteri. Transcendeix al capdavall qualsevol forma subjectiva de sentiment d'estupor i consternació, per a descobrir un fenomen primordial que provoca un terror atroç i fascinant. Irradia la seducció absoluta, promou un ardor passional, una pulsió eròtica irresistible. Tal duplicitat –terror i fascinació alhora– és la que recorre totes les religions, traçant tota la seua imponent presència sexual en la mística i en la poesia visionària de tots els temps. Això és el que ens assalta en els arravataments i èxtasis orgiàstics de Max, en les fusions pàniques i en les possessions indomables, en els cossos sementals i dansaires o en les caigudes i els vols xamànics dels seus relats. Els personatges de les narracions de Max habiten la desmesura de l'exili, viuen en la verticalitat insensata del perforador de la terra, o de l'explorador d'èxtasis còsmics: volen escapar de tot horitzó, de qualsevol òrbita. El seu ímpetu és el d'endinsarse en la terra (en coves, en el fang, en remolins, en humus) o si no: elevar-se prodigiosament fins al cel. En el fons d'aqueixos remolins es produeix sempre un increment de consciència, que pot arribar fins a l'orgasme del repulsiu, fins i tot a una mena d'hiperestèsia tràgica que es relaciona, ineludiblement, amb una mena de desplaçament simbòlic del complex de castració, complex que s'evoca precisament a través de les imatges de membres mutilats. Les epifanies de Max, com les de Poe, es troben sempre en estreta relació amb allò opressiu, amb allò que s'ha densificat en una brutal descomposició com a imatge d'u mateix, i amb l'esclat brutal d'aqueixa permanència rarificada, en una voluptuositat que respondria a la fantasia de tornar, d'alguna manera, al ventre matern, a fi d'escapar de la pèrdua de ser i de la identitat. Fuga en abisme de totes aqueixes hemorràgies ontològiques, d'aqueixa descomposició com a soroll de fons de l'univers. Estem voltats d'aqueix misteri del present que aguaita, ominós i crucial, de la seua extrema violència i gaudi, just on s'acaba l'espai. Ho descobrim, torba-

dorament, en nosaltres mateixos, es projecta fins i tot en els batecs més profunds del nostre propi cor, tal com evidencia el *Tríptic del somnàmbul*. Constitueix la nostra passió i conforma la nostra experiència estètica. És el nostre –atàvic– principi de mort i de –impossible– identificació.

Aquesta pulsió de mort, que habita en el melic mateix del somni, constituiria el principi mateix de la narració que anomenem home, tal com el mateix relat freudià ens ho transmet, en una visió que bé podria haver dibuixat Max –si és que no ho ha fet, posem per cas, en el *Monòleg i al·lucinació del gegant blanc*: «Una vegada, per l'efecte d'una força que resulta encara impossible d'imaginar, en la matèria inerta es van despertar les qualitats de la vida. (…) La tensió que es va originar llavors en la substància inerta va desitjar ajustar-se; s'havia donat la primera pulsió, la de tornar a l'inanimat. La substància viva de llavors tenia encara fàcil el morir; probablement no havia de recórrer més que un curt camí vital la direcció del qual estava determinada per l'estructura química de la jove vida. Durant molt de temps, la substància viva va voler ser creada de nou, una vegada i una altra, i morir amb facilitat, fins que decisives influències exteriors es van transformar de tal manera que van obligar la substància que encara sobrevivia a desviacions cada volta més grans del camí vital originari i a revolts cada vegada més complicats fins aconseguir l'objectiu de la mort. Aquestes revolts cap a la mort, fixats fidelment per les conservadores pulsions, ens oferirien hui el quadre dels fenòmens vitals.»[2] Heus ací la voluntat òrfica que atrau contínuament Max. L'escena originària, l'origen del subjecte que

busca veure's representat en aqueix acte sexual inaccessible. Perquè «cap home no pot sentir el crit en l'instant en què el semen que el crea s'espargeix».[3]

Podríem dir, llavors, que tot en Max condueix a la interrogació sobre la pròpia constitució turbulenta –i inabastable– d'un subjecte. I en tant que turbulenta, i alhora sense remei, el que ací aflora són les turbulències mateixes, les fissures i els absurds de la criatura –i de la comunitat sencera de criatures: això que anomenem civilització, o cultura–. Un fosc territori psicoanalític emergeix, doncs, d'aquesta indagació; configurat per esquelets sàdics que irrompen amb tota la seua força parasitària, com anuncis o heralds *superjoics* de la mort i de la seua llei omnímoda. Ossos blanquejats i triomfants que, alhora, manifesten la més fosca i inconfessable satisfacció del subjecte, el càstig pel deute i per la culpa; la irreductibilitat del mal, les inèrcies cadavèriques que arrosseguen al fang tot projecte civilitzatori o identificatiu. Aqueixes calaveres, aqueixos ossos i esquelets sardònics s'immisceixen en el somni mateix –de la humanitat–. Es valen de l'atracció mòrbida que susciten les imatges d'una carnalitat lasciva, o d'una crueltat sense vores. Sobretot, s'oculten rere els espectres dels morts, cavalquen o es recolzen –residuals, simulacrals, com uns cossos simiescs i caricaturescs– en formes d'existència amprada: necessiten una altra existència per a exercir la seua negació obsessiva i malèfica. Heus ací l'experiència perversa en tot el seu sentit: comparteix amb l'èxtasi i amb certes formes al·lucinatòries de bogeria l'apropiació de cossos i ànimes, ja de per si expropiats. Al mig d'aquesta *dansa de la mort*, l'individu, per la seua banda, cavalca també, desconcertat i en solitari, com el vell cavaller de Dürer, cuirassat i impo-

2. Cit. per Isabel Platthaus, en *Lo real de Freud*, Jorge Alemán (ed.), Ediciones del Círculo de Bellas Artes, Madrid, 2001, p. 67.

3 Pascal Quignard, *El sexo y el espanto*, Ed. Minúscula, Madrid, 2005, p. 153.

tent en mig de la devastació, la crueltat i el despotisme. Heus ací, també, les virtuts cardinals de Bardín com a cavaller errant i aventurer: coratge, humor cavalleresc i gust de la descoberta, al mig de l'erm, la desolació i el bosc de la nit. És aqueix territori *shakespearià* i pànic –paisatge obsessiu del fantasma i de la culpa que ens obsedeix i ens devora– el que imposa les seues exigències, que superen la mera capacitat d'obeir. El caràcter mortal, mortificant, de la llei –del jo– és, en definitiva, el que impedeix tota negociació o transacció, en mostrar-se com el revers homicida i obscé de tota legitimitat. Ell mostra, rere l'efecte de destrucció, no sols que el subjecte està dividit o trencat en l'escissió entre el jo, el *superjo* i l'inconscient, sinó que, sobretot, estructuralment està girat con-

tra si mateix. Davant d'aqueixa *alteritat* transcendent, dimoníaca i brutal, que només demana esclavitud i mort, repetició destructiva, escàndol de la vida contra si mateixa, no resta una altra alternativa que la del perplex i anàrquic Bardín: l'administració irònica i desencantada d'u mateix, el principi del plaer enfront de tota tendència a la consecució d'una subjectivitat purament masoquista, subjugada contínuament pel marc inquietant de la força torbadora, originària i fatal de l'espectre malsonesc i sublim. En aquest sentit, el distanciament irònic i hedonístic de Bardín ja no aspira a comunicar-se o fondre's amb aqueixa alteritat transcendent i elemental. Bardín, certament, mai no arriba a confondre la divinitat amb la seua teofania. L'espectacle sovint irrisori o banal

d'aqueixa manifestació amb la de les essències còsmiques. A força d'assumir la seua pròpia limitació i manca de plenitud ha aconseguit l'*ataràxia*, la serenitat subtil i feliç dels vells savis, o dels antics cínics. La seua veritat és també divina, però ara en el sentit –igualment antic– d'aquells déus que, justament en el moment d'exorcitzar les obsessions més traumàtiques, podien arribar a morir-se de riure. Bardín o la hilaritat del seriós o, en paraules de Blanchot, «un humor que va més lluny que les promeses d'aquesta paraula, una força que no és només paròdica o d'irrisió, sinó que crida l'esclat del riure i designa en el riure l'objectiu o el sentit últim d'una teologia».[4]

4. M. Blanchot, «Le rire des Dieux», *L'Amitié*, París, Gallimard, 1971, p. 193.

English texts

MAX IN TIME

José Carlos Llop

One day twenty five years ago, a group of friends and acquaintances gathered together in the gardens of a hotel in the bay of Palma to celebrate our thirtieth birthday. It was the beginning of summer, and the place was called Ciudad Jardín. The hotel had been built around the 1920s-1930s, and had that orientalist look of the Hollywood productions of the time. What I mean to say is that its concept of the Orient did not differ in much from that of a film set designer and his penchant for minarets. An empty Olympic-size swimming pool lent it a touch of neglected modernism that struck me as quite appropriate for our generation, both the modernism and the neglect, and somehow the occidental orientalism. Orientalism and neglect as traces we have already left behind; and modernism as a more or less inaugural desire. In 1986, the impression was that the party was at its peak and that nobody wanted to be left out.

I have to confess that most of us at the party were artists. Painting, drawing and writing were then, or were to be, the storyline of our lives. All, or nearly all of us, were on the threshold of reaching our own voice, style or form that would identify us as unique. We were probing that threshold and on the verge of crossing it. That is, all but two of us, the strip cartoonists Max and Pere Joan, who had also been born –like the rest of us– in 1956, which is, by the way, a particularly good year for wine. These two were, at the age of thirty, already mature in their art. The rest of us still had a long way to go, and that applies to those who were not ready to throw in the towel, and who did not throw it in like so many others were to do.

I only have one photo of that party. I don't know why I only have one, but the image only corroborates what I've just said. There are only two people in it, Max and I, twenty-five years younger than we are now, but those years were more visible on my face than in Max's, and not because Max looked older than me in the picture. No. It was as if he was already fully made and I still had some way to go to be finished (in fact, I had a long way to go). Max's face *is* Max's face, the only one I have known. The one he had back then and the one he has now, the face of a benign totem. What I mean is that he was prone to observation and adopting a hieratic attitude. From time to time his face would shift slightly and draw a smile halfway between kind and ironical, like the smile of someone who has seen it all and even so –or precisely because of it– knows that consolation is only to be found in warmth and kindness. The power of that face –a calm soothing power– was in the eyes.

I always thought that while standing next to Max, nothing bad could happen to us. And this can be seen in the picture from that party. Many years later, I have found that humanity of Max –I mean, that very same kind of humanity– not as much in painters or writers, but –and perhaps its accidental– in other strip cartoonists. I am reminded now of three wonderful and unforgettable characters with whom I spent some time in Provence last year: Olivier Mau, Matthieu Blanchin and Christian Perrissin. Not forgetting, of course, Pere Joan, whom I made friends with at the age of seventeen, when he was practicing a kind of hyperrealist painting and I was writing poems in the manner of… They

all share the same reluctance to abandon the realm of childhood, something that paradoxically makes them much more mature than those who never dwelled in that kingdom. At least, that's the way I see it.

The kingdom of childhood. The word kingdom. The kingdom of the forest. The kingdom of the desert. That is the Max I know. Max's kingdom. From the forest to the desert. From sensuous mythology to caustic metaphysics. From eroticism to asceticism. From tribe to solitude. And literature is also there in the background; for he –Max– could not be understood without it. At least not in his entirety. Not the cartography of Max's kingdom. A kingdom where time does not exist, or where there is only one time that devours all other times, times that did actually exist. In Max's stories, in his drawings, there is something uchronic, removed from time and at the same time inscribed in its traces. Everything comes from the forest, the endless forest, and that forest is the father, and his secrets, and the mother nurturing us. And the creatures of the forest will accompany us, in both shadows and in joy, throughout our whole life. That is what Max apparently wants to tell us among the darkened tree trunks and the thorny lianas. But also among those fetish-animals that seem to observe us without any intention of harming us, and in the naked and exultant bodies of the nymphs surrounding us, in the little fairies copulating with an abandon that is inversely proportional to their size, or in the black sarcasm of one of his most celebrated characters: Peter Pank.

I have just written uchronic, but when I think of the Max I met, I immediately think of the early Middle Ages, its icons and fears, its colours and pre-Christian myths. Just as I am reminded of Lovecraft or Borges. As if Max had drawn the borders between his kingdom and childhood –the colour of Disney, among many others– and the *limes* of adolescence. Both led to the maturing of his whole art world – the place from which all the rest would emerge. It might well be a false impression, but it is the one I have, and so I am recalling it.

Because, in one way or another, Max's art plunges us into the old world. Or at least, it does not detach itself from it. As if we were told that there, in that origin, lies the explanation of what we are. Unlike others from his generation –Mariscal, Nazario, Torres and Pere Joan, among many others, spring to mind– Max does not have seem to have been particularly dazzled by modernism; by that frivolous demand to render it in his work in order not to be marginalised; by the legitimate need to be modern in a modern world. Only in his series *El rrollo enmascarado* and in its sequels –so influenced by Robert Crumb, that should be understood as a lesson, where Max, though still Max, is not entirely Max– is the opposite of what I say true. After that, once he had found his voice in the stylisation of drawing and the originality of his stories, we see that total Max, whose umbilical cord binds him to the ancient world. Be it fairies, forests, gods, his orphics; be it the gargoyles, the *Lovecraftian* post-Victorianism, the druidical pantheism, or the eroticism of Czarist Russia. And with danger, insanity and death, all present there –like in Bergman's *The Seventh Seal*– playing chess with his characters.

I have already used the term stylisation, and Max's world has been stylising –or refining– itself more and more with the passing of time, until arriving at a different kind of solitude:

one that starts from the heartrending *Nosotros somos los muertos* –musing on the scars that never heal of the Yugoslav wars– focuses on a kind of contemporary St Anthony –in the midst of perplexity, torment and indignation– that is *Bardín el superrealista*, and finds its synthesis in the lonely –human, animal or literary– characters illustrating the weekly feature written by Manuel Rodríguez Rivero for the *Babelia* supplement. An aesthetics, and an ethics, whose single-eyed lighthouses, ships anchored in the middle of the desert or threatening dreams, make me think of Simon the Stylite, that mythical character of the Fathers of the Church, and also his recreation by Buñuel. Max brings both things to mind, but that is no coincidence or merely an interpretation from my generation. Even if I am talking exclusively of the Max that I know and that I have read.

As I said at the beginning, in 1986 a group of friends and acquaintances celebrated our thirtieth birthday in a hotel on the bay of Palma. With Max. But before and after that date, bumping into him on the streets of the city was like being frozen in time for several minutes. Not in the past or in some personal story where our lives may have crossed or we shared good times. No. It was to be fixed in Max's time, a time that is uchronic and at the same time the sum of all times. A time that, in the one-to-one contact, exudes silence and bonhomie, with the forest appearing behind his eyes and his smile, and in it, the figures recreated by Max, and Max himself.

The kingdom of the forest. Max's kingdom. "I love drawing algae, jungles, forests. But I have a special fondness for forests," he once said to his friend

Pere Joan, "it is a place I've always liked. Besides, it seems as if it never ends. In a forest, there is always a beyond, and behind that, even more, and even more behind that tree, and there are always things hidden behind the trees." Max emerges from that place –with a Celtic cross covered in moss in the middle of a clearing– and that time – that starts in 1970s Barcelona and that is then inscribed in the myths of all times. Like Merlin. And though he knows all about the hardships of the forest and of solitude, a salvational gaze is projected in his drawings and makes us better. The same as happens with good literature. As happens with good friends.

DARK MATTER IN A MAGICAL WORLD OF COLOUR

Proposals for a cartography of the early Max

Jordi Costa

Certain moments in the history of popular culture seem to have been touched by the gift (or curse) of premonition: proffering unexpected vantage points that allow us to catch a glimpse of what is to come. Yet this privileged position in turn unveils unexpected connections, almost like the secret outline of invisible family trees. One of these key moments would be the drunken scene in "Dumbo" (1941), a classic Disney movie initially conceived as a minor run-of-the-mill work in the middle of the studio's economic convalescence –and on the threshold of the USA's entry into World War II– but which became a masterpiece rehearsing and anticipating future aesthetics. Directed by Ben Sharpsteen, the film is an odd islet, a rewarding pause, in Disney's progressive tendency to realistic mimicry. This prophetic work is fully aware that supplanting reality is not animation's primary mission, but rather reading and interpreting it. Its watercolour backgrounds, with their almost insinuated forms, seem to suggest an opening shot in the revolution that was to culminate in the *limited animation* style of the UPA studio in the 1950s. Having said that, the scene of the inebriated nightmare is in fact a more radical leap. It is no more nor less that a prophecy of the lysergic aesthetics of the underground culture that was not to emerge and to assert itself for another few decades yet. However we should not give

ourselves over to an enthusiasm that would assign an almost supernatural visionary power to Disney's talents. In favour of greater balance, it should be said that, to a large extent, the hallucinatory choreographies and the perverse polymorphism articulated in the precocious *delirium tremens* of the poor little outcast elephant actually amplified something that already existed in the formal echoes of the New York School pioneered by the brothers Dave and Max Fleischer. Nor should we let our imagination fly off recklessly in all sorts of directions, because Ward Kimball already clarified that the only drugs used during the realisation of that segment were Alka-Seltzer and Pepto-Bismol. And now I wish to suggest a little game, consisting of making a conjecture and allowing its purported truth to remain in force, at least until we arrive to the final full stop. Here it is: the underground was partly rooted in the ideological and aesthetic process of fermentation that Disney animation's canonical working modes went through.

In May 1967, which is to say on the very threshold of the so-called Summer of Love, issue no. 74 of *The Realist*, by that time already a veteran publication that managed to become a reference for the alternative media in the late 1960s, published a poster drawn by the cartoonist Wally Wood. "The Disneyland Memorial Orgy" showed the whole cast of characters from the Disney imaginary in wanton abandon. It was not the only example signalling the irruption of an underground sensibility with the perversion of the signs of identity of what Walt Disney used to call, still in a state of lysergic innocence, the Magical World of Colour. It was also

in that Summer of Love when Víctor Moscoso made a name for himself as an ardent poster artist with a flamboyant psychedelic style. Just one year later, in the pages of the seminal *Zap Comix*, Moscoso twisted Mickey Mouse's silhouette following the elusive laws of a peyote dream. At the time, Fritz the Cat, created by Robert Crumb, had already become a countercultural icon. At the peak of the underground movement, this character exemplified the validity of the tradition of funny animals and revealed, amongst its creator's formative reading, a profound knowledge of the work of Carl Barks, the fabulous writer who was precisely behind Donald Duck's great classic cartoons. For the bulk of that generational change, the Disney imaginary seemed to be the enemy that had to be fought: a power discourse expressed through the seductive tyranny of the circle. Perhaps there might be room for another reading: the recycling of Disney icons functioned as a kind of shock treatment so that the canonical aesthetics of cartoons could liberate the lubricious Dionysian potential that Daddy Walt had so unnaturally repressed. All it took was another few years for the underground culture to understand its relationship with the Disneyan aesthetics in terms of inflamed activism: in 1971, an artists collective called Air Pirates –in homage to the gang of villains that appeared in the Mickey Mouse cartoons drawn by Floyd Gottfredson in the 1930s– released two issues of the alternative publication "Air Pirates Funnies" where Disney characters were mercilessly parodied, with sexual promiscuity and poly-toxic drug consumption as knee-jerk devices to provoke reactions. Disney took the offenders to court before the year came to its end. That was exactly the type of response that Dan O'Neill, head of Air Pirates, was after, convinced as he was that Disney was the Enemy and Mickey Mouse the symbol of a genuinely American cultural hypocrisy. When Air Pirates lost the case, O'Neill decided to discharge his colleagues from any duty to continue that battle and devoted himself, body and soul, to fight a solitary battle against the corporation. A battle that would last until 1980.

By the time Disney decided to free O'Neill from the burden of living in a state of permanent warfare, Francesc Capdevila from Barcelona, aka Max, was already one of the mainstays of "El Víbora", a magazine created at the end of 1979. "El Víbora" was almost what we could call the legalisation, though not domestication, of an underground sensibility that, similarly to the American model, had been born wild and feral in a Spain undergoing a process of tense and agitated transformation. Max probably was the most Disneyan of the country's underground strip cartoonists, even though "Los Garriris" by Mariscal, from Valencia, was also grounded in the same referential model only to end up, by means of distillation and refinement, in the extremely pure and primeval territory of Herriman's "Krazy Kat." We ought to declare at this point that defining Max's early art as Disneyan is highly fraught. And inaccurate too. In the Max prior to the birth of "El Víbora" –and the definitive social presentation of his first emblematic character, Gustavo– the Disneyan merely signals a tendency disguised in the midst of a both cannabian and psilocybinical uncontrolled luxuriance which seemed to emerge from a soil well fertilised by echoes of some of the great Catalan illustrators, such as

Junceda, Opisso and Urda. Since the very beginning, Max's style is permeable and generous: the style of an artist detecting and recognising affinities, lovingly cannibalising them and then knowing how to continue moving forward and growing in an ongoing refinement of his own identity. As any loyal follower of Max's work knows, although his trajectory went through its Chaland phases, its Ever Meulen passages, its Greek interludes, its irate ruptures and its surreal ecstasies, there never was –not even in the early phases of construction of a recognisable signature style– the least suspicion of his being an artist condemned to mimesis either by dint of limitation or the lack of his own expression. In the pages of "El Víbora", Max's style was not the only one that harked back to traditional references: Martí created his own particular *noir* poetics, by spanishising Chester Gould's expressionist and deforming style, while Gallardo found a possible mirror for the outcast energy of Barcelona's underclass in the boisterous vitality of E. C. Segar's "Thimble Theatre". Something similar had happened in the American underground: the immediate seduction of the psychedelic style opened the doors for the layman's consumption of a past tha t had already been transgressor, hypnotic, overwhelming and inexhaustible through other means. Modernism, or at least a modernism worthy of the name, is a dialogue with the past. Or a precise moment in a sequence that starts long ago, and that, if everything runs smoothly, should last even longer into the future.

I remember once having heard Max celebrating, sometime in 1982, with genuine passion the ending of *Wizards* (1977), the sword and sorcery animation film Ralph Bakshi directed

five years after having instilled motion into Robert Crumb's Fritz. One might be led to believe that, to some extent, Bakshi had closed a circle by transferring the iconic underground feline into the language of animated cartoon: what had been born as Disney's illegitimate offspring, now occupied the magical territory, the big screen, where the Magical World of Colours had spread its particular aesthetic creed. Crumb was not the slightest bit amused with this type of consecration: his response was to kill off, in the primeval territory of the comic strip, and not in a ritual murder, the character that had been turned into a perverted icon of mass culture. Something in the way the character was treated particularly irritated its creator: the satire of the radical activists that occupied the closing stretch of the film. To some extent, Bakshi had perverted Fritz, putting him at the service of something that reaffirmed the power discourse. However, what Max liked about the ending of *Wizards* was a sort of act of contrition by Bakshi after his faux pas. In the film, two brothers fight a deadly battle against the backdrop of an apocalyptic Earth. The first, Avatar, a cross between a gnome and a hippie guru, is an apologist of peace and a practitioner of white magic. The second, Blackwolf, believes only in the destructive potential of military technology and in the future profitability of the manipulation of the masses through propaganda. In the final showdown, Bakshi takes the spectator by surprise with a punch below the belt: Avatar, the do-gooder and pacifist hippie wizard, produces a hyperbolic gun and kills his brother. A direct action for the common good. There is something highly interesting in Max's fascination –the Max of the time– with that ending: the apparent

215

contradiction of that guy under the guise of the kind hippie dreaming of blowing up nuclear plants. Arriving at this point, we must sidestep yet another potential landmine: that of mixing up the person with the persona, the author with the discourse. Time and again, Max has said that Gustavo came about as an ideological reaction against the early de-ideologisation of Counterculture, a path which some of the fellow travellers on the artist's creative adventure seemed to be taking. "We [Max himself and his accomplice Zap, Jaume Fargas] decided to create a character which reflected something that apparently nobody else in comics accepted – the combative and radical section of the scene: provos, yippies, anarchists and, in general, all those who were always ready to put up a fight," Max wrote when recalling the genesis of Gustavo. Rather than a revision of the funny animal, this creature was an angry animal which, despite suggestions to the contrary, would never have been able to acclimatise to the Magical World of Colours of the master of animation. That said, Max never saw it as an animal, but rather as a gentleman with a very long nose, who would eventually prove himself to be the owner of a complicated soul, in continuous confrontatio, not only with the obscenity of power, but also with the cowardice and contradictions of his own politicised milieu. To some extent, Gustavo was the surrogate figure through which Max lived out his personal revolution in the realm of forms. The character had not been lobotomised by any Ralph Bakshi under the deceptive guise of an alternative cartoon: its other life was manifested through pamphlets, graffiti and posters, recycling its image to support political, social, environmental or community causes. Those who recycled Gustavo for their own immediate and temporary uses were not aware that, in fact, they were handling a material as unstable as nitro-glycerine. For the interest of Gustavo does not lie as much in his genesis as an activist hero as in his development as a figure loaded with a stimulating ammunition of shadows and ambiguity.

Once he had found his place in the pages of "El Víbora", Gustavo continued being the only character from that post-underground imaginary capable of exercising that politicised direct action which in our days would be more controversial, aggressive and provocative than it was at the time. However, his combative attacks coexisted with other battles. "El Víbora" was the battleground of many disputes, between the queer and transgender challenge of Nazario's Anarcoma and the tragicomedy of marginality of Gallardo and Mediavilla's *gang*, not forgetting that resistance within immaturity embodied by Mariscal's Garriris which Witold Gombrowicz might perhaps have applauded. Against this backdrop, Gustavo was not a figure frozen in his own revolutionary essence: Max pushed the inner buttons that led him to question himself, with a naturalness that creators in other aesthetic realms would do well to envy whenever the contrived mechanics of their efforts to unmask the dark side of the superhero were themselves unveiled. In "Masacre!," the fifth instalment of an adventure titled "Comecocometrón," Gustavo, rescued by a gorgeous gypsy girl, is confronted with a dilemma similar to the one Avatar had to resolve at the end of *Wizards*: the choice between the gun and love. And Gustavo ends up opting for the gun. In "Pacto con el Diablo," the following episode, Gustavo allies himself with the guy whose life he had decided to spare at the last moment, after having done away with his henchmen: with him, he would infiltrate the ranks of Evil and, from that position, he would undergo a process of estrangement from his former colleagues, culminating, at the end of the book, with the violent exit from stage of a disappointed Gustavo who chose, so to speak, the lonely path of the Samurai. Gustavo got lost in an overgrown forest. We will find out about his later life as a down-and-out, but, nonetheless, it is stimulating to imagine that Gustavo was lost in that forest and reappeared turned into something else, into those wild landscapes of Neverneverland that Max would rename as Punkiland in the adventures of Peter Pank. Gustavo grows up, evolves and grows darker in the form of Peter Pank, and the Max who continues building up his own aesthetic vernacular –step by step, but always driven by curiosity and the pure pleasure of precise rendering– decided to change the rules of the game: to explicitly go back to Disney to celebrate its forms and deny its content, putting the seduction of the line at the service of improvised chaos, of absolute narrative freedom, and the resolute refusal of the finished discourse.

The previous point mentioned the pleasure involved in rendering: Max is someone who has fun working, who turns his pencilwork into a tool for never-ending exploration, the free-flowing stroke describing a path punctuated by constant discoveries. Otherwise, it would be impossible to understand such powerful early recitals as that opening scene in the "Abigarrados!" chapter of "Comeco-

216

cometrón," with its meticulous Gau-
dian celebration; or the virtuoso use
of two tones in the spectacular page
opening the above-mentioned "Masacre!," with the suspended animation
of some oneiric Gustavos falling upon
the image of a Gustavo who wakes
up frightened from his dream; or the
spectacular storm, with its violent
light effects, exploding in the opening
shot of "Las amigas de Lilian" – where
the echoes from The Old Mill (1937),
the classic short feature by Disney, do
not resonate precisely in the distance.
That pleasure, that Dionysian line that
ends up foraying with curiosity into
the Apollonian in order to integrate
it into his voracious organism, led
the Max from the 1980s to outline
the identity of the mature Max, who
reached his definitive affirmation with
"Nosotros somos los muertos," "Órficas," and "Monólogo y alucinación
del gigante blanco," as well as with
the Bardín saga: a lavishly elaborated
Max who opens his door to the possi-
bility of horror without forgetting to
continue playing; who quotes Borges,
Carroll, Graves and Tenniel, who starts
openly talking about darkness, night,
dream, death…

In 1985, Max signed a remarkable strip,
in which, more or less explicitly –and,
above all, quite meaningfully– he in-
tegrates himself into the fiction: "El encuentro entre Walt Disney y H. P. Lovecraft". Max's purported alter ego acts as
the nexus for two legendary characters
who are the respective symbolic incarnations of Light and Shadow. H.P. Lovecraft challenges Walt Disney in a bet: he
maintains that he is capable of appearing to him in his dreams. Should he
succeed, the filmmaker would have to
pay for the bet by adopting a script by
the author to the big screen. Lovecraft
appears to Disney in his dream, but on

the following day, the latter decides to
deny it. The author from Providence is
adamant: every night, he appears in the
dreams of the architect of that Magical
World of Colour who, in the process,
begins to fall into an obsessive condi-
tion bordering on madness. Lovecraft
dies, and ceases to appear in Disney's
dreams. Naturally, the film was never
made, but the artist has created some
drawings and sketches that he decided
to leave to the narrator of the story who,
as we will remember, is a true coun-
terfigure of Max himself. "As far as the
drawings are concerned… yes, I actually
saw them… Do I need to tell you that they
were the most amazing, the most beauti-
ful, and also the most terrible anyone has
ever drawn…? Have you the slightest idea
of what kind of movie would have come
from there if only Lovecraft had lived a
few more months…?," says the charac-
ter/author. At this point of the text we
will make yet another conjecture. In this
case, its validity can be prolonged for
as long as the reader sees fit. But better
still: let us make two conjectures. First
conjecture: Lovecraft and Walt Disney
did indeed cross paths when the latter
was preparing "Snow White and the Se-
ven Dwarfs" (1937). Disney never made
a movie with a script by Lovecraft, but
the encounter totally transformed him:
the dark forest where Snow White gets
lost is a territory of primeval horrors,
a cover letter for all that dark matter
which, from that moment onwards, will
periodically emerge in the Disneyan
imaginary, for once and for all unable
to be the virginal territory of innocence.
Second conjecture: Lovecraft never met
Walt Disney, but the power to imagine
that encounter gave Max the privilege
of (or cursed him with) resolving that
paradox. The energy of that non exis-
tent film is what moves his pencilwork
to reveal the dark side of the Disneyan,
its repressed lewdness, its secret revolu-

tionary power, its quest into the depths
… When he talks about the conflation
of Lovecraft and Disney, Max comes up
with an odd, quirky, albeit clarifying definition of himself.

THE EYE AND DEATH

Santiago García

The Dark Forest

Under the modern gaze, which tends to slip into the corners, what stands out most in *Knight, Death and the Devil*, the engraving by Dürer, is the dog. From top to bottom, there are a magnificent castle, a gloomy ditch, and then three striking figures: death gripping his hourglass, the grotesque and furry devil, and the knight, outlined sharply in his confident advance. Under the horse, a skull and a salamander are symbols that seem excessively obvious even to a contemporary observer unversed in iconography. The first one reinforces the subject of death, the second is a recurring element in esoteric expressions, whatever they may be.

But, what's with the dog?

This seemingly misplaced dog is the basis for a 1966 story by Marco Denevi, fittingly named "A dog in the Dürer engraving titled "Knight, Death and the Devil"", which itself is the basis for one of Max's small masterpieces, the illustrations published in an exquisite booklet by Media Vaca in 2006, among which, let us not forget, is a reinterpretation of the original Dürer image by this artist from Barcelona.

There is something comical, we feel, almost insolent, about this dog, as if it somewhat defused the gravity of the reflection on the fleetingness of life contributed from this tail end of the Middle Ages at the dawn of Humanism. It is not that rare: many are the sacred images in which a non-canonical canine breaks into a solemn

scene, perhaps due to a flight of the imagination of the painter, and all of a sudden all that was sacred turns profane. As a sort of flesh-and-bone ballast, the dog prevents us from levitating in an excess of pomp. In the interpretation of the engraving done by Max, the dog is green like hope (or like green dogs), and the knight is missing. And that dog lost between the legs of the higher creatures makes me think, for some reason, of how the comic is lost between the legs of the higher arts, which burdened with age and ceremony hoard the scene in desperation, concerned that it is the dog trotting between their legs that inevitably captures our attention.

Then again, in the interpretation by Max they are all skeletons, so you can draw your own conclusions.

Let us assume for a second that Max himself is the knight. Then it would make sense to us that he would have got off the horse, for he alighted to the ground a long time ago to move more freely between the legs of Higher Art. This Max has always been a Wandering Knight, and as is the case in folklore, that has been his blessing as well as his curse. Max has tended to get lost in the forest, for the forest drew him in with an irresistible pull, enticed him to traverse it, despite not knowing when he would next reach a clearing. And as soon as he reached that clearing –for in the end there is always a clearing, even if the woods go on forever– he would seek another forest in which to lose himself.

In the nineties, the forest of Spanish comic art was a dark one. The momentum of the comic boom of the 1980s in all of its trends –the underground comic championed by *El Víbora*; those

of a more commercial bent, based on science fiction and eroticism, and the so-called "new clear-line" school –had dissipated, and many of the fellow travellers of Max's generation seemed to have run out of steam. Was the most promising generation of comic art in the Spanish democracy going to disappear before they reached the age of forty? At this crossroads, Max did what he does each time he reaches one: he changed course. He dropped the routine of his serial characters, abandoned the shelter of La Cúpula and plunged himself into self-publishing in search of a truly mature expression detached from the commercial subjects of youth comics. There was no other way to stand up to the challenge posed to our collective conscience by the Yugoslav Wars, a conflict that was unfolding right here, in Europe, while we held the Olympics in Barcelona. In order to express this rupture of conscience, Max also sought a graphic rupture: "Nosotros somos los muertos" (We are the dead) introduced a line of visual reflection that manifested not only an unquestionable gravitas, but also the author's outgrowing of his impressionable stage, during which the influence of several artists (Crumb, Chaland, Ever Meulen) had dazzled his senses. The new Max was strange, he was scratchy, he was rough, but he was more Max than ever. And us, the dead, *happened to be* dogs without conscience, that is, lacking the eyes to see the atrocities played out on the television screen.

That story also gave rise to a homonymous magazine in which Max regrouped as a comic artist, surrounding himself with the best of the international comic vanguard, which he introduced to the young talent of the emerging Spanish comic and with those of his own generation who chose not to remain adrift. With *Nosotros somos los muertos*, Max, accompanied by Pere Joan and Álex Fito, wrote the prologue to the contemporary Spanish graphic novel.

At that very moment, Max was feeling an urge to write. In the mid-nineties he published two of his major books, *Órficas* (Orphics) and *Monólogo y alucinación del gigante blanco* (Monologue and the hallucination of the white giant), a piece on classic mythology and another on private mythology in both of which he exorcised the word. Max proves that he is a writer as well as an illustrator. And armed with that knowledge, he decides to exhaust the power of the word with two large comic projects, a frustrated one and a frustrating one: *El mapa de la oscuridad* (The map of darkness) and *El prolongado sueño del Señor T* (The extended dream of Mister D). The first one is the embryo of a large graphic novel that would remain unfinished after arduous preliminary work. The second one is a brilliant display of visual symbolism that falls short for a single reason: the word weighs it down.

Both are guilty of the same sin: they have a script.

Perplexed, Max realises that now that he is a writer he has ceased to be a storyteller, and he does not quite know how it happened. Fortunately, we have reached another crossroads.

The Visual Turn

While the academics of the image discuss the "visual turn" announced in the mid-nineties by W. T. J. Mitchell with his "pictorial turn" and Gottfried Boehm with his "iconic turn", Max arrives to similar conclusions through artistic channels at roughly the same time. In the theoretical discussions of the last few years, the "visual turn" has come to replace the "linguistic turn". The image gains a central position previously reserved to the word. Philosophy is no longer an exclusive domain of the logos. The relationship between language and image becomes an essential issue.

Bardín el Superrealista (Bardin the Superrealist) demonstrates in practise that the power of images is not merely poetic, but epistemological: the image is not just a means of representation, it is above all a system of knowledge with a logic of its own, a system of knowledge that does not need to depend on the word at all. This is a decisive epiphany for Max, for it dispels the fog caused by the seemingly hybrid nature of the comic (word/image) and by the insistence of some theoreticians that in spite of making rash judgments have a strong bearing on the eminently narrative character of the medium: as it turns out, Max realises that he is *not* really a storyteller and *neither* is he a narrator. He is, first and foremost, a *draughtsman*, and therefore he works on *subjects*, not *arguments*; he handles *icons*, not *characters*.

This is why Max is the only cartoonist capable of producing comic art founded in philosophy, as seen in the collection in which he draws the thinking of Deleuze or Arendt to texts by Maite Larrauri. A concept gives rise to a sequence of panels, and the nonverbal discourse that they assemble is not so much an illustration as it is a complement (or an alternative) to the source text. That is why he is also capable of producing drawn philosophy when he fulfils with scrupulous professionalism (for we are discussing a contemporary artist that has the work ethic of a medieval craftsman) the weekly illustration for the newspaper supplement *Babelia*. His one-eyed, angular-headed God shows amazement at the tangle of the story that he is concocting, his captive reader finds himself doomed to perpetual and silent reading, he has fallen prey to the tyrannical rule of words.

Since his appointment as a draughtsman, the Eye, ruler of the realm of drawing, bears upon the work of Max. The eye is connected to Bardín by means of the *Chien Andalou*, which bestows on him the surrealist powers of Luis Buñuel and Dalí. Upon obtaining these powers, Bardín attains total clairvoyance –almost an extension of the full power of the paranoiac-critical method– which he first applies to himself. To his chagrin, what he discovers is that he carries three tumours within. Knowledge offers no relief, or as Foucault said in his discussion of the Panopticon: "Visibility is a trap".

Shock is followed by reprieve. None of the tumours is an immediate threat to Bardín. Like Dürer's knight, he still has some sand left to trickle down his hourglass.

Nevertheless, here is revealed the subject that, cloaked or bared to the bone, traverses the entire production of Max in the last decade: death. He had already flirted with death in his youth (*La muerte húmeda*, or damp death, 1986, offers a few examples of his attraction for the theme), but now he broaches it with increased seriousness. He ponders about it looking at the past, as when he evokes the medieval Dance of Death, in which he immerses Bardín and a multitude of draughtsmen from all over the world, an old tradition that makes him rediscover a fondness for the 16th century painters of Northern Europe. Not only the already mentioned Dürer, but also Bruegel with his The *Triumph of Death*, or Hieronymus Bosch with his *Christ Carrying the Cross*, which served as a model for Max's *Santa City*, a cover for *The New Yorker*, and from whose Garden of Earthly Delights he extracted a drop of essence for *Babelia*. Within Max teems an undying contradiction between his rabidly futuristic inclination and a fascination for the primitive that borders on the perverse. I say that it borders on perversion because this resolute sceptic is crazy about old religion and the stories of the holy martyrs, which lead us back to Bardín's surrealism through the aforementioned Buñuel and his *Simon of the Desert*. The irreverent filmmaker from Aragón may well be the *patron saint* of "Vapor" (Steam), his latest comic, where he returns to irate asceticism, one of his more personal specialties. If every piece is ultimately a fantasy of its author, then we might believe that Max is repressing an impossible religious nostalgia. In some alternative world, a technomonk called San Francesc illuminates Psalters with his graphics tablet.

We already know that Death rides a white horse, although in the case of Max it is often a mare. And that nocturnal mare is the *nightmare*, the sleep terror that animates the unconscious psychic flow, a sort of panoptical oedema of the mind that we have called surrealism –a cowardly euphemism– because it sounds more polite. The mare trots in *The Extended Dream of Mister D*, and also appears in his permutations of *Nightmare* (1781),

the famous painting by Fuseli that haunts him for some time. The painting is the pretext for "El ruido y la furia" (The Sound and The Fury), another of the small masterpieces of Max, which provides the perfect closure to *Hechos, dichos, ocurrencias y andanzas de Bardín el superrealista* (Acts, Words, Musings and Adventures of Bardin the Superrealist). In it, the raging unconscious destroys all of its tormentors one by one: religion, the forest, the giant Cyclops, and finally the nightmare. Yet in so doing, he realises, he has torn his own heart out.

This is a settling of scores, not only with the unconscious, but also with his history as a cartoonist. Max concludes the journey that he started guided by Crumb in the 1970s underground and escapes the gravitational pull of Chris Ware, the heaviest celestial body in the constellation of today's international comic avant-garde, to recover his early influences, the original ones, those influences that occur so early on that they are not even influences, but the moulds that shape us: the school of Bruguera and of animated cartoons (Disney, Warner, Hanna-Barbera). Today, Max can leaf through the pages of Herbert Crowley, the most secretive cartoonist of the 20th century, and integrate them seamlessly in his own vision. This is a sign of maturity, because in the end we can only play with the toys we were given in the beginning.

According to experts, Dürer painted *Knight, Death and the Devil* to hail the victory of the Renaissance knight over death. It may even have been a veiled self-portrait by one of the first self-portrait artists in Western painting, one completed later with *St Jerome in His Cell* and with his famed *Melenco-*

lia. Denevi, and Max with him, reverse this interpretation and disassemble the proud stance of the warrior and its horse to reveal to us that, just like Bardín, he carries the pestilent tumour within, the plague brought on by war, for the latter can only bring ruin, or perhaps ruin and some images that the dogs that are we, the deceased, are not capable of seeing. Following this inversion of values, we discover a new function in the dog. According to Cirlot –it is no accident that this is also the name of Bardín's friend– the dog is the companion of the deceased.

From this absolutely dismal picture started by Dürer has fled, as we said, the missing knight in the interpretation by Max. Also, in his *Dictionary of Symbols*, Cirlot has brought to our attention the meaning of colour in relation to the progress of knights: the green knight is the squire, the preknight; the black knight is the one in penance, still striving to overcome his trials; the white knight is the chosen winner; the red knight is the one glorified by the conquest of every challenge. If this image of *Knight, Death and the Devil* is, as that of Dürer, a self-portrait, it makes sense that we do not see him on the spectral horse (or mare): having overcome all obstacles, he has reached a rank above the red and white knights. He is the transparent knight, who knows himself a draughtsman, and is therefore aware that the power of drawing is more than capable of going beyond the reach of the word: of representing the unrepresentable, of saying the unsayable, of drawing the undrawable. The face of the artist is in his stroke, and his name is everywhere; the only possible self-portrait is the invisible self-portrait

MAX, OR A TRUE DIVINE LAUGHTER

Alberto Ruiz de Samaniego

"Praised be the nightmare, which reveals to us that we can create hell."
Jorge Luis Borges

"Frightening dreams are excellent explorations of the abyss and of shadows, as they let us experience the terror of what comes after life, that is, the fear of death."
Ernst Bloch.

As happens in the tales of Scheherazade, or in old theogonies, everything emerges out of chaos and night. The night of Max is an ancient night. Very ancient, cosmic, unique and absolute. A night that falls from the sky itself, as if in a sort of internal bleeding. A night with a melancholy quality: one feel the pulse of one's own blood aligning with this process of absolute loss, an infinite, sweet, inexorable and rhythmical loss. Nightfall induces a weakness that lulls the body to sleep. Let us also underscore the intensity of every thought and image in this darkness. In a way, Max knows that images are not made for the light. As any dream can tell you. And each night proves it so. Here, the dream spills over the night, every night. It is in this atmosphere that the narratives of Max always unfold.

In darkness. In the fear of darkness, too. Indeed, watchfulness, the treacherous idea of watchfulness and its eye, is related to the shadows. Fascination hypnotises and paralyses the victim like the gaze of the horse in *The Nightmare*. The paralysis lasts long enough to kill it, to devour its figure. The subject of fascination, the victim, the spellbound, is above all an eye. An eye through which the seer turns into the seen. Through the exercise of staring at the eye that stares back fixedly from across the divide. For an instant, the subject of fascination is ecstatic at the domineering form that has a hold on him. What is terror? And horror? It is to become rooted to the spot. It is to be subjected both to the impossibility of flight and the impossibility of contact. There is only one exception in this, to all of this: the dream. The act of dreaming. When dreaming, the sleeper experiences regressions, the return of the images or the figures of the dead surfacing on the backs of his closed eyes. Max's images always move toward this point. It is this dreaded and dangerous emergence that Max's characters cannot avoid: the image itself.

In dreams, the linguistic representation of man, codified and illustrated, falls back upon its archive of images: dreaming (not sight) is optical fascination at its purest. Thus the eye retreats to its image, to the place where the body falls, and this fall arouses desire. As the dream unfolds, retracing the course of the past (the path that the living being has followed), man returns to an immemorial dimension, an animal one. We could then think along with Max that the whole universe is an immense game of illusions and fascinations. In consequence, in the great pantry that is the universe, life gorges itself, it tastes itself and tastes life forms that watch and devour one another in symmetry: a jungle universe.

Later on, the uncharted, drifting immensity of the sea and the sky or of the forest is compounded by the incommensurability of night. With Bardín, with the extended dream of Mr. D, we go back to the days when we could see the stars. And we are, along with them, like them, caught in the grip of a terrifying and at once exquisite anguish. This affection, essential to the universe of Max, is nothing but the presence of the world, or of the All, and the question as to what may be the place –if any– that one holds in that world. A question about origins and childhood, and about the infancy of thought – like a Pre-Socratic question, for example. Or like the questions of the white giant, incapable of coherently articulating that experience, yet aware that it corresponds to ancestral and atavistic investigations: who am I, why am I here, what is this world where I am, yet where I am not fully? Max's characters experience this feeling of estrangement, the wonder and the marvel of being there. This feeling is what the Greeks tellingly called the *great chain of being*. Bardín often happens upon it: it is the feeling of being immersed in the world, of being part of it, of a sort of continuum that stretches from the smallest blade of grass to the stars. As such, this world becomes present, intensely and murkily present – at times, even offensively present, insolently active and at the same time ridiculous, as Bardín notices on some of his night-time walks. Freud called this new awareness, which involves a strange feeling of belonging to the All, the *oceanic feeling*. From the moment one experiences it, one has the feeling of being isolated from others; but along with Max, like Max, one discovers that many people have similar experiences, only they do not talk about them. When they do, they perform monologues, they rave, they make poetry –in the good way of the white giant, or of Dylan Thomas, or of Cirlot. They philosophize, in the positive sense that philosophy is no more, nor less, than that awareness of existence, of being-in-the-world, tackling the eternal challenge of expressing this feeling. It is the need to write and draw that feeling, to commit it to memory, which is the purpose of the Adamic monologue of the white giant as he becomes aware of his own body and the world around him. Knowing oneself to be (in) the world and also something other at the very edge of that world. Knowing that the world, or the reality of the world, is incomplete– non –All, in the words of Lacan– precisely because I exist and I am in the middle, immersed in it, and "this void limits and defines me. Only through it can I perceive myself, be self-aware, imagine that I exist. But if this is so, then, could it be that I am only image, representation, noise? Could it be that this small empty place, a speck of dust within my body –yes, it is inside but it *is* the outside– is the inevitable, the unconcealable, the unrepresentable in existence, and is therefore *the real*? What if I were only an excrescence, a gigantic tumour, the mask, the disguise of this total void?"[1] Indeed, between us and the All there is an irreducible hiatus, an incurable breach of the Real, which is nevertheless constitutional to reality. This breach of the real, which existed before causes and effects, subjects and objects, cannot be symbolised, and thus inspires both horror and the ever-varied trickeries of philosophies and religions that endeavour to safeguard us from it. Therein lies the original fracture that conditions the organisation of reality on all its levels: from the self to society as a whole, with its beliefs and yearnings.

Max does not hesitate to tackle the awkward phenomenon of religion, which often comes across in explorations of the beginning. He has meta-bolised this awkwardness and wonderment to such extent that he can laugh at it, refute it and at the same time reincarnate it to exhaustion. He can tell us of all its derivations and proposals, all its inclinations and subterfuges. He has approached the phenomenon from the vantage of depth psychology (following the steps, for example, of Jung), using arguments akin to those of Lacan or Freud; through motley revisions of theological arguments from different sources (Christian anchorites, animists, far-eastern and Hindu); and through anthropological or mythological analysis in the fashion of Frazer. He has also studied it as a sociological phenomenon (the cry of the oppressed) or an ideological device (the opium of the people!), as the impulse behind modern stylemes – Surrealism, Ubu, the *non-sense* of Lewis Carroll, the various irrational and oneiric features the vanguards had culled from Romanticism or Gothic literature. In short, like a melting pot that can fit new age and techno, Shin Chan and figures of Buddha found in the pound shop.

We are, indeed, immersed in it, built and shaped constantly by it. It is precisely because of it that man is first and foremost an enigma to himself, and a dreaming animal (preceding by a long stretch both *homo faber* and *homo ludens*). As a dreaming animal, he is also a yearning one. In Max, desire is always related to the feelings of anguish and wonderment. This drive, as Freud already knew, is our true mythology: the drives are mythical beings, grandiose in their indetermination. They have something to do with contemplation, a scope that puts us in touch with the trauma and the danger of the sacred: in fact, Klossowski tells us, the gods teach mankind to look at itself in the form of a spectacle, just as the gods look at themselves in the imagination of men. This is the reason for the eternal theatricalisation that is the world of phenomena and the issues and interests of men. In the end, it is a desire to be, which turns into a desire to love another or the other, the desire to merge –and to be devoured– in full that is the utmost act of love. This *eros* finds its expression in its infinite and inexhaustible ability to dream. The function of drawing, of creating images, is to give shape to these dreams and to the most terrifying nightmares. For deep in this desire dwells the unshapeable, the object of wonder and stupor by definition: the inaccessible mystery that stalks and besieges us every night, and every day: death. Death itself, inflated to unspeakable proportions, overwhelming all bounds of reason, which represents –much like an extreme erotic trance– the radical and totally *other*, absolute heterogeny. That which the Romans –and later Rudolf Otto– called the *numinous*, which is the sacred in its wildest form. The voraciousness of the very gods swallowing every creature and every attempt of rational or coherent integration. Voraciousness for everything, akin to that of the supermale or the primeval hunter that is caught chewing its female prey. Nothing is as spellbinding as this simultaneity of moral repugnance and unbound pleasure in the body, perhaps in the very soul. Theopornology: bodies become entangled and imbalanced in labyrinthine twists and folds, in all sorts of awkward movements drawn, contested and counterweighted, in indiscernible detours and subterfuges and unstoppable penetrations. Space filled to overflowing with ecstatic flesh: fulfilled, precisely, in structures of open decomposition or fragmentation, directed bodies, incestuous by inclination,

1. Translated from the Spanish from Max, *Monólogo y alucinación del gigante blanco*, Edicions de Ponent, Alicante, 1996, p. 52. (Italics are preserved as featured in the original.)

continuously engaged in illogical acrobatics and confusing entwinements. This morbid and ancestral attraction of Max clearly emerges in response to that allure of the divine manifested as the wild feminine or as sacred prostitution. It is a monstrous desire that, like dreams and forebodings, takes us to realms of a radical intensity – or even a radical perversion. It is associated to a primitive and brutal act, a violation that can make us lose our minds: as if there were no pleasure or beauty outside of catastrophe, or perhaps of castration.

There is an inherent *terribilitá* in Max that can be identified with pagan orgies or the most recalcitrant atavism, and it is manifested in those peculiar epiphanies that tend to emerge in frightful ways, usually along with an irrepressible and bestial sexuality. It is an emotion that is bound to the religious, in the way defined by Kierkegaard, for instance, and Freud later on: a feeling that inspires fear and chills, which verges on horror and ecstasy. It is an enthralling and seductive experience that has come to be labelled *unheimlich*: *the uncanny*; which unnervingly chases and lures Max's gaze, making it zoom in on Fuseli's painting of *The Nightmare* time and again. The nightmare, this terror, female equine of the night, constantly reminds us of its irreducible nature, its imponderable mystery. It eventually transcends any subjective feeling of stupor and consternation to reveal a primordial phenomenon that elicits a brutal yet fascinating terror. She radiates absolute seduction, stimulates a passionate ardour, an irresistible sex drive. This duality –simultaneous terror and fascination– traverses every religion, carving its imposing sexual presence in the visionary mysticism and the poetry of all times. This is what assaults us from the orgiastic impulses

and ecstasies of Max, from the Panic fusions and the indomitable possessions, from the lustful and dancing bodies or the shamanistic plunges and flights of his narratives. The characters of Max's stories inhabit the incommensurability of exile, live in the perilous verticality of the ground digger, or of the explorer of cosmic highs: they want to escape all horizons, all orbits. Their impulse is to enter the ground (burrowing into caves, mud, quicksands, humus) or else, to ascend prodigiously toward the sky. Awareness always rises in the eye of the storm, at times reaching the orgasm of the repulsive, or even a sort of tragic hyperesthesia that is inevitably associated to a sort of symbolic displacement of the castration complex, a complex that is evoked precisely through images of mutilated organs. Like those of Poe, Max's epiphanies are always deeply connected to the oppressive –to a brutal decomposition condensed into a self-image, and to the violent bursting of that rarefied permanence– with a voluptuousness that derives from the fantasy of returning, in a way, to the mother's womb, striving to evade the loss of being and of identity. A flight into the abyss of all those ontological haemorrhages, of that decomposition that is the background noise of the universe. We are surrounded by that mystery of the present that lurks ominous and crucial, by its extreme violence and pleasure, just as space comes to an end. We find it, disturbingly, within ourselves, it is even projected onto the deepest beats of our heart, as evinced in the *Tríptico del sonámbulo* (Triptych of the Sleepwalker). It is our passion and shapes our aesthetic experience. It is our (atavistic) death principle and path to our (unattainable) identity.

This death drive, which resides at the very core of the dream, would constitute the foundation of the narrative

that we call man, as the Freudian tale conveys in a vision that could well have been drawn by Max – assuming this is not exactly what he has done, for instance, in *Monólogo y alucinación del gigante blanco* (Monologue and hallucination of the white giant): "At a given juncture, driven by a power that remains unimaginable, the qualities of life arose in inert matter. (…) The tension that originated as a result in the inert substance strove to balance itself; the first drive had emerged, the drive to return to inertness. At that point it was still easy for living matter to die; it probably only needed undergo a short course of living whose direction was determined by the chemical structure of the young life. For a long time, living matter wanted to be created anew, once and again, and to die easily, until some decisive environmental factors transformed to such degree that they forced the substance that remained alive to increasingly larger deviations from its original life path, and to circumventions that grew more complex before reaching the objective of death. At present, these detours on the way to death, fixed stringently by the life drives, offer us a picture of the living phenomena"[2]. This is the Orphic inclination that keeps drawing Max in. The primal scene, the origin of the subject, who seeks to be represented in that inaccessible sexual act. For "no man can hear the scream at the moment that the semen that creates him is spilled"[3].

Consequently, we could argue that everything in Max leads to the investigation of the turbulent –and inaccessible– nature of a subject. And insofar as it is turbulent and simultaneously unfixable, what eventually emerges are the turbulences themselves, the cracks and absurdities of the creature – and of the entire collective of

2. Translated from the Spanish as quoted by Isabel Platthaus, in *Lo real de Freud*, Jorge Alemán (ed.), Ediciones del Círculo de Bellas Artes, Madrid, 2007, p. 67.

3. Translated from the Spanish in Pascal Quignard, *El sexo y el espanto*, Editorial Minúscula, Madrid, 2005, p. 153.

223

creatures: that which we call civilisation, or culture. A dark psychoanalytic domain thus arises from this exploration, configured by sadistic skeletons that irrupt in their full parasitic force, like *superegoist* envoys or heralds of death and its all-encompassing rule. Blanched and triumphant bones that nevertheless manifest the darkest and most unspeakable wish of the subject, which is punishment for his debts and guilt; the irreducibility of evil, the deathly inertias that bring any attempts at civilisation or identity to decay. These sardonic skulls, bones and skeletons sneak into dream itself – into the dream of humanity. They exploit the morbid attraction incited by images of lascivious carnality or of unbridled cruelty. And most of all, they hide behind the spectres of the dead; they ride or cling to borrowed living forms, as ape-like and cartoonish bodies, residual, make-believe: they need another being to exert their obsessive and malevolent negation. Therein lies the experience of perversion in its fullest sense: it has in common with ecstasy and with certain forms of hallucination the appropriation of bodies and souls, which were dispossessed to begin with. As for the individual, he also rides through this *dance of death*, confused and alone,

like the old knight of Dürer, ironclad and powerless in the midst of this devastation, cruelty and despotism. Therein lie, too, the cardinal virtues of Bardín as adventurer and wandering knight: courage, cavalier humour and a taste for exposure, in the barren moor, to the desolation of the forest of the night. It is this Shakespearian and Panic territory –the obsessive landscape of the ghost and the guilt that haunts and consumes us– that imposes its demands, beyond our mere ability to obey. The mortal, mortifying nature of the law –of the self– is ultimately what precludes all compromise or agreement, revealing itself as the homicidal and obscene reverse of all legitimacy. It shows, in the wake of its destructiveness, not only that the subject is divided or split into the I, the *superego* and the unconscious id, but that, first and foremost, it is constitutionally turned against itself. In the face of this transcendent, demonic and brutal *alterity* that seeks only slavery and death, of this repeated destruction, this scandal of life against itself, there is no alternative to the stance of this anarchic and perplexed Bardín: the ironic and disenchanted management of the self, the pursuit of the pleasure principle rather than the

inclination to achieve a purely masochistic subjectivity, ever under the painful rule of the disturbing, fatal and primeval power of the spectre of the nightmare and the sublime. In this sense, the ironic and hedonistic detachment of Bardín does not aspire to communicate or merge with that transcendental and elementary alterity. To be sure, Bardín never confuses divinity with its manifestation – the often ridiculous or banal spectacle of this manifestation with the essence of the cosmos. By consistently accepting his own limitations and lack of integrity he has achieved *ataraxia*, the subtle and happy serenity of the ancient sages, of the erstwhile cynics. His truth is also divine, but now in the sense –also archaic– of those gods who could die of laughter as they were exorcising the most traumatic obsessions. Bardín or the hilarity of the serious, or, in the words of Blanchot, a humour that goes beyond the promises of this word, a power that not only engages in mockery and ridicule, but which summons the eruption of laughter and sets in such laughter the purpose or ultimate goal of a theology[4]».

4. M. Blanchot, "Le rire des Dieux", *L'Amitié*, Paris, Gallimard, 1971, p. 193.

Textes en français

MAX DANS LE TEMPS

José Carlos LLop

Il y a vingt-cinq ans, nous nous sommes réunis avec un groupe d'amis et de relations dans les jardins d'un hôtel de la baie de Palma pour célébrer nos trente ans. C'était au début de l'été et le lieu s'appelait «Ciudad Jardín». L'hôtel avait été construit autrefois dans les années 20-30 et il avait un air orientaliste des productions hollywoodiennes de cette époque. Je veux dire que le concept d'Orient ne différait absolument pas de celui d'un décor cinématographique avec son goût pour les minarets. Une piscine olympique vide ajoutait à la touche de modernité abandonnée; d'ailleurs, cette modernité et cet abandon, tout comme, d'une certaine manière, cet orientalisme occidental étaient plutôt en accord avec notre génération. L'orientalisme et cet abandon comme une empreinte que nous avions déjà laissée derrière nous; la modernité comme un désir plus ou moins inaugural. En 1986, cela donnait l'impression que la fête était à son zénith et que personne ne voulait la rater.

À cette fête, nous étions pour la plupart –pardonnez-moi– des artistes. Peindre, dessiner, écrire était –ou allait devenir–l'argument de nos vies. Nous étions tous, ou presque, sur le point de découvrir un ton, un style, une forme qui nous identifient de manière singulière. Tous sauf deux, les dessinateurs Max et Pere Joan qui étaient aussi nés –comme les autres– en 1956 (année d'une excellente récolte vinicole d'ailleurs). L'un et l'autre avaient déjà atteint à trente ans la maturité dans leur art. Pour ceux qui n'étaient pas prêts à jeter l'éponge en chemin, et nous ne l'avons pas jetée alors que beaucoup d'autres l'ont fait, il nous restait une bonne distance à parcourir.

Je n'ai qu'une photographie de cette fête. Je ne sais pas pourquoi je n'en ai qu'une mais cette image corrobore ce que je viens de dire. Il y a deux personnes sur cette photographie, Max et moi, vingt-cinq ans plus jeunes que maintenant. Mais ces années se remarquent plus sur mon visage que sur celui de Max et ce, bien que Max ne paraisse pas plus âgé que moi sur cette photographie. Non, c'est comme si lui était déjà construit et que moi je ne l'étais pas (et, bien entendu, je ne l'étais pas). Ce visage de Max *demeure* le visage de Max, l'unique visage que je lui ai connu. Celui qu'il avait alors et qu'il a actuellement, un visage de totem bienfaisant. C'est-à-dire, enclin au hiératisme et à l'observation et qui de temps en temps s'anime et esquisse un sourire entre aimable et ironique, sourire de quelqu'un qui a déjà tout vu et qui encore –ou pour cela même– sait que la consolation se trouve seulement dans la chaleur. La force de ce visage– et il s'agit d'une force tranquille– se trouve dans ses yeux.

J'ai toujours pensé qu'il ne pouvait jamais rien arriver de mal à quelqu'un se trouvant auprès de Max et c'est ce qui se voit dans la photographie de la fête. Cette humanité de Max –je veux dire l'appartenance à une famille– je l'ai rencontrée bien des années plus tard, non pas tant chez des peintres ou des écrivains, mais –et cela ne peut être un hasard– chez d'autres dessinateurs de BD. Je pense notamment à trois merveilleux et inoubliables personnages avec qui j'ai cohabité plusieurs jours en Provence l'année dernière: Olivier Mau, Matthieu Blanchin et Christian Perris-

sin. Sans oublier, bien entendu, Pere Joan que j'ai commencé à fréquenter à dix-sept ans, alors qu'il pratiquait la peinture hyperréaliste et que moi, j'écrivais des poèmes à la manière de… Il y a chez chacun d'entre eux un refus d'abandonner le royaume de l'enfance ce qui les rend paradoxalement beaucoup plus matures que ceux qui ne semblent n'en avoir jamais eu. C'est du moins mon impression.

Le royaume de l'enfance. Le mot royaume. Le royaume de la forêt. Le royaume du désert. C'est bien le Max que je connais. Le royaume de Max. De la forêt au désert. De la mythologie sensuelle à la métaphysique caustique. De l'érotisme à l'ascétisme. De la tribu à la solitude. Et en toile de fond la littérature qui est aussi présente, sans laquelle Max ne peut être compris. Du moins, pas dans sa totalité. Du moins, pas la cartographie du royaume de Max. Dans ce royaume, le temps n'existe pas, ou bien il n'y a qu'un temps qui s'approprie les autres temps, ceux qui ont vraiment existé. Il y a un aspect uchronique dans les histoires de Max, dans les dessins de Max, éloigné du temps et en même temps inscrit dans ses visages. Tout naît de la forêt –la forêt infinie– et cette forêt est le père –et ses secrets– et la mère –qui nous nourrit–. Et les créatures de la forêt sont celles qui vont nous accompagner, de l'ombre à la joie, durant toute notre vie. C'est ce que semble vouloir nous dire Max entre les troncs noirs et les lianes épineuses. Mais ceci apparaît aussi dans les animaux fétiches qui nous observent sans intention de nous faire du mal et dans les corps dénudés et débordants des égéries qui nous entourent, dans les petites fées qui baisent avec un enthousiasme inversement proportionnel à leur taille ou bien encore dans le sarcasme noir de l'un de ses personnages les plus connus, Peter Pank.

J'ai écrit uchronique, mais quand je pense au Max que j'ai connu, le Haut Moyen-Âge, ses icônes et ses peurs, ses couleurs et ses mythes préchrétiens apparaissent immédiatement. De même qu'apparaissent Lovecraft ou Borges. Comme si Max avait tracé les frontières de son royaume entre l'enfance –la couleur de Disney notamment– et le *limes* de l'adolescence. Entre ces deux frontières, tout son monde artistique se serait épanoui: le lieu d'où surgirait tout le reste. Peut-être n'est-ce qu'une fausse impression, mais c'est celle que je ressens et c'est ainsi que je la raconte.

C'est parce que l'art de Max, d'une manière ou d'une autre, nous immerge dans un monde ancien. Tout du moins, il ne s'en détache pas. Comme s'il nous disait qu'ici, dans cette origine, se trouve l'explication de ce que nous sommes. Contrairement à d'autres de ses compagnons de génération –je pense maintenant à Mariscal, Nazario, Torres ou Pere Joan, parmi tant d'autres– il ne semble pas que chez Max il y ait eu un émerveillement spécial pour la modernité. Ni pour l'exigence frivole de l'exprimer dans son œuvre afin de ne pas être en marge. Ni pour le besoin légitime d'être moderne dans le monde moderne. Il n'y a que dans la série de *El rrollo enmascarado* et ses suites –très influencées par Robert Crumb et qu'il faut voir comme un apprentissage, me semble-t-il, où Max tout en étant Max, n'est pas tout fait Max– qu'il se passe en partie l'opposé de ce que je dis. Ensuite, une fois le ton trouvé dans la stylisation du dessin et l'originalité des histoires, apparaît ce Max total au cordon ombilical qui l'enracine dans le monde ancien. Qu'il s'agisse des fées, des forêts, des

dieux, de ses orphiques ou bien des gargouilles, du post-victorianisme lovecraftien, du panthéisme druidique ou de l'érotisme de la Russie tsariste. Et, le danger, la folie et la mort –comme dans *Le septième sceau* bergmanien– sont présents, jouant aux échecs avec ses personnages.

J'ai précédemment cité le mot stylisation; le monde de Max s'est peu à peu stylisé –ou épuré– plus encore avec le temps et ce jusqu'à arriver à une solitude distincte: celle qui s'amorce dans le dévastateur *Nosostros somos los muertos*, –fruit de cette cicatrice indélébile de la guerre yougoslave– se concentre dans cette espèce de Saint Antoine contemporain –entre perplexité, tourment et indignation– que représente *Bardin le superréaliste*; solitude qui se synthétise dans les personnages solitaires –humains, animaux et livresques– qui illustrent l'article hebdomadaire de Manuel Rodríguez Rivero dans *Babelia*. Une esthétique –et une éthique– qui, entre phares d'un seul œil, paquebots ancrés dans le désert ou bien menaces du rêve, me font penser à Siméon le Stylite: la figure mythique des Saints Pères et sa recréation à la manière de Buñuel. Les deux choses me font penser au dernier Max et je ne crois pas non plus que ce soit par hasard ou qu'il s'agisse d'une interprétation simplement de génération. Même si je ne parle que du Max que je connais et que j'ai lu.

Comme je l'ai déjà dit, en 1986 avec un groupe d'amis et de relations nous avons célébré nos trente ans dans un hôtel de la baie de Palma. Avec Max. Mais avant et après cette date, le rencontrer dans les rues de la ville signifiait, pendant plusieurs minutes, rester fixé dans le temps. Non pas dans le passé ou dans une anecdote personnelle –quelle qu'elle soit– où nos vies se seraient croi-

sées ou bien auraient partagé un bon moment. Non. C'était rester fixé dans le temps de Max, temps uchronique et à la fois somme de tous les temps. Un temps qui, dans la relation personnelle, distille silence et bonhomie et où apparaissent, au delà du regard et du sourire, la forêt et les figures que Max y a récréées et Max lui-même.

Le royaume de la forêt. Le royaume de Max. «J'adore dessiner des algues, des jungles, des forêts. J'ai surtout une prédilection particulière pour les forêts» –dit-il à son ami Pere Joan– «C'est une ambiance qui m'a toujours plu, qui de plus me semble ne jamais se terminer. Dans une forêt, il y a toujours plus loin et il y a encore plus loin, et derrière chaque arbre il y a encore plus et il y a toujours des choses cachées derrière les arbres». De ce lieu –avec une croix celte couverte de mousse dans une clairière– et de cette époque –qui commence à Barcelone dans les années 70 et s'inscrit ensuite dans les mythes de tous les temps– surgit Max. Tel Merlin. Et bien qu'il connaisse la cruauté de la forêt et de la solitude, il y a un regard salvateur qui se profile dans ses dessins et qui nous rend meilleurs. Comme avec la bonne littérature. Comme avec les bons amis.

MATIÈRE SOMBRE DANS UN MONDE DE MAGIE ET DE COULEURS

Propositions pour une cartographie du premier Max

Jordi Costa

Il y a des moments dans l'histoire de la culture populaire qui semblent voués (ou condamnés) au don de la prémonition: ce sont des promontoires inespérés qui permettent de contempler l'avenir depuis une position privilégiée qui à son tour révèle des connexions inespérées, le tracé secret d'arbres généalogiques invisibles. L'un de ces territoires-clefs est la scène d'ivresse dans «Dumbo» (1941), un classique de Disney conçu à l'origine comme une œuvre fonctionnelle mineure en pleine convalescence économique des studios –et au seuil de l'entrée en guerre des États-Unis–, mais qui se cristallisa en un chef-d'oeuvre capable d'effleurer des esthétiques futures. Réalisé par Ben Sharpsteen, le film est un étrange îlot, une pause gratifiante dans la tendance progressive à l'émulation réaliste du trait Disney: une oeuvre consciente du fait que le destin naturel de l'animation n'est pas de supplanter la réalité mais plutôt d'en faire une lecture, une interprétation. Ses fonds à l'aquarelle, aux formes presque insinuées, semblent suggérer une première tentative d'approximation à ces esthétiques de l'épure qui culmineront dans la révolution des studios U.P.A dans les années 50; mais la scène du cauchemar éthylique suppose un saut plus radical: la prophétie des styles lysergiques d'une culture *underground* qui tardera encore plusieurs décennies à émerger et à s'affirmer. Il convient de ne pas trop se laisser tenter par

l'enthousiasme d'attribuer aux talents des studios Disney un pouvoir visionnaire presque surnaturel: il est juste de remarquer que les chorégraphies hallucinatoires et ce polymorphisme pervers qui articulèrent le *delirium tremens* précoce de l'éléphanteau délaissé étaient l'amplification de quelque chose de déjà présent, les échos formels de l'école de New York dirigée par les frères Dave et Max Fleisher. Il ne faut pas non plus laisser l'imagination s'envoler dans des directions imprudentes: Ward Kimball a déjà confirmé que les seules drogues présentes lors de la réalisation de cette séquence avaient été l'Alka-Seltzer et le Pepto-Bismol. Mais, peut-être un jeu pourrait-il être proposé: imaginer une conjecture et laisser que sa vérité provisoire reste en vigueur au moins jusqu'au point final de ce texte. La voilà: l'*underground* naît en partie du processus de fermentation idéologique et esthétique que les modes canoniques de l'animation Disney finissent par expérimenter.

En mai 1967, c'est-à-dire dans l'antichambre même du Summer of Love, le numéro 74 de la revue The Realist, un magazine déjà chevronné, devenu la référence parmi les publications alternatives de la fin des années 60 publiait un poster dessiné par l'auteur de bandes dessinées Wally Wood, intitulé «The Disneyland Memorial Orgy»; celui-ci montrait une troupe de personnages de l'univers Disney s'abandonnant à la lubricité. Ce n'était pas là le seul signal de mise en relation d'une sensibilité souterraine avec la perversion des signes d'identité de ce que Walt Disney nomma un jour, et probablement dans un accès d'innocence lysergique, un Monde de Magie et de Couleurs. C'est aussi pendant le Sum-

mer of Love que Victor Moscoso se fit connaître en tant que bouillonnant créateur d'affiches flamboyantes et psychédéliques. Un an plus tard à peine, dans les pages de la fondamentale Zap Comix, Moscoso lui-même tordait la silhouette de Mickey Mouse suivant les lois fuyantes d'un rêve au peyotl. En ce temps-là, Fritz le Chat de Robert Crumb était déjà devenu un icone de la contre-culture: un personnage qui, en pleine effervescence *underground*, exemplifiait la vigueur de la tradition des *funny animals* et qui dénonçait, parmi les lectures formatrices de son créateur, une profonde connaissance de l'œuvre de Carl Barks, le grand auteur précisément des grandes bandes dessinées classiques de Donald le canard. Pour l'essentiel de la relève de cette nouvelle génération l'imaginaire Disney semblait être l'ennemi à abattre: un discours de pouvoir exprimé au travers de la séduisante tyrannie du cercle. Il y a probablement une autre interprétation possible: le recyclage des icones Disney fonctionnait comme un traitement de choc pour que cette esthétique canonique du dessin animé libère ce potentiel lubrique et dionysiaque que le père Walt avait réprimé de manière antinaturelle. Quelques années de plus suffirent pour que la culture *underground* affirme sa relation avec l'esthétique Disney en termes d'activisme incendiaire: en 1971, le collectif d'artistes Air Pirates,–ainsi nommé en l'honneur d'une bande de scélérats qui, dans les années 30, apparaissaient dans les dessins de Mickey Mouse de Floyd Gottfredson– lança deux numéros d'une publication alternative «Air Pirates Funnies» dans lesquels les personnages de Disney étaient parodiés sans ménagement; les outils automatiques de provocation étaient la promiscuité sexuelle et la consommation de toutes sortes de drogues. Avant la fin de cette année-là, les Studios Disney entamèrent des poursuites contre les responsables de l'outrage. C'était le genre de réaction que recherchait Dan O'Neill, chef de file des Air Pirates, convaincu que tout ce qui était en rapport avec Disney était l'Ennemi et que Mickey Mouse était le symbole d'une hypocrisie culturelle véritablement américaine. Les Air Pirates perdirent le procès, mais O'Neill décida de libérer les siens du poids de la responsabilité de cette bataille et de s'engager corps et âme, en solitaire, dans un bras de fer avec la corporation. Un bras de fer qui se prolongea jusqu'en 1980.

Quand les studios Disney décidèrent de libérer O'Neill du poids de vivre à contre courant –à leur encontre–, le Barcelonais Francesc Capdevila, alias Max, était déjà l'un des piliers de la revue «El Víbora». Née à la fin de l'année 1979, cette publication supposa –pour ainsi dire– la légalisation –et non pas la domestication– d'une sensibilité *underground* qui, à l'instar du modèle américain, était née sylvestre et sauvage dans une Espagne en plein processus de transformation crispée. Max fut probablement le plus disneyien des dessinateurs de l'*underground* espagnol; bien que «Los Garriris» du valencien Mariscal partaient aussi du même modèle référentiel, pour arriver, par la voie de la distillation et du dépouillement, au territoire pur et primitif de «Krazy Kat» de Herriman. Il faut préciser qu'il demeure toutefois problématique de définir le travail du premier Max comme disneyien. Et imprécis. En effet, chez le Max d'avant la naissance de «El Víbora» –et d'avant la présentation définitive en société de

son premier personnage emblématique: Gustavo– le style Disney affleure à peine; il est camouflé comme un cours d'eau au milieu d'une frondaison exubérante de chanvre et de psilocybine qui semble pousser d'un sol fertilisé par la mémoire de grands noms de l'illustration catalane, tels que Junceda, Opisso et Urda. Le trait de Max, depuis ses débuts, est perméable et généreux: c'est le trait d'un artiste qui détecte, reconnaît ses affinités, les cannibalise amoureusement et sait continuer à avancer et à grandir en affinant constamment sa propre identité. Comme le sait tout admirateur fidèle de l'œuvre de Max, sa trajectoire a traversé des phases Chaland, des transitions Ever Meulen, des interludes grecs, des ruptures enflammées et des extases surréalistes, mais à aucun moment, ni même lors des premières phases de construction d'un caractère personnel et reconnaissable de son style, Max ne peut être soupçonné d'être un créateur condamné à la mimesis à cause d'une quelconque limitation ou d'un déficit de son éloquence. Dans les pages de «El Víbora», le trait de Max n'était pas le seul à nous renvoyer à des références traditionnelles: Martí construisait sa poétique *noire* en «ibérisant» le trait expressionniste et déformateur de Chester Gould, de la même manière que Gallardo retrouvait dans la tapageuse vitalité du «Thimble Theatre» de E.C. Segar un reflet possible de la marginalité barcelonaise. L'*underground* américain avait vécu un phénomène comparable: la séduction immédiate de la ligne psychédélique ouvrait, par d'autres moyens, les portes de la perception au consommateur profane vers un passé qui avait déjà été transgresseur, hypnotique, asservissant et inépuisable. La modernité, ou tout du moins la modernité digne de ce nom,

demeure un dialogue avec le passé; ou un moment précis d'une séquence qui provient de loin et qui, si tout va bien, mourra plus loin encore.

Au cours de l'année 1982, je me souviens d'avoir écouté Max se réjouir avec un enthousiasme sincère du dénouement de «Les sorciers de la guerre» (*Wizards*; 1977), film d'animation, d'épées et de sorcellerie, réalisé par Ralph Bakshi cinq ans après avoir mis en mouvement Fritz le chat de Robert Crumb. Il serait possible de penser que, dans un certain sens, Bakshi ferma un cercle lorsqu'il transposa dans le langage des dessins animés l'icone félin de l'*underground*: ce qui était né comme l'enfant bâtard de Disney occupait le territoire magique –le grand écran– là où le Monde de Magie et de Couleurs avait répandu son credo esthétique particulier. Crumb n'apprécia absolument pas ce type de consécration: sa réponse fut le meurtre dénué de rituel du personnage –devenu un icone perverti de la culture de masse– dans le territoire d'origine des vignettes. Quelque chose dans le traitement du personnage révolta spécialement son créateur: la satire des activistes radicaux dans la dernière partie du film. D'une certaine façon, Bakshi avait dénaturé Fritz afin de le mettre au service de la réaffirmation des discours de pouvoir. Ce que Max aimait du final de «Les sorciers de la guerre» semblait cependant représenter un acte de contrition de la part de Bakshi à la suite de son faux-pas. Dans ce film, deux frères sorciers se livrent à un bras de fer fatal sur la toile de fond d'une terre apocalyptique. Le premier, Avatar, est un mélange entre gnome et gourou hippie, faisant l'apologie de la paix et pratiquant la magie blanche. Le second, Blackwolf, ne jure que par le potentiel destructif de la technologie militaire et par la rentabilité future de la manipulation des masses au moyen de la propagande. Dans leur combat final, Bakshi surprend le spectateur avec un coup bas: Avatar, le sorcier hippie, gentil et pacifiste, sort son revolver hyperbolique et tue son frère. Action directe pour le bien commun. Il y a quelque chose d'extrêmement intéressant dans la fascination de Max –le Max de l'époque– pour ce dénouement: la contradiction apparente du type aux allures extérieures de hippie affable qui rêve en même temps de dynamiter des centrales nucléaires. Arrivés à ce point, il est nécessaire d'esquiver un autre danger: celui de confondre personne avec personnage, auteur avec discours. Max a souvent raconté à plusieurs reprises que Gustavo était né en réaction idéologique à la perte précoce d'idéologisation de la Contre-culture; Contre-culture que précisément, certains des compagnons de voyage dans l'aventure créative de l'artiste semblaient incarner. «*Nous avions décidé (le pluriel fait référence à Max lui-même et à son complice Zap, Jaume Fargas) de créer un personnage qui exprimerait ce que plus personne n'assumait dans la BD, la partie combative et radicale du collectif Rollo: provocateurs, Yippies, anars et en général tous ceux qui étaient toujours prêts à faire du grabuge*», écrivait l'auteur se remémorant la genèse de Gustavo, créature qui n'était pas une révision d'un *funny animal* mais plutôt un *angry animal* qui, malgré les suggestions de son entourage, n'aurait jamais pu s'acclimater au Monde de Magie et de Couleurs du maître de l'animation. Et pourtant, Max ne le considéra jamais comme un animal, mais davantage comme un monsieur avec un très long nez et une âme qui s'avérera compliquée, en perpétuelle confron-

tation non seulement avec les formes d'obscénité du pouvoir, mais aussi avec la lâcheté et les contradictions de son propre entourage politisé. D'une certaine manière, Gustavo était la figure subsidiaire à travers laquelle Max vivait sa révolution particulière dans le domaine des formes. Le personnage ne fut lobotomisé sous forme de dessin animé faussement alternatif par aucun Ralph Bakshi: son autre vie continua à se manifester dans des écrits satiriques, des graffitis et des affiches qui recyclaient son effigie à des fins de revendications politiques, sociales, écologiques ou de voisinage. Ceux qui recyclèrent Gustavo pour leur usage personnel immédiat et conjoncturel ne savaient pas qu'en réalité, ils manipulaient une substance aussi explosive que la nitroglycérine. Le plus intéressant en ce qui concerne Gustavo n'est pas tant sa genèse de héros activiste, mais plutôt son développement comme figure chargée d'une stimulante munition d'ombre et d'ambiguïté.

Lorsque Gustavo trouva sa place dans les pages de «El Víbora», il demeura le seul personnage de l'imaginaire *postunderground* qui fut capable d'exercer cette action directe politisée qui aujourd'hui serait plus controversée, plus agressive et provocatrice qu'elle ne le fut alors; mais ses actions crispées cohabitaient avec d'autres luttes. «El Víbora» était le champ de plusieurs batailles: entre le défi *queer* et transgenre d'Anarcoma de l'auteur Nazario et la tragicomédie de la marginalité de la Basca des créateurs Gallardo et Mediavilla, en passant par la résistance de l'immaturité incarnée par les Garriris créés par Mariscal et qu'aurait peut-être pu applaudir Witold Gombrowicz. Dans ce contexte, Gustavo n'était pas une figure immo-

bilisée dans sa propre essence révolutionnaire: Max déclencha les mécanismes intérieurs qui le conduiraient à se remettre en question d'une façon tellement naturelle que les créateurs d'autres domaines esthétiques auraient bien fait d'en être jaloux, lorsque leur acharnement à dévoiler la face obscure de leur super héros trahissait leur mécanique forcée. Dans «Masacre!», la cinquième aventure de la série «Comecocometrón», Gustavo, sauvé par une très belle gitane, fait face à un dilemme semblable à celui qu'avait dû résoudre Avatar à la fin de «Les sorciers de la guerre» : le pistolet ou l'amour. Gustavo choisit finalement le pistolet. Dans «Pacto con el diablo», la parution suivante, Gustavo s'allie avec le type qu'il a décidé de gracier au dernier moment après avoir liquidé ses acolytes: c'est avec lui qu'il s'infiltrera dans les colonnes du Mal, et de cette position il s'éloignera de ses vieux copains; processus qui à la fin de l'album culminera dans la sortie de scène violente sur fond de désillusion d'un Gustavo qui choisit pour ainsi dire la solitude de la voie du samouraï. Gustavo se perd dans une forêt épaisse. Nous connaîtrons vaguement par la suite sa vie de mendiant, mais il est stimulant d'imaginer que Gustavo se perdit dans cette forêt et réapparut, transformé en autre chose, dans les paysages de la jungle du Pays Imaginaire que Max rebaptisera Punkiland dans les aventures de Peter Pank. Gustavo grandit, évolue et s'assombrit sous la forme de Peter Pank; et le Max qui construit peu à peu son propre vocabulaire esthétique –pas à pas , mais toujours guidé par la curiosité et poussé par le plaisir pour de l'exécution précise– ce Max décide de changer les règles du jeu: revenir de manière explicite à Disney, pour le célébrer dans ses formes et le renier dans le fond, mettant la séduction de la ligne au service d'un chaos d'improvisation, d'une liberté de narration absolue et du rejet catégorique du discours achevé.

Dans le point précédent, on a parlé du plaisir de l'exécution: Max est quelqu'un qui prend plaisir au travail et qui convertit son trait en un outil d'exploration perpétuelle, la ligne fluide qui décrit un sentier ponctué de découvertes constantes. Sans ce plaisir d'exécution, il est impossible de comprendre ses premières démonstrations de puissance comme notamment: la planche qui ouvre le chapitre «Abigarrados» de «Comecocometrón» avec sa minutieuse évocation à Gaudi, son utilisation virtuose de la bichromie dans la spectaculaire première page de «Masacre!», précédemment mentionnée, avec cette animation suspendue de gustavos oniriques tombant sur l'effigie d'un Gustavo qui se réveille de son rêve en sursaut, ou bien encore la tempête spectaculaire, avec ses effets violents de lumière, qui éclate dans le premier fascicule de «Las amigas de Lilian» – dans lequel résonnent non loin les échos du court métrage classique de Disney "Le vieux moulin" (1937). Ce plaisir, ce trait dionysiaque qui flirte avec l'apollinien pour l'intégrer dans son organisme vorace, conduit le Max des années 80 à ébaucher l'identité du Max adulte définitivement affirmée dans «Nosotros somos los muertos», «Órficas», «Monólogo y alucinación del gigante blanco» et dans la saga de Bardin: un Max cultiste qui ouvre la porte à la possibilité de l'horreur, sans oublier de continuer à jouer, qui cite Borges, Carroll, Graves et Tenniel, qui commence à parler sans faire de mystères de l'obscurité, de la nuit, du rêve et de la mort….

En 1985, Max signe une bande dessinée remarquable dans laquelle, de manière plus ou mois explicite –et, surtout de façon extrêmement significative–, l'auteur s'intègre lui-même dans la fiction: «El encuentro entre Walt Disney y H.P. Lovecraft». L'alter ego supposé de Max sert de trait d'union entre les deux personnages légendaires, symboliques incarnations respectives de la Lumière et de l'Ombre. H.P Lovecraft lance un défi à Walt Disney: il lui parie qu'il sera capable d'apparaître dans ses rêves. S'il y parvient, le cinéaste devra alors tenir son pari en portant à l'écran un scénario de l'écrivain. Lovecraft apparaît bien dans le rêve de Disney, mais le jour suivant ce dernier décide de le nier. L'homme de Providence persévère: il apparaît chaque nuit dans les rêves de l'architecte de ce Monde de Magie et de Couleurs qui, au fur et à mesure, s'enfonce dans un état d'obsession proche de la folie. Lovecraft meurt et cesse d'apparaître dans les rêves de Disney. Le film, bien entendu, ne se matérialise pas, mais l'artiste a réalisé quelques dessins et esquisses qu'il décide de léguer au narrateur de l'histoire qui, rappelons-le, n'est autre qu'une représentation de Max lui-même. *«Quant aux dessins… oui, je les ai bien vus… Faut-il que je vous dise qu'il s'agissait des dessins les plus hallucinants, les plus beaux et les plus terribles jamais dessinés…? Pouvez-vous vous faire la moindre idée du genre de film qui en serait sorti si Lovecraft avait vécu quelques mois de plus…?»* affirme le personnage/auteur. Parvenus à ce point du texte, laissons libre cours à une autre conjecture. Dans ce cas, sa validité peut se prolonger jusqu'à ce que le lecteur le désire. Mieux encore: proposons deux conjectures. La première: effec-

tivement, les chemins de Lovecraft et de Walt Disney se croisèrent lorsque Disney préparait «Blanche Neige et les sept nains»(1937). Disney ne fit jamais de film sur un scénario de Lovecraft, mais la rencontre le transforma complètement: la sombre forêt dans laquelle Blanche Neige se perd est un territoire d'horreurs primordiales, une lettre d'introduction de toute cette matière sombre qui, à partir de cet instant, fera son apparition dans l'imaginaire disneyien l'empêchant pour toujours d'être le territoire virginal de l'innocence. Seconde conjecture: Lovecraft ne connut jamais Walt Disney, mais la capacité d'imaginer cette rencontre dota Max du privilège (ou le condamna à la malédiction) de résoudre ce paradoxe. L'énergie de ce film inexistant est ce qui agite son trait afin de révéler la face sombre du monde disneyien, son insolence réprimée, son pouvoir révolutionnaire caché, sa recherche dans ce qui est profond…. Lorsqu'il parle de la somme de Lovecraft et de Disney, Max apporte une étrange, anguleuse mais toutefois éclairante définition de lui-même.

L'ŒIL ET LA MORT

Santiago García

La forêt sombre

Sous le regard moderne, qui se glisse dans les coins, c'est le chien qui attire l'attention dans la gravure de Dürer «Le chevalier, la mort et le diable».

De haut en bas, on y voit un magnifique château, une fosse lugubre et ensuite trois figures qui nous frappent: la mort tenant son sablier, le diable grotesque et poilu et le chevalier profilé et au pas assuré. Sous le cheval, une tête de mort et une salamandre semblent des symboles trop évidents même pour un contemporain profane en iconographie médiévale. La tête de mort insiste sur l'aspect morbide, la salamandre, elle, est récurrente de sens ésotériques, quels qu'ils soient.

Et le chien?

C'est sur ce chien apparemment déplacé que Marco Denevi construit son récit de 1966 intitulé de façon pertinente «Un chien dans la gravure de Dürer intitulée *Le chevalier, la mort et le diable*». Sur ce récit Max construit en 2006 un de ses petits grands chefs-d'œuvre, les illustrations publiées chez Media Vaca dans un exquis petit carnet avec, ne l'oublions pas, une réinterprétation de l'image originale de Dürer réalisée par le Barcelonais. Le chien possède, nous semble-t-il, un air comique et même insolent, comme s'il atténuait un peu la gravité de la réflexion sur la fugacité de la vie telle qu'elle nous est présentée à la fin du Moyen-Âge et à l'aube de l'humanisme. Ce n'est pas si rare: un canidé peu canonique apparaît dans de nombreuses images sacrées au milieu d'une scène solennelle, peut-

être en raison de l'envol capricieux de l'imagination du peintre, et soudain, tout ce qui était sacré devient profane. Comme un lest de chair et d'os, le cabot nous empêche une lévitation excessivement pompeuse. Dans la version que Max a créée de cette gravure, le chien est vert comme l'espérance (ou rare comme un oiseau rare) et il manque le chevalier. Je ne sais pas pourquoi, mais ce chien perdu entre les pattes des plus grands me rappelle la bande dessinée perdue entre les pattes des arts majeurs qui, solennels, cérémonieux et vieillis accaparent désespérés toute la scène, tout en soupçonnant que c'est le chien, qui court entre leurs pattes, qui attire inévitablement notre attention.

Bien sûr, dans la version de Max ce sont tous des squelettes, tirez-en donc vos propres conclusions.

Imaginons pour un instant que le chevalier soit Max lui-même. Le fait qu'il soit tombé de cheval nous paraît alors normal puisque cela fait longtemps que Max a mis le pied à terre afin de se mouvoir plus librement dans les pattes du Grand Art. Ce Max-là a toujours été un Chevalier Errant et, comme dans les contes, c'est ce qui a été sa bénédiction et ce qui a été sa malédiction. Max a eu tendance à se perdre dans la forêt car la forêt lui provoque un vertige irrésistible, et il a aussi eu tendance à la traverser sans savoir quand il atteindrait la prochaine clairière. Et lorsqu'il arrivait à la clairière –car finalement il y a toujours une clairière, même si l'épaisseur est infinie–, il recherchait alors une nouvelle forêt où se perdre.

Dans les années 90, la forêt de la bande dessinée espagnole était très noire. L'élan provoqué par le boom

des bandes dessinées des années 80, tous courants réunis –le courant *underground*, avec *El Víbora* comme porte-drapeau, les courants à vocation plus commerciale, basés sur la science-fiction et l'érotisme ainsi que le courant appelé «nouvelle ligne claire»– cet élan s'était éteint et de nombreux compagnons de voyage de la génération de Max semblaient avoir épuisé leurs forces. Était-il possible que la génération la plus prometteuse de la bande dessinée de la démocratie espagnole disparaisse en fumée avant ses quarante ans? Arrivé à ce carrefour, Max fit ce qu'il fait à tous les carrefours: changer de direction. Il abandonna la routine de ses personnages de séries, il abandonna le cocon des éditions La Cúpula et il se lança dans l'autoédition à la recherche d'une expression véritablement adulte et détachée des clichés commerciaux de la bande dessinée juvénile. Il n'y avait pas d'autre moyen de relever le défi que la guerre des Balkans lançait à nos consciences; une guerre qui était en train de se produire ici-même, en Europe, alors que nous, nous célébrions les jeux olympiques de Barcelone. Afin d'exprimer cette rupture de conscience, Max recherCha aussi une rupture graphique: avec l'histoire «Nosotros somos los muertos» naissait une nouvelle ligne de réflexion visuelle qui non seulement montrait une gravité indubitable, mais aussi le dépassement de la phase impressionnable de l'auteur; dans cette phase, les influences de divers artistes (Crumb, Chaland, Ever Meulen) s'étaient traduites en aveuglements. Ce nouveau Max était bizarre, rugueux, mais il était plus Max que jamais. Et nous, les morts, nous étions *accidentellement* des chiens sans conscience, c'est-à-dire, sans yeux pour voir les atrocités que nous montrait le petit écran.

De cette histoire naissait également une revue du même nom où Max reprendrait ses armes d'auteur de bande dessinée tout en s'entourant des meilleurs auteurs de l'avant-garde internationale; il les mit en contact avec les jeunes valeurs de la nouvelle bande dessinée espagnole et avec les auteurs de sa propre génération, ceux qui avaient décidé de ne pas rester perdus. Avec *Nosotros somos los muertos*, Max, en compagnie de Pere Joan et Alex Fito, écrivit le prologue du roman graphique contemporain en Espagne.

Écrire était précisément, à ce moment-là, un souci pressant pour Max. Au milieu des années 90, il publie deux de ses albums fondamentaux, *Órficas et Monólogo y alucinación del gigante blanco* –une œuvre de mythologie classique et une autre de mythologie intime– dans lesquels Max réalise l'exorcisme du mot. Max se prouve ainsi, qu'en plus d'illustrateur, il est aussi écrivain. Le sachant, il décide d'épuiser le pouvoir du mot en entreprenant deux grands projets de bande dessinée, l'un s'avéra frustré et l'autre frustrant: *El mapa de la oscuridad* et *Le rêve prolongé de Monsieur T.* Le premier est l'embryon d'une grande œuvre graphique restée inachevée après un long et ardu travail préparatoire. Le second est un brillant déploiement de symbolisme visuel qui finalement est insuffisant, et ce pour une seule raison: le mot pèse trop lourd. Tous deux ont le même défaut: ils ont un scénario.

Max, perplexe, découvre que maintenant qu'il est écrivain, il n'est plus auteur de bande dessinée, et il ne sait pas vraiment comment c'est arrivé.

Heureusement, nous sommes arrivés à un nouveau carrefour.

Le tournant visuel

Alors que les intellectuels de l'image débattent le «tournant visuel» annoncé au milieu des années 90 par W.J.T. Mitchell et son «pictorial turn», ainsi que par Gottfried Boehm avec son «iconic turn», Max en arrive à de semblables conclusions par des chemins artistiques, presque en même temps. Dans les discussions théoriques de ces dernières années, le «tournant visuel» substitue le «tournant linguistique». L'image se place au centre, position jusqu'alors réservée au langage. La philosophie n'est plus le patrimoine exclusif du logos. La relation entre langage et images devient une question cruciale.

Bardin le Superréaliste démontre de façon pratique que le pouvoir des images n'est pas simplement poétique mais épistémologique: l'image n'est pas seulement un moyen de représentation, elle est avant tout un système de connaissance muni de sa propre logique, un système de connaissance qui n'a aucun besoin de dépendre du mot. Pour Max, l'épiphanie s'avère décisive car elle fait s'évanouir le mirage provoqué par la nature apparemment hybride de la bande dessinée (mot/image), ainsi que par l'insistance de certains théoriciens hâtifs mais influents qui soulignent sa valeur éminemment narrative. Il s'avère que Max découvre qu'il *n'est pas* un véritable auteur de bandes dessinées ni un véritable narrateur *non* plus. Max est, avant tout, un *dessinateur* et par conséquent il traite des *thèmes* et non pas des *intrigues*, il manie des *icones* et non pas des *personnages*.

C'est pourquoi, Max demeure le seul auteur capable de faire des bandes dessinées à partir de la philosophie lorsqu'il dessine la pensée de Deleuze ou Arendt dans une collection sur des textes de Maite Larrauri. D'un concept naît une séquence de vignettes, et le discours non verbal qu'elles élaborent est plus qu'illustratif, il est surtout complémentaire (ou alternatif) du texte de départ. Voilà aussi pourquoi il est capable de faire de la philosophie dessinée lorsque, chaque semaine, il mène à bien une illustration pour le supplément hebdomadaire Babelia et cela avec un scrupuleux professionnalisme (parce que c'est bien d'un artiste contemporain doué d'un professionnalisme d'artisan médiéval dont nous parlons). Son Dieu monoculaire, à tête géométrique, se montre stupéfait de l'imbroglio du conte qu'il invente lui-même; son lecteur captif est condamné à la lecture perpétuelle et silencieuse, il est tombé sous l'empire despotique des mots.

Dès l'instant où Max est nommé dessinateur, l'œil, souverain de l'îlot des dessins, règne sur son œuvre. L'œil se connecte avec Bardin à travers le Chien Andalou, ce qui lui octroie les pouvoirs surréalistes de Luis Buñuel et de Dalí. En recevant ces pouvoirs, Bardin obtient une clairvoyance totale, quasiment une extension maximale de la méthode paranoïco-critique, méthode qu'il applique d'abord à lui-même. Il découvre, à son grand regret, qu'il est porteur en son intérieur de trois tumeurs. La sagesse n'offre pas de consolation, ou comme le dit Foucault en parlant du panoptique: «la visibilité est un piège».

Après la frayeur, le répit. Aucune des tumeurs n'est une menace urgente pour Bardin. Tout comme pour le chevalier de Dürer, il reste encore une certaine quantité de sable non écoulé dans le sablier.

Cependant, c'est là que se révèle le sujet qui, déguisé ou à visage découvert, traverse toute la production de Max pendant la dernière décennie: la mort. Max avait déjà flirté avec la mort dans sa jeunesse («La muerte húmeda», 1986, accumule plusieurs exemples de son goût pour ce sujet), mais il la prend maintenant plus au sérieux. Il médite sur la mort en regardant le passé, comme dans l'évocation de la Danse de la Mort médiévale dans laquelle il immerge son Bardin et toute une troupe de dessinateurs internationaux; il redécouvre, au travers de cette ancienne tradition, son goût pour les peintres du Nord de l'Europe du XVIe siècle. Non seulement Dürer, déjà mentionné, mais aussi le Brueghel de *Le Triomphe de la Mort*, ou encore le Bosch du *Portement de croix* qui lui sert de modèle pour *Santa City*, couverture du *New Yorker*, et qui lui procure une goutte de l'essence du *Jardin des Délices* pour le supplément Babelia. Il y a chez Max une éternelle contradiction entre son élan rageusement futuriste et sa fascination presque perverse pour ce qui est primitif. Je dis presque perverse car ce qui perd ce sceptique convaincu ce sont bien la vieille religion et les histoires de saints martyrs, reconnectés au surréalisme de Bardin à travers le Buñuel de *Simon du désert*. L'irrévérencieux cinéaste aragonais est probablement *le saint patron* de «Vapor», la dernière bande dessinée de Max dans laquelle il revient à un ascétisme courroucé, l'une de ses spécialités les plus personnelles. Si toute œuvre demeure dans le fond une fantaisie de son auteur, alors nous pourrions penser que Max réprime une impossible nostalgie religieuse.

Quelque part dans un monde alternatif, un techno-moine appelé Saint François illumine des psautiers avec sa tablette graphique. Nous savons déjà que la Mort chevauchait un cheval blanc, bien que, dans le cas de Max, il s'agisse souvent d'une jument. Et cette jument nocturne est la *night mare*, le cauchemar qui anime le mouvement psychique inconscient, une espèce d'œdème mental panoptique que nous appelons avec un euphémisme lâche, surréalisme parce que c'est bien élevé. La jument galope dans *Le rêve prolongé de Monsieur T*, et elle est aussi présente dans les adaptations de Max du célèbre tableau de Füssli *Cauchemar* (1781), un tableau qui le poursuit pendant un certain temps. Ce tableau lui sert d'excuse pour l'histoire «El ruido y la furia», un autre petit chef d'œuvre de Max servant de bouquet final à l'album *Gestes, prouesses, propos et traits d'esprit de Bardin le Superréaliste*. Là, l'inconscient rageur détruit un à un ses bourreaux: la religion, la forêt, les cyclopes géants et finalement le cauchemar. Mais ce faisant, il découvre qu'il a finalement arraché son propre cœur.

C'est un règlement de comptes, non seulement avec l'inconscient mais aussi avec l'histoire de la bande dessinée. Max conclut le périple débuté aux côtés de Crumb dans l'underground des années 70; il échappe ensuite à l'attraction du champ de gravité de Chris Ware, de nos jours le corps céleste le plus massif parmi la constellation de la BD d'avant-garde internationale, pour enfin récupérer ses premières influences, ses influences originales, celles qui se situent tellement au début que ce ne sont même plus des influences mais des moules qui nous ont formés: l'école Bruguera et l'animation (Disney, Warner, Hanna Barbera). Aujourd'hui, Max est capable de regarder les pages d'Herbert Crowley, l'auteur de bandes dessinées le plus secret du XXe siècle, et de les intégrer imperceptiblement dans sa propre vision. Il s'agit d'un signe de maturité puisqu'en fin de compte nous ne pouvons jouer qu'avec les jouets qui nous ont été donnés au départ.

Selon les spécialistes, Dürer peignit *Le chevalier, la mort et le diable* comme un chant à la victoire du chevalier de la Renaissance sur la mort. Peut-être même, comme un autoportrait voilé de celui qui fut l'un des premiers autoportraitistes de la peinture occidentale que compléteraient *Saint Jérôme dans sa cellule* et le célèbre *La Mélancolie*. Denevi, et Max avec lui, invertissent la lecture. Ils désarment le port fier du guerrier et de son canasson afin de nous révéler que lui aussi, tout comme Bardin, apporte la tumeur de la peste, le fléau amené par la guerre. Car la guerre n'amène que ruine, ou peut-être la ruine et des images, images que les chiens, ou nous les morts, nous ne sommes plus capables de voir, même si elles sont omniprésentes. Si nous poursuivons cette inversion de valeurs, nous découvrons une nouvelle fonction du chien. Selon Cirlot –ce n'est pas par hasard que ce soit là aussi le nom de l'ami de Bardin– le chien est également le compagnon du mort.

Dans la version de Max, le chevalier est absent comme nous le disions, il s'est échappé de cette image définitivement lugubre commencée par Dürer. De même, dans son *Dictionnaire des symboles*, Cirlot nous signale les significations de l'échelle chromatique appliquée aux grades des chevaliers: le chevalier vert est l'écuyer, le pré-chevalier; le chevalier noir est

234

celui qui souffre, essayant encore de surmonter les épreuves; le chevalier blanc est l'élu triomphant; le chevalier rouge est glorifié pour avoir surmonté toutes les épreuves. Si cette image de Max *Le Chevalier, la mort et le diable*, tout comme celle de Dürer, est un autoportrait, il est alors normal de le voir monté sur un cheval (ou une jument) spectral: une fois les épreuves surmontées, il a atteint un grade encore supérieur à celui de chevalier rouge et à celui de chevalier blanc. Il est devenu le chevalier transparent; il se sait dessinateur, et par conséquent il reconnaît que le pouvoir du dessin est amplement suffisant pour arriver là où le pouvoir du mot n'arrive pas: il parvient à représenter ce qui n'est pas représentable, à dire ce qui ne peut pas être dit, à dessiner l'«indessinable». Le visage de l'artiste est dans son trait, et son nom est partout; le seul autoportrait possible est l'autoportrait invisible.

MAX OU, VÉRITABLEMENT, UN RIRE DIVIN

Alberto Ruiz de Samaniego

«Loué soit le cauchemar qui nous révèle que nous pouvons créer l'enfer»
Jorge Luis Borges

«Les rêves terrifiants sont d'excellents explorateurs des abîmes et des ombres, ils nous offrent la terreur de ce qui succède à la vie, c'est-à-dire, la terreur de la mort.»
Ernst Bloch

Comme dans les récits de Sherazade, ou comme dans les vieilles théogonies, tout commence par le chaos et la nuit. La nuit de Max est une nuit ancienne. Très ancienne, sidérale, unique et absolue. Nuit qui tombe comme une espèce d'hémorragie interne du ciel lui-même. Nuit de sensation mélancolique: on sent le rythme de son propre sang qui s'identifie avec ce processus de perte totale, infinie, douce, inexorable et rythmique. La chute de la nuit instaure une faiblesse qui amène le corps au rêve. Remarquons également l'intensité de toute pensée et de chaque image dans cette obscurité. D'une certaine manière, Max sait que les images ne sont pas faites pour la lumière. Comme tout rêve le sait. Et chaque nuit le démontre. Ici le rêve déborde dans la nuit, chaque nuit. C'est dans cette atmosphère que se déroulent toujours les récits de Max.

Dans l'obscurité. Dans la peur aussi de l'obscurité. En effet, le guet, l'idée dangereuse du guet et de son œil est liée aux ténèbres. La fascination hypnotise et paralyse la victime comme le regard du cheval dans *Le cauchemar*.

Elle la paralyse pendant le moment nécessaire pour lui donner la mort, pour dévorer sa forme. Le fasciné, la victime, l'ensorcelé est avant tout un œil. Un œil qui convertit celui qui voit en celui qui est vu. À force de regarder l'œil qui, face à lui, le regarde fixement. Le fasciné demeure un instant statique devant la forme autoritaire qui le domine. Qu'est-ce que la frayeur? Qu'est-ce que l'effroi? C'est de rester cloué sur place. C'est d'être soumis non seulement à l'impossibilité de la fuite, mais aussi à l'impossibilité du contact. Il y a une seule exception dans tout cela, à tout cela: le rêve. Dans le rêve. Lorsqu'il rêve, celui qui dort souffre de régressions, ce sont les retours des images ou des figures des morts qui surgissent au fond des yeux fermés. C'est sur ce point que sont toujours dirigées les images de Max; c'est cette apparition problématique et dangereuse que les personnages de Max ne peuvent pas éviter: l'image elle-même.

Dans le rêve, la représentation humaine linguistique, codifiée et illustrée, revient à son matériel d'images: le rêve (non pas la vue) est la fascination optique à l'état pur. Alors, l'œil retourne vers son image, là où le corps tombe, tandis qu'à cause de cette chute se dresse le désir. Au cours du rêve, tout en parcourant de nouveau le circuit du passé (le parcours par lequel est passé l'être vivant), l'homme revient à une dimension immémoriale, bestiale, animale. C'est pourquoi, nous pourrions avec Max penser l'univers complet comme un immense jeu de sortilèges et de fascinations. Alors, dans le grand garde-manger que représente l'univers, la vie gaspille, s'essaie et essaie des formes vivantes qui se guettent et se dévorent mutuellement, symétriquement: l'univers jungle.

Ensuite, à l'immensité inconnue et flottante de la mer et du ciel, ou de la forêt, s'ajoute celle de la nuit. Avec Bardin, avec le géant blanc, avec le rêve prolongé de M. T, nous revenons à l'époque où les étoiles pouvaient se voir. Nous sommes avec eux, comme eux, envahis par une angoisse à la fois terrifiante et délicieuse. Cette affection, capitale dans l'univers de Max, n'est autre que celle de la présence du monde, ou du Tout, ainsi que celle de la question sur le lieu qu'on occupe –si on l'occupe– dans ce monde. Question sur les origines et sur l'enfance ainsi que sur l'enfance de la pensée –question présocratique par exemple–. Question du géant blanc, incapable d'articuler de manière cohérente cette expérience, celle que l'on sait correspond à des interrogations ancestrales, ataviques: qui suis-je, pourquoi suis-je ici, quel est ce monde dans lequel je suis et où je ne suis en même temps pas totalement. Les personnages de Max expérimentent ce sentiment d'étrangeté, l'étonnement et l'émerveillement d'être là. Cette sensation, c'est ce que les Grecs appelèrent justement *la chaîne des êtres*. Bardin s'y heurte souvent: c'est la sensation d'être immergé dans le monde, d'en faire partie en une sorte de continuité allant de la plus petite brindille d'herbe jusqu'aux étoiles. Ce monde se fait donc présent, intensément et confusément présent –parfois même, grossièrement présent, insolement actif et à la fois ridicule ainsi que le remarque Bardin lors de certaines de ses promenades nocturnes–. Cette prise de conscience, qui est une impression étrange d'appartenance au Tout, Freud la dénomma *sentiment océanique*. À partir du moment où elle s'expérimente, on a la sensation d'être à part; mais avec Max, comme Max, on découvre que beaucoup de

personnes vivent des expériences analogues, seulement elles n'en parlent pas. Quand elles le font, elles monologuent, délirent, poétisent – à la manière du gentil géant blanc ou de Dylan Thomas, ou bien de Cirlot. Elles philosophent comprenant bien que la philosophie n'est pas plus –ni moins– que cette conscience de l'existence, du être-au-monde et de l'éternelle difficulté à formuler ce sentiment. Le besoin d'écrire et de le dessiner, de le rappeler sous la forme de ce monologue adamique du géant blanc découvrant son corps et le monde autour de lui. Se sachant en même temps (au) le monde et autre chose dans la limite même du monde. Sachant que le monde, ou la réalité du monde est incomplète –pas toute la réalité, selon les mots de Lacan–précisément parce que j'existe et que je suis au milieu, immergé en lui et que «ce vide me limite et me définit. Ce n'est que grâce à lui que je peux me percevoir, avoir conscience de moi-même, imaginer que j'existe. Mais s'il en est ainsi, alors, ne serais-je pas seulement image, représentation, bruit? Cette petite enceinte vide ne serait-elle pas un monticule de poussière à l'intérieur de mon corps –oui, il se trouve à l'intérieur, mais il *est* dehors–l'inéluctable, ce qui ne peut pas se cacher, ce qui ne peut pas se représenter de l'existence, donc le *réel*? Ne serais-je qu'une excroissance, une gigantesque tumeur, le masque, le déguisement de ce vide absolu?»[1]. En effet, entre nous et le Tout il y a un hiatus irréductible, une brèche Réelle incurable et pourtant constitutive de la réalité. Cette brèche réelle, antérieure à toutes les causes et à tous les effets, aux sujets et aux objets, est impossible à symboliser; pour cela même elle fait autant appel à l'horreur qu'à tout type d'astuces issues des raisons et des religions qui

prétendent nous en défendre. C'est elle, la fissure originale qui conditionne l'organisation de la réalité dans toutes ses modulations: en partant du moi et jusqu'à l'ensemble de la société, avec ses croyances et ses désirs.

Max n'hésite pas à traiter du phénomène religieux inconfortable qui souvent conduit à cette question sur l'origine. Il a métabolisé cette étrangeté et cet étonnement de manière à pouvoir en rire, en jouer, le réfuter et en même temps le répéter jusqu'à l'exténuation. Nous relater toutes ses dérives et toutes ses propositions, tous ses penchants et tous ses subterfuges. Il s'en est approché depuis la psychologie profonde (sur les pas de Jung notamment), par le biais d'arguments psychanalytiques proches de Lacan ou de Freud, à travers diverses révisions d'arguments théologiques issues de différentes sources (chrétiens anachorétiques, animistes, extrême-orientaux et hindouistes); par l'intermédiaire également d'analyses anthropologiques ou mythologiques à la manière de Frazer. Il l'a lui-même considéré comme un phénomène sociologique: les pleurs et le cri de la créature opprimée; ou comme un dispositif d'idéologie –l'opium du peuple!– ainsi que comme une impulsion des stylemes modernes –le surréalisme, Ubu, le *non-sense* de Lewis Carroll, les irrationalismes divers ou les onirismes du Romantisme ou de la littérature gothique aux avant-gardistes–. Finalement, comme une sauce où se retrouvent le *new age* et la techno, Shin Chan et les bouddhas des boutiques bon marché.

Nous sommes en effet immergés dans ce phénomène, construits et formés en continu par celui-ci. C'est précisément à cause de lui que l'homme demeure

1. Max, *Monólogo y alucinación del gigante blanco*. Éditions de Ponent, Alicante, 1996, p. 52. (Les mots italiques font partie du text original.)

avant tout une énigme pour lui-même et un animal rêveur (avant, bien avant d'être *homo faber* et *homo ludens*). Comme tout animal rêveur, il est de même un être qui désire. Le désir chez Max est éternellement lié à cette sensation d'angoisse et d'émerveillement. Cette pulsion –Freud le savait déjà– est notre véritable mythologie: les pulsions sont des êtres mythiques, grandioses dans leur détermination. Elles sont liées à la contemplation, un regard qui nous fait toucher le traumatisme et le danger sacré: en fait, nous a raconté Klossowski, les dieux apprennent à nous autres hommes à nous contempler nous-mêmes sous la forme d'un spectacle, de la même manière que les dieux se contemplent eux-mêmes dans l'imagination des hommes. C'est la raison de cette théâtralisation éternelle qui implique toujours le monde du phénomène ainsi que les choses et les intérêts des hommes. Il s'agit fondamentalement d'un désir d'être qui devient en soi désir d'aimer l'autre ou ce qui est autre, désir de fusion –et de dévorer– absolue, l'acte d'amour par antonomase. Cet *eros* trouve son expression dans son infinie et inépuisable capacité rêveuse. Le dessin, la création d'images ont pour fonction de donner forme à ces rêves et à ses cauchemars les plus redoutables. Donc, au fond de ce désir habite, en définitive, ce qui ne peut pas être représenté, l'objet de frayeur et de stupeur par antonomase: le mystère inabordable qui nous harcèle et nous cerne chaque nuit et chaque jour: la mort. La mort elle-même qui prend des proportions gigantesques au-delà de toute expression, qui dépasse les limites de la raison et qui incarne –à la manière d'une transe érotique très intense– le radical et totalement *autre*, l'hétérogène absolu. Ce que les latins –et par la suite Rudolf Otto– dénommèrent nu*mineux*, c'est-à-dire le sacré dans son aspect le plus sauvage. La voracité des dieux eux-mêmes qui engloutissent toute créature et toute tentative d'intégration rationnelle ou cohérente. Voracité en tout point semblable à celle du super macho ou chasseur originaire qui se retrouve impliqué dans la mastication de la proie féminine. Rien de plus fascinant que cette simultanéité entre la répugnance morale et l'irruption sans limites du plaisir dans le même corps, peut-être dans la même âme. Théo-pornologie: les corps s'enroulent et se déséquilibrent en de labyrinthiques courbes et plis, en tous types de mouvements esquissés inconfortables, contredits et contrebalancés, en d'imperceptibles déviations et en subterfuges et pénétrations imparables. Espace comblé de la chair en extase: justement comblée par des structures à la décomposition ou à la fragmentation ouverte, corps canalisés à tendance incestueuse, continuellement versés dans des péripéties illogiques et des entrelacements confus. L'attirance généalogique et morbide de Max répond clairement à cette attirance pour le divin en tant que féminité sauvage ou prostitution sacrée. Désir monstrueux qui, comme dans les rêves et les mauvais pressentiments, nous guide vers des domaines d'une intensité –et même d'une perversité– radicale. Ceci est lié à un fait primitif et violent, un acte de profanation qui peut nous faire perdre la tête: comme s'il n'y avait pas de plaisir ni de beauté autrement que dans la catastrophe ou même dans la castration.

Il y a une *terribilitá* caractéristique chez Max qui n'est autre que celle des cultes orgiastiques du paganisme ou des atavismes les plus résistants; elle se manifeste dans ces singulières épiphanies, et leurs manières effrayantes de se manifester, cultes presque toujours accompag-nés d'une sexualité irrépressible, bestiale. Il s'agit d'une émotion liée au religieux, comme le retracèrent notamment Kierkegaard puis Freud: un sentiment qui provoque peur, tremblement, très proche de l'effroi et de l'extase: expérience fascinante et séduisante qui a pris le nom de *un-heimlich*: *l'inquiétante étrangeté*, et qui de manière inquiétante poursuit et attire le regard de Max, se focalisant maintes fois sur le tableau du cauchemar de Füssli. Le cauchemar, ce cauchemar ou cette jument de la nuit, nous rappelle continuellement sa nature irréductible, son très grand mystère. Il transcende finalement toute forme subjective de sentiment de stupeur et de consternation pour découvrir un phénomène primordial qui provoque une atroce et fascinante terreur. Celle-ci irradie la séduction absolue, promeut une ardeur passionnelle, une pulsion érotique irrésistible. Cette duplicité –terreur et fascination à la fois– est celle qui parcourt toutes les religions en marquant de toute son imposante présence sexuelle la mystique et la poésie visionnaire de tous les temps. C'est ce qui nous assaille dans les transports et les extases orgiastiques de Max, dans les fusions paniques et les possessions indomptables, dans les corps étalons et dansants ou dans les chutes et les vols chamaniques de leurs récits. Les personnages des narrations de Max habitent la démesure de l'exil, vivent dans la verticalité insensée du perforateur de la terre ou de l'explorateur d'extases cosmiques: ils veulent échapper à tout horizon, à toute orbite. Leur impétuosité est de pénétrer dans la terre (dans les grottes, dans la fange, dans les remous, dans l'humus) ou bien: de s'élever prodigieusement jusqu'au ciel. Dans le fond de ces remous, il se produit toujours un accroissement de conscience qui peut arriver jusqu'à l'orgasme du répulsif, jusqu'à une sorte même d'hyperesthésie tragique qui, de manière inéluctable, est liée à une sorte de déplacement symbolique du complexe de castration, complexe évoqué précisément par des images de membres mutilés. Les épiphanies de Max, comme celles de Poe, sont toujours en étroite relation avec ce qui est opprimant, ce qui est densifié en une décomposition brutale comme image de soi-même, et aussi avec l'éclatement brutal de cette permanence raréfiée en une volupté qui répondrait au fantasme de retourner, d'une certaine manière, dans le ventre maternel afin d'échapper à la perte de l'être et de l'identité. Fuite dans l'abîme de toutes ces hémorragies ontologiques, de cette décomposition comme bruit de fond de l'univers. Nous sommes entourés de ce mystère du présent qui guette, abominable et crucial, de son extrême violence et de sa jouissance, à l'endroit même où se termine l'espace. Nous le découvrons de manière trouble en nous-mêmes, il se projette jusque dans les battements les plus profonds de notre cœur, comme le met en évidence le T*riptyque du somnambule*. Il constitue notre passion et donne forme à notre expérience esthétique. C'est notre principe de mort –atavique– et notre –impossible– identification.

Cette pulsion de mort qui habite le noyau même du rêve constituerait le principe même de la narration que nous appelons homme, ainsi que nous le transmet le propre récit freudien, en une vision que Max aurait tout à fait pu dessiner – si ce n'est pas ce qu'il a fait dans le *Monólogo y alucinación del gigante blanco*:

«à certaines occasions, par l'effet d'une force qui demeure encore impossible à imaginer, les qualités de la vie se réveillèrent dans la matière inerte. (…) la tension, qui prit alors naissance dans la substance inerte, souhaita s'adapter; la première pulsion avait été donnée, celle du retour à l'inanimé. La substance vive d'alors pouvait encore facilement mourir, elle n'avait pas plus qu'un court chemin vital à parcourir dont la direction était déterminée par la structure chimique de la jeune vie. Pendant longtemps, la substance vive voulut être créée de nouveau, maintes fois, puis mourir facilement, jusqu'à ce que des influences extérieures décisives se transforment de telle manière qu'elles obligèrent la substance, encore survivante, à se dévier chaque fois plus du chemin vital d'origine et à des détours de plus en plus compliqués pour atteindre l'objectif de la mort. Ces détours avant d'arriver à la mort, fidèlement fixés par les pulsions conservatrices, nous offriraient aujourd'hui le cadre des phénomènes vitaux»[2]. Il s'agit là de la volonté orphique qui continuellement attire Max. La scène originaire, l'origine du sujet qui cherche à se voir représenté dans cet acte sexuel inaccessible. Alors, «aucun homme ne peut entendre le cri au moment où le sperme qui le crée se répand».[3]

Nous pourrions dire alors que tout chez Max conduit à l'interrogation sur la propre constitution turbulente –et inatteignable– d'un sujet. Et, à la fois turbulente, tout en étant incurable, ce sont ici les turbulences mêmes qui affleurent, les fissures et les aspects absurdes de la créature –et de la communauté entière de créatures: ce que nous appelons civilisation ou culture–. Un sombre terri-

toire psychanalytique émerge donc de cette recherche; territoire formé de squelettes sadiques qui font irruption avec toute leur force parasitaire comme des annonces ou des hérauts *surmoïques* de la mort et de sa loi universelle. Os blanchis et triomphants qui en même temps manifestent la plus sombre et la plus inavouable satisfaction du sujet, le châtiment pour la dette et la faute; l'irréductibilité du mal, les inerties cadavériques qui entraînent dans la fange tout projet de civilisation ou d'identification. Ces têtes de morts, ces os et ces squelettes sardoniques s'immiscent dans le rêve –de l'humanité–. Ils se servent de l'attirance morbide que suscitent les mages de chair lascive ou de cruauté sauvage. Ils se cachent surtout derrière les spectres des morts, chevauchent ou se soutiennent –résiduels, simulés, comme des corps simiesques et caricaturaux– sous formes d'une existence prêtée: ils ont besoin d'une autre existence pour exercer leur négation obsessionnelle et maléfique. Il s'agit de l'expérience perverse dans tous les sens du terme: elle partage avec l'extase et avec certaines formes hallucinatoires de folie, l'appropriation des corps et des âmes, en soi déjà expropriés. Au milieu de cette *danse de la mort*, l'individu de son côté chevauche également, déconcerté et en solitaire, comme le vieux chevalier de Dürer, cuirassé et impuissant au milieu de la dévastation, de la cruauté et du despotisme. Ce sont aussi les vertus cardinales de Bardin, chevalier errant et aventurier: courage, humeur chevaleresque et goût pour la découverte au milieu d'une étendue désertique, de la désolation et de la forêt de la nuit. C'est ce territoire *shakespearien* et panique paysage obsessionnel du fantasme et de la faute qui nous obsède et nous

2. Cité par Isabel Platthaus, dans *Lo real de Freud*, Jorge Alemán (ed.), Éditions du Cercle des Beaux Arts, Madrid, 2007, p. 67

3. Pascal Quignard, *Le sexe et l'effroi*, Ed. Minúscula, Madrid, 2005, p. 153

dévore– qui impose ses exigences qui vont au-delà de la plus simple capacité d'obéissance. Le caractère mortel, mortifiant de la loi –du moi– est finalement celui qui empêche toute négociation ou transaction car il se montre comme l'opposé homicide et obscène de toute légitimité. Il montre, sous l'effet de la destruction, non seulement que le sujet est divisé ou rompu dans la scission entre le moi, le *surmoi* et l'inconscient, mais surtout qu'il est aussi structurellement tourné contre lui-même. Face à cette *altérité* transcendante, démoniaque et brutale qui n'attend qu'esclavage et mort, répétition destructive, scandale de la vie contre elle-même, il n'y a pas d'autre alternative que celle perplexe et anarchique de Bardin:

l'administration ironique et désenchantée de soi-même, le principe de plaisir face à toute tendance d'obtention d'une subjectivité purement masochiste, subjuguée continuellement par le cadre inquiétant de la force troublante, originaire et fatale du spectre cauchemardesque et sublime. En ce sens, le détachement ironique et hédoniste de Bardin ne cherche déjà plus à communiquer ou se fondre avec cette altérité transcendante et élémentaire. Bardin ne va certainement jamais confondre la divinité et sa théophanie. Le spectacle souvent dérisoire ou banal de cette manifestation avec celle des essences cosmiques. À force d'assumer sa propre limite et son manque de plénitude, il a atteint l'*ataraxie*, la

sérénité subtile et heureuse des vieux sages ou des vieux cyniques. Sa vérité est également divine, mais désormais dans le sens –également antique– de ces dieux qui, justement au moment d'exorciser les obsessions les plus traumatisantes, pouvaient aller jusqu'à en mourir de rire. Bardin ou l'hilarité du sérieux ou bien, selon les mots de Blanchot, «un humour qui va plus loin que les promesses de ce mot, une force qui est non seulement parodique ou dérisoire, mais qui appelle aussi l'éclat de rire et désigne dans le rire l'objectif ou le sens ultime d'une théologie».[4]

4. M. Blanchot, «Le rire des Dieux», *L'Amitié*, Paris, Gallimard, 1971, p. 193

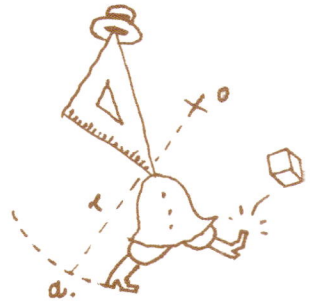